Das Kopftuch als Visitenkarte

Das Kochbuch als Visitenkarte

Juliane Kanitz

Das Kopftuch als Visitenkarte

Eine qualitative Fallstudie
zu Stil- und Ausdrucksformen
Berliner Musliminnen

 Springer VS

Juliane Kanitz
Berlin, Deutschland

ISBN 978-3-658-17414-9   ISBN 978-3-658-17415-6   (eBook)
DOI 10.1007/978-3-658-17415-6

Die Deutsche Nationalbibliothek verzeichnet diese Publikation in der Deutschen National-
bibliografie; detaillierte bibliografische Daten sind im Internet über http://dnb.d-nb.de abrufbar.

Springer VS

Gedruckt auf säurefreiem und chlorfrei gebleichtem Papier

Springer VS ist Teil von Springer Nature
Die eingetragene Gesellschaft ist Springer Fachmedien Wiesbaden GmbH
Die Anschrift der Gesellschaft ist: Abraham-Lincoln-Str. 46, 65189 Wiesbaden, Germany

Für Carola. Du fehlst mir.

Danksagung

Die vorliegende Arbeit entstand am Institut für Europäische Ethnologie der Humboldt-Universität zu Berlin im Rahmen des Labors Migration. Ich danke ganz herzlich meiner Doktormutter Regina Römhild und meiner Zweitgutachterin Michi Knecht sowie Georg Berkemer. Mein Dank gilt außerdem denen, die mir in vielen fruchtbaren Diskussionen und mit Anmerkungen weiterhalfen. Hier sind an erster Stelle die vielen Frauen zu nennen, die mir in vielen Interviewstunden alle Fragen beantworteten, die mir einfielen und auch viele aufwarfen, die mir nicht einfielen. Auch für die fachliche Unterstützung möchte ich mich bedanken, insbesondere bei Suaad Al-Ghafal und Theresa Beilschmidt. Außerdem danke ich der Konrad-Adenauer-Stiftung, die es mir mit einem großzügigen Stipendium ermöglicht hat, diese Arbeit zu schreiben.

Vor allem aber danke ich meiner Familie, für all die Unterstützung und Motivation in den vergangenen Jahren. Sascha Bartoschewski, Manolo und Joachim Kanitz, ihr seid die Besten. Bärbel Züllig, ich danke dir für für ein Netz als keiner mehr Seil hatte. So oft.

Für die unermüdliche Bereitschaft, Kommata wegzustreichen danke ich sehr herzlich Binderiya Amgalan und Tino Dornbruch. Alexandra Kötter verdient für ihre unerschrockene Bildbearbeitung einen Orden. Außerdem danke ich Nele Herzog, Evelyn Kirst, Anna Michalski und Eva Wildhardt sowie Han Nguyen Van, Michèle Simon und Sebastian Rauer für Kontinuität über eine so lange Zeit, jede auf ihre Art. Last but not least danke ich Frau Cornelia Krause für ihre Unterstützung.

Inhalt

Abkürzungsverzeichnis 13
Abbildungsverzeichnis 15
Umschrift arabischer Laute 19

1 Einleitung   **21**
1.1 Einführung 21
1.2 Forschungsproblem 24
1.3 Thesen und Fragestellung 26
1.4 Forschungsstand 30
1.5 The *Circuit of Culture* oder auch: Kapitelüberblick 36

2 Methodik   **39**
2.1 Grundprämissen qualitativer Forschung 39
2.2 Überblick über die Methoden dieser Arbeit 41
2.3 Forscherin im Feld 53
2.4 Datenerhebung 54
2.5 Auswertung und Analyse 57

I Hintergründe und Bedingungen der Produktion und Konsumption von Hijab-Mode   **61**

3 Formen und Konflikte der Repräsentation in einer Minderheiten-situation   **63**
3.1 Orientalismus und Kolonialismus 67
3.2 Neue Orientalismen und Neokolonialismus 75
3.3 Der „religious turn" in der Migrationsdebatte: Vom Migranten zum Muslim 78
3.4 Die Zumutung und Auseinandersetzung der Identität 86

4 Die Produktion der Bedeutung von Hijab-Mode   93
  4.1   Was ist unter Mode zu verstehen? 94
  4.2   Bedeutungsproduktion der Mode 99
  4.3   Die Ausdrucksmöglichkeiten der Kleidermode 108
  4.4   Modeproduktion, Kapitalismus und Moderne 113

5 Konsum islamischer Mode   119
  5.1   Konsumtheoretische Überlegungen 120
  5.2   Muslimische Bekleidung 123
  5.3   Zeitgenössische Bekleidungsformen in Deutschland 125
  5.4   Einige modische Entwicklungen außerhalb Deutschlands . . . 131
  5.5   Institutionen 136

6 Selbstpositionierungen der Interviewpartnerinnen   143
  6.1   Der feine Unterschied: Öffentlicher und privater Raum 144
  6.2   Amina: Pragmatik statt Mode 152
  6.3   Maryam: Pragmatik statt Mode II 162
  6.4   Suraya: Vorsichtiges Ausprobieren von Mode 172
  6.5   Hurriya: Mode als Übersetzungsleistung 181
  6.6   Erste Interpretation 189

7 Dimensionen der Regulation   193
  7.1   Grundlagen islamischer Rechtslehre 195
  7.2   Weibliche Kleidung laut Koran 198
  7.3   Hijab in Deutschland 206
  7.4   Debattenverlauf 208
  7.5   Kritik innerhalb muslimischer Gemeinschaften 212
  7.6   Zusammenfassung erster Teil 218

II Zusammenfassende Analyse   221

8 Thesendiskussion: Der Circuit der Hijab-Bekleidung   223
  8.1   Integration hat längst stattgefunden: Der „Berliner Stil" . . . 224
  8.2   Ausgrenzende Diskurse dienen der Absicherung von Privilegien 234
  8.3   Die Strategie des vestimentären Empowerment 244

9 Theoretische Schlussbetrachtungen   253
  9.1   Wie sich Mode wandelt 253
  9.2   Aus der Sicht einer modeorientierten Migrationsperspektive . 257

9.3   Der „kosmo-islamische Stil" 261

10 Nachbemerkung: Das Kopftuch als Visitenkarte   263

Literaturverzeichnis   271

Glossar   297

Anhang   299

Abkürzungsverzeichnis

B90/Grüne Bündnis 90/Die Grünen

CDU Christlich Demokratische Union Deutschlands

CSU Christlich-Soziale Union in Bayern e. V

DIK Deutsche Islam Konferenz

DITIB Diyanet İşleri Türk İslam Birliği: Türkisch-Islamische Union der Anstalt für Religion e.v.

EKiBB Evangelische Kirche in Berlin Brandenburg (Bis 2004, danach EK-BO)

GG Grundgesetz

ISIS „Der islamische Staat im Irak und in (Groß-)Syrien"

IGMG Islamische Gemeinschaft Millî Görüş

MJD Muslimische Jugend in Deutschland

PEGIDA Patriotische Europäer gegen die Islamisierung des Abendlandes

(s) Friede sei mit ihm

SOAS The School of Oriental and African Studies

SPD Sozialdemokratische Partei Deutschlands

TB Teilnehmende Beobachtung

ZMD Zentralrat der Muslime in Deutschland

Abbildungsverzeichnis

1.1 *Circuit of Culture, in Anlehnung an Du Gay (1997).* Quelle:
    JK. 37

5.1 *Khimār*, Berlin, Oktober 2012. Quelle: JK. 126
5.2 *Abaya*, Berlin, Oktober 2012. Quelle: JK. 126
5.3 „Scarf-Pals", ironische Darstellung von Hijab-Schmuck durch
    Sofia Niazi (2006). 129
5.4 Bikerjacket über knielangem schwarzen Kleid über Jeans, dazu
    goldenes Seidenkopftuch mit Verzierungen. Berlin, Oktober
    2012. Quelle: JK. 129
5.5 Grün gemustertes Maxikleid mit weiten Ärmeln, dazu passen-
    des dunkelgrünes Kopftuch mit schwarzem Untertuch. Dane-
    ben etwas engere Version mit sichtbaren blauen Ärmeln und
    Hosen, dazu passender Hijab. Berlin, September 2013. Quelle:
    JK. 130
5.6 Graue Jeggins und weiße Jacke, darüber rotes Schlauchmi-
    nikleid und dicker roter Schal zu schwarzem Kopftuch mit
    rotem Unterkopftuch. Berlin, September 2013. Quelle: JK. . . 130
5.7 Ägyptischer Krunb von 2012 von vorne und seitlich. Quelle:
    Khadischa. 135
5.8 Ägyptischer Stil nach der Jahrtausendwende, Bindung des
    Tuchs im Nacken zusammen mit Roll- oder Stehkragen. Quel-
    le: Khadischa. 135
5.9 Verschiedene *Abayas* mit Stickereien. Berlin, Oktober 2012.
    Quelle: JK. 140
5.10 Werbekatalog der Designerin Sarah Elanany. Quelle: Sarah
    Elanany. 140

6.1 Kleid/*Abaya* von Amina. Berlin, 2012. Quelle: JK. 154

6.2 Einer von Aminas modischen Mänteln. Rechts darunter der
     Vergleich eines „klassischen" Ärmels mit dem Ärmel des „mo-
     dischen" Mantels. Rechts außen Wintermäntel im Geschäft.
     Berlin, 2012. Quelle: JK. 154
6.3 Aminas graues Wollkostüm. Berlin, 2012. Quelle: JK. 157
6.4 Festliche Hochzeitsbekleidung in frauenöffentlichenen Räumen
     auch für sonst sehr modest gekleidete Musliminnen geeignet.
     Berlin, 2012. Quelle: JK. 157
6.5 „Modischer" und „klassischer" Mantel und weißer Hijab. Da-
     maskus, 2009. Quelle: JK. 163
6.6 Junge Frauen mit islamisierter, also weiterentwickelter „west-
     licher" Mode. Berlin, 2013. Quelle: JK. 163
6.7 Abbildung von Suraya in einer Bibliothek. Berlin, 2012. Quel-
     le: JK. 176
6.8 Suraya mit neuem Stil: mintgrünes Kopftuch und passender
     mintgrüner Kajal auf dem unteren Innenlid. Berlin, 2014.
     Quelle: JK. 176
6.9 Surayas Nichte mit ihrer Freundin. Beide tragen den weiter-
     entwickelten Stil. Tripolis, 2014. Quelle: Suraya. 179
6.10 Helle Chiffonbluse kombiniert mit Baumwollrock und Leder-
     armband. Besonders auffällig: pink-weiß gemustertes Kopftuch
     und pinker Ring. Alexanderplatz, Berlin, 2012. Quelle: JK.   . 179

7.1 Typische Internet-Werbung für modestere Bedeckung, Quelle:
     (O.A. 2014). 214
7.2 Satirische Antwort auf Abb. 7.1: Kritik an der Zurschaustel-
     lung männlicher Körper (O.A. 2014). 214
7.3 Aufforderung an Frauen, sich zu bedecken, objektivierender
     Vergleich mit Süßigkeiten. Photo: Twitter/Gautam Trivedi,
     arabische Textunterschrift: Hijab ehrt die Dame. Englische
     Textunterschrift: Veil is security. (Bonessi 2014). 217
7.4 Der „Westen" beginnt sich für die Vorstellungen über „kor-
     rekte" islamische Kleidung zu interessieren und startet eine
     Umfrage. Aus dem Report „The Birthplace of the Arab Spring:
     Values and Perceptions of Tunisians" (Moaddel 2013, S. 54). . 217

8.1 Kontrastreich: Abaya mit Jeansjacke und dunkelrotem, mo-
     disch weit gewickeltem Kopftuch. Berlin Friedrichstraße, 2012.
     229

8.2 Links: Frau in einem Café. Der Stil ist inspiriert von Feierlichkeiten mit Hijab, wurde aber von Maryam als für sie zu freizügig kommentiert. Berlin, Oktober 2011. Quelle: JK. Rechts: Hochzeitskleid einer Frau aus Südafrika als Beispiel für neuere festliche Hijab-Formen. Cape Town, April 2009. Quelle: Peter Poon. 229

8.3 Kopftuchmode *Krunb*. Ägypten, 2011. Quelle: Khadischa. . . 239

8.4 Schutzsymbole des Volksislams: Hand der Fatima und Nazar-Amulette. Quellen: v.l.n.r.: Robyn Nomadical, Laura Ortiz, Luxery Charms, lovecoturex3, alle *flikr*. Unten rechts: Focal-Point, *Wikipedia*. Abgerufen 2013. 239

Umschrift und Lautwerte arabischer Buchstaben

ʾ	=	„Explosionslaut" - vor jedem anlautenden Vokal gesprochen wie vor dem a in „beachte"
th	=	stimmloses englisches th wie in „thing"
j	=	stimmhaftes dsch
ḥ	=	scharfes, hinten in der Kehle ausgesprochenes h wie in „hauchen"
kh	=	ch wie in „ach", in einigen Originalzitaten auch mit ḫ beschriftet
dh	=	stimmhaftes englisches th wie in „the"
z	=	französisches z
sh	=	sch
ṣ	=	dumpfes, stimmloses s wie in „Song"
ḍ	=	dumpfes, stimmloses d wie in „Dong"
ṭ	=	dumpfes, stimmloses t wie in „Torte"
ẓ	=	dumpfes, stimmhaftes s wie in „Summe"
ʿ	=	gepresster Laut, welcher den Vokal mit Druck in der Kehle entstehen lässt wie das „aaaah" beim Zahnarzt
gh	=	deutsches Gaumen r wie in „Rhein"
q	=	hartes k
w	=	englisches w, also „u"
y	=	englisches y, deutsches j
ā, ī, ū	=	Langvokale

Für einige im Deutschen gebräuchliche und häufig vorkommende Wörter wurde der besseren Lesbarkeit wegen von einer Umschrift abgesehen wie bei Mohammed (Muḥammad), Hijab (Ḥijāb), Koran (Qurʾān) oder Hadsch (Ḥajj).

1 Einleitung

1.1 Einführung

Vor einigen Jahren studierte ich an der Universität von Damaskus islamisches Recht. Völlig gebannt war ich vom Stadtbild, das für mich vor allem geprägt war von den vielen Musliminnen und ihren Hijab-Moden.[1] Hatte ich zuvor immer angenommen, Kopftücher seien eine ziemlich willkürliche Angelegenheit, belehrte mich der Anblick meiner Komilitoninnen und Mitfahrerinnen in den Bussen eines Besseren. Die Kleidung von muslimischen Frauen in Damaskus erwies sich als ebenso mit Zeichen und Codes versehen, wie die von jeder anderen Person in meiner Heimat Berlin. Mode, so bemerkte ich, ist kein exklusives Produkt der ,westlichen' Moderne. Allerdings schien es mir zunächst unmöglich, die vielfältigen Codierungen zu entschlüsseln. Und so arbeitete ich während der verbliebenen Zeit meines einjährigen Aufenthaltes daran, die Damaszener Moden, also Moden in einem außereuropäischen und vor allem religiösen Kontext, nachvollziehen zu können.

Zurück in Deutschland, im Zuge meiner Magisterarbeit und den Vorbereitungen zu dieser Dissertation, bemerkte ich Veränderungen in den vestimentären Ausdrucksformen der Berliner Musliminnen. Jedenfalls erschien mir das so, verglichen mit meinen Beobachtungen um 2003 zu Beginn meines Studiums der Islamwissenschaften, als ich als Kellnerin in einem arabischen Restaurant jobbte. Während nach wie vor auf muslimische Modeformen mit abwertenden Begriffen rekurriert wurde, vollzog sich ein vestimentärer Integrationsprozess dieser Moden. Und dies, so scheint es, unbemerkt von den Medien und der sich als Mehrheitsgesellschaft verstehenden Bevölkerung. Damit ist gemeint, dass vor allem junge deutschsprachige muslimische Frauen

---

[1] Eine genaue Auflistung dieser Bekleidungsformen findet sich ab Kapitel 5.2.1 auf Seite 123.

unterschiedlichste kulturelle Einflüsse in ihre Kleidung und damit auch in ihr Leben integrieren.

Integration wird in dieser Arbeit also zu einer Praxis kultureller Auseinandersetzung umgedeutet, die nicht nur eine bestimmte gesellschaftliche Gruppe betrifft, sondern eine menschliche Art und Weise beschreibt mit unterschiedlichen Impressionen im Leben umzugehen. Oder anders ausgedrückt: Integration wird hier nicht mit Assimilation gleichgesetzt, sondern als die Auseinandersetzung mit den Einflüssen verschiedener Kulturen verstanden. Aus diesem Grund spreche ich für die Hijab-Bekleidung muslimischer Frauen auch von einer integrativen Visitenkarte. Reisen in andere deutsche und europäische Städte zeigten, dass meine Beobachtungen ein überregionales Phänomen zu sein scheinen. Mit qualitativer Forschung mache ich diese Entwicklung nachvollziehbar und stelle im folgenden Buch die Ergebnisse meiner Arbeit vor.

Sigrid Nökel (2004, S. 303-304) skizziert hierzu die Grenzen meiner Forschung: Ich beschreibe die vestimentären Praktiken der Frauen, die, wie Nökel es ausdrückt, nur ganzheitlich verstanden werden können: als Mikropolitiken der Frauen. Die als selbst-souveräne Inszenierung gedachte Mode fungiert als Mittelweg zwischen den starken kulturellen Einflüssen und als Mikropolitik um Anerkennung innerhalb der verschiedenen Bezugsgruppen der sozialen Realität. Diese Erklärung wird allerdings infolge der vorherrschenden Diskurse als zu banale Erklärung für ein Massenphänomen abgetan. In den meisten Auseinandersetzungen verbinden sich intellektuelle und rechtliche Diskurse und laden den Hijab in angeblich kulturneutraler und rationaler Argumentation mit allerlei Symbolik und Bewertungen auf. In jenen Bewertungen wird der Hijab mit dem Vorwurf der übermäßigen und noch dazu fremden Religiosität in einem sonst säkularen Staat konfrontiert. Doch lassen sich habituelle Praktiken nicht mit einer einfachen Logik erklären und rationale Erklärungsversuche oder politische und juristische Vereinfachungen sind zum Scheitern verurteilt. Erst die Dialogbereitschaft der nichtmuslimischen Dominanzgesellschaft[2] wird das Erkennen und Akzeptieren der spezifisch muslimischen Art der Selbstinszenierungen voranbringen. Diese Akzeptanz ist aber eine Voraussetzung für eine gelungene Integration der gesamten Gesellschaft. Und hierzu soll meine Forschung einen Teil beitragen.

Die Bedeutung der vorliegenden Arbeit liegt darin, für den deutschsprachigen Raum Migrationsforschung nicht als „Sonderforschungsbereich" zu

---

2   Die als konstruiert zu betrachtende Vorstellung von national homogener Kultur wurde von Birgit Rommelspacher (1998) in dem passenden Begriff „Dominanzkultur" zusammengefasst. Die Erweiterung des Begriffs zur „Dominanzgesellschaft" bringt eine Kritik am Wort „Mehrheitsgesellschaft" zum Ausdruck.

betrachten. Durch die Verknüpfung mit dem Thema Mode, welches eher dem Mainstream zuzuordnen ist, werden alte Denkschemata wie das der ‚armen unterdrückten Ausländerin‘ aufgebrochen. Mode innerhalb religiöser Kontexte ist ein international wenig und im deutschen Sprachraum gar nicht bearbeitetes Feld.

Ich bin mir der Tatsache bewusst, dass die bundesdeutsche Integrationsdebatte einen weiteren Beitrag, der Migrant*innen[3] und Muslim*innen pauschalisiert gleichsetzt, nicht gebrauchen kann. Dennoch, oder vielleicht gerade deshalb, ist diese Arbeit als kritischer Beitrag zur Integrationsdebatte zu sehen. Es wird eine viel diskutierte Praxis in ihrer alltäglichen Durchführung betrachtet, eine Sichtweise, die dem Kopftuchdiskurs, bis auf wenige Ausnahmen, bisher fehlt.

Die vorliegende Promotionsschrift ist eine Forschungsarbeit an der Schnittstelle von Europäischer Ethnologie und Islamwissenschaft und leistet einen Beitrag zur aktuellen Migrationsforschung. Das Ziel dieser Arbeit ist es, sich aus den sich wiederholenden Erklärungsansätzen, warum jemand freiwillig ein Kopftuch tragen kann, zu lösen und stattdessen die Art und Weise, wie ein Kopftuch getragen wird, in den Mittelpunkt zu rücken. Damit soll eine andere Betrachtungsweise dieser oft als stigmatisiert gewerteten Praxis ermöglicht werden. Ich untersuche also den Zusammenhang zwischen islamischer Religion und Kleidermode. Als Kleidermode verstehe ich nicht nur das, was in Form von Haute Couture in Paris präsentiert wird, oder das, was sich in sogenannten ‚Frauenzeitschriften‘ finden lässt. Stattdessen sehe ich vestimentäre Moden als ganzheitlichen Ansatz körperzentrierter Praktiken. Auch Menschen, die von sich selbst behaupten, für Mode nichts übrig zu haben, stehen morgens vor dem Kleiderschrank und überlegen, was sie anziehen.

Nach dieser Einleitung, welche den Forschungsstand, die Fragestellung und die Arbeitshypothese enthält, erläutere ich die verwendeten Methoden dieser Arbeit. Im Anschluss beginne ich mit dem Hauptteil der Arbeit, welcher Theorie und Empirie miteinander verknüpft. Dieser Teil ist in fünf einzelne Kapitel für je fünf Themenkomplexe rund um die Hintergründe und Bedingungen der Produktion und Konsumption von Hijab-Mode untergliedert, um die vestimentären Ausdrucksformen muslimischer Frauen in ihrer Komplexität und Vielschichtigkeit erfassbar machen zu können. Diese sind

---

3 Ich habe mich in dieser Arbeit dagegen entschieden, das generische Maskulinum zur Anwendung zu bringen. Stattdessen wählte ich eine Form der Darstellung, welche der geschlechtlichen Varianz Rechnung trägt und in dem Sternchen zum Ausdruck kommt. Entlehnt aus der Informatik, lässt diese Form die Option offen, auch jene Geschlechter mitzudenken, die jenseits einer normativen binären Geschlechtervorstellung existieren.

Repräsentation, Produktion, Konsum, Selbstpositionierungen und Regulation. Als Inspiration zu dieser Vorgehensweise diente der *Circuit of Culture* der von Stuart Hall in den Cultural Studies entwickelt wurde und welcher für die Beantwortung nach der Gestaltung von muslimischer Mode strukturierend eingesetzt wird (vgl. Abschnitt 1.5). Es geht mir dabei weniger um die genaue Beschreibung von verschiedenen muslimischen Bekleidungsformen, als vielmehr darum, mit der Betrachtung einer angeblich „fremden" Stilform etwas über Mode und Migration im Allgemeinen zu erfahren. Deswegen erstelle ich auch keine Typologie, deren Systematik ich mit vielen Interviewpartnerinnen verifiziere, sondern verwende mehr Energie darauf, vor dem Hintergrund bestehenden Wissens verstehen zu lernen, was die Modeformen der Frauen ausmacht und wie deren Bedeutungen kontextuell einzuordnen sind.

1.2 Forschungsproblem

Den Ausgangspunkt meiner Überlegungen bilden Erkenntnisse, die ich in meiner Magisterarbeit vorlegte (Kanitz 2010). Darin kam ich zu dem Schluss, dass die Art und Weise, wie sich Frauen in der Hauptstadt Syriens kleiden, als öffentliche Visitenkarte dient, mittels derer dem Umfeld Informationen über die eigene Person übermittelt werden. Als Grund dafür beschrieb ich u.a. die eingeschränkte Möglichkeit zur Kommunikation zwischen einander unbekannten Männern und Frauen und die immer noch vorherrschende Vermittlung von potentiellen Ehepartner*innen über Verwandte und Bekannte. Innerhalb dieses Rahmens sind die durch Kleidung kommunizierten Informationen immens wichtig. Mittels der Kleidung, so fand ich, beschrieben die Frauen ihre Person, ihre Vorstellungen vom Leben und den Grad ihrer religiösen Verbundenheit. Es zeigte sich ein äußerst differenziertes Bild, welches jede Trägerin an ihre Umgebung übermittelte.

Im Zuge einer Migration geht die Fähigkeit der Menschen in der Umgebung, diese vestimentären Differenzierungen zu lesen, verloren bzw. die Migrant*innen finden sich in einer Situation wieder, bei der die Anzahl der Leser*innen stark reduziert ist. Die Kontextverlagerung der Migration setzt die Frauen zudem Stereotypisierungsprozessen aus. Muslim*innen machen darüber hinaus im globalen Westen die Erfahrung, dass das Kopftuch politisiert wird. Durch die Fokussierung auf Negativthemen und damit in Zusammenhang gebrachten Rekontextualisierungen des Kopftuches, werden ihm in politischen Debatten Kollektivzuordnungen und Fremdzuschreibungen beigeordnet. Beispielsweise wird der Bekleidungsstil einer erfolgreichen, religiös gebildeten Damaszenerin in Deutschland oftmals mit dem einer Frau aus der Unterschicht assoziiert. Durch die mediale Politisierung und Stererotypisierung werden Kopftücher also nicht als Teil der vestimentären Visitenkarte eines eigenen Kleidungsstils gesehen, sondern in erster Linie als Symbol einer vermeintlich unterdrückerischen und frauenverachtenden Religion.

In den letzten Jahrzehnten wurde deutlich, dass die Europäische Union Zuwanderung braucht und auch willkommen geheißen hat. Doch konfrontiert mit ‚den Anderen' wurden Vorstellungen von europäischer Identität neu konstruiert, in erster Linie durch Abgrenzung und über selektive Erinnerung. Vielfach fanden sich Ängste um die Reinheit der europäischen oder nationalen Kultur reproduziert in Debatten über nationale, kulturelle oder religiöse Grenzen, die darüber hinwegtäuschen, dass die EU längst heterogen ist und es auch immer mehr werden wird. Dabei wird ein Bild von zwei Lagern entworfen: Auf der einen Seite stehen die ‚Europäer*innen' und auf der anderen Seite die ‚Neuankömmlinge'. So lässt sich auch erklären, warum die Wahrnehmung von Einzelpersonen oftmals über nationale, religiöse oder ethnische Herkunft erfolgt (Göle 2008, S. 10) und warum Frauen mit Kopftuch immer wieder erklären müssen, woher sie kommen: aus Berlin, nicht aus der Türkei.

Parallel dazu ist in verschiedenen Arbeiten das Wissen darüber weiterentwickelt worden, warum muslimische Frauen ihr Kopftuch tragen wollen. Dennoch ist es weiterhin mit negativen Vorstellungen konnotiert. Es gilt ein breiteres Verständnis dafür zu schaffen, dass auch Kleidung, die von gläubigen muslimischen Frauen getragen wird, oftmals der modische Audruck einer kulturellen Zugehörigkeit ist. In aller Regel macht sich nur niemand die Mühe, die Details der modesten[4] Kleidung zu lesen. Dass Kleidung als ein wichtiges Kennzeichen zur Abgrenzung und Sichtbarmachung durch alle Subkulturen verwendet wird, ist in Bezug auf alle subkulturellen Strömungen Deutschlands eine ohne Weiteres akzeptierte Meinung. Bomberjacken tragen oder trugen vor allem Skinheads, mit Baggy Pants kennzeichnen sich Anhänger*innen der Hip-Hop-Szene etc. Muslimischen Frauen wird diese Modevielfalt nicht zugetraut, angeblich handele es sich ja nicht um Frauen aus „der Moderne". Aber wie jeder andere Kleidungsstil auch stellt islamische Mode eine Visitenkarte dar, auf der Frauen ihre Persönlichkeit abbilden und verschiedene Identitätskonstruktionen inszenieren.

---

4   Das Wort „modest" ist im Deutschen etwas veraltet und bedeutet soviel wie bescheiden oder sittsam. Im Englischen ist es jedoch gebräuchlich. Ich verwende es hier, weil es meiner Meinung nach die treffendste nicht religiös konnotierte Beschreibung für Hijab-Bekleidung ist.

Hier setzt diese Arbeit an, indem sie einerseits auf die verschiedenen Implikationen eingeht, welche der Titel der Arbeit mit sich bringt und das Kopftuch modisch kontextuell nachvollziehbar und verstehbar macht. Andererseits dekonstruiert sie Vorstellungen von Identitäten als monolithische und unveränderliche Blöcke. Es wurde angestrebt, eine Perspektivverschiebung zu erreichen und nachzuweisen, dass die Kleidungsstile muslimischer Frauen in erster Linie genau das sind: Bekleidungsstile. Ein Aspekt davon ist die religiöse Ebene, aber eben nur einer. Andere Aspekte sind Herkunft, soziale Stellung und Position im persönlichen Lebenslauf. Da Mode die akzeptierten Maßstäbe der sozialen Ästhetik setzt, wird die Entwicklung einer eigenen muslimischen Mode in dieser Arbeit als gesellschaftspolitische Aussage der gefühlten Ausgrenzung und des Umgangs damit verstanden, statt sie als Abgrenzung zu verstehen.

1.3 Thesen und Fragestellung

1.3.1 Fragestellung

Das Hauptinteresse dieser Untersuchung lag vor allem darin zu verstehen, wie sich die Kleidung entwickelt, wenn die Vorstellung von religiös angemessener Kleidung nicht der Mehrheitsgesellschaft entspricht. Dazu wurde für ein besseres Verständnis zwischen Personen unterschieden, die selbst migriert sind und Frauen, denen ein Migrationshintergrund nur zugeschrieben wird. In dieser Forschungsarbeit gehe ich ganz konkret der Frage nach, wie diese Musliminnen in Deutschland ihre Kleidung gestalten. Die Antwort ist verhältnismäßig einfach und dennoch bin ich während meiner Forschungen und der immer wieder gestellten Frage nach meinem Dissertationsthema auf durchweg überraschte Gesichter gestoßen: Ja, auch muslimische Frauen folgen einer Mode.

Der durch die Migration entstehende Kontextwechsel bedeutet jedoch einen Verlust der Definitionsmacht für die Migrant*innen über die eigene Außenwahrnehmung, welche die Position einer Person in der Gesellschaft maßgeblich mitbestimmt. Das, was sie als Mode betrachten, muss nicht unbedingt im neuen Umfeld als Mode betrachtet werden. Mode ist sehr dynamisch und hängt von gelingender und nichtgelingender Kommunikation ab. Sollen modische Zusammenhänge beschrieben werden, ist es deshalb unbedingt notwendig, die vielfältigen Dimensionen zu berücksichtigen. Insbesondere vestimentäre Codierungen können nur vor dem Hintergrund der konkreten Lebenssituation ausgelesen werden. Einflussnehmend sind zum einen die Wahrnehmung ethischer Regeln, denen das gesellschaftliche Leben folgt und zum anderen die ästhetischen Vorstellungen, welche in verschiedenen Kontexten bei der gleichen Person grundlegend differieren können. Daraus folgt, dass die Bedeutung von religiöser Frauenbekleidung im Allgemeinen und von Kopftüchern im Speziellen nur durch die Betrachtung der Perspektiven der Frauen selbst verstanden werden können. Aus diesem Grund habe ich eine intensive qualitative Feldforschung mit wenigen Personen auf mikrosoziologischer Ebene durchgeführt.

Um die Wahrnehmungen und Vorstellungen der von mir untersuchten Frauen nachvollziehbar zu machen, war neben der eigentlichen Untersuchung eine intensive Auseinandersetzung mit verschiedenen theoretischen Ansätzen wichtig. Ausgerüstet mit diesen Vorinformationen galt es, die Perspektiven muslimischer Frauen auf das Kopftuch als Element ihrer alltäglichen Kleiderpraxis in Deutschland zu untersuchen. Die zentrale Fragestellung dieser Arbeit lautet:

> Kann mittels der Betrachtung der Mode eine Aussage über die Integrationsleistung muslimischer Frauen getroffen werden?

Forschungsleitende Fragen waren daraus folgend:

- Wie gestalten sich die Modepraktiken von muslimischen Frauen in Deutschland?
- Wie unterscheiden sich die Kleiderpraktiken von Migrantinnen und Nichtmigrantinnen? Damit sind einerseits Frauen mit eigener Migrationserfahrung gemeint und andererseits Frauen, die aus Familien mit Migrationserfahrung stammen und über keine eigene dauerhafte Migrationserfahrung verfügen.
- Kann aus einem möglichen Unterschied etwas über „westliche" Dominanzgesellschaften ausgesagt werden?

Weitere Fragen, an denen ich mich orientierte, waren zum Beispiel: An welchen Merkmalen erkennen Musliminnen modisch Gleichgesinnte? Verändern sich die Kleidungsstile unmittelbar nach der Migration, und wenn ja, wie? Welche Veränderungen ergeben sich im Laufe der Zeit? Wie erfahren sie die Unfähigkeit ihrer Umgebung, die Codierungen ihrer Kleidung zu lesen, weil sie sie nicht lesen kann und zudem offenbar zumeist gar nicht lesen möchte? Empfinden sie alltagspraktische Auswirkungen und wenn ja: Wie gehen sie damit um?

1.3.2 Thesen

Zu Beginn der Forschung formulierte ich einige Thesen, die ich zum Teil
widerlegte, zum Teil im Verlauf der Forschung um neue Thesen ergänzte.
Meine Ausgangsthese für diese Arbeit, welche aus meinem vorhergehenden Forschungsprojekt in Syrien resultierte, lautet, dass auch im Kontext
islamischer Länder Mode ein kreatives Instrument zur gesellschaftlichen
Positionierung ist.

Hijab ist eine Visitenkarte   Muslimische Frauen gestalten ihre Kleidung,
wie andere Menschen auch, als Visitenkarte. Sogenannte muslimische Kleidung ist viel mehr als nur muslimisch im Sinne von religiös. Sie integriert
soziale und religiöse Einflüsse ebenso wie persönliche Interessen, insbesondere
das Interesse für Mode oder individuell als schön empfundene Bekleidung.
Muslimische Frauen bilden ihre Persönlichkeit auf ihrer Kleidung ab und
darüber hinaus ihre Vergangenheit und ihre Zukunftsvorstellungen.

Hijab dient der Schambedeckung   Die muslimische Kleidung bezieht sich
nicht nur auf das Kopftuch, sondern auf die gesamte Bekleidung. Einen
Teil davon wegzunehmen, verletzt die Schamgrenzen; es wäre, wie einem
„westlichen" Mann seine Hosen zu nehmen.

Integration ist längst erreicht   Modestile entwickeln sich in einer Gemeinschaft und wer Teil einer Gruppe war, hat Erfahrungen darin gesammelt, die
vestimentären Kommunikationsstile entsprechend der von außen herange-
tragenen Vorstellung von Ästhetik und Ethik anzupassen. In der Migration
stoßen die Frauen auf neue ästhetische Kontexte. Deren Anforderungen begegnen sie, indem sie ihre vestimentär übermittelten Informationen anpassen.
Sie sind gezwungen, eine neue modische Sprache zu entwickeln, Mischformen
zu finden, die sowohl ihre nationale Herkunft als auch ihre soziale Stellung
hinreichend wiedergeben und es ihnen darüber hinaus ermöglichen, bestimmte Kleidungsstile zuverlässig einzuordnen. Zum Beispiel nach Nationalität,
nach sozialer Schicht oder nach persönlichem Status.
    Aus diesen Überlegungen folgt, dass die vestimentäre Entwicklung der
jungen Musliminnen, die in Deutschland geboren sind, so zu werten ist,
dass der lang eingeforderte Integrationsprozess zumindest bei ihnen längst
stattgefunden hat, da ihre Stile weit mehr Verständnis für gesellschaftliche
Zusammenhänge voraussetzen als nur modischen Geschmack. Es ist daher
zu vermuten, dass die ganze negativ konnotierte Kopftuchdebatte einzig

den Zweck hat, Positionen in der Gesellschaft abzusichern und Hierarchien
zu festigen. Das Handeln mit Mode ist laut der Literaturwissenschaftlerin
und Modeforscherin Gertrud Lehnert (2013) von Nachahmung geprägt. Die
Performanz von Geschlechternormen, von Geschmacksnormen und sozialem
Status gehört zum symbolischen und kulturellen Kapital. Ihre Einhaltung
oder auch ihre gezielten Brüche signalisieren nicht nur ästhetische Kompetenz, sondern auch Bildung. Das Lesen einer Mode ist demzufolge eine
Form kultureller Kompetenz (ebd., S. 18). Dazu gehört auch, bewusst oder
unterbewusst, die Auseinandersetzung mit rechtlichen Strukturen und mit
herrschenden Diskursen der Vorstellungen und Bedeutungen, mit angewandtem Wissen über Bekleidungspraktiken ebenso wie die Auseinandersetzung
mit dem Wissen über die historischen Moden der Eltern, welche oft durch
Bilder erlernt werden (Hall 2004a, S. 68).

Abwertende Diskurse dienen der Absicherung von Privilegien   Über Migration reden schließt in Deutschland meist eine hierarchische Perspektive mit
ein, die ‚fremde' Länder an einen Pol und ‚moderne' Gesellschaften an
den anderen Pol ansiedelt. Daraus folgt ein politisches Hegemonialdenken,
welches Einwander*innen als Fremde am Rand der Gesellschaft verortet.
Jene, die im Zentrum der Gesellschaft stehen, erscheinen gegenüber denen,
die dazu kommen und sich am Rand befinden, innerhalb des Diskurses
als scheinbar überlegen, modern und fortschrittlich. Wird dieser Gedanke
konsequent zu Ende gedacht, kommt man zu dem Schluss, dass hegemoniale
Zuschreibungen bezüglich des Kopftuches in erster Linie nicht aufgrund von
Kompetenzmangel der Zuschreibenden erfolgen oder sie nicht in der Lage
sind, die verschiedenen intergenerationellen und gesellschaftlichen Lesarten
und Aushandlungen zu verstehen, sondern, weil jene Zuschreibungen gemacht
werden sollen. Im Klartext: Zum einen kann das Kopftuch nicht mit all seinen
Implikationen gelesen werden, zum anderen wollen es viele nichtmuslimische
Menschen gar nicht lesen können. Einfacher ist offenbar für viele, es als frau-
enunterdrückendes Symbol einer mittelalterlichen Religion zu sehen, welche
eine Bedrohung der angeblich einzigartigen und schützenswerten deutschen
Identität darstellt.[5]

---

5   Diese Vorstellung entspricht natürlich nicht der Wirklichkeit. Dennoch wird z.B. auf
    den Demonstrationen der Patriotischen Europäer gegen die Islamisierung des Abend-
    landes (PEGIDA) im Dezember 2014 von einem gemeinschaftlichen *wir* gesprochen.
    Dies ist eine Sichtweise, die in dieser Arbeit mit dem Wort *Dominanzgesellschaft*
    bereits kritisch hinterfragt wurde.

Die hier kurz ausgeführten Thesen sind Grundlage der Argumentation in dieser Arbeit. Die Dekonstruktion der gängigen Migrationsfiguren soll dabei eine andere Sichtweise auf Hijab-Bekleidung überhaupt erst ermöglichen.

1.4 Forschungsstand

1.4.1 Kopftuchmode - ein überforschtes Thema?

In den vergangen Jahren war das muslimische Kopftuch im öffentlichen Raum Thema vieler medialer Diskurse in Deutschland und Europa. Zum einen zu nennen ist die „Affaire du Foulard", also die Debatte um das Kopftuchverbot für Schülerinnen an Frankreichs Schulen von 1989 bis 2004, die Debatte um das Kopftuchverbot für Lehrerinnen in Deutschland von 1998 bis 2006 und das Verbot von Ganzkörperverschleierungen in öffentlichen Räumen zunächst in Belgien im April 2010 und im September des gleichen Jahres in Frankreich. Im Jahr 2014 gab es in Deutschland zudem einige Urteile, welche das Kopftuch auch außerhalb des öffentlichen Dienstes ausschließen (z.B. Römer 2014). Die Auseinandersetzungen, insbesondere der Tonfall in den Medien, waren dabei von besonderer Heftigkeit geprägt. Laut Nilüfer Göle ist das Kopftuch vor allem deshalb immer wieder Thema, seit die zweite Generation von Musliminnen mit Migrationshintergrund den Islam in Europa öffentlich sichtbar machen. Die ängstlichen Reaktionen verwiesen im Grunde nur darauf, dass Unklarheiten darüber herrschten, was „säkulare Moderne" in Europa bedeuten kann (Göle 2008, S. 20).

In Forschungen vor den 1980er/90er Jahren wurden insbesondere nationale Zugehörigkeiten betont. Das Kopftuch spielte daher keine große Rolle innerhalb der Forschungen. Ab Mitte der 1990er begannen, so Schröter, muslimische Frauen in Interviews das Thema Kopftuch selbst zu benennen (Schröter 2002, S. 242). Aus dieser Zeit stammen auch die ersten, sehr erhellenden Werke von Ursula Mihciyazgan (1993), welche aber aufgrund ihres Veröffentlichungsdatums heute kaum noch Beachtung finden.

Die Literatur seit den 1990er Jahren zum Thema Kopftücher lässt sich grob in zwei Kategorien unterteilen: Diskursanalysen, welche den Islam und untergeordnet auch das Kopftuch zumeist in gesamtgesellschaftlichen Kontexten betrachten, und empirische Untersuchungen, die durch intensive Forschungen gezielte Aussagen zu treffen suchen. Es gibt jedoch bis heute kaum Literatur über muslimische Modepraktiken und im Allgemeinen eine große Forschungslücke, wenn es darum geht, den Zusammenhang zwischen Mode und Religion zu untersuchen. Erst langsam ändert sich die Vorstellung, dass muslimischen Frauen ihre Bekleidung durch die religiösen Vorschriften diktiert werde und dass Kleidung muslimischer Frauen und Mode deswegen inkompatibel seien. Und dies ungeachtet der Tatsache, dass es eine große Vielfalt von Bekleidungen von zum Teil sehr religiösen Frauen gibt (Tarlo und Moors 2007, S. 133).

Die meisten Arbeiten, welche das Kopftuch erwähnen, haben entweder muslimische Frauen als gesellschaftliche Gruppe im Fokus oder behandeln das Thema weibliche Bekleidung als Teil einer thematisch anders orientierten Arbeit, etwa Islam oder muslimische Gruppen in Deutschland. In Bezug auf Kopftücher oder weibliche muslimische Bekleidungspraktiken stand dabei bis etwa 2010 immer die Frage danach im Mittelpunkt, warum Kopftücher überhaupt getragen werden. Im Folgenden werde ich die bisher erarbeiteten Antworten auf diese Frage vorstellen, um nachvollziehbar zu machen, wie sich die vorliegende Dissertation von dieser bereits ausführlich beantworteten Frage nach dem Warum abhebt.

1.4.2 Warum tragen die das eigentlich?

Diskursanalysen, darunter insbesondere populärwissenschaftliche Veröffentlichungen, näherten sich dem Thema Islam und Kopftuch in erster Linie unter normativen Prämissen, bei der die Normen und Ansichten der Argumentierenden regelmäßig den in den Arbeiten propagierten Wertvorstellungen entsprachen. So wurden Untersuchungen über die Einflüsse der Herkunftsgesellschaften auf Migranten in Europa seit den 1990er Jahren vorwiegend polarisierend anhand von Radikalisierungen muslimischer Gruppierungen beschrieben. Deren translokale Verknüpfungen galten vorwiegend als problematisch wie im Fall von Milli Görüş oder „Ablegerorganisationen" der Muslimbrüder. Beispiele dafür liefern Gilles Kepel (1994), Ursula Spuler-Stegemann (1998) oder Bassam Tibi (2002) ebenso wie Necla Kelek (2005). Geprägt war diese Literatur durch den Gebrauch von vorformatierten Schemata, die sämtliche Diskurse, welche den Islam thematisierten, unter eine Kategorie zusammenzufassen und mit Konzepten wie „Feindbild" oder „Islamophobie" operierten, welche dazu dienen, das Thema zu problematisieren. Die Dynamiken sowie die Pluralität der tatsächlichen Gegebenheiten wurden dabei oft unberücksichtigt gelassen und insbesondere Musliminnen eine passive Opferrolle zugeschrieben.

Es gab aber auch andere Perspektiven innerhalb dikursanalytischer
Werke. So betrieb beispielsweise Elisabeth Beck-Gernsheim (2004) Ursachen-
forschung für die problematisierende Sichtweise auf den Islam. Sie analysierte
sehr präzise die durch die Medien aufgeheizte Wahrnehmung des Islams.
Einen ähnlichen Ansatz verfolgten Christina von Braun und Bettina Mathes,
welche die Doppelmoral um das Kopftuch beschrieben (von Braun und Mathes 2007). An den Beispielen Geschlechterordnung, Traditionsverständnis,
religiöse Symbole und ökonomische Ordnung setzten sie sich differenziert
mit den verschiedenen Bedeutungsebenen des Kopftuches auseinander und
analysierten diese umfassend. Aber obwohl die Grundhaltung dieser Autorinnen gegenüber dem Islam weniger abwertend war, waren die Beschreibungen
insbesondere bei von Braun und Mathes insofern nicht differenziert genug,
als dass sie teils zu monokausal beschrieben.

Weitere Arbeiten, z.B. die Beschreibungen von Rolf Schieder, stellten
das religiöse Dilemma des liberalen Staatswesens in den Mittelpunkt: Auf
der einen Seite versteht sich Deutschland als säkularer Staat, welcher allen
Religionen gegenüber neutral aufzutreten hat. Auf der anderen Seite soll
das christliche Weltbild Vorbildfunktion behalten, wodurch andere religiöse
Gruppierungen in die Radikalität gedrängt würden. Rolf Schieder forderte, es
müsse ein zivilreligiöses Gesamtkonzept her, welches das Dilemma zwischen
christlichem Anspruch und laizistischem Staat auflöse (Schieder 2000). Nilüfer
Göle (2008) diskutierte die Forderungen von Schieder anhand des Beispiels
Türkei. Göle schlug die Türkei als Rollenmodell eines säkularen Staates
vor und lotete Möglichkeiten aus, diese zum Vorbild zu nehmen. Dazu
betrachtete Göle verschiedenste Aspekte, vom Umgang mit dem Terrorismus
über Globalisierung bis hin zu einer Redefinition von europäischer kultureller
Identität.

Auch Heide Oestreich (2004, S. 145) betrachtete das Staatswesen und
vor allem die rechtlichen Diskurse und bezeichnete das Kopftuchtragen als
Form der Gegen-Identität. Durch die Zuschreibung als Migrationsandere
bestünde ohnehin eine Diskriminierung, die nicht überwunden werden könne.
Es würde ein Gegen-Diskurs initiiert werden, welcher mangels anderer Repräsentationsformen über Körperpolitik ausgedrückt würde. Das Kopftuch
verleihe den Frauen hierbei erst eine Stimme. Gleichzeitig liest sich die
Betonung der Differenz wie eine Kritik an der Dominanzkultur, an ihren
Umgangsformen miteinander und an der Ausgrenzung von vermeintlich Fremden. „Es auszuziehen würde den Rückfall in die Sprachlosigkeit bedeuten."
(ebd., S. 146) Die Frauen transformierten die ehemalige Gastarbeiterreligion

zu einem stilisierten Hochislam[6], welcher die Regeln der Traditionen der Herkunftsländer als kulturell bedingt aussortiere und somit den Islam anschlussfähig mache an die Aufnahmegesellschaft, da er kompatibel mit den säkularisierten Identitätskonzepten des globalen Westens sei (ebd., S. 146). Vereinfacht kann gesagt werden, der Verzicht auf Gummibärchen, welche aufgrund ihres Gelantinegehalts als *haram* gelten, in Kombination mit einem bei den Eltern Vertrauen stiftenden Kopftuch, ermöglicht den Frauen den ungezwungeneren Umgang mit männlichen Klassenkameraden bei außeralltäglichen Aktivitäten, weil sich die Eltern des korrekten Verhaltens ihrer Töchter sicherer sein können (ebd., S. 143). Diese umfassende, aber eher journalistische Analyse wurde von Julia von Blumenthal (2009) um eine rein juristische Perspektive des Kopftuchstreits und seinen Auswirkungen auf die Rechtsprechung innerhalb der förderativen Landesstruktur Deutschlands ergänzt.

Eine weitere hier zu nennende Kategorie von Diskursanalysen bilden kontextualisierende Werke, insbesondere der Vergleich der Kopftuchdebatten zwischen Deutschland und Frankreich. Schirin Amir-Moazami (2007) stellte dazu die detaillierteste Arbeit vor. Das Kopftuch ist laut Moazami nicht nur Ausdruck des muslimischen Glaubens, sondern Zeichen für wachsende Vergesellschaftungsprozesse und „Interpretationskämpfe um muslimische Diskurs- und Lebenstraditionen" (ebd., S. 31) in westlichen Gesellschaften. Sie sind in z.b. traditionelle Vorstellungen eingebettet und repräsentieren durchaus nicht nur eine frei schwebende und frei gewählte religiöse Identität. Andererseits argumentiert sie ebenso, dass es den Frauen nicht um die Kommunikation einer ‚Identität' gehe, sondern darum, eine tiefere Bindung zu Gott herzustellen sowie die Kultivierung ihrer eigenen Spiritualität (ebd., S. 173).

Daran anknüpfend kann die Aufsatzsammlung von Berghahn und Rostock (2009) gesehen werden. Die Herausgeberinnen sammeln in ihrem Buch eine umfassende Anzahl aktueller diskursiver Beiträge über die Positionen in den Kopftuchdebatten in Österreich, Schweiz und Deutschland. Ebenfalls Eingang fanden aktuelle Beiträge zu Aspekten der Verortung Deutschlands

---

6 Der Unterschied zwischen Hochislam und Volksislam wurde vor allem von Ursula Mihciyazgan auseinandergesetzt. Sie kommt zu dem Ergebnis, „daß der Islam, den die ‚einfachen' Muslime im Alltag leben, ein anderer ist als der, der in der offiziellen Lehre des Islams vertreten (und in der Literatur über den Islam dargestellt) wird." (Mihciyazgan 1994a, S. 197) Analog dazu unterscheide ich in meinen Beschreibungen in muslimisch und islamisch, obwohl beide Wörter im Deutschen grammatikalisch als gleichbedeutend zu verstehen sind. Als ‚muslimisch' werden im Folgenden die Praktiken von Muslim*innen beschreiben, während sich ‚islamisch' auf alles bezieht, was mit der offiziellen Lehre des Islams verknüpft ist.

zwischen Multikulturalismus und hegemonialem Anspruchsdenken deutscher
Traditionen.

Empirische Untersuchungen unterteilen sich in qualitative und quantita-
tive Forschungen. Diese beiden Ausrichtungen verstehe ich als einander
ergänzend. Sie beschäftigen sich weniger mit dem Kopftuch im gesamtgesellschaftlichen Kontext als mit den Kopftuch tragenden Personen. Die größten
quantitativen, allerdings sich nicht im sozialwissenschaftlichen Sinne als
repräsentativ verstehenden Untersuchungen aus jüngerer Zeit, stammen zum
einen von Jessen und Wilamowitz-Moellendorff (2006). Diese analysierten für
die Konrad-Adenauer-Stiftung anhand einer Umfrage mit türkischstämmigen
Interviewpartnerinnen eine große Ähnlichkeit zwischen den Lebensvorstellun-
gen deutscher und türkischer Frauen. Sie kommen zu dem Schluss, dass in
der deutschen Mehrheitsgesellschaft über die Motive der Frauen, Kopftuch
zu tragen, weitgehend Unkenntnis herrsche. Karakaşoğlu und Boos-Nünning
(2005) hingegen ermitteln mit 5 verschiedenen Migrantinnengruppen Daten
zu einem breiten Themenspektrum innerhalb der Lebenssituation junger
Frauen.

Die bisherige qualitative Forschung betrachtet ebenfalls vor allem die
zweite Generation, d.h. Musliminnen mit in der Regel türkischem Migrationshintergrund und ihre Art, mit Kopftüchern eine eigene Form von kultureller
Identität herzustellen – nicht „am Rand der Gesellschaft", sondern auf der
Suche nach eigenen Bezugspunkten in muslimischen Identitätsvorstellungen.
Eine Reihe von Fallstudien zu der veränderten Situation muslimischer Frau-
en in der globalisierten Moderne veröffentlichten Klein-Hessling, Nökel und
Werner (1999). Kurz darauf erschien die Fallstudie von Gritt Klinkhammer
(2000) Weitere Arbeiten hierzu stammen z.b. von Nökel (2002) und Höglinger
(2002). In allen genannten Schriften werden das Kopftuch und die Motive,
es zu tragen, sehr vielschichtig und kontextbezogen interpretiert. Ihre Ergebnisse stehen, wie bei Jessen schon vermutet, nicht selten im Widerspruch
zur öffentlichen Wahrnehmung von Musliminnen (Höglinger 2004). Denn es
handelt es sich beim Kopftuch oft gerade um eine selbstständige Aneignung
als Weg aus der Subalternität. Junge Frauen, die im globalen Westen groß
geworden sind, empfinden insbesondere in der Phase der Adoleszenz eine
starke Auseinandersetzung mit der Gesellschaft, der sie einerseits angehören,
von der sie andererseits regelmäßig Diskriminierung und Stigmatisierung
erfahren (19 Göle 2008, vgl. auch; Bendixsen 2013).

Ein Grund dafür Hijab zu tragen ist, sich selbst Teilhabe an der ge-
mischtgeschlechtlichen Öffentlichkeit zu ermöglichen, indem ein Teil des
‚Harems', ins Deutsche nur unzureichend mit Heiligtum übersetzt, mit sich

genommen und um sich herum getragen wird (Nökel 2004, S. 284). Abu
Lughod hat dies treffend mit „mobile homes" beschrieben (Abu-Lughod
2002, S. 785). Nökel (2002, S. 89) hat aufgezeigt, dass die Frauen die Kritiker
ihrer Lebensweise mit islamischen Argumenten schachmatt setzen können.
Werner Schiffauer (2002) wiederum hat festgehalten, dass diese Sprachmacht
für muslimische Frauen nur entstehen kann durch die Bezugnahme auf die
koranische Offenbarung. Ihren verkörperten Ausdruck zeigen sie auf der
Kleidung, um sich nicht den Vorwurf gefallen zu lassen, sich von der westlichen Gesellschaft vereinnahmt haben zu lassen. Durch die Bezugnahme
auf feministische Interpretationen des Korans können gesellschaftskritische
Positionen nachdrücklich vertreten werden (Oestreich 2004, S. 152). Nökel
(2002, S. 96), Karakaşoğlu und Boos-Nünning (2005, S. 27) bilden in ihren
Interviews ähnliche Urteile ab: Für Musliminnen ist das Kopftuch ein In-
itiationsritus, der Wertschätzung innerhalb der muslimischen Gemeinschaft
einbringt, da es eine Art Askese bedeutet und die Absage an körperliche
Bedürfnisse ausdrückt (vgl. auch Oestreich 2004, S. 140).

1.4.3 Verortung und Abgrenzung

Diskursanalysen, wie sie durch von Braun oder Beck-Gernsheim veröffentlicht
wurden, stellen zwar klar, dass das Kopftuch weit differenzierter zu betrachten ist als bisher geschehen, hören aber bei der theoretischen Betrachtung auf,
betreiben also keine eigene Forschung. Qualitative Untersuchungen fokus-
sieren hingegen auf die als problematisch empfundene Auseinandersetzung
adoleszenter Frauen mit zugeschriebenen türkischem Migrationshintergrund.
Jene sähen im Islam eine Grundlage für ihr selbstständiges ethisches und
ästhetisches Verhalten und würden ihn kontinuierlich als persönliche und
bewusste Aneignung heraufbeschwören. Mit dieser verorten sie die eigene
Position in der Gesellschaft und grenzen sich einerseits von früheren Generationen und andererseits von dominanzgesellschaftlichen Zuschreibungen ab
(Göle 2008, S. 20).
    Die umfangreiche Literatur zum Thema Hijab ist geprägt von Fragen
nach dem ‚Warum', der rechtsstaatlichen Perspektive, der islamwissenschaftli-
chen Perspektive, nach den Motivationen etc. Es gibt keine forschungstheore-
tischen Ansätze aus der Modeperspektive, keine vestimentären Biographien,
zumindest nicht im deutschsprachigen Raum. Erst in den letzten Jahren
erschienen Arbeiten, die sich mit dem speziellen Thema von Mode im Islam
auseinandersetzen. Diese Arbeiten begannen mit der Sonderausgabe des

Magazins „Fashion Theory" durch Tarlo und Moors (2007) mit dem Fokus
auf außereuropäische Modeerscheinungen. Tarlo veröffentlichte zudem eine
Monographie mit Fallstudien zu 3 Frauen in Großbritannien (Tarlo 2010).
Dies wurde ergänzt durch eine erst 2013 erschienene Aufsatzsammlung von
Forschungen zu muslimischen Modeerscheinungen im globalen Westen (Tarlo
und Moors 2013). Im gleichen Jahr erschienen die Betrachtungen von Maruta
Herding (2013) zu den Entwicklungen einer muslimischen Konsumkultur in
Europa.

Die genannten Arbeiten entwerfen noch einmal ein differenzierteres Bild
auf Mode im Islam. Während oftmals orthodoxe Ansprüche an die Moden
der Frauen darauf basieren, dass das jeweilige Kleidungsstück in der Lage
ist, den Körper angemessen zu verhüllen, also so, dass optimalerweise die
Körperkonturen nicht sichtbar sind, legen die Frauen selbst mehr Wert darauf,
dass die Geisteshaltung beim Tragen die ‚Richtige' ist, wobei der Vorwurf,
dass muslimische Kleidung sie den Männern unterwerfe, unwesentlich für
sie ist. Die überwiegende Mehrzahl muslimischer Frauen will sich mit ihrer
Hijab-Bekleidung in erster Linie Gott unterwerfen und nicht den Männern
(vgl. z.B. Schulz 2007, S. 267). Kleidung hilft ihnen dabei, die Geisteshaltung
der religiösen Hingabe zu erreichen; die Religion wird durch Kleidung nicht
einfach nur ausgedrückt.

Die Frage nach der Vielzahl von Gründen, warum Frauen Hijab tragen,
sollte in der vorhandenen Literatur hinreichend beantwortet sein. Diese
Arbeit ist eine der ersten, die genauer ausführt, wie diese Kleidung beschaffen
ist und was sie den Frauen im Einzelnen bedeutet und vor allem, was für
Schlussfolgerungen aus den Beobachtungen für die Migrations- und für die
Modetheorie zu ziehen sind.

1.5 The *Circuit of Culture* oder auch: Kapitelüberblick

Der Titel der vorliegenden Arbeit lautet „Das Kopftuch als Visitenkarte – Stil-
und Ausdrucksformen von Musliminnen in Berlin. Eine qualitative Fallstudie"
und er wirft eine Menge Fragen auf. Was zum Beispiel ist ein Kopftuch?
Oder was sind Stilformen? Dies sind noch die einfacheren Fragen, die sich bei
diesem Titel stellen. Weitaus schwieriger zu beantworten ist die Frage danach,
was eine Muslimin ist. Um nicht nur Frauen und ihre Moden zu beforschen,
sondern darüber hinaus auch diese Fragen theoretisch zu betrachten wird
der Hauptteil der Arbeit nach dem *Circuit of Culture* strukturiert, welcher
unter anderem durch Stuart Hall im Rahmen der britischen Cultural Studies

entwickelt wurde. Gemäß den Überlegungen, welche unter anderem in der Analyse des Walkmans zum Einsatz kamen, sind kulturelle Phänomene ein Ergebnis von Medienproduktion und Zirkulation und können nur in ihrer Gesamtheit verstanden werden (Du Gay u. a. 1997). Der Kulturkreislauf, oder Kreislauf der Kulturen, ist eine der integrativsten Methoden zur Analyse eines in medialen Diskursen vermittelten Objektes (Hepp 2004, S. 163).

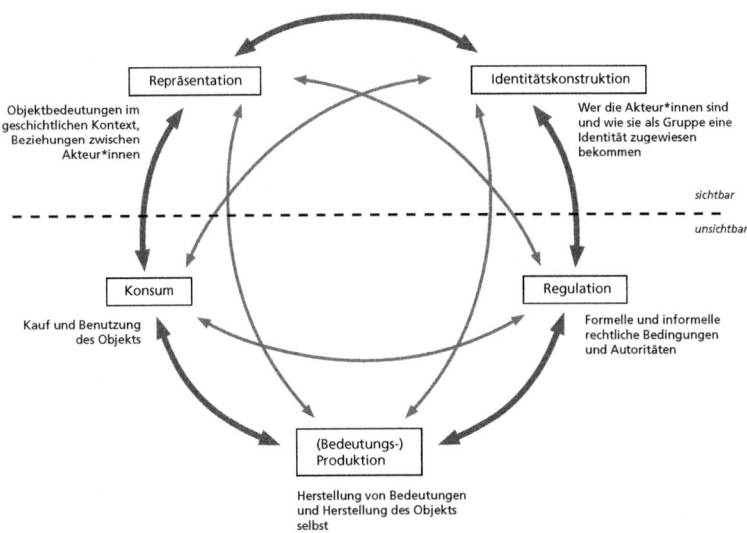

Abbildung 1.1: *Circuit of Culture, in Anlehnung an Du Gay (1997)*. Quelle: JK.

Da das Kopftuch nicht nur ein Stück Stoff ist, sondern auch ein medial vermitteltes Produkt darstellt, wird es von mir als solches analysiert werden. Im Folgenden werde ich dem Rechnung tragen, indem ich den Theorieteil anhand der fünf zu analysierenden Elemente aufgliedere. Das Kapitel:

- *Repräsentationen* gibt einen ersten Überblick über die Diskurse, die ausgrenzende Zuschreibungen auf Kopftücher projizieren und ihre Ursprünge. Außerdem fragt es danach, wie Zuschreibungen von Identität Einfluss auf vestimentäre Ausdrucksformen nehmen.

- *Produktion der Bedeutung* betrachtet Modetheorie und verknüpft sie mit der Erschaffung von muslimischer Mode in Zeitschriften, Blogs, etc.
- *Konsum islamischer Mode* beleuchtet die Konsumpraktiken von Hijab-tragenden Musliminnen sowie die Integration des Hijabs in den Alltag (vgl. Hepp 2004, S. 161).
- *Selbstpositionierungen* fragt danach, wie Hijab-Moden im Alltag zum Einsatz kommen und lässt die Frauen über ihre alltägliche Beklei-dungssituation berichten.
- *Dimensionen der Regulation* untersucht rechtsnormative und politische Aspekte des Kopftuches sowie die täglichen Beeinflussungen der Frauen durch ihre Umgebung.

Von dieser Form der Analyse verspreche ich mir, mich dem Hijab eben nicht nur über die Analyse von Diskursen zu nähern, sondern auch die „Produktionskulturen und Aneignungsprozesse" mit einzubeziehen und für eine differenziertere Betrachtung muslimischer Religionspraxis nutzbar zu machen, da das Kopftuch ein wesentlicher Teil weiblicher muslimischer Religionspraxis ist (ebd., S. 162-163). Insbesondere Kapitel 3 beschreibt die oft diskutierten und deshalb hypersichtbaren Anteile des Diskurses um Kopftücher. Im Hintergrund bleiben hingegen oft die konkreten Abläufe der Bedeutungsproduktion. Deshalb gehe ich in eigenen Kapiteln auch auf den Rechtsdiskurs sowie auf die Konsum- und Produktionsformen ein. Der zweite Teil dieser Arbeit besteht aus der zusammenfassenden Analyse, welche von den theoretischen Vorüberlegungen unterfüttert wird. Es werden die im Laufe der Forschung entwickelten Thesen dieser Arbeit ausführlich diskutiert und in eine theoretische Schlussbetrachtung überführt. Doch zunächst zur verwendeten Methodik.

2 Methodik

2.1 Grundprämissen qualitativer Forschung

Nach Herbert Blumer (1954) handeln Menschen gegenüber der Welt, indem sie diese mit Bedeutungen versehen und sich dann dazu verhalten. Manchmal ist es auch nur die Erwartung einer bestimmten Bedeutung. Sichtbar werden Bedeutungen ausschließlich im Verlauf von Interaktionen, außerhalb davon nicht. Situationen, in denen Menschen interagieren, dienen dazu, die voneinander erwarteten Bedeutungen miteinander auszuhandeln. Unterscheiden sich die Vorstellungen über jene Bedeutungen, kommt es nicht selten zu verschiedenen Formen von Konflikten (Dellwing und Prus 2012, S. 21). Dies bedeutet aber auch, es gibt keine Bedeutungen von Dingen jenseits der menschlichen Interaktion. Die Welt ist nicht voller Bedeutungen, die erst entdeckt werden müssen, sondern viele kleine konkrete Handlungen versehen kontextgebunden ein Objekt mit Inhalt. In anderen Kontexten können sich ganz andere Deutungen ergeben. Interpretation, so die Grundannahme dieser Arbeit, ist also eine komplexe gemeinschaftliche menschliche Leistung (Dellwing und Prus 2012, S. 20; Kaschuba 1999, S. 210). Die Bedeutungen von Menschen selbst werden im Sprachgebrauch meist mit Identitäten oder Persönlichkeiten beschrieben. Diese Identitäten werden zum Teil gemeinschaftlich erschaffen, zum Teil werden sie Menschen auch auferlegt, was diese dann zu Objekten degradiert. Aus diesem Grund wird zu einem späteren Zeitpunkt in dieser Arbeit auch die Aussage getroffen, dass Identität eher eine Zumutung, denn etwas Erstrebenswertes sei. (S. 87, in Kapitel 3.4) Nichtsdestotrotz, die „Antizipation der Interpretation anderer liefert den Kontext, in dem wir selbst unsere Handlungen ausführen[...]."(Dellwing und Prus 2012, S. 31) Handlungen erfolgen demzufolge zum einen in der Annahme einer normativen Definition einer Situation in einer bestimmten Gruppe. Zum anderen repräsentieren sich Menschen im Rahmen der ihnen

zugeordneten Identitätskonstruktionen, die „mit Unterstellungen bezüglich
Geschlecht, Aussehen, gesprochenen Sprachen etc. verwoben sind." (Dellwing
und Prus 2012, S. 37) Dabei sind es vor allem erlernte Perspektiven und
Wahrnehmungen, die diese Repräsentationen beeinflussen (Appadurai 1996,
S. 48).

Daraus ist zu schließen, dass auch der Status von Menschen nicht automatisch vorhanden ist, zum Beispiel strukturell, sondern in jeder Situation
durch die Menschen aktiv ausgehandelt bzw. reproduziert wird (Dellwing
und Prus 2012, S. 25). Nicht Strukturen, sondern Aktivitäten sind der Ausgangspunkt, um menschliches Handeln verstehen zu können und vor allem
verstehbar zu machen, da es hinter der Praxis keine immer vorhandene
strukturierende Wahrheit gibt. Selbst Meinungen sind niemals vorgefasst
und werden in entscheidenden Situationen nur noch präsentiert, vielmehr
entstehen Meinungen erst im Verlauf einer Interaktion und dies auf eine
einzigartige, kaum zu reproduzierende Art und Weise. So gesehen können
auch Meinungen nicht losgelöst vom Kontext betrachtet werden (ebd., S. 30).
Aus diesem Grund findet sich weiter unten in diesem Kapitel ein Abschnitt,
in dem diese Arbeit kontextualisiert wird und ich mich als Autorin vorstelle.

Es kann also festgehalten werden, dass Handlungen Bedeutungsangebote
darstellen. In ihrer Entstehung sind diese Angebote besonders interessant.
Relevant ist, so die Ausgangsüberlegung für qualitative Forschung, wie in
Interaktionen Bedeutung generiert wird. Die eigentliche Bedeutung, also die
Inhalte oder deren Bewertung, sind dann gar nicht mehr so wichtig (ebd.,
S. 27). In meinem Fall konnte ich also gar nicht genug betonen, dass das Ziel
meiner Forschung nicht etwa ist, zu verstehen, warum Frauen Kopftücher
tragen, sondern wie aus diesem Tuch eine muslimische Mode entsteht. Das
Ziel einer qualitativen Forschung muss es sein, diese Bedeutungsgenerierung
zu erfassen, anhand realer Sachverhalte darzustellen und schließlich adäquate
Erklärungen und Prognosen zu entwickeln (Holweg 2005, S. 36). Dabei
bin ich also nicht den Weg der quantitativen empirischen Sozialforschung
gegangen und habe versucht mittels einer statistisch signifikanten Anzahl
an Interviewpartner*innen oder Untersuchungen quantitativ repräsentative
Daten zu schaffen, sondern die ethnologische Methode zielt darauf ab, einen
Ausschnitt der Wirklichkeit „dicht" zu beschreiben (vgl. hierzu Geertz 1983).
Dazu wurde Methoden-Triangulation angewandt, da „zur Untersuchung eines
Phänomens [wenige] Fälle oft aussagekräftiger sind als der Einsatz einer
Methode an vielen Fällen." (Flick 2000, S. 260) Zur Gewinnung empirischen
Wissens wurde also Aufwand an einzelnen Fällen betrieben, durch zeitliche
Streckung ebenso wie durch varianten- und umfangreiches Datenmaterial
(Amann und Hirschauer 1997, S. 16).

2.2 Überblick über die Methoden dieser Arbeit

Gemäß den Prämissen qualitativer Forschung zielt diese Arbeit darauf, die Bedeutungen, welche den vestimentären Objekten durch die Frauen verliehen wird, nachvollziehen zu können. Dazu ist der forschungspraktische Teil dieser Dissertation als qualitative ethnografische Sozialforschung angelegt. Die Gültigkeit der getroffenen Aussagen liegt im Konkreten und Beispielhaften. Nicht jedoch strebte ich die Erfassung einer möglichst großen Population oder auch nur einer repräsentativen Anzahl an, wie das in quantitativen Forschungsansätzen der Fall ist. Die vorliegende Forschung bedient sich subjektzentrierter Methoden, wie zum Beispiel qualitativen Interviews und Teilnehmender Beobachtung (TB), aufgrund der Annahme, dass einem Dialog und einer lang angelegten Beobachtung mehr Informationen über die Dynamiken der Bedeutungszuschreibung von Objekten und Subjekten entnommen werden können als einem anonym ausgefüllten Fragebogen (Hauser-Schäublin 2008). Letzterer ist das Mittel der Wahl, wenn es darum geht, die qualitativ gefundenen Ergebnisse auf ihre statistische Signifikanz zu untersuchen.

Zu den wichtigen Grundlagen ethnologischer Forschungsanleitungen gehört die frühe Literatur aus der qualitativen empirischen Sozialforschung. Z.B. aus dem englischen Sprachraum James Spradley (1979) und die Begründer der „Grounded Theory" Methode Glaser und Strauss (1967) sowie in der deutschen Literatur Uwe Flick (1991) und Phillip Mayring (2002). Eine neuere systematische und übersichtliche Besprechung ethnologischer Forschungstechniken in deutscher Sprache bietet der Sammelband von Bettina Beer (2008a).

Über die genannte Grundlagenliteratur hinaus fanden weitere methodische Konzepte Eingang in diese Arbeit. Eine Veränderung in der Forschungspraxis bewirkte z.b. Arjun Appadurai (2002), der anmerkte, dass eine Bewusstwerdung der Konstruktion des Forschungsfeldes der Ausgangspunkt jeder Forschung darstellen solle. Außerdem erfuhr die Methodologie der Europäischen Ethnologie in den letzten Jahren einen Paradigmenwechsel hin zum „transnational approach". Der von George Marcus (1995) entwickelte Ansatz der „multi-sited ethnography" ermutigte die Forscher*innen, den pluralen Realitäten in ihren Forschungen mehr Raum zuzugestehen. Den über Landesgrenzen hinweg, durch lokale, mediale und kommunikative Interaktion vorhandenen Verbindungen sei durch mehrörtige Forschungsdesigns angemessen zu begegnen. Dabei seien es die „Objekte, Konflikte und Geschichten", welche als Orientierungspunkte in den Biographien der Menschen dienen und die dabei helfen sollen, die vielfältigen Verbindungen offenzulegen (Marcus

1995, S. 106 f.). Aus diesem Grund bin ich den Forschungspartnerinnen durch ihre verschiedenen Alltagssituationen gefolgt, habe mit ihnen Photoalben betrachtet oder sie zum Bekleidungskauf begleitet. Wo mir keine Reise über Landesgrenzen hinweg möglich war, bat ich meine Interviewpartnerinnen darum, Bilder aufzunehmen und mir mitzubringen. Bei der Übergabe erzählten sie mir dann in der Regel allerlei Anekdoten im Zusammenhang mit der porträtierten Mode. Ich beschränkte mich zwar auf wenige Interviewpartnerinnen, suchte aber wiederholt das Gespräch, teils in ausgewiesenen Interviewsituationen, teils in offenen Gesprächen, in denen ich auch über den Fortgang meiner Thesenentwicklung mit den Frauen sowohl auf arabisch als auch auf deutsch diskutierte.

Im Folgenden werden die genannten Techniken ethnologischer Feldforschung genauer beschrieben. Ich werde die angewandten Methoden ausführen, die Operationalisierung und den Forschungsprozess beschreiben und abschließend auf die Problematik von Projektion und Konstruktion innerhalb dieser Methoden kritisch eingehen.

2.2.1 Interviews

Die erste Quelle, die in die vorliegende Forschung eingeflossen ist, ist das qualitative Interview. Generell ist das Ziel eines ethnologischen Interviews, das Alltagswissen der untersuchten Menschen in Erfahrung zu bringen. Dieses besteht aus implizitem, erlerntem Wissen sowie dem Vermögen sich erfolgreich und weitgehend konfliktfrei durch den Alltag zu bewegen. Darüber hinaus ist das Ziel, die Handlungsstrategien und Deutungsmuster verstehen zu lernen. Indem ein Zugang zur Sicht der Akteur*innen geschaffen wird, kann ihr Verständnis der Realität und ihre subjektive Sinngebung erfasst werden (Schlehe 2008, S. 121). Die in den Interviews aufgezeigten Sinnzusammenhänge können sich von denen der Forscher*in stark unterscheiden. Hier eine Klärung zu erreichen begründet einen der Vorteile des qualitativen Gesprächs (Helfferich 2005, S. 19 f.). Qualitative Interviews zielen außerdem darauf ab, möglichst viel vom Gegenüber zu erfahren. Hierzu wird eine Gleichzeitigkeit von Nähe und Distanz geschaffen. Die Nähe wird benötigt, um ein Vertrauensverhältnis aufzubauen, welches ein informatives Gespräch überhaupt erst möglich macht. Die Distanz hingegen verhindert, dass die Forscher*in, als Teil einer Situation, den Überblick verliert, wie es im Rahmen der TB vorkommen kann. Deshalb ist die Interviewsituation auch klar und für die Interviewpartner*innen erkennbar von den offenen

Informationsgesprächen zu unterscheiden, die im Verlauf der Teilnehmenden Beobachtung regelmäßig geführt werden (Schlehe 2008, S. 125).

Die Hauptformen qualitativer Interviews sind das narrative Interview und das themenzentrierte Interview. Die narrative Gesprächsform, entwickelt von Fritz Schütze (1983) und beschrieben zum Beispiel bei Mayring (2010), zielt vor allem darauf ab, die Gesprächspartner*innen in eine reflexive Haltung gegenüber Aspekten ihres Lebens zu führen. Das Fehlen des Frage-Antwort-Schemas bietet die Möglichkeit Informationen zu erfahren, nach denen man gar nicht gefragt hätte. Hingegen erleichtert das themenzentrierte Interview, wie es bei Hammersley und Atkinson (1983) beschrieben wurde, den Einstieg in ein Gespräch, da die Interviewsituation durch einen Leitfaden oder einen Fragebogen gestützt wird. Meist wird, und wurde auch in dieser Forschung, eine Mischform beider Interviewtechniken angewandt, je nach Situation.

Da es in der vorliegenden Forschung weniger darum ging, einen Text zu erzeugen als einen Verständnisprozess zu generieren, hat sich eine der besagten Mischformen, das „Problemzentrierte Interview", als sehr hilfreich erwiesen. Dieses wurde zum Beispiel von Witzel (1985) beschrieben. Hierbei werden die Vorteile beider Interviewformen kombiniert. Dialogisch und am Problem orientiert wird einerseits der Gesprächsfaden bei den Interviewten belassen, andererseits wird mittels eines nur gelegentlich, wenn überhaupt konsultierten Leitfadens eine vorsichtige thematische Sortierung vorgenommen (vgl. auch Klinkhammer 2000, S. 111). Uwe Flick (1995) hat eine sehr ähnliche Form der Interviewführung als episodisches Interview bezeichnet, bei der die initiale Erzählaufforderung gelegentlich wiederholt oder auch justiert wird, wenn ein Themenbereich nach mehreren Nachfragen gesättigt erscheint (vgl. auch Helfferich 2005, S. 14). Die gewählte Interviewform des „Problemzentrierten Interviews" zielt, ebenso wie das narrative Interview, darauf ab, einen Prozess der Reflexion bei den Interviewpartner*innen einzuleiten. Ich wählte diese Gesprächsform, um die Frauen selbst erzählen zu lassen und ihre eigenen Deutungen bezüglich ihrer Kleidung hervorzubringen und nicht eine weitere Forschung *über* muslimische Frauen und ihre Kopftücher dem bestehenden Forschungskanon hinzuzufügen.

Eingesetzte Techniken des Befragens und beachtete Interviewregeln waren entsprechend der Vorschläge von Ursula Boos-Nünning (1986):

- Herstellung einer vertrauensvollen Atmosphäre
- Stärkung der Erinnerungs- und Mitteilungsbereitschaft der Befragten
- ruhiges Frageschema, Fragen nicht zu rasch und zu sprunghaft stellen
- Raum für Erzählzusammenhänge lassen

- keine Suggestivfragen stellen
- Erzählaufforderungen wiederholen und abwandeln
- nach Motiven fragen
- nicht auf Expertendisput einlassen
- Umgangssprache vorziehen (vgl. auch Mayring 2010, S. 67 f.; und Klinkhammer 2000, S. 115 f.)

Unter dem Gesichtspunkt der „modischen Praxis" sollten Handlungen erhoben werden, welche die Befragte routinemäßig durchführt oder auch einmalig durchgeführt hat und selbst als modischen Akt versteht (vgl. Klinkhammer 2000, S. 112). Als methodologisch theoretische Perspektive interessierten mich die Bewältigungsstrategien für das Thema Mode von muslimischen Frauen in einer dominanzkulturell verschiedenen Gesellschaft. Diese Strategien galt es gemeinsam mit den Interviewpartnerinnen herauszuarbeiten. Ich deckte hierbei zum einen eine diachrone Perspektive ab, brachte also in Erfahrung, wie die Befragte ihre modische Sozialisation beschrieb. Zum zweiten bezog ich auch eine synchrone Perspektive mit ein, also wie die Person ihre Mode heute vergemeinschaftet, sprich, welchen vestimentären Gruppen sie sich zugehörig fühlt und wie sie ihre gesellschaftliche Selbstverortung sieht. Am wichtigsten erschien mir aufzuzeigen, wie die verschiedenen Dimensionen und Praktiken miteinander verknüpft sind (vgl. ebd., S. 113-115).

Entgegen dem sonst in der Sozialforschung vorherrschenden Paradigma der ethnomethodologischen Indifferenz, in welchem das Relevanzsystem der Forscherin zurückgehalten wird, bemühte ich mich im Sinne eines „Arbeitsbündnisses" mit meinen Interviewpartnerinnen darum, Strategien der Vertrauensbildung zur Anwendung zu bringen, da das Thema Kopftuch bei vielen Frauen Reizthema ist, weil es an anderer Stelle so oft im Negativen benutzt wurde (Helfferich 2005, S. 31). Diese Vorgehensweise erwies sich als notwendig, da bei einer zu offenen Erzählaufforderung zum Thema Kopftuch vor allem von Diskriminierungserfahrungen erzählt wurde. Die konsequente Anwendung von Nähe und Distanz, bei der gleichwertige und gegenseitige Kommunikation über den gesamten Forschungsverlauf ebenso durchgeführt wurde, wie das annähernde Verstehen der Praktiken meiner Forschungspartnerinnen, kennzeichnete meine Feld- und Interviewerfahrungen. Rolf Lindner (1981, S. 65) hat diese Problematik in seinem Aufsatz „Die Angst des Forschers vor dem Feld" ausführlich thematisiert.

Ausgestattet mit einem bereits großen Fachwissen über islamische Lebensführung in Syrien und Berlin war durch eine sehr spezifische Erzählaufforderung eine starke Konzentration auf das Thema Kopftücher und Mode möglich, ohne dabei automatisch mitschwingende Themen wie Integrations-

und Assimilationsaufforderungen seitens der Dominanzgesellschaft allzu sehr zu behandeln (vgl. Witzel 1985). Auch verwendete ich in den Interviews verständnisgenerierende Strategien wie Nachfragen und Klärungen. Bei den verständnisorientierten Nachfragen bot ich gelegentlich eigene Deutungen an, um diese mit der Gesprächspartnerin zu diskutieren. Der sicherheitshalber angefertigte Leitfaden, für die von mir geführten Interviews, war gering vorstrukturiert und wurde meist nur gegen Ende des Gesprächs noch einmal angesehen, um sicherzustellen, dass ich auch nichts vergessen hatte (vgl. 10). Gelegentlich, vor allem bei den Interviews, bei der ich die Interviewpartnerin zum wiederholten Male traf, stellte ich den Interviewpartnerinnen verschiedene Problemperspektiven, die sich aus meiner Forschung ergeben hatten, mit der Bitte um Stellungnahme (vgl. Helfferich 2005, S. 24).

Die Interviews schnitt ich mit einem Tonbandgerät mit und transkribierte sie zu schriftlichen Protokollen. Wo mir das nicht möglich war, schrieb ich direkt nach dem Interview ein Gedächtnisprotokoll. Diese Teile der Interviews sind als rekonstruierte Gespräche zu sehen und durch ihre erzählende Sprache auch als solche erkennbar. Der fertige Text der Interviews, wie sie in den von mir angefertigten Transkripten schließlich ausgewertet wurden, kann als das Ergebnis eines gemeinsamen Arbeitsprozesses angesehen werden (ebd., S. 31). Deutungen wurden für die Thesen vor allem dann aufgegriffen, wenn sie von den Interviewten selbst eingebracht wurden. Gelegentlich bin ich bei der Interpretation auch über das Gesagte hinausgegangen und habe zusätzliche Aspekte, von denen ich aufgrund der durchgeführten Feldforschung annehmen konnte, dass sie mit dem Erleben des Befragten in Verbindung stehen, mit in den Zusammenhang eingebracht (ebd., S. 37).

2.2.2 Teilnehmende Beobachtung

Die Technik TB ist die Besonderheit der Ethnologie und der Kulturanthropologie und oft fester Bestandteil des Handwerkszeugs qualitativer Forschungsmethoden. Sie ist zu unterscheiden von der reinen Beobachtung, die eine eigene Datenerhebungsform darstellt (Amann und Hirschauer 1997, S. 16). TB dient in einem Setting von weiterem Handwerkszeug zum einen der Exploration von Forschungsfragen in einem relevanten Kontext und eignet sich zum anderen dazu, Vorüberlegungen im Feld auf ihre Konsistenz hin zu prüfen. Aus diesen ersten Erkundungen ergibt sich oft, dass einige Fragestellungen mehr Relevanz besitzen als andere und meist sind das nicht diejenigen, die man sich zu Hause am Schreibtisch überlegt hat. Sinnvoll

wird die wiederholte direkte Teilnahme des Forschers am Geschehen nicht
zuletzt durch die Erkenntnis, dass das menschliche Gehirn eine hohe Fehler-
quote dabei aufweist, Erinnertes korrekt wiederzugeben (Beer 2008b, S. 177).
Die längerfristige Teilnahme an alltäglichen Handlungen der Beforschten
eröffnet zudem die Möglichkeit der Annäherung an das Forschungsfeld und
des Kennenlernens potentieller Interviewpartner*innen. In manchen Fällen
kann die Beobachtung vor allem dann vorteilhaft für die Datenerhebung
sein, wenn die Sprache von den Interviewer*innen noch nicht ausreichend
beherrscht wird (Hauser-Schäublin 2008, S. 48).[7] Darüber hinaus ermöglicht eine über die reine Beobachtung hinausgehende Teilnahme, direkt mit
den Akteur*innen zu sprechen, Verständnisschwierigkeiten zur Sprache zu
bringen und im Dialog ein besseres Wissen über die Situationen und die
Einstellung der Akteur*innen dazu zu erlangen.

Das teilnehmende Beobachten der sozialen Interaktionen hat im gesammelten Datenmaterial schließlich den Nutzen, die Perspektiven und
Selbstrepräsentationen der beobachteten Personen in unterschiedlichsten
Situationen nachzuvollziehen. Aus diesem Grund ist das Folgen der Akteur*innen durch die Stationen ihres Lebensalltages auch ein wichtiger Teil
der Feldforschung. Bendixsen (2013, S. 49) hat festgehalten, dass bestimmte
Konzepte oder Alltagsbilder kommentiert, bestätigt, abgelehnt oder intensi-
viert werden, wenn Akteur*innen miteinander reden. Diese Bilder werden
in der Interaktion anders verständlich als dies durch das reine Interview
möglich werden kann.

Die Voraussetzung für eine erfolgreich durchgeführte teilnehmende Beobachtung ist, dass die Forscherin längerfristig und zyklisch wiederkehrend an
den Interaktionen der zu untersuchenden Gruppen teilnimmt und soziale Beziehungen zu den Menschen der Gruppe aufbaut, um möglichst viel über die
allgemeine Lebenssituation und konkrete Alltagsrituale zu erfahren. Amann
und Hirschauer (1997, S. 17) haben angemerkt, dass TB sich darüber hinaus
vor allem durch einen systematischen Kontrollverlust über die Bedingungen
des Erkenntnisprozesses während der Feldpräsenz auszeichnet. Und um dies
zu gewährleisten, betonen sie, sind Methodenzwänge außen vor zu lassen, um
vielfältigen Beobachtungen und Erfahrungen zu ermöglichen. Statt mit Er-
hebunsinstrumenten zu hantieren, wird darum in der einschlägigen Literatur
meist ein Feldtagebuch empfohlen, in welchem die beobachteten Erlebnisse
und vor allem Erkenntnisse hinterher aufgezeichnet werden.

---

7   Während der Beobachtung in dem Bekleidungsgeschäft war dies der Fall, zwar nicht
    für die arabische Sprache, dafür aber für die türkische Sprache.

Besonders ergiebig erschien mir der zyklische Arbeitsablauf, mit dem ich die TB durchführte. Entsprechend der Vorschläge von James Spradley (1980) kann TB nicht als linearer Ablauf verstanden werden. Vielmehr besteht sie aus einem sich wiederholenden Kreislauf der Datensammlung, Datenverschriftlichung und Auswertung, der Analyse, die wiederum neue Fragen hervorbringt, welche mit einer Datensammlung beantwortet werden. Zwischendurch kehrte ich also immer wieder an den Schreibtisch zurück, um theoretische Lücken zu füllen. Aus dieser Arbeit ergaben sich oft ebenfalls neue Fragestellungen, für die entweder das Material konsultiert wurde, oder, wenn keine Antwort auf die Forschungsfragen im bereits gesammelten Material gefunden werden konnte, dann beim nächsten Feldaufenthalt gestellt wurden (vgl. ebd., S. 29). Während der Teilnahme habe ich in der Regel eine graduell eher passive Rolle eingenommen (Hauser-Schäublin 2008, S. 38). Passiv zu bleiben ist nicht immer einfach, insbesondere wenn man leicht als Fremdkörper in der Gruppe zu erkennen ist. Im Idealfall beschert einem das Aufmerksamkeit und Neugierde, denn daraus können sich Gespräche ergeben. In jedem Fall muss die Auswirkung der Anwesenheit der Forscherin auf das Verhalten der Beforschten bei der Auswertung der Daten berücksichtigt werden. Beispielsweise beschrieb Anne Sofie Roald, dass auf ihre Frage, warum Frauen Kopftücher tragen, die Befragten ganz unterschiedlich antworteten, je nach Vorstellungen der Befragten über diejenigen, die fragen (Roald 2001, S. 257).

Die Technik der Teilnehmenden Beobachtung wird in Deutschland oft mit dem polnischen Sozialanthropologen Bronislaw Malinowski (1884-1942) in Verbindung gebracht, der während des Ersten Weltkrieges auf Papua-Neuguinea durch die Briten als Kriegsgegner interniert wurde und seine Notizen von dem Aufenthalt später nutzte, um eine Untersuchung über die dortigen Einwohner anzufertigen (Kohl 1990). Er fertigte aus dieser Erfahrung heraus 1926 sein Methodenmanifest an, welches die Grundlage für heutige Methoden darstellt: raus aus den Studierstuben, hinein ins Feld. Den Namen dieser Forschungstechnik führte allerdings erst 1924 der Soziologe Eduard C. Lindemann ein, jedoch bezeichnete er mit dem teilnehmenden Beobachter noch jenes Mitglied der untersuchten Gruppe, welches dem Forscher als Informant zuarbeitete. In Chicago entstand schließlich in den 1920ern und 1930ern eine eigene Tradition der Stadtsoziologie, bei der die Wissenschaftler, angetrieben von der erkenntnisleitenden Idee des Entdeckens, sich mittels Teilnahme am Alltag ihrem Forschungsfeld zu nähern suchten. Insbesondere können hier hier die Studien von Park, Burgess und McKenzie (1967 [1925]) und ihre der Reportage entlehnte Recherchetechnik zur Datenerhebung erwähnt werden (Amann und Hirschauer 1997, S. 9). In die ethnologische

Literatur selbst hielt der Begriff erst 1940 durch die Ethnologin Florence
Kluckhohn Einzug (Spittler 2001, S. 2).

2.2.3 Photographie als Methode

Die in der Arbeit verwendeten Photographien sind Bestandteil der literari-
schen Kategorie Ethnographie und somit als Teil der Arbeit zu betrachten.
Jedoch ist, vor dem Hintergrund kolonialer Forschungsgeschichte, die Verwendung von Bildern von einer Minderheit in Deutschland als schwierig
einzustufen. Nicht selten verfassten Anthropologen einseitige Dokumentatio-
nen über die Kolonisierten und untermalten diese mit Photoserien (Harper
2000, S. 407). Eine alte Kritik an der visuellen Soziologie ist darum, dass
meist die Forscher „powerful and established" sind und die weniger mächti-
gen, kolonisierten porträtieren (Harper 1994, S. 408). Auch ich habe mir im
Rahmen der Forschung das Recht herausgenommen, fremde Menschen mit
deren Erlaubnis abzubilden.

Darüber hinaus gibt es weitere kritische Anmerkungen zu den verwendeten Bildern. Sie stellen zum Beispiel keine objektiven Realitätsaufnahmen
dar, sondern eine von mir gefilterte, selektierte und strukturierte höchst
subjektive „Realität" (Harper 2000, S. 406). Clifford und Marcus (1986)
haben im Rahmen der soziologischen Krise der Repräsentation festgehalten,
dass Photos, wie überhaupt alle Aufzeichnungen aus dem Leben, viel eher
subjektiv gefärbte Repräsentationen als objektive Dokumente seien. Daraus
folgt, dass durch meine Auswahl an Motiv und Inszenierung die abgebildeten
Modeaufnahmen als meine Wahrnehmung muslimischer Mode in Berlin und
anderen Städten betrachtet werden müssen. Sie sind als eine Verlängerung
meines Auges einzustufen und bilden muslimische Kleider so ab, wie ich sie
sehen und zeigen möchte (Petermann 1995, S. 228). Die Motive zeigen meist
Frauen bei ihrer Bewegung innerhalb der Stadt Berlin. Ich wählte Frauen
deren Outfit mir als besonders gelungen erschien. Das bedeutet weiterhin,
dass meine Vorstellungen dem, was modisch ist bzw. von dem, was ich denke,
was modisch sein sollte, die Aufnahmen stark beeinflusst haben.

Da es sich bei Mode vor allem um ein visuelles Kulturprodukt handelt, sah ich es jedoch als notwendig an, Bilder zu verwenden. Sie dienen
dabei erstens als Anschauungsmaterial – ein Bild transportiert viel mehr
Botschaften, als Worte es können und vermögen einerseits meine Sicht auf
Mode verdeutlichen und können andererseits andere Deutungsmöglichkeiten
zulassen und somit diskutierbar machen. Zweitens benutzte ich Photographie

während der Forschung zur Theorieerweiterung einer sich fortschreibenden Theorie. Ursprünglich plante ich, die Photographie für einen umfassenden dialogischen Erkenntnisgewinn einzusetzen, also auf Grundlage von Bildern mit meinen Interviewpartnerinnen über muslimische Mode in Berlin zu diskutieren. Ziel war es, der postmodernen Kritik am Forschungsprozess zu begegnen und den Bildern ihre vermeintliche Objektivität zu nehmen, indem ich die Subjektivität jener freisetze, welche die Bilder anders interpretieren würden als ich. Dies konnte leider nicht vollständig für alle Interviews realisiert werden, sondern nur, wenn es sich ergab. Statt als systematischer Teil der Interviews wurde diese Methode vor allem bei den informellen Gesprächen zwischendurch genutzt. Die von meinen Interviewpartnerinnen auf meine Bitte für mich angefertigten Bilder zeigen beispielsweise deutlich, dass die modischen Entwicklungen, auch jenseits deutscher modester Mode, eine bestimmte Richtung einschlugen. Die „photogeleitete Hervorlockung" von Interpretationen von Moden halfen mir dabei zur Lernenden zu werden und von meinen Interviewpartnerinnen als Lehrerinnen über ihre Mode zu lernen (Harper 2000, S. 415).

Geprägt sind die Aufnahmen einerseits von einem forschungspragmatischen willkürlichen Faktor. Ich sprach nur dann Frauen an, wenn ich mich in der Lage dazu fühlte, da es mir nur in einer bestimmten Stimmung gelingen wollte, Musliminnen zum Ablichten zu überreden und ihre Bilder damit einer Fremden anzuvertrauen. In Zeiten des Internets ist dies, vor allem unter Musliminnen, nicht im Mindesten eine Selbstverständlichkeit, auch und vor allem bei Frauen mit Kopftuch nicht. Als vertrauensbildende Maßnahme begann ich deshalb irgendwann damit, nur die Kleidung abzulichten, die Gesichter aber auszusparen. Wo die Gesichter zu sehen sind, wurden sie mit technischen Mitteln durch ein anderes Gesicht ersetzt. Die Gesichter sind also bis auf wenige Ausnahmen elektronisch verändert worden. Dies ist eine schwierige Entscheidung, da zwar die Persönlichkeitsrechte der Frauen zu wahren und zu schützen sind, sie jedoch dennoch als Individuen dargestellt werden sollen. Das Gesicht zu verpixeln würde dabei nicht nur einen wichtigen Teil ihrer Persönlichkeit wegnehmen, sondern sie sofort in einen Kontext von Skandal und Verbrechen stellen, weshalb ich mich dafür entschied, die Gesichter durch eine Aufnahme eines anderen Gesichtes zu ersetzen.

Andererseits ist die vorliegende Galerie meiner Auswahl aber keineswegs als willkürlich einzustufen. Ich wählte Frauen, die Farben trugen, wie sie mir meine Interviewpartnerinnen beschrieben hatten; photografierte Stile, die ich während meiner Feldforschung in dem Laden beobachtet hatte; bewunderte Outfits, die ich in ähnlicher Form bereits im Internet gesehen hatte. Angeleitet von dem, was das Internet als modische Kleidung muslimischer Frauen zeigte, suchte ich nach ähnlichen vestimentären Formen auf der Straße. Wo ich sie fand, bat ich darum, die Frauen ablichten zu dürfen, um in dieser Arbeit zu erscheinen. Meine Auswahl an Bildern für diese Arbeit ist also keineswegs ausschließlich das Produkt meiner persönlichen Vorstellungen, sondern entspricht dem, was ich im Verlauf meiner Arbeit gefunden habe.

Die Bilder sind fast alle mit Tageslicht aufgenommen worden, da ich Frauen meist auf meinem Weg durch die Stadt sah und ansprach. Viele Bilder stammen aus dem Umfeld von Bibliotheken. Dies ist insofern von Bedeutung, als dass an einigen Stellen bereits der Laufstegcharakter von Bibliotheken festgehalten wurde (Greiner 2013). Was gerade modisch ist, kann hier gut abgelesen werden.

Photographien enthalten, wie bereits festgehalten, geballt eine Vielzahl von Daten, die deutlich mehr aussagen können, als meine Beschreibungen dies vermögen. Die Bilder sind also als fragmenthafte Textsammlung zu sehen. Deshalb werde ich meinen Photographien keine ausführlichen Legenden beifügen, sondern sie als Teil der Beschreibung für sich sprechen lassen. Bild und Wort werden einander gleich geordnet, anstatt sich durch Dopplung zu überfrachten. Das Ziel ist es hierbei, dass die Wirkungen beider Textformen einander intensivieren, nicht ersetzen (Harper 2000, S. 404).

2.2.4 Artefakte

Zu den hier zu nennenden Methoden gehört außerdem die Sammlung und anschließende Analyse von Artefakten. Für die vorliegende Arbeit wurden sowohl online als auch offline aus Zeitschriften und Büchern Artikel gesammelt, die sich insbesondere auf einer nicht wissenschaftlichen Ebene mit muslimischer Mode auseinandersetzten. Gerade in den Tages- und Wochenzeitungen stieg die Frequenz der Veröffentlichungen zu dem Thema in den letzten Jahren stark an. Dazu kommt die Analyse von Internetfunden modester Mode wie Blogs und Kommentare.

Auch Flyer und andere Werbematerialien für Bekleidungsgeschäfte oder sogenannte Kopftuchfriseure wurden von mir gesammelt und stellten wertvolle bildliche Informationsquellen dar. Aufgrund eines kurzen Forschungsaufenthaltes in Großbritannien, während dessen ich bei einer muslimischen Familie wohnte und eine der Töchter zum Einkaufen von Bekleidung begleitete, war es mir möglich, vergleichende Beispiele für Großbritannien zu finden. Darunter unter anderem diverse Kataloge von britischen Designerinnen. Diese Sammlung wurde im Rahmen der Analyse der Feldforschung in

Beziehung gesetzt zu den von mir getätigten Beobachtungen und fanden z.T. als Ablichtungen Eingang in diese Arbeit. Eine besondere Rolle unter den im Verlauf der Arbeit gesammelten Artefakten nimmt das türkische Modemagazin „Âlâ" ein. Dieses wurde einige Zeit auch in Deutschland vertrieben. Allerdings wurde während meiner Forschung der Verkauf aufgrund mangelnden Absatzes eingestellt, so dass ich nur mit viel Glück noch einen Stapel dieser Zeitschriften für die Analyse bekommen konnte. Ein Vergleich mit deutschen Modemagazinen ergab nicht nur eine große Ähnlichkeit in der Darstellung der Konsumprodukte, sondern auch in den Produkten selbst, den Farben und Marken.

2.2.5 Methodenkritik

Wie bereits erwähnt, sind Photographien als besonders problematisch einzustufen, weil sie einerseits vorkonstruiert sind und andererseits Machtbeziehungen verdeutlichen. Werden Bilder aus postmodernistischer Kritik abgelehnt, so muss dies jedoch nicht nur für die visuelle Darstellung gelten, sondern auch für die textliche Darstellung, also für die ganze Arbeit. Müsste ich im Sinne einer ausgeglicheneren Machtbeziehung, zwischen Mitgliedern der deutschen Dominanzgesellschaft und Minderheiten in Deutschland, schlussfolgern, als Angehörige des weißen Mittelstandes vom Schreiben über Minderheiten abzusehen? Mit Sicherheit. Jedoch ist diese Arbeit nicht entstanden, um eine Minderheit zu dokumentieren, zur Schau zu stellen oder zu reproduzieren, sondern um auf Augenhöhe mit den Protagonistinnen, ein in der Integrationsdebatte viel diskutiertes Objekt, das Kopftuch, aus dem diskursiven Sonderforschungsbereich Migration herauszulösen und in einen dominanzgesellschaftlichen Diskurs zu stellen: den der vestimentären Mode.

Die Kritik an der Ethnographie selbst bezieht sich meist auf die mangelnde Überprüfbarkeit der Datenproduktion. Das wichtigste Forschungsinstrument ist die forschende Person selbst, welche die Quellen der Analyse überhaupt erst erschafft. Die Vorgänge der Datenproduktion, so häufig bemängelt, würden keiner wissenschaftlichen Kontrolle unterliegen können, da die Forschungssituationen nicht reproduzierbar seien. Zudem würde es an Repräsentativität mangeln (Ganseforth 2004, S. 93). Kritisiert wurde darüber hinaus die Neigung des Forschers, das Fremde auf das Eigene zu beziehen, statt die kulturellen Zusammenhänge kontextualisiert zu betrachten. Dies ist deshalb so wichtig, da, wie bereits gezeigt wurde, auch die Vorstellungen vom Eigenen immer Konstruktionen darstellen. Sichtweisen sind notwendigerweise immer eingebunden in politische Strukturen sowie gesellschaftliche und historische Zusammenhänge. Deshalb ist es unerlässlich, das Forschungsselbst einer kritischen Überprüfung zu unterziehen: Die Forschungsmotivation, die Bilder auf die Anderen und die der Anderen auf das Selbst müssen hinterfragt werden, um die Subjektivität des Beobachters beurteilen zu können und herrschaftlichem Denken entgegenzuwirken. Daraus geht hervor, dass die persönliche Subjektivität nicht nur nicht ausgeschlossen werden kann, sondern der Umgang mit ihr eine wichtige Voraussetzung ist. Die viel kritisierte Subjektivität der ethnographischen Forschung wird in dieser Arbeit also als Stärke genutzt, da die Subjektivität von Forscher*in und Beforschten nicht ausgeblendet, sondern methodologisch nutzbar gemacht wird.

> „Da [die Person des Feldforschers] die umgebende Wirklichkeit immer nur selektiv wahrnehmen kann, hängt es wesentlich von der Ausbildung, dem Vorwissen, den Voreingenommenheiten und nicht zuletzt auch von der Persönlichkeit ab, was sie sieht und was ihrer Aufmerksamkeit entgeht."(Ganseforth 2004, S. 93)

Ethnographie, also der Prozess des (Be-)Schreibens, kann folglich niemals ein direktes Abbild der untersuchten Menschen und ihrer Lebensweise liefern, sondern muss als das Resultat von Deutungsleistungen der Forschenden gesehen werden. Die Kategorien, in denen dargestellt wird, gehören zu der Kultur, für die geschrieben wird, weshalb der entstandene Text immer ein Kompromiss bleiben muss, da das Unbekannte mit den eigenen Worten beschrieben wird.

Das von Clifford Geertz (1983, S. 93) vertretene Konzept der „Dichten Beschreibung" definiert darum den Kulturbegriff neu: Kulturen müssen als ineinander greifende Systeme von Symbolen und Bedeutungen verstanden werden. Diese Systeme generieren sich über die Interpretationen der Erfahrungen und äußern sich in subjektiven Konstruktionen, um das Leben sinnhaft zu erklären (ebd., S. 21). Erst wenn diese detailliert beschrieben werden, kann der Kompromiss aus der Beschreibung etwas Fremden mit eigenen Worten gelingen. Angelehnt an diese Überlegungen entwickelte Gerd Spittler die Methode der „Dichten Teilnahme" als Kombination aus Beobachtung und Gespräch, welche in dieser Arbeit zur Anwendung kam (Spittler 2001, S. 1). Wie auch Geertz ist er der Meinung, dass Beobachtungen nie objektiv sind, sondern immer selektiv und subjektiv. Dafür erfasst die Beobachtung nicht nur das Hören und Sehen, sondern auch das Fühlen, körperlich und seelisch, und kann somit das Erleben sehr gut wiedergeben (ebd., S. 19).

2.3 Forscherin im Feld

Meine Subjektpositionierung im Feld ist stark von meinen eigenen „Migrationserfahrungen" geprägt: Nicht unbeachtet soll die Tatsache bleiben, dass, auch wenn mein Wohnort sich nicht geändert hat, ich doch kurz nach dem Eintritt in die Schullaufbahn die Nationalität wechselte: Von der „DDR-lerin" zur BRD-Bürgerin. Bis heute ergeben sich so oftmals unvorbereitet Momente, wo ich als „aus dem Osten kommend" enttarnt werde, meist auf Grund von Eigenheiten in Grammatik oder Wortwahl.

Viele Jahre als Kellnerin in einem arabischsprachigen Restaurant in Verbindung mit einem Studium der Islamwissenschaften sowie der einjährige Aufenthalt in Syrien führten dazu, dass ich nicht nur deutsch und englisch, sondern auch fließend arabisch spreche. Darüber hinaus bin ich mit zumindest syrischer und libanesischer Lebensart vertraut. Zudem konnte ich aufgrund meiner Erfahrungen als Studentin in Damaskus Einsichten aus dem Leben als Minderheit zu den Gesprächssituationen beitragen. Mir ist bewusst, dass die von mir beschriebenen Umstände mit den Minoritätserfahrungen meiner Gesprächspartnerinnen aufgrund der unterschiedlichen Machtverhältnisse und der zeitlichen Begrenzung kaum vergleichbar sind. Trotz aller gefühlter Nähe bleibe ich immer noch eine weiße protestantische Deutsche aus der Mittelschicht. Dennoch schufen der gelegentliche Wechsel in die arabische Sprache, die Verwendung entsprechender Höflichkeitsfloskeln und die Vertrautheit mit bestimmten Konzepten und Bildern, doch auch mit Menschen, die ich erst seit kurzem kannte, eine vertrauensvolle Gesprächssituation. Dies ist mit Sicherheit auch der Tatsache geschuldet, dass mir als Frau ein anderer Zugang möglich war, als er beispielsweise einem Mann ermöglicht worden wäre.

Nicht zur Anwendung kommen konnte dieser Vorteil bei den vielen spontanen Stehgreifinterviews[8], die sich vor allem bei der Bitte um ein Bild entspannen: Da in 30 Sekunden kaum Motivationen oder Selbstbild darstellbar waren, begegneten mir die Frauen oft mit Misstrauen, da zu viele Textmedien mit Bildern muslimischer Frauen Missbrauch betrieben haben. Zum Teil besänftigte ich das Misstrauen durch den Gebrauch von Key-Words und Konzepten[9], die muslimischen Frauen im Umgang mit ihren Bildern wichtig ist, manchmal holte ich gar meinen Laptop heraus, um ihnen Teile meiner Arbeit zu zeigen. Ganz oft genügte aber die Darlegung, wie ich zu

---

8 Ein Stehgreifinterview ist ein spontan geführtes Interview, das sich meist unerwartet ergibt und mittels Notizen im Feldtagebuch dokumentiert wird.
9 Z.B., dass ich beabsichtigte, die Bilder *halal* aufzunehmen, also darauf achte keine Gesichter zu zeigen etc.

photografieren beabsichtigte sowie das Zeigen von bereits aufgenommenen Frauenbekleidungen ohne Gesicht.

In den Interviews stellte sich weitere Nähe durch das gemeinsame Interesse am Thema Mode her: Die Frauen sprachen gern über diesen Teil ihres Lebens, auch wenn nicht selten Wertungen über die Bekleidungen anderer Frauen in das Gespräch mit einflossen. Über das Thema Mode ließen sich sowohl biographische Entwicklungen rekonstruieren, als auch alltägliche Praktiken erschließen, wodurch das Thema Mode oft ein Leitfaden in einer biographischen Narration wurde. Nicht selten flossen auch politische und gesellschaftliche Meinungen zu dem Thema mit ein. Dabei machte ich aber stets deutlich, dass es mir relativ egal war, wie religiös die von mir befragten Personen im Einzelnen waren, sondern betonte wiederholt, dass mich vor allem die modische Seite der Bekleidung interessierte.

2.4 Datenerhebung

2.4.1 Stichprobe

Die Auswahl einer Stichprobe, also wer befragt werden soll, berührt die Frage danach, für welche Gruppe einer Gesellschaft die Ergebnisse schließlich Gültigkeit besitzen sollen. Dies ist ist schwieriger zu beantworten, als es wirkt (Helfferich 2005, S. 172). Die qualitative Forschung sucht, wie bereits ausgeführt, nach den Sinnkonstruktionen des Einzelnen, nach dem Besonderen also. Es geht hierbei nicht um Verteilungsaussagen oder um Verallgemeinerungen, sondern in erster Linie zielt diese Form der Forschung auf die Bestimmung von Mustern oder spezifischen Eigenheiten ab, die von außen oft nur schwer zu erkennen sind. Dabei ist in den meisten Fällen nicht die Anzahl der Interviews entscheidend, sondern wie intensiv diese ausgewertet werden. Beispielsweise „[...] im Bereich der objektiven Hermeneutik wird davon ausgegangen, dass die zu Grunde liegenden latenten Sinnstrukturen bereits anhand eines Einzelfalls bestimmt werden können." (ebd., S. 153) Jedoch kann die berechtigte Frage gestellt werden, inwieweit die befragte Stichprobe überhaupt typische Muster abbildet. Allgemein wird gesagt, dass der bei einer qualitativen Befragung angestrebte „mittlere" Stichprobenumfang in einer Größenordnung zwischen sechs und 30 Interviews angenommen wird (ebd., S. 153). Diese Anzahl der Gesprächspartner*innen variiert durch die Tiefe und Länge der geführten Interviews.

Die interviewten Frauen fand ich durch die Anwendung eines „Schnee-ballsystems", in dem ich meine ehemaligen Arbeitskollegen befragte, ob ihre Frauen für Interviews zur Verfügung stehen würden bzw. ich sprach Frauen, die ich flüchtig kannte, direkt an. Darüber hinaus bat ich Frauen, die ich in Stehgreifinterviews und während meiner Feldforschung kennenlernte um ausführliche Interviews. Der Ort wurde durch die Interviewten selbst bestimmt, was als vertrauensbildende Maßnahme darauf abzielte, dass sich die Interviewpartnerinnen möglichst wohl fühlen. Dabei sind auch Nachteile in der Interviewsituation selbst in Kauf genommen worden.

Für das Erheben der Daten wandte ich ein dreistufiges Verfahren an: Erstens wählte ich nach demographischen Kriterien aus und bat Frauen anhand des inhaltlichen Interesses um ein Gespräch, wählte also jene aus, die Kopftücher tragen und über eigene aktive oder familiäre Migrationserfahrun-gen aus arabischsprachigen Ländern verfügen. Dabei fanden in die Stichprobe nur Frauen Aufnahme, die Mitte 20 oder älter waren, in der Annahme, dass in dieser Altersgruppe die Stilfindung weitgehend abgeschlossen ist und größere Brüche in der Bekleidungsbiographie bereits erfolgt sind. Weiterhin wurden die mehrstündigen Interviews regional begrenzt geführt, mit Frauen, die zum Zeitpunkt der Befragung ihren Lebensmittelpunkt in Berlin hatten. Dies geschah vor allem aus forschungspragmatischen Gründen. Auch die Konzentration auf arabischsprachigen Frauen hatte forschungspragmatische Gründe. Zum einen gibt es bereits viele Forschungen über Frauen mit türki-scher Sprache (z.B. Klinkhammer 2000; Höglinger 2002; Nökel 2002), zum anderen verfüge ich von den unter Musliminnen am meisten gesprochenen Sprachen in dieser über die fundierteste Kompetenz.

Zweitens wurden die problemzentrierten Interviews nach innerer Reprä-sentativität geführt. Ich unterteilte Interviewpartnerinnen in zwei Gruppen: Frauen mit eigener Migrationserfahrung und Frauen, denen diese aufgrund ihres Aussehens nur zugeschrieben wird, also deren Eltern oder Großeltern beispielsweise migriert sind. Sowohl der Kern des Feldes, wie er sich in der Voruntersuchung herauskristallisiert hatte, schien angemessen vertreten, als auch abweichende Vertreterinnen, also Frauen, die ein dediziertes Interesse an Mode geäußert haben und Frauen, die jenes für sich ausgeschlossen hatten.

Drittens prüfte ich im Anschluss an die Interviews erneut, welche Kon-stellationen nicht in der Stichprobe vertreten waren, um die Aussagen nur auf einen bestimmten Geltungsbereich zu limitieren. Das Sampling fand in Anlehnung an die „Grounded-Theory"-Methodologie prozessbegleitend statt, um eine konzeptuelle Repräsentativität zu erreichen (Strübing 2014, S. 31 f.). Dabei ging ich nach dem Satuierungsprinzip vor (Helfferich 2005, S. 174 f.). Als weitere zusätzlich durchgeführte Interviews keine neuen Erkenntnisse und Informationen mehr einbrachten, war der durch die Interviews angestrebte Erkenntnisgewinn erreicht. Da nur sehr wenige Einzelfälle sehr intensiv befragt wurden, befolgte ich das Prinzip der umso intensiveren Auswertung (Helfferich 2005, S. 155).

Die biographische Perspektive soll dabei nicht repräsentativ für alle Frauen sprechen, sondern beispielhaft das modische Er-Leben mit Kopftuch beschreiben und daraus Rückschlüsse auf die westliche Gesellschaft als solche ziehen und somit einen Beitrag zum Verständnis von Kleidermoden leisten.

2.4.2 Datenerhebung

Die konzentrierte Datenerhebung erfolgte in einem Zeitraum von ca. 6 Monaten von November 2011 bis Mai 2012. Weitere einzelne Gespräche fanden auch in der Zeit davor und danach statt, etwa von Sommer 2011 bis Sommer 2013.

In dieser Zeit führte ich sechs mehrstündige problemzentrierte Interviews mit je drei Frauen mit und ohne eigene Migrationserfahrung, die eine große Menge detaillierter Daten hervorbrachten. Ich begleitete darüber hinaus vier der sechs Frauen durch ihren Alltag, während wir über viele Themen sprachen, oft auch über meine neuesten Erkenntnisse und Forschungsüberlegungen. So begleitete ich eine Interviewpartnerin beim Einkaufen von geeigneter Kleidung für ihre Bewerbungsbilder, half einer anderen beim täglichen Einkaufen und einer dritten beim Abholen ihrer Kinder und führte mit einer weiteren Frau Recherchearbeiten in Bibliotheken durch. Auf diese Art und Weise erhob ich Informationen über die muslimische Bekleidung in verschiedenen Lebenslagen und beim Bewegen durch das Straßenbild Berlins.

Weiterhin führte ich zwischen Dezember 2011 und Februar 2012 in einem kleinen Bekleidungsgeschäft in Neukölln Feldforschung durch, indem ich beim Verkauf, beim Verräumen der Waren sowie bei der Beratung von Kundinnen half. Außerdem führte ich unzählige Stehgreifinterviews mit den Frauen, von denen ich die Bilder aufnahm. Weitere Konversationen, persönlich, via Telefon und schriftlich, führte ich mit Kopftuchträgerinnen außerhalb meines Samples, etwa Freundinnen aus Syrien, die inzwischen aufgrund der politischen Lage in die Türkei migriert waren, oder Bekannte die ich während meines Aufenthaltes in Damaskus kennengelernt hatte, und die inzwischen wieder nach Großbritannien, Südafrika und Deutschland zurückgekehrt waren.

Der Sommer 2013 markierte einen Bruch in der Forschung und eine Rückkehr an den Schreibtisch, um die Analyse vorzunehmen. Seitdem tausche ich mich gelegentlich durch soziale Medien mit meinem Interviewpartnerinnen zu den Entwicklungen in ihrem Leben und zum Fortschritt meiner Dissertation aus.

2.4.3 Dokumentation

Hier einige Hinweise zu den in dieser Arbeit verwendeten Zitaten:

- Alle Namen wurden geändert.
- Die Ortsangaben außerhalb Berlins wurden ausgelassen.
- Die fremdsprachlichen Interviews wurden durch mich aus dem Arabischen übersetzt und dann im Deutschen der Analyse unterzogen.
- Für eine bessere Lesbarkeit und auch Wahrung der Würde der Befragten wurden Grammatikfehler, Wortwiederholungen, und Füllwörter nach der Interpretation für die schriftliche Wiedergabe in dieser Arbeit nach bestem Gewissen korrigiert.
- Auslassungen in den Interviewzitaten wurden mit Wort (...) Wort gekennzeichnet
- (-) kurze Pause.
- (–) längere Pause (mehr als drei Sekunden).
- (!) besondere Betonung der Aussprache.
- (lacht) Interviewpartnerin lacht.
- (lachen) beide lachen.
- Kommentierungen der Verfasserin finden sich in eckigen Klammern. [So etwa].
- Unverständlich ausgesprochene Worte wurden durch ein [?] kenntlich gemacht.

2.5 Auswertung und Analyse

In der Ethnographie wird die Analyse und auch das Schreiben nicht als abgegrenzter Teil der ethnographischen Forschung betrachtet, sondern sie beginnt bereits in der Vorphase der Feldforschung, wenn die Forschungsprobleme und -fragen gestellt und geklärt werden. Die Datensammlung wird dabei von dem Gedanken Theorie zu generieren angeleitet (Hammersley und Atkinson 1983, S. 174). Der erste Schritt der Auswertung besteht immer darin, das gesammelte Material sorgfältig zu lesen, um sich damit vertraut zu machen. Ziel ist außerdem, nach sich wiederholenden Mustern zu lesen und danach zu überprüfen, ob sich etwas vom eigenen Referenzrahmen abhebt – also mit bisherigem Denken keinen „Sinn" ergibt. Einige meiner Überlegungen fanden sich bereits in frühen Feldnotizen und analytischen Memos (Strübing 2014, S. 33-35). Dies sind konzeptionelle Anmerkungen, wie sie auch in der Grounded Theory Methodologie Anwendung finden und die mir im Zuge der Auswertung wieder in die Hände fielen. Manchmal waren es auch die Befragten selbst, die Konzepte benutzen, die mir bis zu diesem Zeitpunkt nicht geläufig waren und die einen unschätzbaren Anteil an der Thesenüberprüfung hatten (Hammersley und Atkinson 1983, S. 178).

Es folgten viele Monate theoretischer Recherche, der Analyse und dem Schreibprozess der vorliegenden Arbeit selbst als weitere Schritte im Analyse-Prozess. Das erhobene Material wurde während und nach der Forschung in eine einheitliche Form gebracht. Die Nachbearbeitung meiner Feldforschung bestand aus der Aufbereitung und Transkription des Forschungsmaterials. Unterschiedliche Medienformate, auch Audiodateien und handschriftliche Notizen, verschriftlichte ich zu elektronischen Texten, die ich im Hinblick auf verschiedene Fragestellungen analysierte. Die theoretische Recherche erfolgte themenzentriert und in zyklischen Phasen, in denen sich Schreiben und Lesen abwechselten.

Für die Analyse selbst kamen somit eine Mischung aus induktiver und deduktiver Vorgehensweise zum Einsatz. Bereits Blumer stellt 1954 fest, dass es hilfreich sein kann, Konzepte zu erarbeiten und diese, bevor sie definitive Konzepte werden und in eine Theorieerweiterung münden, als sensibilisierende Konzepte vorzumerken und zu benutzen, da sie die Forscherin für Phänomene sensibilisieren und eine „Blickrichtung vorgeben" (Blumer 1954, S. 7). Darüber hinaus, angelehnt an die Grounded-Theory-Methodologie, leitete ich weitere Thesen direkt aus dem Material ab. Um diese konzeptuell zu verdichten, arbeitete ich mich durch mehrere theoretische Diskurse, unter anderem zu Mode- und Migrationstheorie, um dann in dem zyklisch angelegten Forschungsverfahren methodologisch begründet erneut an die Analyse der Daten zu gehen und wo diese nicht ergiebig genug waren, noch einmal ins Feld zu gehen, um offen gebliebene Fragen zu beantworten. Ziel war es, die vestimentären Biographien der Frauen systematisch zu analysieren und mit theoretischem Hintergrundwissen zu konzeptualisieren.

Grundtechnik der Analyse selbst war eine aus den quantitativen Verfahren entlehnte Frequenzanalyse in Bezug auf die Fragestellung (Lamnek 2005,

S. 505). Dazu wurde mit einem computergestützten Kategoriensystem gearbeitet und die Interviews Satzweise mit Codierungen verschlagwortet. Die zweite Analysetechnik, die hier zum Einsatz kam, war die Intensitätsanalyse der Inhalte, also wie stark bestimmte Themen vertreten waren. Als ich ein oder zwei analytische Konzepte entwickelt hatte, war es äußerst hilfreich, diese heranzuziehen, um Verbindungen zwischen ihnen zu etablieren und neue hinzuzufügen. Glaser und Strauss (1967) nennen dies die „konstante komparative Methode." Zum Beispiel setzte ich die Migrationsgeschichte der Frauen ins Verhältnis zur der Intensität der von ihnen erzählten Diskriminierungserfahrungen.

Die aus der Methodentriangulation gewonnenen zusätzlichen Perspektiven waren hilfreich dabei, die herausgearbeiteten Konzepte für die theoretische Schlussbetrachtung zu stärken, indem ich sie mit anderen Datensätzen verglich. Das waren zum einen vergangene Phasen der Feldforschung, zum anderen aber die wenigen publizierten Werke zum Thema muslimischer Mode, hier vor allem die von Tarlo und Moors veröffentlichten Arbeiten (Tarlo und Moors 2007; Tarlo und Moors 2013).

Während meiner Feldforschung und der zum Teil parallel dazu laufenden theoretischen Recherche zu den sehr umfangreichen Themenbereichen Mode und Migration entwickelte ich eine Anzahl von Thesen. Einige davon verwarf ich wieder, andere erwiesen sich als für die Theoriebetrachtungen sehr ergiebig. Die meisten davon besprach ich im Laufe der Feldforschung mit meinen verschiedenen Interviewpartnerinnen. Ich wandte also regelmäßig kommunikative Validierung an, indem ich meine Ergebnisse mit den Ansichten meiner Interviewpartnerinnen rückkoppelte. Ich fragte sie nach ihrer Meinung zu meinen Überlegungen und ihre Ansichten formten mitunter aus vagen Ideen handfeste Beschreibungen von Lebensrealitäten, wie sie in der Thesendiskussion ab Kapitel 8 nachgelesen werden können. War eine These zumindest nicht als völlig abwegig zurückgewiesen worden, durchforstete ich mein bereits vorhandenes Material nach weiteren Indizien, um die Thesen zu belegen.

Dabei ist erneut zu betonen, dass die von mir entdeckten Richtungen und Tendenzen von Formen der religiösen Mode nicht alle möglichen denkbaren Typen islamischer Mode abbilden, sondern aus dem vorliegenden Material ableitbare Ausprägungen zeigen (vgl. Klinkhammer 2000, S. 120).

Teil I

Hintergründe und Bedingungen der Produktion und Konsumption von Hijab-Mode

3 Formen und Konflikte der Repräsentation in einer Minderheitensituation

„Repräsentation ist nicht einfach eine unschuldige Praxis, sondern die systematische Unsichtbarmachung der Repräsentierten." (Spivak 1988, S. 292)

Dieses erste theoretische Kapitel steht ganz im Sinne dieses Zitats und ist als historischer Einblick in die Repräsentationsformen des Migrantischen in Deutschland zu verstehen. Zunächst wird auf ein wichtiges Begriffspaar näher eingegangen werden, nämlich das der hegemonialen Diskurse und was diese für kopftuchtragende Frauen in Deutschland bedeuten. Im weiteren Verlauf des Kapitels verlasse ich zunächst diese Mikroperspektive, um die Entwicklung derzeitiger Migrations- und Grenzdebatten in einen historischen Kontext einzuordnen, welche in den Anfängen vom Kapitalismus zu suchen sind und damit im Kolonialismus und mit diesem verknüpft dem Orientalismus. Von dort aus mache ich nachvollziehbar, wie es in den letzten Jahren zu einer Verschiebung der Benennung der Akteure kommen konnte, also von Diskursen, die sich um Gastarbeiter*innen und Ausländer*innen drehten zu einem Diskurs, der sich scheinbar ausschließlich auf Muslim*innen verdichtet. Dieses Kapitel schließt mit der Frage nach den Bedeutungen dieser Entwicklungen für Menschen, die in Deutschland geboren sind oder hierher zuwandern und die sich dem muslimischen Glauben zugehörig fühlen.

Wie eben schon angedeutet ist ein wichtiger Aspekt bei der Betrachtung von Hijab-Bekleidung die Analyse von Diskursen. Herrschaft und ihre Ausgestaltung wird in Diskursen vermittelt, indem unterschiedlichste gesellschaftliche Bereiche verknüpft und mit dem Anschein der Normalität versehen werden (vgl.. Foucault 2000 [1978]). Diese Praktiken wiederum reproduzieren Prestige, wodurch sie andere Praktiken, zum Beispiel muslimische Bekleidungspraktiken ächten. Rommelspacher bringt es auf den Punkt: „Diskurse sind Regime der Wahrheit, die sich in Meinungen, Normen,

Werten, Medien und Texten äußern und sich schließlich in sozialen Praktiken verfestigen und materialisieren." (Rommelspacher 2002, S. 76) Diskurse sind also komplexe gesellschaftliche Prozesse der Sinnproduktion, deren Merkmal ist, dass sie Auseinandersetzungen um Differenz führen. Als diskursive Hegemonie ist die „Praxis kontinuierlicher (Re-) Artikulation von diskursiven Elementen" gemeint (Karakayalı 2010, S. 179). Der hier verwendete Begriff der Hegemonie geht auf den italienischen Philosophen Gramsci zurück. Eine Hegemonie ist demnach eine gesellschaftliche Ordnung, in der eine bestimmte Ideologie, eine bestimmte Vorstellung von Realität bei einem Bevölkerungsteil durch Konsens, nicht durch Zwang dominant ist (Gramsci 1992, S. 718). Gramsci beschreibt den Zwang als den Teil der politischen Gesellschaft eines Staates, welcher durch die Polizei, die Armee oder den Verwaltungsapparat durchgesetzt wird, während der Konsens über ein Setting von Ideen in der Zivilgesellschaft in freiwilligen Zusammenschlüssen hergestellt werde: Etwa in der Familie, in Schulen oder Gewerkschaften (vgl. Said 2009 [1978], S. 16). Zu Gramscis Zeiten war der diskursiv hergestellte Konsens der, dass die Herrschaft der Elite die Stabilität des Staates absichere. Wenn die Elite aus dem Bevölkerungsteil bestehe, der die Mehrheit der Menschen in einem Land repräsentiere, dann könne die Systemideologie friedlich durchgesetzt werden. Ist das nicht der Fall, „wird jedes Regime Gewalt anwenden um die gesellschaftlichen Gruppen zu disziplinieren, die sich weigern sich dem Konsens unterzuordnen." (Kuchler 2006, S. 117) Heute besteht keine Herrschaft der Eliten mehr. Subtilere Methoden der Machtausübung sind an ihre Stelle getreten, eben unter anderem die Macht, den Diskurs maßgeblich mitzubestimmen, Definitionsmacht darüber, wer ein nationales Subjekt ist und wer nicht. Der diskursive Konsens hierzulande scheint oft der, dass Hijab-Bekleidung nicht nach Deutschland gehöre und es deshalb legitim sei, Hijab-Trägerinnen rechtlich nicht gleichzustellen, also ihnen beispielsweise mit dem Verweis auf das Kopftuch Arbeitsplätze zu verwehren oder die verschiedenen Bekleidungsformen gleich ganz zu verbieten.

Muslimische Mode ist also ein hervorragendes Beispiel für diese diskursiven Prozesse. Wenn internationale Einflüsse auf der Kleidung abgebildet werden, wird das in Frauenzeitschriften immer wieder als Mode gefeiert. Nicht so, wenn es sich bei den Trägerinnen um Hijab-tragende Musliminnen handelt. Hijab-tragende Frauen werden in der Öffentlichkeit regelmäßig mit einem Rechtfertigungszwang konfrontiert, von dem sie sich in „Mikropolitiken der Selbstrepräsentation" zu befreien suchen, zum Beispiel durch eine besonders ausgewählte Zusammenstellung ihrer Kleidung, die aber in der medialen Öffentlichkeit kaum Beachtung findet (Nökel 2004, S. 287). In den von mir geführten Interviews zeigte sich diese Problematik in aller

Deutlichkeit. Wann immer das Gespräch auf die Wahrnehmung von Bekleidungspraktiken muslimischer Frauen in der Öffentlichkeit zu sprechen kam,
verfielen meine Interviewpartnerinnen in eine Rechtfertigungshaltung, die
sich in einer bestimmten Stimmlage und Art zu reden ausdrückte, mit der
sie über ihre Bekleidung sprachen. Als besonders eindrücklich empfand ich
die Adressierung einer Aussage an ein unsichtbares Publikum. Zum Beispiel
der Satz ‚Liebe Leute kapiert es doch endlich' aus dem nachstehenden Zitat
war dem Tonfall und dem Wortlaut nach nicht an mich adressiert.

> „Wir leben heute in dieser Zeit, man kann den Islam nicht hundertpro-
> zentig ausleben, wie in der früheren Zeit, aber ich versuche es soweit wie
> möglich zu machen. Aber ich mache es freiwillig. *‚Liebe Leute, kapiert es
> doch endlich'*, verstehst du? Ich bin es einfach Leid. Ich bin einmal im
> Zug gefahren, und da spricht mich ein Mann an und sagt zu mir, ‚Gell,
> du hast ein armes Leben', und ich sage: ‚Wie kommen Sie darauf?' ‚Ja,
> so wie du herumläufst.' ‚Ja, wie lauf ich denn 'rum?' ‚Ja, so verschleiert!'
> Ich sage: ‚Wie verschleiert bin ich denn? Ich hab nur ne Kopfbedeckung.'
> ‚Ja, aber du hast bestimmt zu Hause nix zu sagen.' Ich sag': ‚Weißte was,
> ich hab keinen Bock, wirklich keinen Bock auf gut deutsch mit dir diese
> Unterhaltung fortzuführen.' (Hurriya 2011)"

Mit solchen und ähnlichen Dialogen versuchen meine Interviewpartnerinnen das Stereotyp der „armen unterdrückten Ausländerin" zu entkräften,
das auf die negative Repräsentation von Musliminnen in der öffentlichen
Wahrnehmung zurückgeführt werden kann (Höglinger 2002, S. 114). Da
es keine Lobbyarbeit für Kopftücher gibt, kämpfen muslimische Frauen in
Mikropolitiken, also entweder einzeln oder nur gelegentlich und spontan in
kollektiven Handlungen um die Macht der Repräsentation, bilden aber keine
Organisationsstrukturen aus. Bis heute haben sich keine regions- und kon-
fessionsübergreifenden Frauenverbände gebildet, welche die gesellschaftliche
Akzeptanz des Hijabs durchzufechten suchen. Der Grund dafür mag sein,
dass die Entscheidung dafür, Kopftuch zu tragen, als Einzelentscheidung
der betreffenden Frau zu werten ist bzw. von den Frauen so bewertet wird
(Nökel 2004, S. 286).

Mikropolitische Repräsentationsarbeit findet auf zwei Ebenen statt:
Zum einen positionieren sich Frauen gegenüber männlich dominierten An-
sichten, die in der Öffentlichkeit beispielsweise durch den Zentralrat der
Muslime in Deutschland (ZMD)[10] repräsentiert werden. Jener hat seit den

---

10 Der ZMD ist eine Dachorganisation von derzeit 28 muslimischen Dachorganisationen
   und umschließt auch Einzelmitglieder. Er wurde 1987 gegründet und umfasst rund 300
   sowohl sunnitische als auch schiitische Moscheegemeinden und Zivilorganisationen mit
   muslimischen Migrant*innen aus allen möglichen Ländern: Von Pakistan über Bosnien
   bis Marokko (Zentralrat der Muslime in Deutschland e.V 2005).

9/11 Anschlägen bzw. dem Anschlag auf den Filmemacher Theo Van Gogh 2004 enorm an Bedeutung dazugewonnen und trifft seitdem immer wieder, als Vertreter kollektiver Interessen, Aussagen über religiöse Praktiken und auch über weibliche Bekleidungsformen. Mit seiner Struktur wirkt er wie ein Sprachrohr von Muslim*innen in Deutschland. Dabei ist es so, dass sich die Ansichten der im Zentralrat sitzenden Vertreter untereinander nicht unbedingt immer decken. Darüber hinaus sind jene Vertreter oft männlich oder schauen zumindest mit einem männlich geprägten Blick auf weibliche Bekleidungspraktiken. Gegen diese professionelle Argumentationsmacht wirken die von Hijab-tragenden Frauen in Mikropolitiken verbreiteten Ansichten subjektiv und wie persönliche Befindlichkeiten. Nichtmuslim*innen sehen darum oft nicht die auf Souveränität ausgelegte Selbstinszenierung, sondern nehmen nur die in den Kopftuchdiskursen vermittelte Vorstellung von muslimischer Indoktrinierung und Täuschung wahr (vgl. Nökel 2004, 295 und 304 f.).

Zum anderen ist da die nichtmuslimische Öffentlichkeit in Form von Tageszeitungen und Berichterstattung im Fernsehen und im Internet. Immer wieder sind muslimische Frauen und ihre Bekleidungsformen Anlass zur öffentlichen Debatte. Aber nicht nur diese, sondern auch die Religion Islam als solche. Als der ehemalige Bundespräsident Wulff im Sommer 2010 verkündete, der Islam würde zu Deutschland gehören (Schlegel 2010), gab es eine Reihe von Protesten zu dieser Aussage. Wie als Antwort äußerte sich der neue Bundespräsident Gauck in der Angelegenheit, um sich von diesem Satz zu distanzieren (Medick 2012). Und seitdem der Politik- und Denkraum Europa durch eine veränderte Grenz- und Migrationspolitik neu hergestellt wird, wird seit Mitte 2015 ein ganz neues Bedrohungsszenario etabliert, bei dem die Religion Islam und vor allem ihre sichtbarsten Vertreterinnen, die Kopftuchträgerinnen, in einem besonderen Kreuzfeuer stehen.

Vielen Angehörigen der Dominanzgesellschaft scheint es schwer zu fallen, Muslim*innen im Allgemeinen und den Hijab in seinen verschiedenen Ausprägungen im Speziellen, als legitimen Teil der Gesellschaft zu betrachten. Dabei beziehe ich mich zum einen auf Menschen mit denen ich mich im Laufe meiner Forschung unterhalten habe ebenso wie auf diverse Akteur*innen in den Zeitungen und den Social Media. Alle möglichen Gründe werden dafür angeführt, angefangen von der Befremdlichkeit der vermeintlich ‚anderen' Kultur, über die angebliche Unterdrückung, unter der die Frauen zu leiden hätten, bis hin zu konkreten Vorwürfen der Integrationsunwilligkeit an Muslim*innen in Deutschland. Die harsche Abgrenzung gegenüber der islamischen Religion im Allgemeinen und der Praxis des Kopftuchtragens im Speziellen hat eine besondere Bewandtnis. Um sie nachvollziehen zu können, ist es sinnvoll, einige historische Entwicklungen zu betrachten. Es ist die bereits von Edward Said (2009 [1978]) in seinem Werk „Orientalismus" beschriebene koloniale Strategie, das Selbst über einen Spiegel, über „den Anderen" zu konstruieren und dessen vermeintliche Andersheit zur Legitimation der eigenen Politik heranzuziehen. Differenzen sollten aber nicht essentialisiert, sondern müssen vielmehr historisch kontextualisiert werden.

Dass Saids Ausführungen an Aktualität nichts eingebüßt haben, kann an der medialen Inszenierung des Politik- und Denkraumes „Europa" gut nachvollzogen werden. In aktuellen Diskursen werden die komplexen Ursachen und Verknüpfungen, die zu den derzeitigen Migrationsströmen geführt haben, fast völlig ausgeblendet. Statt dessen wird sich auf die Überfremdungsangst der deutschen Gesellschaft konzentriert. Indem diese, in Form von täglichen Rassismen bestimmte Zuschreibungen, immer wieder an muslimische Frauen herangetragen werden, wird ein vermeintlich überlegenes Selbst konstruiert. Diese zum Teil „wissenschaftlich vermittelten Bilder als Bestandteil gesellschaftlich hergestellter Zweckrationalität" (Ha 2003, S. 61) gilt es zu hinterfragen.

Außerdem fand in den letzten Jahrzehnten im Diskurs um Grenz- und Migrationspolitik eine Verschiebung in der identitären Bezeichnungen der Akteur*innen statt. Statt Gastarbeiter*innen und Ausländer*innen wurden in den Debatten vermehrt Muslime thematisiert. Jedoch reicht die klassische Orientalismuskritik nicht aus, um die Verschiebung der Migrationsfiguren hinreichend zu erklären (vgl. Attia 2010, S. 120). Stattdessen muss die derzeitige Migrations- und Integrationspolitik historisch kontextualisiert werden. Da diese Arbeit eine andere Sichtweise auf Hijab-Bekleidung ermöglichen soll, stellt das nun folgende Kapitel die Grundlage der Analyse dar. Es reicht meiner Meinung nach nicht, allein darzustellen, welche modischen Implikationen die Kleidung mit sich bringt. Es muss außerdem dargelegt werden, auf welchen Grundlagen die jetzige ausgrenzende Sichtweise aufbaut, um muslimische Kleidung in ihren Ausprägungen verstehbarer zu machen.

Im nun folgenden Abschnitt 3.1 komme ich auf die Kritik am Orientalismus und an neokolonialistischen Strategien zu sprechen.

3.1 Orientalismus und Kolonialismus

„The critic must attempt to fully realize and take responsibility for the unspoken, unrepresented pasts that haunt the historical present." (Bhabha 1994, S. 12)

Ende der 1970er Jahre veröffentlichte Edward Said seine richtungweisende Schrift „Orientalism", in welcher er herausarbeitete, dass die geographische Zone „Orient" ebenso wie der „Okzident" im Grunde nur eine einzelne gemeinsame Idee sei. Diese Idee stellt eine eigene Geschichte, eine spezifische Denktradition dar, welche im und für den „Westen" begründet wurde (Said 2009 [1978], S. 13). Darin ist der Orient kein wahrheitsgemäßes Gebilde, sondern wird vom Westen quasi imaginiert. Jedoch ist dies keine reine Fiktion, „vielmehr gehört sie als fester Bestandteil zur *tatsächlichen* Zivilisation und Kultur Europas und der Orientalismus bezeugt diese Teilhabe kulturell, oder eher ideologisch, als eine Diskursform." (Hervorhebungen i.O., ebd., S. 10) Als Ausgangspunkt für diese Entwicklungen zu orientalistischen Denkweisen identifiziert Said die Expansion Europas im Kolonialismus. Oder, wie es Rodríguez ausdrückt: „Die Expansion Europas verfolgte nicht nur die Ausbeutung und Aneignung von Arbeit, Ressourcen und Land, sondern auch eine politische und kulturelle Unterwerfung der kolonisierten Menschen." (Rodríguez 2003, S. 19)

Vier Elemente formierten und formen laut Said bis heute das orientalistische Denken in den Diskursen. Als Erstes ist besonders der „Die – Wir"-Dualismus bemerkenswert, welcher unter ständiger Abwertung der Anderen bis hin zum offenen Rassismus darauf hinweist, dass es einen grundsätzlichen Unterschied zwischen den Gruppen gebe (Said 2009 [1978], S. 127). Die Abwertung erfolgt hierbei durch zweitens: die Klassifikation, also die wissenschaftliche Einordnung und Typisierung von Menschen, anhand der ihnen rassisch, ethnisch oder kulturalistisch zugeordneten Charaktereigenschaften. Diese Klassifikation überträgt sich in die Diskurse, welche die wirtschaftliche und intellektuelle Oberherrschaft der Etablierten wissenschaftlich begründen (ebd., S. 145). Drittens versuchte man, die „andere" Kultur von außen zu erfassen, sich in sie einzufühlen und ihren „organischen inneren Zusammenhalt" zu identifizieren (ebd., S. 142). Das drückt sich viertens in der Art aus selbst weit auseinander liegende Länder, wie Tunesien und Afghanistan, ihre Gesellschaften und ihre Angehörigen oder kulturelle Artefakte auf eine einheitliche und repräsentierende Art und Weise zu beschreiben. Ein Merkmal dieser Beschreibungsweise ist laut Said zum Beispiel, die Prozesshaftigkeit in der jeweiligen Entwicklung einer Begebenheit auszulassen. Das heißt, dass auf die Beschreibung der geschichtlichen Entwicklung verzichtet wird und die Texte lediglich den Ist-Zustand der Gesellschaften wiedergeben (ebd., S. 15).

Der Zweck orientalistischer Sichtweisen ist laut Said einzig, den dem „Orient" geopolitisch und kulturell gegenüberstehenden „Okzident" als überlegen zu definieren. Heute wesentlich öfter gebraucht ist der Begriff der

„westlichen Welt".[11] Beide meinen den europäischen und nordamerikanischen Vorstellungsraum, der sich im Laufe der christlich-abendländischen Geschichte entwickelt hat und die „Moderne" mit ihren „Errungenschaften" wie Demokratie, Kapitalismus und Aufklärung als den Höhepunkt der eigenen Entwicklung identifiziert. Fernando Coronil formuliert dazu: „Beispielsweise wird der Westen häufig mit Europa, mit den Vereinigten Staaten mit uns oder mit jener rätselhaften Entität des modernen Selbst gleichgesetzt", während z.B. der problematische Begriff der Dritten Welt „die bevorzugte Heimat des Anderen" ist. (Coronil 2013 (2002), S. 469). Dabei wird die Moderne regelmäßig irrtümlich mit dem Höhepunkt der menschlichen Entwicklung überhaupt gleichgestellt (Rommelspacher 2002, S. 20).

Das Selbstbild der Bewohner des „Westens" ist das der männlichen weißen Bürger, welche Kraft ihrer eigenen Leistung ihre Umwelt selbstbestimmt beeinflussen. Diese Vorstellung wurde zum Beispiel sehr eindrucksvoll in dem Aufsatz „Die protestantische Ethik und der Geist des Kapitalismus " von Max Weber etabliert, welcher die Entstehungsgeschichte des Kapitalismus durch den Protestantismus und der spezifischen europäischen Geschichte zu erklären suchte (Weber 1920). Analog zu jenem Selbstbild blendete Weber völlig aus, dass der Reichtum des Kapitalismus nur auf den Grundlagen des Kolonialismus entstehen konnte, also auf der Ausbeutung und der Ausrottung ganzer Völker (Rommelspacher 2002, S. 26). Hierauf werde ich gleich noch einmal zu sprechen kommen. Die Ausblendung dieser Tatsache erfolgt systematisch entlang der oben genannten Elemente. Said beschreibt eine regelrechte Denkhemmung, die zur Aufrechterhaltung der fiktiven Realitätskonstruktion auferlegt wird und die im Orientalismus angelegt ist (Said 2009 [1978], S. 57).

Saids wichtige Kritik imperialer Herrschaft wurde ergänzt durch Fernando Coronils Weiterdenken dieses Ansatzes in seiner Kritik des Okzidentalismus. In dieser führt er aus, dass es nicht nur einen Orientalismus gebe, welcher diskursiv den Orient erschafft, sondern darüber hinaus die Konstruktion des „Westens" als solche benannt werden muss (Coronil 2013 (2002), S. 472). Analog zu Saids Theorien benennt auch Coronil diese Diskursform als einen Satz von Strategien: Die Welt wird in abgrenzbare Einheiten unterteilt, Differenzen zwischen Völkern werden in Hierarchien verwandelt. Die eigentlich voneinander abhängigen Geschichten der Völker werden getrennt und die dabei entstehenden Repräsentationen werden neutralisiert und naturalisiert. Schließlich werden asymmetrische Machtbeziehungen reproduziert

---

11 Im Folgenden wird dieser Vorstellungsraum kritisch als der globale Westen bezeichnet oder „westlich" in Anführungszeichen gestellt.

(ebd., S. 475). Jene Machtasymmetrien seien nicht ungewöhnlich, jedoch deshalb so wirkmächtig, weil sie vom Kapitalismus getragen werden. Coronil schreibt: „Ethnozentrische Hierarchisierung kultureller Differenz ist gewiss kein westliches Privileg. Hervorzuheben ist vielmehr die Tatsache, dass dieses Privileg eng mit der Entfaltung globaler Macht zusammenhängt."(Coronil 2013 (2002), S. 474)

Coronil beschreibt in seiner Kritik des Okzidentalismus drei Strategien, drei Modi, mit denen die Repräsentationen des nichtwestlichen Anderen naturalisiert werden. Zum einen wird die Frage nach dem modernen Selbst nie gestellt, seine Konstitution nicht in Frage gestellt, sondern es wird als gegeben vorausgesetzt (ebd., S. 480). Der Andere wird darin aufgelöst. Ein zweiter Modus besteht in der „Einverleibung des Anderen in das Selbst", wo die Rolle des Anderen bei der Entwicklung der modernen Welt bis zur vollständigen Verschleierung in den Hintergrund tritt. (ebd., S. 480). Der dritte Modus berücksichtigt zwar die nichtwestlichen Völker, zum Teil sogar dahingehend, westliche Kulturannahmen in Frage zu stellen, allerdings in einer Weise, in der die vermeintlichen Differenzen zwischen den Kulturen verstärkt und festgeschrieben werden (ebd., S. 489). Coronil macht dabei darauf aufmerksam, dass es im Grunde keine Rolle spiele, ob Differenzen überzeichnet oder eingeebnet werden. Alle drei Formen der Repräsentation haben kolonisierende Wirkung, nicht in der reinen Beschreibung von Vielfalt, also der Produktion von Differenz, sondern in der besonderen Art der erzeugten Differenz (ebd., S. 496).

Dabei sind die verschiedenen Völker und ihre Entwicklungen im Kapitalismus nicht als getrennt zu betrachten und der Kapitalismus ist schon gar nicht ein reines Produkt der europäischen Moderne. Coronil entfaltet diese Theorie, mit der er gegen die Denkhemmung und ahistorische Wahrnehmung arbeitet, unter anderem am Beispiel des Zuckers aus der Untersuchung von Sidney Mintz (1987), auch wenn er Mintz für seine einverleibende Repräsentationsform des nichtwestlichen Anderen kritisiert. Coronils Grundannahme lautet, dass ohne den Kolonialismus die Entwicklung kapitalistischer Gesellschaften so nicht möglich gewesen wäre. Das Geld, das aus dem kolonialen Zuckerhandel eingenommen wurde, befeuerte nämlich die europäische Wirtschaft ohne Gleichen, dieses Geld wurde aber eben nicht in Europa gewertschöpft, sondern zu einem sehr frühen Zeitpunkt (15. Jahrhundert) unter äußerst gewaltsamen Bedingungen in den englischen Kolonien in Südindien. Mit diesem Geld wurde wiederum der Sklavenhandel für die Kolonien angefeuert und im „Mutterland" als Kapital in Produktionsmittel verwandelt. Damit stellte das aus Zucker erwirtschaftete Geld erst die Grundlage für die Expansion des Kapitalismus. Durch Besteuerung wiederum wurden die imperialen Staaten gestützt und ihre Bildung und ihr Wachstum erst ermöglicht. Im Zuge dieser Entwicklungen, also mit dem Geld aus dem Zucker, welches in den Kolonien erarbeitet wurde, bildeten sich die an der späteren Warenwirtschaft beteiligten gesellschaftlichen Akteure erst heraus; von diesem Geld erwarben sie ihre Statussymbole. Europäische Kolonialherren sind nicht fertig erschienen, sondern, maßgeblich von den kolonialen Verflechtungen beeinflusst, erst mit diesen Verflechtungen entstanden (vgl. Coronil 2013 (2002), S. 485). Die kolonialen Waren sind also Elemente einer fortgesetzten Interaktion über kulturelle oder territoriale Grenzen hinweg. Diese Interaktion wiederum stellt eine wechselseitige Produktion von Waren und Gesellschaften dar (ebd., S. 488).

Aber auch die kapitalistischen Produktionsformen selbst sind keine europäische Erfindung, sondern die Bedingungen der Zuckerproduktion auf den Plantagen lieferten Modelle für die Arbeitsorganisation, die später im Kapitalismus eine Rolle spielen würden. Hier wird insbesondere deutlich, dass es sich bei der europäischen Geschichte und Entwicklung, am Beispiel des Kapitalismus, nicht nur um eine in sich abgeschlossene Transformation der Arbeitsabläufe innerhalb Europas handelte, sondern diese Geschichte transnational im historischen Zusammenhang mit der kolonialen Herrschaft betrachtet werden muss (ebd., S. 483). Die Relevanz des Zuckers ist dabei nur ein Beispiel für Großbritannien. Ähnliche Mechanismen können in den Entwicklungen der anderen europäischen Mächte ebenfalls gefunden werden.

Dass orientalistische (und okzidentalistische) Denktraditionen mit der Notwendigkeit der Legitimation der eigenen Herrschaft über den Rest der Welt zusammenfielen, lässt sich an der Wissensproduktion und den Bildern über den „Anderen" gut ablesen. Wie eben zu sehen war, sind diese unter anderem des Resultat von geschichtsformierenden Prozessen, die über die letzten zwei Jahrhunderte immer wieder modifiziert wurden, aber ähnlichen Inhalt haben: Die Konstruktion von Vorstellungen von verschiedenen Gesellschaften in einer mit einem Mal scheinbar größer werdenden Welt. Und darin die Rechtfertigung von Differenzen, Ungleichheiten und Hierarchien innerhalb und zwischen diesen Gesellschaften (Conrad und Randeria 2013, S. 41). Und auch wenn den meisten Menschen klar ist, dass der heutige Nationalstaat Frankreich, Deutschland oder Großbritannien in seiner jetzigen Form irgendwann entstanden sein muss, erscheint es doch vor allem als ein Wechsel der Staats- und Regierungsform, nicht als Entstehung eines nationalen Akteurs an sich. Durch die Verdeckung der Austauschbeziehungen zwischen den Völkern, aus denen diese Nationen hervorgegangen sind, wird der Eindruck undurchlässiger, natürlicher Grenzen erweckt. Die Identitäten ihrer Bewohner erscheinen als „intrinsische Eigenschaften naturalisierter,

verräumlichter und abgegrenzter Einheiten"(Coronil 2013 (2002), S. 499).
Und diese seien das „Resultat unabhängiger Geschichten und nicht das Ergebnis [sozio]historischer Beziehungen" (ebd., S. 498). Andere Gesellschaften
zur Konstruktion eigener kollektiver Identitäten heranzuziehen ist etwas,
das vermutlich alle Gesellschaften tun, aber im Fall des Okzidentalismus
ermöglicht die globale wirtschaftliche Herrschaft des Westens diese Repräsentationen von Differenz in eine Hierarchie zu verwandeln. Dabei wurde der
Kapitalismus eben nicht einfach exportiert, wie oft fälschlich angenommen
wird, sondern unter unterschiedlichen historischen Bedingungen wechselseitig
transformiert, wie am Beispiel des Zuckers oben gezeigt werden konnte.

Coronil verknüpft den Gedanken um die Entstehung der Nationalstaaten
mit dem Wirken des Kapitalismus: Mit der zunehmenden Wichtigkeit von
Waren und Warenbeziehungen werden eben auch andere Bereiche zunehmend verdinglicht. Weil Territorien eine viel greifbarere Form darstellen, als
historische Beziehungen, werden diese bevorzugt herangezogen, um Völker
zu repräsentieren. (ebd., S. 499). Das allgemeine Verständnis von feststehenden Territorien und fließender Geschichte bedeutet nichts anderes, als
„dass die Moderne durch eine asymmetrische Integration von Raum und
Zeit konstituiert ist."(ebd., S. 498) Die oben genannte Historisierung von
Territorien, also die Entstehung der Nationalstaaten bleibt verschleiert, sie
werden oft als der natürliche Ort von Geschichte gedacht. Coronil weist in
diesem Zusammenhang eindrücklich darauf hin, dass nicht vergessen werden
darf, dass Landkarten, die Territorien abbilden, nicht die Realität widerspiegeln, „sondern sie aus parteiischen Perspektiven abbilden und sie in
Übereinstimmung mit bestimmten Standpunkten und spezifischen Zielen
wiedergeben."(ebd., S. 470).

Im folgenden Abschnitt werde ich darauf eingehen, wie orientalistische und okzidentalistische Sichtweisen an der Entstehung nationalstaatlicher Macht konkret mitgewirkt haben, wie sie noch heute in neokolonialen
Strukturen nachwirken und welche Auswirkungen sie auf Muslim*innen in
Deutschland haben.

3.1.1 Verflechtungen des Nationalstaates mit Orientalismus und Kolonialismus

Mit der Ausweitung der Einflussgebiete europäischer Mächte im Kolonialismus kam es zu immer mehr wirtschaftlichen und politischen Interaktionen
zwischen europäischen Ländern, aber auch mit der außereuropäischen Welt.

Was aufgrund einer bestimmten Geschichtsschreibung kaum Beachtung findet ist, dass „Europa [...] nicht zuletzt im Kontext seiner imperialen Projekte [entstand], während die kolonialen Begegnungen zugleich von innereuropäischen Konflikten geprägt waren."(Conrad und Randeria 2013). Diese Interaktionen waren oft zutiefst hierarchisch, aber produzierten nicht nur eher unbeachtet gebliebene gemeinsame Geschichte, sondern auch Abgrenzungen. „Die modernen Nationalstaaten erscheinen daher nicht nur als Grundlage und Ausgangspunkt der kapitalistischen und und kolonialen Austauschbeziehungen, sondern zugleich auch als ihr Produkt."(ebd.). [12]

Die zeitgenössische Vorstellung von „die" und „wir", von Nationalitäten und klar abgegrenzten nationalen Territorien kann als ein Nebenprodukt imperialer europäischer Projekte gesehen werden, sie ist also relativ neu und es ist nicht gesagt, dass sie sich lange halten muss. Doch wenn heute auf Nationalitäten rekurriert wird, hat das den Eindruck, als wäre der Nationalstaat die unverrückbare Voraussetzung für Vergesellschaftung, statt einem Sonderfall. Seit dem 18. Jahrhundert wandelte sich die Bedeutung des vormals abwertend gebrauchten Begriffes[13], es setzte eine Vorstellung von Volkssouveränität ein, die in der französischen Revolution zu einem Höhepunkt kam. In der Vorstellung verschob sich die horizontale Teilung, zwischen Adel sowie Klerus auf der einen und Bauern ohne nennenswerte Kultur auf der anderen Seite, zu einer vertikalen Teilung zwischen den Nationen.

> Mit der Entwicklung des Nationalstaates verschob sich die Wahrnehmung über die Zugehörigkeit weiter Bevölkerungsteile, z.B. der niederen Stände als Bürger*innen. Einerseits finden wir die Integration eben dieser vorher ausgeschlossenen Bevölkerungsgruppen, andererseits den Ausschluss von allen anderen, die außerhalb des Nationalstaates lebten oder nicht als Bürger*innen der Nation anerkannt wurden. „Durch die soziale und politische Inkorporation der Arbeiter als Bürger im Verlaufe von hundert Jahren wurden die Merkmale der arbeitenden Klassen zunehmend auf die ‚Grenzen der Nationalität' verlagert." (Karakayalı 2007)

Es ist also kein Zufall, dass die Grenzen im feudalen Zeitalter zwischen Arm und Reich, zwischen niederen Ständen und dem Adel einer Region lagen, welche als sich gegenüberstehende, unversöhnliche „Nationen" verstanden wurden (Karakayalı 2010, S. 180). Heute dagegen wird die Armut weitgehend

---

12 Hier mag eine Erklärung liegen, warum die Ausformungen nationalstaatlicher Symboliken wie Hymnen, Flaggen oder gar in Verfassungen sich oft so ähneln. Sie sind als gemeinsames Projekt gegenseitiger Abgrenzung entstanden.

13 „Natio" wurde in altdeutscher Mundart als ein abwertender Ausdruck gebraucht, der der heutigen Bedeutung von Souveränität und Selbstbestimmung diametral gegenübersteht (J. Grimm und W. Grimm 1854–1960).

auf andere Nationen ausgelagert. Auch der Mangel an Durchlässigkeiten zwischen den Systemen ähnelt sich: So wie heute Nationalität nicht unproblematisch gewechselt werden kann, fanden ebenso wenig in vormoderner Zeit soziale Auf- und Abwärtsbewegungen zwischen den als endogame Gruppen verstandenen Ständen statt (vgl. Wimmer 2002, S. 55). Was ebenfalls gleich geblieben ist, ist die Willkür dieser Unterteilung. Es ist nicht einzusehen, warum Adelige andere Rechte haben sollen als Gemeine. Ebensowenig ist es logisch oder auch natürlich, dass Bürger*innen des einen Staates andere Rechte haben sollen als die eines anderen Staates.

Das Normativ der Sesshaftigkeit wurde in jener Zeit im Nationverständnis auf Basis des Territorialprinzips angelegt, welche erst im Laufe der Nationenbildung mit „aufwendigen Grenzübertritts- und Passregelungen" mühsam durchgesetzt werden musste (Rommelspacher 2002, S. 46).

> „Die relative ethnische Homogenität im heutigen Deutschland ist zum einen das Resultat heftiger Kämpfe unterschiedlicher ethnischer Gruppierungen innerhalb der Nation und zum anderen eine Folge von Vertreibung und Völkermord." (ebd., S. 42)

Es müssen Dutzende von Millionen Menschen sein, die zur Aufrechterhaltung der Identitätsvorstellung „allein während des 20. Jahrhunderts aus oder nach Deutschland vertrieben, verschleppt, ein- bzw. ausgewandert, importiert oder deportiert worden waren." (Steyerl 2003, S. 47) Dennoch behauptete die deutsche Regierung bis vor kurzem noch, Migration sei hierzulande kein langfristig wirksames politisches Thema.

Denn was genau berechtigt Angehörige einer Nation dazu, andere auszuschließen? Wie lässt sich das mit dem allen Menschen zustehenden Anspruch auf eine menschenwürdige Existenz vereinbaren? Selbst wenn angenommen wird, dass eine Gruppe eher da war als eine andere, sind doch die Nachkommen der ersten Gruppe noch später eingetroffen als die der zweiten Gruppe. Warum sollten also nur die Nachkommen der ersten Gruppe von der Arbeit beider Gruppen profitieren? Aufgrund eines vererbten Vorteils? Dadurch, und dieser Punkt ist elementar wichtig, ist Staatsangehörigkeit nicht besser als ein Feudalsystem, da in beiden Fällen die Geburt über Lebenschancen und Privilegien entscheidet und darüber, wessen Arbeitskraft ausgebeutet wird und wer anständig entlohnt wird (Rommelspacher 2002, S. 88). Wie aber ist diese doch eigentlich vormoderne Sichtweise mit dem Anspruch der Moderne vereinbar? Wie mit den Ansprüchen an die Demokratie? Rommelspacher formuliert dazu:

> „Der demokratische Staat ist kein Golfclub, noch Heimatverein oder Kirchengemeinde, sondern eine politisch verfasste Gemeinschaft, die sich auf

den Grundlagen von Gleichheit und Gerechtigkeit konstituiert hat." (ebd., S. 85)

Denn dies ist das wichtigste Element für die herrschende Gruppe zur Durchsetzung ihrer Machtinteressen, wie bereits eingangs ausgeführt wurde: Einen Konsens über scharf abgrenzbare Unterscheidungsmöglichkeiten von zugehörigen und auszuschließenden Bevölkerungsgruppen zu finden, wie zum Beispiel die islamische Religion und mit ihr das Kopftuch. Zur Konsolidierung der Machtverhältnisse im Nationalstaat wird darum die Konstruktion von nationalen, oder im aktuellen Diskurs, europäischen Identitäten herangezogen, welche im latenten Konflikt zu als nicht zugehörig betrachteten Gruppen stehen. Identitätsmarker wie Lokalität, Kultur sowie Ethnizität werden infolge in Museen, Schulen oder Archiven und seit neustem auch an Stränden (König 2016) als schützenswertes Gut inszeniert, das bewahrt werden muss.

3.2 Neue Orientalismen und Neokolonialismus

Die Muster kolonialer Aneignung von Arbeitskraft und Ressourcen finden sich auch nach dem Ende der Kolonialzeit und mit ihnen die gleichen Rechtfertigungsstrategien. Die kolonialen Muster der Politik in der deutschen Arbeitsmigration arbeitete vor allem Ha (2003) heraus. Er hebt hervor, dass die industrielle Reservearmee zur Absicherung des Wirtschaftswachstums, das Inländerprimat, welches Menschen deutscher Nationalität offen bevorzugt, und die Unterschichtung der einheimischen Arbeiterklasse mit Gastarbeiter*innen alles Hinweise darauf seien, dass sich in Fortsetzung kolonialer Strategien die Produktivkraft der „Anderen" angeeignet wird, nur ohne diesmal gleich das Land wirtschaftlich (Deutschland) oder militärisch (etwa Großbritannien oder Frankreich) zu besetzen. Die Gastarbeiter*innen in der Nachkriegszeit dienten aus dieser Perspektive in erster Linie als Konjunkturpuffer: Die massenhafte Beschäftigung von Menschen im Niedriglohnsektor ermöglichte es der Industrie zu jener Zeit die Kapazitäten zu steigern, ohne in Modernisierung zu investieren. Nebeneffekt für alteingesessene Arbeiter*innen war der soziale Fahrstuhl, der es ihnen erlaubte, in Angestelltenverhältnisse aufzusteigen, während die Gastarbeiter*innen weiter im Werk arbeiteten. Nach der erfolgten Modernisierung einige Jahre später waren diese Arbeiter*innen erwerbslos oder lebten in prekären oder pseudoselbstständigen Beschäftigungsverhältnissen (Karakayalı 2010, S. 175).

Statt sich aber abschieben zu lassen, nutzen sie die Gesetzgebungen und erschufen neue Formen der Beschäftigung oder gründeten Unternehmen. Analysiert man die Migrationspolitik auf ihre Muster, können Ähnlichkeiten mit kolonialen Sichtweisen bemerkt werden: Im Mittelpunkt der politischen Diskurse stehen die Interessen des jeweiligen Nationalstaates und seiner Ökonomie. Dieser nutzt die Produktivkräfte der Subjekte, deren Arbeitskraft gebraucht wird, ohne jedoch gleichwertig in sie zu investieren. Die Versäumnisse früherer politischer Entscheidungen werden einerseits zwar eingestanden, jedoch die Konsequenzen aus den Fehlern werden allzu oft den Anderen zugewiesen. Dass die Entwicklung der Anderen hinter der anderer gesellschaftlicher Gruppen zurückliege, sei der Renitenz und mangelnden Entwicklungsfähigkeit der Anderen zuzuschreiben. Die heutige Verantwortung etwas zu ändern, liege bei den Subjekten, nicht beim deutschen Staat. In diesem Diskurs sind die Subjekte *Migrant*innen* oder *Kolonisierte* jeweils austauschbar, die Muster bleiben erhalten.

Eine weitere Ähnlichkeit ist, dass bis heute immer wieder christlich-islamische Auseinandersetzungen in Europa auf „Türken vor Wien"-Ängste reduziert werden (Ceylan 2010, S. 335). Damit wird eine Angst vor der kulturellen Vergangenheit beschworen, um den Blick auf durch Investitionen zu lösende Probleme zu vermeiden. Schaut man sich aber aktuelle Kritiken an Muslim*innen an, sind diese vor allem rassifizierender Natur und nicht einem abwertenden Islambild christlicher Theologie der Vormoderne zuzuschreiben (Ehmann 2010, S. 35). Diese Kritiken sind vielmehr Resultate des im Kolonialismus etablierten Orientalismus, welcher bis heute seine Wirkung entfaltet.

Diese Sichtweise wurde nicht zuletzt Ende der 1990er Jahre durch die von Samuel Huntington propagierte These des Kampfes der Kulturkreise angeregt, eine Vorstellung, welche essentialisierende Vorstellungen eng mit Kultur verknüpft (Tezcan 2009, S. 76). Das Bild, welches durch „Kulturkreise" geschaffen wird, dient jedoch einzig und allein dazu, ein „die" und „wir" fortzuschreiben und zu festigen.

Kandil (2010, S. 550) interpretiert insbesondere die Dämonisierung des Islams als eine Verschleierung des neokolonialen Zugriffs des „Westens" auf den Nahen und Mittleren Osten und er bezeichnet den Irakkrieg von 1991 als Startpunkt. Der koloniale Vergleich macht auch an dieser Stelle Sinn, als dass es ebenfalls angeblich altruistische Motive sind, mit denen diese „Überfälle" legitimiert werden. Während koloniale Projekte vermeintlich modernisierend und zivilisatorisch wirken wollten, stehen aktuelle Projekte unter dem Leitmotiv der Demokratisierung. Letztlich ist aber immer die privatwirtschaftliche Ausbeutung der neu entstandenen Staaten als Ergebnis zu beobachten. Auch innenpolitisch kann geschlussfolgert werden, dass Spannungen in Deutschland zwischen Dominanzgesellschaft und Minderheiten weder unausweichlich noch kulturell bedingt sind, sondern das Ergebnis von Zuschreibungsprozessen, welche gesellschaftliche Positionen absichern und als fremd wahrgenommene Menschen fernhalten sollen.

Da wir in einer Demokratie leben, welche solche Ausgrenzungsstrategien offiziell nicht dulden kann, werden Bevorzugungen und Diskriminierungen in extra dafür initiierten Diskursen legitimiert. Diskurse sind, wie bereits beschrieben, komplexe gesellschaftliche Prozesse der Sinnproduktion, deren Merkmal ist, dass sie Auseinandersetzungen um Differenz führen (Karakayalı 2010, S. 179). Je selbstbewusster nicht als zur Dominanzgesellschaft gehörige empfundene Menschen, auf Grundlage einer demokratischen Gesellschaftsordnung, ihren Anteil an besser gestellten Positionen fordern, desto mehr werden sie zu Fremden gemacht (Rommelspacher 2002, S. 17). Minderheiten werden also quasi erst kreiert, um im Anschluss ihre soziale Rolle als Außenseiter zu legitimieren (Attia 2010, S. 120). Und dies ist genau der Punkt, an den die bisherigen Ausführungen führen sollten.

Hüttermann (2009, S. 119) zeigt auf, dass es nicht die Einwander*innen selbst sind und auch nicht ihre Kinder, die als Bedrohung für die Dominanzgesellschaft inszeniert werden. Es sind vor allem die Enkelkinder der Gastarbeiter*innen, welche nicht mehr am Rand der Gesellschaft stehen und, mit den staatsbürgerlichen und bildungstechnischen Voraussetzungen und vor allem mit der Kenntnis um ihre Rechte und um die Durchsetzung dieser, plötzlich die etablierte hierarchische Ordnung außer Kraft setzen (ebd., S. 110). Da diese jungen Menschen oft hervorragend sozialisiert und ausgebildet und damit integrationspolitisch kaum kritisierbar sind, wurden nach der Jahrtausendwende vorwiegend die Probleme älterer Generationen in diskursiven Elementen kontinuierlich reartikuliert, wodurch die diskursive Hegemonie wieder hergestellt wurde (Karakayalı 2010, S. 179). Oder, wie Iman Attia es ausdrückt: Indem Teile der Gesellschaft religiös bzw. kulturell begründet zu Fremden gemacht werden, wird „die Funktionalisierung und Ausbeutung von Arbeitsmigration [...] nachträglich legitimiert und gleichzeitig in die Gegenwart verlängert." (Attia 2010, S. 120) Aktuell hingegen sind vor allem neoorientalistische Dämonisierungsstrategien in Bezug auf den Islam zu beobachten, welche die Migrations- und Grenzpolitik und in naher Zukunft vermutlich die Arbeitspolitik der Bundesregierung zu legitimieren suchen.

3.3 Der „religious turn" in der Migrationsdebatte: Vom Migranten zum Muslim

Es wurde bereits erwähnt, dass es im Diskurs um Migration zu einer Verschiebung der Bezeichnungen der Akteur*innen gekommen ist. Erst seit den späten 1990er Jahren ist ein zunehmender Fokus auf Islamthemen zu verzeichnen, während vorher vornehmlich Gastarbeiter*innen oder Flüchtlinge die Migrationsdebatten dominierten (Spielhaus 2013, S. 170). Der Kulturwissenschaftler Fuad Kandil (2010, S. 548) bringt diese Entwicklung auf den Punkt: „Ich kann mich noch gut daran erinnern, wie die die mir von meiner deutschen Umgebung zugeschriebene Identität sich mehrfach wandelte." Er beschreibt, wie er seine deutsche Kollegen beneidete, die auf wissenschaftlichen Tagungen im Gegensatz zu ihm nicht immer mit einem Migrationsstempel versehen oder auf ihre Religion, ihr „Muslimsein" reduziert wurden (ebd., S. 548).

Als fremd wahrgenommene Menschen wurden in der Nachkriegszeit zunächst mit den allgemeinen Bezeichnungen Gastarbeiter*in oder Ausländer*in versehen oder es wurde auf ihre Nationalitäten rekurriert. Erst kamen die Italiener*innen, dann die Spanier*innen, Griech*innen und schließlich die Türk*innen (Tezcan 2007, S. 51). Riem Spielhaus hat übrigens darauf hingewiesen, dass muslimisches Leben nicht erst mit den Gastarbeiter*innen nach Europa kam, sondern bereits vor dem zweiten Weltkrieg über ein ausgeprägtes Gemeindeleben verfügte. In den medialen und akademischen Diskursen seit den 1960er Jahren hingegen wurden sowohl diese Gemeinden als auch die Länder des Balkans und des Baltikums systematisch ausgeblendet und Europa vornehmlich als Westeuropa konstruiert (Spielhaus 2013, S. 170). Nach dem Anwerbestopp 1973, hervorgegangen aus der Erkenntnis, dass diese Form der Migration nicht in der gewünschten Weise gesteuert werden kann, kann von einer Abwesenheit der Migrationspolitik gesprochen werden. Migranten wurden in den Diskursen der 1980er Jahre deshalb vor allem als „Flüchtlinge" identifiziert (Karakayalı und Tsianos 2005).

Der erste Shift der Migrationsfiguren kam für arabischsprachige Migrant*innen mit dem Panarabismus. Statt als Ägypter beschrieben zu werden, wurde Kandil nun Teil der arabischen Welt: Wie er sich ausdrückt, wurde er „nach Nassers Parolen" (Kandil 2010, S. 548) mit einem Mal als Araber identifiziert. Eine weitere Verschiebung gab es nach der islamischen Revolution in Iran 1979, wodurch in den 1980ern die Figur des Muslims in den Vordergrund rückte. Durch diese Umbenennung konnten nun Türk*innen und Araber*innen zur Migrationsfigur der Muslim*in zusammengefasst werden, wie es bereits im Orientalismus mit den „Orientalen" tradiert wurde (Attia 2010, S. 120). Während der 1980er und 1990er sei speziell Deutschland regelrecht fixiert auf die Religion Islam gewesen, (Kandil 2010, S. 548) was sich insbesondere in der Bildsprache zeigt, welche „sachliche Berichterstattungen über Zuwanderer aus islamisch geprägten Ländern [...] zwanghaft mit Bildsequenzen über die geschlossenen Reihen betender Männer oder mit Kopftücher tragender Frauen überformt." (Hüttermann 2009, S. 117; vgl hierzu auch Spielhaus 2013, S. 176) Auch in medialen Diskursen geht die Tendenz heute mittlerweile zu einer Ethnisierung der Kategorie „Muslim*in", indem sie synonym mit anderen Kategorien wie „Migrant*in", „Araber*in" oder „Türk*in" verwendet wird (Shooman 2010, S. 251).

Als derzeit letzter Schritt in der Verschiebung der Migrationsfiguren ist eine Dämonisierung des Islams zu beobachten, die, zumindest für den deutschsprachigen Raum, nicht bereits mit 9/11 einsetzte, sondern, nach Karakayalı (2010, S. 173), mit dem Mord an dem niederländischen Filmemacher Theo van Gogh von 2004 begann und sich zeitlich mit anderen medial verhandelten Diskursen, wie dem Türkeibeitritt zur EU oder dem Religionsunterricht in den Bundesländern, überschnitt (Rauer 2009, S. 85). Seitdem ist der innenpolitische Dialog vor allem von Auseinandersetzungen geprägt, die ein Negativbeispiel nach dem anderen abhandeln und mit der islamischen Religion verknüpfen, wie die Debatten um Ehrenmorde, um das Kopftuch, Moscheebauten, die Beschneidungsdebatte und zuletzt wieder verstärkt: die mit der Ankunft neuer Geflüchteter angeblich gestiegene Terrorgefahr. Auch außenpolitisch sind es vor allem die islamischen „Problemstaaten", welche in den Diskursen dominieren und nur gelegentlich die Frage nach den Hintergründen dieser Diskurse aufwerfen (Ehmann 2010, S. 15). Gleichzeitig kann beobachtet werden, wie als Gegenpol zu „dem Islam" Europa als Bezugsrahmen in Stellung gebracht wird.

3.3.1 Warum ausgerechnet ein „religious turn"? Fünf Erklärungsversuche

Im Folgenden soll der Frage nachgegangen werden, warum es ausgerechnet die Religion Islam ist, zu der sich die Migrationsfiguren hin verschoben haben. Jenseits der Logik des Okzidentalismus und des Orientalismus lassen sich strukturelle Veränderungen beschreiben, die zu dieser Verschiebung beigetragen haben. Denn es stellt sich schon die Frage, wie es unter den Vorzeichen des Multikulturalismus zu einer solchen Entwicklung kommen konnte (Elvert 2010, S. 161). In meinen Recherchen bin ich bei verschiedenen Autor*innen auf fünf verschiedene Überlegungen gestoßen, die versuchen hierauf eine Antwort zu finden. Im Folgenden werde ich diese Überlegungen kurz zusammenfassen.

1. Levent Tezcan vermutet, dass von ethnisierten kulturellen Unterschieden, genauer unter die Lupe genommen, nicht viel übrig bleibt und sie auf die sichtbaren Unterschiede der jeweils anderen Religion zusammenschrumpfen.

> „Kultur ist jedoch schwer greifbar. Sofern sich das Interesse der politischen Regelung auf sie richtet, schrumpft sie daher auf die Religion zusammen. Die Religion mit klarer Dogmatik, ansprechbaren Akteur*innen, erkennbaren Zeichen, kollektiven Ritualen und heiligen Orten/Plätzen dominiert folglich zunehmend den Kulturdiskurs: Sie operationalisiert Kultur." (Tezcan 2007, S. 56)

Und Elvert schreibt ergänzend:

> „Über Religion werden kulturelle Prägungen benennbar und Personen als religiöse Personen adressierbar."(Elvert 2010, S. 169)

Tezcan versteht diese Reduktion als eine Form der Kontrolle durch Regierungen, als Führungstechnik, bei der Selbstregulierungskompetenzen von einzelnen Bevölkerungsgruppen zum Einsatz gebracht werden. In Anlehnung an Foucault (2005, 171f) nennt er diese Führungstechnik Gouvernementalität. Hierbei müssen die Gruppen aber abgrenzbar und vor allem ihre Ansprechpartner adressierbar sein. Die These ist, dass Gouvernementalität die dritte Form des Regierens und Regulierens sei und insbesondere in multikulturellen Gesellschaften zur Anwendung komme. Die erste und zweite Form wurden von Foucault beschrieben. Die erste Form der Regulation sei das Gesetz. Die zweite Form der Regulation sei die Disziplinierung des Körpers durch Techniken, die durch Überwachen und Diagnostizieren auf Veränderungen von Individuen hinweisen. Die dritte Form fügt Tezcan an und sie bestehe darin, die Gefahrenpotentiale innerhalb einer Bevölkerung identifizierbar zu machen. Dazu muss diese Bevölkerungsgruppe jedoch überhaupt erst einmal hergestellt werden. Es gilt für eine Regierung, welche die Kontrolle behalten will, also „durch institutionell gestützte Zuschreibungspraktiken performativ die Konstitution des Milieus mitzubestimmen." (Tezcan 2009, S. 50)

Meiner Meinung nach ist Gouvernementalität im Grunde keine neue Technik. Es handelt sich dabei vielmehr um klassische Divide-et-Impera-Politik, wie sie im britischen Kolonialismus zur Perfektion

gebracht wurde.[14] Indem man Migrant*innen zu Muslim*innen um-
deutet, werden über die bereits vorhandenen religiösen Strukturen
Ansprechpartner*innen geschaffen, die dabei helfen sollen, die migrantischen Gruppen zu kontrollieren.

2. Damit in Zusammenhang steht die zweite These, welche ebenfalls mit
der Gouvernementalität verknüpft ist, allerdings nicht von Außen, wie
in der ersten Überlegung, sondern von Innen. Sie betrifft die Restruk-
turierung islamischer Gemeinden zur politischen Partizipation, welche
Bodenstein (2010, S. 355) beschreibt. Jede gesellschaftliche Gruppe
muss sich an die rechtlichen Rahmenbedingungen halten, wenn sie
politisch partizipieren will. Es gibt in Deutschland, abgesehen von
Migrant*innenvereinen keine wirkmächtige Rechtsinstitution zur Inkorporierung sprachlicher, kultureller oder ethnischer Minderheiten, nur
solche der religiösen Vertretung. Aufgrund der besonderen Rechtslage
bezüglich der christlichen Kirche bietet die Darstellung als Religionsgemeinschaft mehr Mitwirkungsspielräume als kulturelle oder sprachliche
Marker der Gruppenidentität, ob nun von innen oder von außen zugeschrieben, weshalb sie auch häufig genutzt werden. Für diese These
spricht die Zusammensetzung der Moscheegemeinden: Zwar haben
die vorhandenen Strukturen eine religiöse Zielsetzung, bauen aber auf
sprachlich-kulturellen Kohäsionskräften auf (ebd., S. 360). Moscheen
stehen darüber hinaus zwar prinzipiell allen Menschen offen, werden
aber oft entlang sprachlicher Gemeinschaften besucht. Dies ist ein Hinweis darauf, dass die Religion, auch von der als Muslime bezeichneten
Gruppe selbst, als Vehikel verwendet wird, um sich Partizipation zu
ermöglichen. Die Selbstorganisation als Religionsgemeinschaft kann
als Form der Integration verstanden werden, mit welcher dem Staat
und der Gesellschaft ein Ansprechpartner geboten werden soll (ebd.,
S. 356).

Um an den rechtlichen Strukturen teilhaben zu können, müssen jedoch klerikale Strukturen geschaffen werden, denn diese sind es, auf
denen das deutsche Religionsrecht aufbaut. Institutionskörperschaft
öffentlichen Rechts wollen jedoch nicht alle Muslime werden, denn

---

14 Als prominentestes Beispiel mag die „Erfindung" des Hinduismus durch die Briten
gesehen werden: Vor dem Zensus gab es im Land des Flusses „Hindus" keine Religion
namens Hinduismus. Es gab die Religionen des Shivaismus, Vishnuismus und des
Shaktismus, drei Religionen, die deutlich weniger miteinander gemein haben als die
drei abrahamitischen Religionen, die sich zumindest auf einen gleichen Stammesvater
berufen. Als die Menschen zu ihrer Religionszugehörigkeit befragt wurden, wussten sie
nicht, was Hinduismus ist. Was sie aber wussten, war, dass sie keine Muslime waren,
die einzig andere Möglichkeit sich religiös zu positionieren (Pennington 2005).

dafür braucht man eine klerikale Hierarchie, die „dem basisdemokratisch strukturierten Islam völlig fremd ist." (M. W. Hofmann 2010, S. 333) Dennoch verwundert es nicht, dass ausgerechnet die DITIB, also der bundesweite Dachverband für die Koordinierung der religiösen, sozialen und kulturellen Tätigkeiten der angeschlossenen türkisch-islamischen Moscheegemeinden in enger Zusammenarbeit mit dem türkischen Staat, vermehrt auf die Pastoralisierung seiner Imame setzt, obwohl die eigentliche z.b. repräsentative Arbeit oft von ‚einfachen' Moscheegemeindenmitgliedern gestaltet wird (vgl. Tezcan 2012; vgl. auch Beilschmidt 2016) und eigentlich mehr Gelder in die Weiterbildung jener Akteur*innen investiert werden sollte.

3. Der dritte Ansatz, der hier genannt werden soll: Die Änderung des Staatsbürgerschaftsrechtes, die eine verstärkte Einbürgerung von Migrant*innen und deren Kindern nach sich zog (vgl hierzu auch Spielhaus 2013, S. 171, 186). Mit der Einbürgerung verfügte der Staat aber nicht mehr über verlässliche Zahlen, um Menschen in Kategorien einordnen zu können, zum Beispiel wer „Migrationshintergrund" hat und wer nicht. Zur Erhebung dieser gesellschaftlichen Zahlen wird mittlerweile deshalb danach gefragt, wer Muslim ist und wer nicht. Muslime werden außerdem pauschalisierend als „mit Migrationshintergrund" kategorisiert und Menschen aus Ländern, in denen Muslime die Bevölkerungsmehrheit bilden, werden nun komplett als Muslime geführt, egal, ob sie Christen, Buddhisten oder Atheisten sind (Shooman 2010, S. 248). Die Parallelen zur Schaffung des Hinduismus während der Kolonialzeit sind nicht zu übersehen.

4. These vier zu der Frage, warum ein „religious turn" speziell der öffentlichen Diskurse erfolgte, äußert Rommelspacher (2002, S. 28). Sie glaubt, dass, analog zu den beschriebenen neoorientalistischen Entwicklungen, speziell in der Religion der Gegensatz zum „modernen Menschen" überdeutlich wird. Die Abgrenzung von „den Anderen" erfolgt hierbei über die Verweigerung der historischen Gleichzeitigkeit. Statt dessen wird eine Reduktion des Anderen auf die Vormoderne vorgenommen, wo in der Vorstellung Aberglaube, Traditionalismus und Irrationalismus vorherrschten. Dem nicht-modernen „Anderen" gegenüber positionieren sich diejenigen, die sich zur Moderne zugehörig fühlen, und weisen sich selbst Merkmale der Moderne zu wie Tüchtigkeit und Fleiß, Erfindergeist und moralische und politische Reife. Außer Acht gelassen wird, dass sich die „vormodernen Anderen" als ebenso modern in Bezug auf diese Merkmale empfinden. Konsequenz davon ist, dass „das eindimensionale Erklärungsmuster, das

vorrangig auf die ‚fremde' Religion der zu integrierenden zurückgreift, [...] die Aufnahmegesellschaft implizit von ihrer Verantwortung für die sozialen Konflikte" entbindet (Shooman 2010, S. 251). In den begleitenden Texten und Artikeln der Medien über die Deutsche Islam Konferenz (DIK) klingen darum auch weniger die Ergebnisse der Konferenz an, als die Erkenntnis, dass „die Verinnerlichung dieser Werte von praktizierenden Muslimen bisher nicht erbracht wäre", aber bei Überwindung des angeblichen Widerspruchs zwischen den Werten und Normen und der Religiosität möglich sei (ebd., S. 258).

5. Eine fünfte Überlegung steht vor allem mit den Mikropolitiken der Menschen im Zusammenhang, bei denen es weniger um Mitbestimmung, als um persönliche Identitätspolitik geht. Es ist einfacher, sich auf die abstrakte Kategorie Religion zu beziehen und als Entfaltungsrahmen zu benutzen, als beispielsweise auf eine Nationalität zu rekurrieren (Khorchide 2010, S. 374-375). Ich werde im Abschnitt 3.4.1 genauer auf den Umstand eingehen, dass die „Hinwendung junger Muslime zum Islam [...] eine mögliche Bewältigungsstrategie für die Spannung zwischen den Orientierungen der Herkunfts- und der Aufnahmegesellschaft [ist]." (ebd., S. 381)

Die Ausrichtung der migrantischen Subjekte auf die Religion erfolgte also teils durch politische Maßnahmen, teils in Eigendynamik (Tezcan 2009, S. 76). In der Summe treffen sich die verschiedenen Elemente der Fremdzuschreibung und der Selbstbeschreibung und entwickeln sich schließlich von einer identitären Konstruktion zu einer essentialistischen Identität. Das Zusammendenken der Migrationsfiguren im Muslim und die damit zusammenhängenden rechtlichen Ausformungen von Arbeitsmigration sind keine überraschende Entwicklung, sondern eine Neuauflage kolonialer Strategien (Attia 2010, S. 120). Problematisch hierbei ist, dass sämtliche Unterschiede unter Muslime*innen sowie Gemeinsamkeiten zwischen muslimischen und nichtmuslimischen Menschen ausgeblendet und festgeschrieben werden (Spielhaus 2013, S. 170).

3.3.2 Das Paradox der säkularen Muslim*innen

Die Folge dieses „religious turn" bestand für Muslim*innen lange Zeit darin, dass der Diskurs am Ende keinen Raum mehr übrig ließ für andere als religiöse Akteur*innen (Elvert 2010, S. 163; vgl. hierzu auch Spielhaus 2013, S. 172).

Das Ergebnis konnte in den jeweiligen Diskursen abgelesen werden, wenn statt einer Vielzahl von migrantischen Vertreter*innengruppen Muslime als oftmals einzige organisierte Repräsentant*innengruppe angesprochen wurden (Elvert 2010, S. 161). Das Ergebnis war, dass die betroffenen Menschen „sich zu einer Überbetonung der zugeschriebenen Identität veranlasst" sahen (Kandil 2010, S. 548). Zum Beispiel bedeutete das, dass auch Nicht-Muslime auf ihre Person als Muslime rekurrierten, allerdings als säkulare Muslime. „ ,Die Muslime' wurden dabei dichotomisiert dargestellt: In die Gruppe derer, die sich in zumeist religiösen Verbänden organisierte, und damit repräsentiert werden konnte, und die anderen, die säkular ausgerichteten." (Elvert 2010, S. 162)

Dabei ist, wie Elverts Ausführungen zu säkularen Muslim*innen zeigen, die Bezeichnung „säkularer Muslim" ein Widerspruch in sich, da mit dem Wort säkular normalerweise staatliche Organisationen beschrieben werden, nicht aber Gruppen oder Individuen. Schaut man sich die Positionen an, die „säkulare Muslim*innen" vertreten, kommt man zu dem Schluss, dass sie nicht als Muslime eine säkulare Position vertraten, sondern quasi trotz ihres Muslimseins. Amir-Moazami schreibt hierzu sehr passend:

> „Ein wesentliches Element dieses Diskurses ist die Behauptung, die Trennung zwischen Politik und Religion sei eine ausschließlich westliche Errungenschaft und stelle einen der grundlegensten Unterschiede zur politischen Verfasstheit des Islam dar." (Amir-Moazami 2007, S. 110)

Es gilt in diesen Diskursen also als gesetzt, dass es im Islam eine politische Verfasstheit gebe, welche die Bildung eines religiösen Staates zum Ziel habe. Diese zugeschriebene Verfasstheit müsse, wer in Deutschland leben wolle, ablehnen, also einen angeblichen Teil der Religion ablehnen. Als orthodoxer Muslim eine säkulare Position zu vertreten, scheint aufgrund dieser Annahme nicht möglich zu sein. Säkular können nur Muslime sein, die keine sind. Laizistische oder säkulare Muslime sind dementsprechend nicht etwa nichtpraktizierende Muslime oder solche, die keinen orthodoxen Lebenswandel verfolgen, sondern Muslime, die in ihrer Selbstbeschreibung betonten, überhaupt keine Muslime zu sein (Elvert 2010, S. 169). Warum also überhaupt die Beschreibung als Muslim? Hierzu bietet Elvert eine Antwort:

> „Die Figur des säkularen Muslims bietet also eine Möglichkeit eine Person als Muslim zu adressieren und in einen sich auf Religion stützenden Diskurs mit einzubeziehen, und gleichzeitig ihre Distanz zum Islam zu betonen." (ebd., S. 169)

Wer sich also am herrschenden Diskurs beteiligen wollte, tat lange Zeit gut daran, seine Person über den Identifikationsmarker Islam in die Debatte einbindbar zu machen, sich also als Repräsentant*in innerhalb der Gouvernementalität zu empfehlen. Dies wird der Grund sein, warum z.b. die als Islamkritikerin bezeichnete Necla Kelek Mitglied der ersten Phase der DIK war, obwohl sie von sich sagt, keine Muslimin zu sein. „Die Positionierung als ‚Muslim' oder ‚Islamkritiker' gewann identitätsstiftende und [damit] politische Bedeutung." (Attia 2010, S. 125)

Die Medientexte und Zeitungsartikel, welche die DIK begleitet haben, veranschaulichen die versteckte Diskriminierung, die in dieser Adressierung enthalten ist: Muslime werden, wie in der Fallstudie von Shooman (2010, S. 252) nachgewiesen, durch die Presse dichotomisiert und in „gute" und „schlechte" Muslime aufgeteilt. Überspitzt könnte man auch sagen, in „säkulare/liberale Muslime" und „radikale und verbohrte Orthodoxe". Gute Muslime sind aber wahrscheinlich nur deshalb gut, weil ihre Kritik eine von innen zu sein scheint, ohne es zu sein. Diese Kritik kann dann an andere Diskurse wie z.b. den feministischen Diskurs anknüpfen (Elvert 2010, S. 164). Vorwürfe aus dem Lager der „säkularen Muslime" oder auch der Nicht-Muslime an praktizierenden Muslim*innen und muslimischen Lebenspraktiken legitimieren die Ausgrenzungsstrategien der Dominanzgesellschaft. Islamfeindliche Äußerungen werden somit überhaupt erst gesellschaftsfähig macht.

Da sich so viele Gruppierungen die Markierung „Muslim*in" zulegen, steht im politischen Diskurs die Frage nach einem autorisierten Ansprechpartner im Mittelpunkt und die Klage darüber, dass ein solcher nicht gefunden werden könne. Elvert stellt darum die These auf, dass die Gouvernementalität, also die Fähigkeit zur Selbstregulierung, bewusst in Frage gestellt wird, indem der innere Führungsanspruch zur Disposition gestellt wird (ebd., S. 163). Die Klage darüber, dass kein Ansprechpartner gefunden werden kann, ist im Grunde also die Klage darüber, dass die „Teile-und-Herrsche"-Technik nicht funktionieren will, da sich die Akteur*innen um die Macht streiten. Gleichzeitig funktioniert sie auf diese Art und Weise ganz großartig, da, anstatt Machtpositionen in der Gesamtgesellschaft zu beanspruchen, Menschen, die sich als Muslime verorten, um Machtplätze innerhalb des Gouvernementalitätsdiskurses schachern. Ein ursächlich strukturelles Problem, nämlich dass Minderheiten zu Zwecken der Diskriminierung, z.b. durch die Herabsetzung politischer Partizipation dieser Minderheiten, erst konstruiert werden, wird an die Migrant*innen transferiert: „Die können sich ja nicht einmal unter sich einigen". Indem der Kampf um Repräsentation an die Akteur*innen weitergegeben wird, werden die eigentlichen Probleme von sozialer Ungleichheit und Diskriminierung in den Hintergrund gerückt, eine bereits beschriebene, im Orientalismus tradierte Strategie. Das mag nicht in der konkreten Absicht einzelner Angehöriger der Dominanzgesellschaft liegen, dennoch profitieren viele unhinterfragt von den gesellschaftlichen Strukturen.

Ich werde in den nun folgenden Abschnitten auf die Frage eingehen, was diese Entwicklungen konkret für Muslim*innen in Deutschland bedeuten. Dazu stelle ich zunächst gängige Vorstellungen von Identität als Konzept in Frage, um anschließend die ethnischen Identitätszuschreibungen und -konstruktionen in der religiösen Minderheitensituation zu betrachten. Abschließend für dieses Kapitel verdichte ich die gewonnenen Erkenntnisse für hijabtragende Frauen.

3.4 Die Zumutung und Auseinandersetzung der Identität

Die Problematik der Zuschreibung von Identität kann am Beispiel des Migrationsdiskurses sehr gut sichtbar gemacht werden. Identität kann als *das* hegemonielle Konzept westlicher Kultur gesehen werden. Es ist in den letzten Jahrzehnten eines der meist diskutierten Themen der Literatur- und Kulturwissenschaften gewesen. Kritisiert worden ist, dass Identität eine spezifisch westliche Form der Selbstvorstellung darstelle, die nach dem Psychoanalytiker und Neo-Freudianer Erik Erikson ein „dauerhaftes inneres Sich-Selbst-Gleichsein, wie ein dauerndes Teilhaben an bestimmten gruppenspezifischen Charakterzügen umfasst." (Erikson 1971 [1966], S. 124) Diese Vorstellung enthält eine Idee vom „wahren Ich", das unter vielen Schichten von „falschen Ichs" verborgen liegt und welches in prozesshafter Suche gefunden werden kann. Nach Hall (1994, S. 67) ist dies ein Ausdruck des menschlichen Wunsches nach Garantien und Beständigkeit. Unterteilt man nämlich in Außen und Innen, wird das Äußere als wandelhaft empfunden. Das Innere sollte möglichst beständig bleiben. In fortgesetzter Selbstreflexion stellt sich nach dieser Vorstellung dauernd die Frage nach dem Besonderen des eigenen Selbst (Sökefeld 2007, S. 39). Durch den Einfluss poststrukturalistischer Theorien sind diese Vorstellungen so gründlich dekonstruiert worden, dass sie im wissenschaftlichen Diskurs eigentlich nicht mehr haltbar Anwendung finden können:

> „Because subjects exist only in relation to ever evolving webs of signification and because they constantly differ from themselves as time passes and meanings change, the self – as a unified, stable, and knowable entity existing prior to or outside language – is merely a fiction of language, an effect of discourse. Social and cultural identities, it is argued, are similarly fictitious because the selves they claim to designate cannot be pinned down, fixed, or definitively identified." (Moya 2000, S. 6)

Identitätskonzepte finden soziale Akteur*innen also nicht nur in sich selbst, sie werden vor allem von außen zugeschrieben und dabei von primordialistischen und essentialistischen Denkweisen dominiert, die immer mit gedacht und berücksichtigt werden müssen (Sökefeld 2007, S. 33). Das Konzept der Identität ist darum als Teil eines Machtdiskurses anzusehen. Identität wohnt ein angeblicher Wert inne, der nicht-Identität, also das nicht-Zugehören zu einer definierten Gruppe pathologisiert (ebd., S. 39). Jemand hat eindeutig einer Kategorie zuordenbar zu sein, sei es Nationalität, Geschlecht oder sexuelle Orientierung. Ein wichtiger Kritikpunkt ist dabei, analog zur Kritik an anderen essentialisierenden Konzepten, dass ein Mensch mit verschiedenen identitären Zugehörigkeiten oftmals auf einen einzigen Aspekt reduziert wird, der alle anderen Aspekte unsichtbar werden lässt (Moya 2000, S. 3). „Identität, aus dieser Sicht betrachtet, ist eine feste nicht veränderbare Größe, man erwirbt sie mit der Geburt und kann sie nicht verändern, nicht erlangen." (Dracklé 2007, S. 197) Dass solche Identitätskategorien konstruiert sind, bleibt jedoch verborgen. Zugehörigkeit wird stattdessen als persönliche Leistung wahrgenommen. Unter diesem Gesichtspunkt erscheint Identität eher als Zumutung, statt als Erstrebenswertes, denn „ein solches [fixiertes] Verständnis von [statisch feststehender] Identität ist letzten Endes mit einer subtilen Verweigerung von Zugehörigkeit gleichzusetzen." (Kandil 2010, S. 548)

Im deutschen Migrationsdiskurs bezeichnen insbesondere Begriffe wie „Gastarbeiter*in", „Ausländer*in" oder „Migrant*in" Menschen, die nicht dazugehören (Dracklé 2007, S. 199). Es ist jedoch so, wie bereits in aller Deutlichkeit ausgeführt, dass kollektive Unterschiede erst im Kontakt hergestellt werden, um das Fremde im anderen zu erklären (Nökel 2004, S. 285) und sich des Eigenen zu vergewissern. Diese Unterschiede sind in der Realität schwer auszumachen und können sich mit den Gemeinsamkeiten zwischen Gruppen ebensogut die Waage halten. Noch viel kritischer ist die Vorstellung, dass z.B. nationale Identität, meist Ethnizität genannt, als frei gewähltes Differenzmerkmal stilisiert wird. Das lässt außer Acht, dass ethnische Selbstbeschreibungen oftmals nicht freiwillig gewählt werden und in der Regel auch keine Verhandlungssache sind (Feischmidt 2007, S. 55). Migrantische Akteur*innen, die auf ihre Person mit ethnischen Identitätskonstruktionen rekurrieren, tun dies „vor dem Hintergrund des eigenen Wissens über die Bedeutungen und Wirkungen ethnischer Kategorien in der Gesellschaft." (Römhild 2007, S. 166) Dieses Wissen wird im Laufe der Zeit durch Erfahrung angeeignet. Negative Erfahrungen wie Ausgrenzung, Diskriminierung oder gar offener Rassismus spielen hierbei ebenso eine Rolle, wie wenn in einer Gruppe über ethnische Assoziationen ein positives Gefühl von gemeinschaftlichem Rückhalt entsteht.

Es stellt sich die Frage, warum also mit diesem Konzept der Identität weiter gearbeitet werden sollte. Eine Antwort lautet, weil auf der anderen Seite Identitätskonstrukte durch Erfahrung bedingt werden. Sie sind nicht nur Produkte von Machtstrukturen, sondern werden von Menschen aktiv gewählt, um die Welt verstehbarer zu machen (Moya 2000, S. 9). Einige Theoretiker schlugen darum Konzepte vor, die helfen sollen, die Lebensrealitäten von Menschen nachvollziehbarer zu machen, indem, zum Beispiel, ein strategischer Essentialismus zur Anwendung gebracht wird. Der strategische Essentialismus wurde von Gayatri Spivak entwickelt und kann z.b. als Strategie verstanden werden im Umgang mit Ausgrenzung. Dabei wird davon ausgegangen, dass es in manchen Situationen Vorteile bringen kann, sich auf starre Identitätskonzepte zu berufen (Spivak 1988, S. 13). Statt also Identität als wissenschaftliches Objektiv zu betrachten, als unausweichliche Tatsache, wird es als ein emisches Akteurskonzept gedacht, welches den jeweiligen gesellschaftlichen und politischen Kontext miteinbezieht (Sökefeld 2007, S. 35). Diese subjektivistische Sicht fragt nicht nach objektiven kulturellen Eigenschaften, sondern danach, wohin derjenige sich zugehörig fühlt, also nach der Erfahrungsdimension der sozialen Praxis (Feischmidt 2007, S. 53). Statt von feststehenden Identitäten, werde ich darum in dieser Arbeit von identitätsstiftenden Einflüssen sprechen oder Identitätskonstrukte beschreiben.

3.4.1 Identitätskonstruktionen in dieser religiösen Minderheitensituation

Es wird davon ausgegangen, dass im Laufe der Adoleszenz ein souveränes Selbst entwickelt wird. Die Souveränität besteht darin, sich Techniken anzueignen, die es den Einzelnen erleichtern, mit Zuschreibungen und Essentialisierungen verschiedenster Art umzugehen. Dies ist weder ein Prozess, der nur von Migrant*innen oder deren Kindern durchlaufen wird, noch ist gegeben, dass am Ende immer ein bestimmtes Ergebnis steht. Wer dies nicht meistert, wird nicht identitätslos (vgl. Nökel 2004, S. 297).

Lokalität und Raum sind wichtige strukturierende Elemente der Identitätsbildung. So finden vor allem in der Schule, der Universität und am Arbeitsplatz Auseinandersetzungen statt, die das Individuum die Techniken für den erfolgreichen Umgang mit Institutionen erlernen lassen. Wird eine Balance zwischen Anpasssung, Selbstdarstellung nach außen und dem

Inneren hergestellt, können diese Lokalitäten zu einem Ort der sozialen Aufwärtsmobilität werden (ebd., S. 297). Es kann davon ausgegangen werden, dass junge Menschen sich Bilder und Werte aneignen sowie die Fähigkeit sich in institutionellen Strukturen zu bewegen. Dabei nimmt die Herkunft der Eltern ebenso Einfluss, wie die jeweilige Umgebung außerhalb des Elternhauses. „Gleichzeitig verändern sie diese Elemente, um sich Positionen und Handlungsfähigkeit in der jeweiligen Gesellschaft zu sichern." (N. Tietze 2004, S. 239) Da dies auch für Bekleidung gilt, werden verschiedenste Stilelemente adaptiert und zu neuen Stilformen kombiniert.

Für viele junge Frauen ist die Pubertät, markiert meist durch das Einsetzen der Periode oder das Wachstum der Brüste, der Zeitpunkt, da sie die islamische Religionsmündigkeit erreicht haben und für sich entscheiden, ihre religiösen Pflichten zu erfüllen, welche aus dem Fasten, dem Beten und oftmals der sittlichen Kleidung bestehen. Nach islamischer Lehre ist erst mit dem Eintritt ins Erwachsenenalter „der Mensch verantwortlich für seine guten und schlechten Taten." (Klinkhammer 2000, S. 246) Aus den Aneignungsgeschichten von Klinkhammer (ebd., S. 280) geht zudem hervor, dass mit dem Anlegen des Tuches innerhalb der Familie und der Moscheegemeinde eine Statusveränderung einhergeht, was sich mit den Erkenntnissen meiner Magisterarbeit deckt (Kanitz 2010). Viele Frauen berichteten sich mit dem Anlegen des Kopftuches von der Gemeinschaft ernst genommen zu fühlen.

Die Erfahrungen der permanenten Fremdzuschreibung, welche die Frauen in der deutschen Gesellschaft machen, begünstigen die Auseinandersetzungen und Beschäftigung mit dem Islam (Klinkhammer 2000, S. 252). Für viele ist ihr angebliches Ausländer*innensein überall wahrnehmbar, außer in der eigenen Moscheegemeinde (N. Tietze 2004, S. 248). Diese liefert ein sicheres Wir-Gefühl, welches die Dominanzgesellschaft nicht bietet.

Die Identifikation mit der islamischen Religion stellt somit ein gewöhnliches Instrument unter vielen dar, welches den jungen Frauen „Subjektivitätskonstruktionen und Handlungsfähigkeit in der Gesellschaft ermöglicht." (ebd., S. 242) Diese Identifikation bietet ihnen Ressourcen für die Konstruktion eines handelnden Selbst, welches sich selbst in der Gesellschaft verortet, einer Gruppe zugehörig fühlt und sich von anderen Gruppen abgrenzt (ebd., S. 244). Das Moment der Identitätskonstruktion steht dabei zum Teil so im Vordergrund, dass der spirituelle Inhalt der Religionsausübung ausgehöhlt wird. Mouhanad Khorchide (2010, S. 374) beschreibt hierzu, wie er in seiner Studie zur sozialen Integration von Jugendlichen der zweiten Generation, die sich in ihrer Selbstbeschreibung als „muslimisch" bezeichnen, drei Typen von Religiosität identifiziert hat. Die überwiegende Mehrzahl, nämlich

80% seiner Studiensubjekte greifen auf Religion als identitätsstiftendes Moment nur selektiv und situationsabhängig zurück und benutzen Religion vor allem zur Identitätskonstruktion innerhalb eines Kollektivs.[15] Dies ist insofern verständlich, da viele sich in der Dominanzgesellschaft nicht akzeptiert fühlen. Aber auch im Heimatland ihrer Eltern, dem sich immerhin 90% zugehörig fühlen, wollten 60% nicht leben, auch weil sie dort ebenfalls als Ausländer*innen gelten (Khorchide 2010, S. 374-375).

Diese Funktion von Religion als identitätsstiftendes Moment spiegelt sich z.b. in der Verteilung der gottesdienstlichen Praktiken wider. Kollektive und öffentlich sichtbare Praktiken wie die Bekleidung, der freitagliche Moscheebesuch oder das Fasten im Ramadan werden öfter praktiziert als der individuelle Gottesdienst oder das Koranlesen (ebd., S. 375). Religiosität ist dabei vielfältig, da sich die Identifikationsformen ständig ändern. Durch das Finden eines Ausbildungsplatzes, durch Verliebtsein oder Ähnliches können auch Handlungsprinzipien in bestimmten Situationen aufgegeben oder neu adaptiert werden. Dies sind Momente der Biographie, welche quasi bei allen Menschen, gleich welcher Herkunft, keinen fundamentalen Block der kulturellen Identität formieren, sondern dann zum Tragen kommen, wenn sie benötigt werden (N. Tietze 2004, S. 249).

3.4.2 Perspektiven auf selbstbestimmte Identitätskonstruktionen

Aus den Werken von z.B. Klinkhammer (2000) und Nökel (2004) kann geschlussfolgert werden, dass die Identifikation mit dem Islam lange Zeit für viele Frauen eine Möglichkeit darstellte, der schlecht bewerteten Migrant*innen-Identität zu entkommen. „Er liefert [den Frauen] die Komponenten für eine Gegenkultur, die aus der niedrig bewerteten Gastarbeiter*innen-Kultur nicht zu ziehen sind." (Nökel 1999, S. 128) Auf diese Weise wird er zu einem neuen identitätsstiftenden Referenzrahmen, in dem ein eigener Lebensstil entwickelt und verteidigt wird (Rommelspacher 2002, S. 170). Dieser Lebensstil ist geprägt durch die spezifische Biographie der Frauen mit ihren religiösen und migrantischen Eigenheiten. Ich stimme Nökel (2004, S. 297) zu, die festhält, dass für die Frauen ihre Hijab-Kleidung als Hauptwerkzeug zu verstehen ist, welches sie als Handelnde inszeniert. Die Strategie besteht

---

15 Weitere 13% eigneten sich den Islam reflexiv an und erstellten eine Synthese aus Islam und gesellschaftlichen Werten und Normen. Sie implementierten Demokratie, Menschenrechte Geschlechtergleichheit etc. in ihr religiöses Selbstbild. Nur 7% legten nach dieser Studie in ihrer religiöse Lebensführung Wert auf Abgrenzung von Andersgläubigen, gegenüber denen sie negativ eingestellt sind (Khorchide 2010, S. 374).

darin, die aus der Reflexion mit den kulturellen Biographien gewonnenen Einsichten im Mikropolitischen, das heißt im sozialen Umfeld, sichtbar zu machen (ebd., S. 285). Statt der bloßen Anpassung an die Dominanzgesellschaft oder der ausschließlichen Referenz auf die kosmopolitischen Einflüsse, welche durch die Eltern vermittelt werden, wird mittels der Kleidung eine spezifische Biographie in Form von stilistischen Eigenheiten abgebildet. Doch dadurch befinden sie sich dauerhaft im Kampf mit der Dominanzgesellschaft, die in Diskursen mit kollektiv stigmatisierenden und kulturrassistischen Zuschreibungen argumentiert.

Dass auch der Islam nicht hoch bewertet wird, liegt für die interviewten Frauen aus der genannten Literatur vor allem daran, dass er von der Dominanzgesellschaft mit eben jener niedrig bewerteten Gastarbeiter*innen-Kultur identifiziert wird (Höglinger 2002, S. 117). Der „Islam der türkischen Traditionen, niedriger sozialer Schichten und hierarchischen Geschlechterordnung" (Nökel 2004, S. 293) steht für sie konträr zu dem „neuen" Islam, den sie leben, welcher sich an kosmopolitischen Entwicklungen orientiert. Deshalb distanzieren sich gerade junge Frauen mit ihrer Religionsausübung von ihren Eltern (Klinkhammer 2000, S. 249). Um dies durchzusetzen, werden „anti-traditionell ausgelegte islamische Prinzipien"(Nökel 2004, S. 287) mit modernen, emanzipatorischen Lebensentwürfen verbunden, dergestalt in der Kombination aus modischer Kleidung und Kopftuch (ebd., S. 304).

> Die „Verhüllung in der Öffentlichkeit hat nun nichts mehr mit der Gebundenheit an einen männlichen Haushalt und dessen Ehre zu tun, vielmehr geht es um ein Zeichen ihrer Unantastbarkeit als rechtsgeleitete, gläubige und natürlich moralisch integere Frau." (Klinkhammer 2000, S. 175)

Die Trennung der Geschlechter wird in Form des Kopftuches im symbolischen Sinne eingehalten. Gleichzeitig werden die traditionelle Lesart des Korans und die damit verbundenen Vorstellungen über Geschlechterrollen und Geschlechterbezehungen bekämpft (Nökel 2004, S. 291). Lila Abu-Lughod (2002, S. 285) beschreibt deshalb das Kopftuch auch als „mobile homes". Darüber hinaus ist die Trennung im täglichen Leben weder möglich noch erwünscht, weil es die Frauen aus ihrem Alltag ausschließen würde (Nökel 2004, S. 290).

Dennoch bleibt das Dilemma, dass das, was den Frauen Authentizität verschafft, in Deutschland oft als stigmatisierend bewertet wird. Entscheidet sich hier eine Muslimin für das Kopftuch, erlebt sie nicht nur Glückwünsche und Anerkennung, sondern auch besorgte Nachfragen ob der vermuteten Selbstmarginalisierung und Selbstabwertung (ebd., S. 285). Und das, obwohl das Verständnis von Verschleierung als Symbol der Passivität und Unterdrückung zuerst durch die demonstrierenden verschleierten Frauen in

Iran 1979 und zuletzt durch die Demonstrantinnen auf dem Tahrir-Platz in Ägypten 2011 ins Wanken geraten ist.

Allerdings sind die Mechanismen des Okzidentalismus so wirkmächtig, dass die Meinung der Frauen zu ihrer Bekleidung für den öffentlichen Diskurs scheinbar keine Rolle mehr zu spielen scheint. Sie zu dämonisieren, eine möglichst „aufgeklärte" und damit ablehnende Meinung zu ihnen zu haben, ist derzeit einfach politikstrategisch sinnvoller.

4 Die Produktion der Bedeutung von Hijab-Mode

Das folgende Kapitel betrachtet Mode nicht, wie sonst üblich, aus einer dominanzgesellschaftlichen Perspektive, sondern eher aus einer Migrationsperspektive. In einem ersten Schritt zeige ich auf, was bisher an Modetheorie vorliegt und noch viel wichtiger: was fehlt, um dann eine Intervention dieser Mainstreamperspektive vorzunehmen. Im Folgenden werde ich also zunächst das Wort Mode aus eurozentrischer Perspektive definitorisch eingrenzen und mich dabei um eine präzisere Wortwahl bemühen, als derzeit zur Verfügung steht. Anschließend werde ich einige Überlegungen zu Körper und Geschlecht anbringen, um danach die Begriffe Mode und Moderne zueinander in Beziehung zu setzen und aus der eurozentrischen Perspektive wieder herauszutreten. Ich werde auf die Besonderheiten der Produktion von Mode ebenso eingehen wie auf ihre gestaltende Wirkung. Dabei werde ich kontinuierlich die Sichtweise von muslimischen Frauen in Deutschland mit berücksichtigen und die Verflechtungen zwischen „westlicher" und „nichtwestlicher" Mode verdeutlichen.

In der Frage danach, wie Bedeutung von Hijab-Mode produziert wird, geht es mir zunächst nicht darum, die tatsächlichen Herstellungswege von Mode nachzuzeichnen, sondern ich werde vor allen Dingen verdeutlichen, wie mit Mode Bedeutung generiert wird. Ziel dieses Kapitels ist es also, eine modetheoretische Grundlage zu schaffen, um zeigen zu können, wie Musliminnen die Sichtbarmachung ihrer Identitätskonstruktionen gestalten. Da die tatsächliche Produktion von Mode nicht, wie üblich, gänzlich ungenannt bleiben soll, werde ich auch einige Informationen über die Herstellungswege ausführen.

4.1 Was ist unter Mode zu verstehen?

Es kann schwierig sein, eine allgemeine Definition davon zu formulieren, was zu Mode dazugehört und was nicht, da viele der Merkmale auch auf Dinge zutreffen, die für einige Modetheoretiker*innen nicht als Mode zu verstehen sind, wie bildliche Symbole und andere Objekte. Nicht zur Mode gehören nach Svendsen (2006, S. 15) zum Beispiel Hochzeitsringe, Gedenkmünzen oder Uniformen. Aber dies kann nicht als generelle Regel gelten: Der Verlobungsring, den Brad Pitt Angelina Jolie schenkte, fand innerhalb von kürzester Zeit so viele Nachahmer*innen, dass in den Artikeln zu dem Thema durchaus von einer Modewelle gesprochen wurde. Auch wiesen die Beinschnitte von Polizeiuniformen, wie sie in Filmen aus den 1970er Jahren betrachtet werden können, einen beträchtlichen Schlag auf, während sie in den 1980ern wieder auffällig gerade geschnitten waren, was den jeweiligen Moden sehr entsprach. Beide Beispiele zeigen, dass auch Hochzeitsringe und Uniformen Moden unterworfen oder gar Bestandteil einer Mode sein und nicht einfach von einer Definition ausgeschlossen werden können. Aber auch sehr praktische Gegenstände können Teil einer Modewelle werden. So wurden z.B. Regenjacken von Barnard (2002, S. 165) als Mode-Objekt ausgeschlossen. Aber schaut man sich die Flut der *Jack Wolfskin*-Jacken der letzten Jahre an, wird auch hier deutlich, dass selbst Regenjacken, die weniger mit Mode als mit Schutz assoziiert werden, Objekte einer Modewelle sein können. Nicht zuletzt ist das Thema dieser Arbeit zu nennen: Viele Nichtmuslime sind erstaunt bei der Vorstellung, Hijab-Bekleidung sei modisch, getreu der Annahme, dass Mode etwas im „Westen" Verortetes sei. Dass Kopftücher ebenso einer Mode unterliegen wie Hochzeitsringe, Uniformen oder Regenjacken, sollen die folgenden Seiten deutlich machen.

Es soll zunächst einmal festgehalten werden, dass Mode nicht nur Kleidung und Kleidermode betrifft, sondern alle Bereiche der Konsumtion. Moden sind da von Bedeutung, wo Geschmack, also Vorstellungen davon, was schön oder angemessen ist, eine Rolle spielt. Das betrifft natürlich Kleidung, aber auch Möbel, Musik, Poesie oder Architektur (Svendsen 2006, S. 10-12). Da es in dieser Dissertation um Kleidermode geht, werde ich diese im Folgenden genauer definieren.

4.1.1 Was ist Kleidermode?

In der Frage, was Kleidung ist und wie sie zu Mode wird, werde ich aus der häufig gebrauchten Definition von Flügel (1986) zur Kleidung zitieren. Die funktionalistische Logik ist aufgrund der hier angestrebten handlungsorientierten Perspektive relevant.

Flügel definiert Kleidung, entsprechend dem funktionalistischen Paradigma seiner Zeit, über ihre drei Funktionen: Erstens ist da der reale Schutz vor äußerlichen Einflüssen wie dem Wetter oder Verletzungen. Zweitens der soziale Schutz vor moralischen Gefahren bzw. die Bedeckung aus Gründen der Scham. Drittens dient Kleidung zur Kennzeichnung und zur Kommunikation. Schließlich fehlt in dieser Aufzählung noch eine Funktion, nämlich die der Formung und Erweiterung des Körpers, zum Beispiel durch Absätze, Hüte, Taschen etc.

Kleidung ist also all das, was den Körper schützt, ihn sozial angemessen präsentiert, den Körper kommuniziert und das, was ihn vergrößert oder formt. Flügel assoziierte Mode mit der dritten Funktion von Kleidung, doch nicht nur die kennzeichnende und kommunikative Funktion ist Moden unterworfen, auch die anderen Funktionen werden, je nach Zeitgeist, unterschiedlich ausgelegt. Wovor ein Mensch Schutz braucht, welche Schamgrenzen gelten oder welche Form der Körper zu haben hat, kann sich durchaus auch kurzfristig ändern.

Doch wie wird aus Kleidung Mode? Dazu kann Roland Barthes (1985, 13f f.) nachvollzogen werden. Einzelne Kleidungsstücke haben laut Barthes drei Dimensionen: Es existiert erstens das real vorliegende Kleidungsstück, also das materielle Objekt, zweitens das repräsentierte Kleidungsstück, wie es in Modemagazinen, Werbeanzeigen und ähnlichem, abgebildet und vor allem beschrieben wird sowie drittens das benutzte Kleidungsstück, welches auf der Straße getragen wird. Lange war in modetheoretischen Publikationen nicht geklärt, wo Mode entsteht, und ob Kleidung erst durch ihren modischen Gebrauch zur Mode wird. Barthes z.B. glaubte, dass Mode in der Metasprache von Zeitschriften entstehe, welche die Bilder kommentieren und die Modeobjekte mit Ideen und Konzepten verbinden (Barthes 1985, S. 27; vgl. Rohr 2012, S. 72). Diese Vorstellung ist in Bezug auf diese Arbeit nicht völlig von der Hand zu weisen, da die Entwicklung der Mode von Musliminnen in Deutschland deutlich unter der in Modezeitschriften herrschenden Sprachlosigkeit bezüglich der Kleidung von Musliminnen leidet. Erst seit dem Aufkommen der ersten muslimischen Modeblogs beginnt diese sich langsam aufzulösen (vgl. Kap. 5.5.4). Nach der strukturalistisch geprägten Ansicht von Barthes ist Kleidung also nur die materielle Basis von Kleidermode, während Mode selbst ein kulturelles System von Bedeutungen darstellt (Barthes 1985, S. 283). Das Modesystem bezeichnet nach Barthes die Gesamtheit der sozial relevanten Aktivitäten, die notwendig sind, damit Kleidermode existieren kann. Dazu gehören die Entwürfe der Designer*innen ebenso wie die letztendliche Zusammenstellung der Ensembles durch die Konsument*innen. Außerdem seien, wie Lehnert (2012b) anmerkt, die Produktion, die Vermarktung sowie die Beschreibung und Abbildung in Modemagazinen Teil des Modesystems. Und auch wenn Barthes seine eigene Modetheorie später verworfen hat und ich die Idee eines menschenunabhägigen Systems nicht teile, so stimme ich ihm doch darin zu, dass Mode nur in ihrer Gesamtheit verstanden werden kann, weshalb ich im Laufe dieses Kapitels auf die verschiedenen Aspekte, die insbesondere muslimische Mode ausmacht, eingehen werde.

Die kapitalistische Logik unterscheidet drei Arten von Kleidermode, mit denen die Menschen fertige Outfits kombinieren. Ihre Bezüge finden sich vor allem in der Wertigkeit, im Zustand der Kleidung, in der Herkunft und im monetären Wert. Da wäre zunächst die teuerste Form, die Luxuskleidung, zu denen vor allem die Maßkleidung zählt, darunter auch die Haute Couture.[16] Die zweite Sorte von Mode ist die industriell gefertigte Kleidung, die vom teuren Designeroutfit bis zu den Kleidern der preiswerteren Bekleidungkettenläden wie *H&M* und *C&A* reichen kann, sowie drittens die Streetfashion, die von allen gesellschaftlichen Gruppen schließlich umgesetzt wird und zum Teil auf Gekauftes, aber auch auf geerbte Bekleidung, Ware aus zweiter Hand und Ware aus kleineren Designläden oder Straßenmärkten zurückgreift. Diese drei Arten gehen oft ohne Rangfolge und Wertung nahtlos ineinander über und vermischen sich. Zuweilen steht gerade der Mix für ein besonderes Modebewusstsein.

---

16 Als Haute Couture werden in Handarbeit hergestellte, maßgeschneiderte Kreationen großer Modehäuser bezeichnet. Der Begriff ist in Frankreich geschützt, Modehäuser müssen sich unter bestimmten Kriterien darum bewerben. Als Gründer der Haute Couture gilt der Engländer Charles Frederick Worth, der in Paris 1858 sein erstes Atelier eröffnete. 10 Jahre später regte er die Gründung einer Schneider*inneninnung an (Ebner 2007, S. 25). Worth war es auch, der als erster damit begann, seine Kleidung wie ein Kunstwerk zu signieren (Svendsen 2006, S. 90). Die Haute Couture gilt mittlerweile mehr als Marketing-Strategie denn als tatsächliche Produktion von Kleidung, da durch die strengen Kriterien wie die große Anzahl an handgenähten aufwendigen Kollektionen die Bewerbung um Aufnahme in den erlesenen Kreis der Modehäuser, die den „Haute Couture"-Titel tragen dürfen, für die Modehäuser selbst sehr unprofitabel geworden ist (ebd., S. 99).

Dabei wird, anders als Barthes konstatierte, was als modisch zu betrachten ist, schon lang nicht mehr von der *Vogue* bestimmt.[17] Vielmehr existiert laut Aussage des Modekonzerns *Chanel* Kleidermode nur insofern, als dass sie Spuren auf der Straße hinterlässt (Svendsen 2006, S. 102). Diese Aussage beantwortet im Übrigen auch die Frage nach dem symbolischen Entstehungsort von Mode: Sie entsteht in der alltäglichen Interaktion zwischen Menschen auf der Straße. Ein Hinweis auf die Richtigkeit dieser Überlegung ist die zunehmende Anzahl an Streetfashion-Abbildungen in Modemagazinen. Straßenkleidung kann, trotz der Masse an industriell gefertigten Waren, die sich hier finden, deshalb als gedanklicher Entstehungsort der Mode gelten, weil es so viele modische Objekte, Kleidungsstücke und Accessoires sind, die beliebig kombiniert werden können, dass Kleidung aus Massenproduktion kein Widerspruch zur Kreativität sein muss (ebd., S. 61). Es gibt also keine übergeordnete Modestruktur, die dafür sorgt, dass Mode existiert und im Wandel fortbesteht, sondern es wird in den alltäglichen Interaktionen ausgehandelt, was als modisch gilt. Menschen bestimmen miteinander aufgrund ihrer Erfahrungen und Vorinformationen, was Mode ist. Dieser Gedanke ist es wert, im Hinterkopf behalten zu werden. Er wird in Kapitel 9.1 weiterentwickelt werden.

Soviel zur symbolischen Produktion von Mode. Doch wie geht die reale Produktion vonstatten?

4.1.2 Besonderheiten der Modeproduktion

Bei Produkten der Mode handelt es sich mittlerweile um aus einer gestalterischen Leistung heraus entstandene Objekte, die „in festen Zyklen erdacht, produziert, gekauft und getragen werden." (Rasche 2012, S. 116) Der Herstellungsweg der Produktmode gehört dabei laut den Cultural Studies zu jenen Bereichen, die in der Regel im Hintergrund bleiben, also nicht sichtbar werden. Aus diesem Grund wird auf diesen Punkt im Folgenden gesondert eingegangen. Produktionswege bestehen aus sechs Komponenten: Am Anfang steht der Entwurf durch die ausgebildeten Designer*innen, dann gehen die Stücke in die Herstellung, werden zum Teil unzählige Kilometer transportiert, passieren dann den Einzelhandelsabsatz, wo sie von Zeitschriften und anderen Fashion-Medien beworben werden. Dazu kommt noch der Konsum durch

---

17 Allerdings stammte Barthes' Analyse auch aus einer Zeit, in der die Modezeitschrift *Vogue* in Paris als modisch tonangebend für die ganze Welt galt. Darüber hinaus hat er selbst sein Werk und dessen Theorien kurz nach dessen Erscheinen für gescheitert erklärt (ebd., S. 66).

die Endkund*innen selbst (McRobbie 1999, S. 41). Diese Komponenten sind stark voneinander abhängig.

Produziert werden die Kleidungsstücke vor allem in zwei Formen: Die transportintensivste davon ist die Relokation des Nähens in Billiglohnländer. Zum Teil werden die einzelnen Arbeitsschritte des Zuschneidens, Färbens und Vernähen auf verschiedenen Kontinenten erledigt, weil es Einsparungen verspricht. Eine abgewandelte Form davon ist, die Produzent*innen aus eben jenen Billiglohnländern, oft nur zu einem geringfügig höheren Gehalt, Waren vor Ort in Heimarbeit produzieren zu lassen. Der Vorteil für die Modehäuser hierbei ist, dass die Einzelhandelsgeschäfte flexibel reagieren können, wenn einzelne Kleidungsstücke größeren Absatz finden, als erwartet. Die Händler*innen können dann die Aufträge an die darauf spezialisierten Arbeiter*innen weitergeben und müssen keine Umsatzeinbußen befürchten, weil sie die Nachfrage aufgrund der langen Transportwege nicht bedienen können. Oft leben auch in europäischen Großstädten aber gerade diese Arbeiter*innen in prekären Verhältnissen und arbeiten gering bezahlt viele Stunden von zu Hause aus.

Damit könnten die Produktion der realen Kleidungsstücke und ihre Repräsentation als prestigeträchtige Mode nicht weiter auseinander liegen. Die durch oft unterbezahlte Arbeiter*innen fabrizierte Bekleidung wird durch die modephotographische Platzierung als begehrenswertes Objekt des vergnüglichen Konsums inszeniert (Svendsen 2006, S. 103).

Aber nicht nur die Arbeiter*innen, auch die Designer*innen sind nicht eben die Profiteure dieses Produktionsprozesses, da oft nur wenige fertige Stücke auch wirklich gekauft werden (McRobbie 1999, S. 13). Auch viele Fashion-Designer*innen sind in prekären Situationen und schieben aufgrund des hohen Arbeitsaufkommens, um als Designer*in überleben zu können, ihr Privatleben auf (ebd., S. 27). Zwar sehen sich Designer*innen als Künst-ler*innen, aber anders als für andere Künstler*innen ist es für sie nicht das Wichtigste, ihre Arbeit hinterher ausgestellt an einer Wand zu sehen, sondern die designerische Leistung muss in Produktion gehen, um ein Erfolg zu sein. Viele Designer*innen wechseln deshalb zu den großen Modeketten und produzieren dort, weil sie mit ihren eigenen Linien nicht die Auflage erbringen würden, die sie bräuchten, um von ihrer Arbeit leben zu können (ebd., S. 13). Und sich von großen Firmen einzukaufen zu lassen, bietet klare Vorteile: Die Modemagazine richten sich vor allem nach den großen Labels, da sie es sind, die ihre Werbeflächen am intensivsten nutzen. Wer hier produziert, schafft es manchmal auch zu bescheidener Bekanntheit (Ebner 2007, S. 25).

4.2 Bedeutungsproduktion der Mode

Im vergangenen Abschnitt wurde geklärt, was in dieser Arbeit unter Kleidermode verstanden wird und wo sie symbolisch und praktisch entsteht: Es handelt sich um schützende, präsentierende, kommunizierende und/oder formende Objekte, die am Körper getragen werden und in der Interaktion mit anderen Bedeutung gewinnen. Der nächste Abschnitt geht auf diese Bedeutungen genauer ein: Welche Bedeutungen haben Moden, wie werden sie generiert und was machen sie? Wie also beeinflusst Mode das tägliche Leben?

4.2.1 Kleidermode ist gleichzeitig soziale Handlung...

Es wurde festgehalten, dass die Interaktion zweier Menschen nötig ist, damit aus einem Kleidungsstück Mode entsteht, wodurch Kleidung immer zugleich selbst- und fremdreferenziell erscheint. Mode ist deshalb zunächst unter zwei grundsätzlichen Aspekten zu betrachten, die beide gleichermaßen legitim sind. Zum einen folgt sie sozialen Gesichtspunkten und ist elementarer Bestandteil der sozialen Konstruktion des Selbst, zum anderen kann sie nach ästhetischen Maßstäben als Ausdruck der eigenen Individualität gewertet werden (Geiger 2012, S. 92). Zunächst zum sozialen Aspekt: Vestimentäre Objekte in Benutzung sind nicht neutral. Die These dieser Arbeit in Bezug auf Mode lautet, dass der soziale Prozess Mode in gesellschaftliche Strukturen eingebunden ist und damit zugleich ein Aussage über die herrschenden Machtverhältnisse bedeutet. Wie im Verlauf der theoretischen Schlussbetrachtung in Kapitel 9.2 noch deutlich wird, stellt zum Beispiel die Mode muslimischer Frauen eine Infragestellung gesellschaftlicher Hierarchien dar.

Mode hat nach dem deutschen Soziologen Georg Simmel in seinem Werk vom Anfang des 20. Jahrhunderts zwei antagonistische soziale Bedeutungen, die oft beide zur gleichen Zeit wirken.

> „So bedeutet die Mode einerseits den Anschluss an die Gleichgestellten, die Einheit eines durch sie charakterisierten Kreises, und eben damit den Abschluß dieser Gruppe gegen die tiefer stehenden, die Charakterisierung dieser als nicht zu jener gehörig. Verbinden und Unterscheiden sind die beiden Grundfunktionen, die sich hier untrennbar vereinigen[...]" (Simmel o.J. [1905], S. 13)

Zum einen wird mit Mode also die Verbindung und soziale Anpassung an gewünschte gesellschaftliche Gruppen angestrebt (vgl. Rohr 2012, S. 83; und Svendsen 2006, S. 113). Durch Mode nehmen Individuen ihre Subjektpositionierung vor und integrieren sich in bestehende Gruppen. Dem hierbei angestrebten Grunddresscode wird in der Regel auch unter kurzfristigen ästhetischen Veränderungen treu geblieben, was eine vestimentäre Stabilität innerhalb der Gruppe gewährleisten soll. Die bestätigenden Interaktionen durch die einzelnen Gruppenmitglieder machen dabei den einen Teil im sozialen Prozess der Mode aus. Auch Moden muslimischer Frauen werden auf der Basis der Zuordnung und in Bezügen und Referenzen zu vorherigen Moden kreiert. Dies ist entweder eine kosmopolitische Entwicklung von muslimischen Frauen in der Globalisierung oder bedeutet, dass dies nicht nur in der „westlichen" Mode der Fall ist.

Zum anderen besteht der soziale Prozess Mode aus der Abgrenzung von anderen gesellschaftlichen Gruppen. Was jemand trägt, ist dabei ebenso wichtig, wie das, was nicht getragen wird (Svendsen 2006, S. 14). Je mehr eine Gruppe von der Gesellschaft ausgeschlossen wird oder sich selber ausschließt, desto größer bzw. sichtbarer ist der visuelle Unterschied zwischen einem imaginierten „sie" und einem ebenso imaginierten „wir". Dieser Prozess ist auch Teil der Sozialisation und des Aushandlungsprozesses innerhalb der Gruppe: Die meisten Menschen wollen gerne zu ihrer Gruppe gehören, also passen sie sich noch stärker an (Barker 2001, S. 61-63). Das Kopftuch ist Teil einer solchen Entwicklung par excellence, da durch die ausgrenzenden Diskurse in den Medien die Identifikation mit einem sinnstiftenden Islam massiv vorangetrieben wurde (siehe auch das Kapitel 3.4 zur Identitätskonstruktion).

Jedes Befolgen einer Mode ist nach Svendsen (2006, S. 24) in freier Interpretation von Nietzsche zugleich eine Emanzipation von der vorhergehenden Mode, aber auch die Emanzipation von Autoritäten, was ein Grund dafür sein könnte, warum einige muslimische Männer bezüglich der Partizipation ihrer Frauen an modischen Entwicklungen ein ungutes Gefühl haben und darum dagegen sind. Dieses *Dagegen* kann sich in allen möglichen Formen äußern, von der *Fatwā*[18] bis hin zur gutmütigen Missbilligung. Dabei stellen auch muslimische Moden in der Regel keine symbolische Gesellschaftskritik dar, etwa dass längere Röcke den Wunsch nach einer moralischeren Gesellschaft ausdrücken sollen. Wenn die Röcke länger werden, dann oft nur dann, wenn sie in der vorigen Saison kürzer waren. Mode kann deshalb auch nicht prinzipiell zur Analyse von Gesellschaften oder ihren Untergruppen dienen (ebd., S. 29).

Praktisch bedeutet die soziale Bedeutungsebene für das Kopftuchtragen, dass die verstärkte Hinwendung muslimischer Frauen zur Hijab-Bekleidung

---

18 Islamisches Rechtsgutachten, wird auf Anfrage für den Fragenden persönlich erstellt.

nicht monokausal auf nur eine Ursache zurückgeführt werden kann, wie
dem Erstarken des Islamismus. Dies ist ein wichtiger Punkt: Wenn jemand
aufgrund der sich saisonal wandelnden Mode muslimischer Frauen auf se-
mantische Codes und von diesen auf gesellschaftlichen Ansichten schließen
will, wird er oder sie die falschen Schlüsse ziehen. Dennoch verfügt die Hijab-
Bekleidung über eine soziale Seite, in der sich Bedeutungen verdichten und
hier bietet sie eine Projektionsfläche für gesellschaftliche Auseinandersetzungen und Diskurse und beinhaltet auch eine symbolische Gesellschaftskritik.
Diese wird jedoch nicht durch längere oder kürzere Röcke ausgeübt. Vielmehr
wurde der diskursive Ausschluss von Muslim*innen in den letzten zehn Jahren, in Form von immer wiederkehrenden Forderungen nach Assimilation, bei
gleichzeitigem permanenten darauf hinweisen, dass diese nie erreicht werden
kann. Der Designer des Modelabels *Styleislam*, Melih Kesmen, äußert sich
dementsprechend. Er „kann das Wort Integration nicht mehr hören, will sich
nicht als passiver Teilnehmer einer Debatte am Rande der Gesellschaft sehen,
zu der er längst gehört." (o.A. 2012a) Dieser Ausschluss wurde so intensiv
betrieben, dass sich dies in der Kleidung vieler junger Frauen widerspiegelt.
Diese ordnen sich infolge dessen äußerlich deutlich sichtbar einer religiös
definierten Gruppe zu, welche ihnen dafür Respekt und Anerkennung zollt.
Diesen Gedanken formuliere ich in der Thesenentwicklung in Abschnitt 8.3
ausführlich aus.

Auf der Straße getragene Kleidermode ist also unter dem Bedeutungsa-
spekt zu betrachten, dass die Mode es ermöglicht, die Träger*innen gesellschaftlichen Gruppen zuordnen. Aber es kommt noch ein zweiter Aspekt
hinzu, nämlich der künstlerische, der im Folgenden betrachtet wird.

4.2.2 ... und Kunst

Simmel (o.J. [1905], S. 11) vermutete, dass die Mode, über den eben beschriebenen sozialen Aspekt der Verbindung und der Abgrenzung hinaus,
keine weitere wie auch immer geartete praktische, ästhetische oder sonstige
inhaltliche Bedeutung habe, jedenfalls nicht im Kleidungsstück selbst. Dem
gegenüber steht die Bermerkung des französischen Philosophen Baudelaire
der gleichen Zeit, der anmerkt, dass jedes Bestreben nach Verschönerung,
wie primitiv oder geschmacklos auch immer es sein mag, bereits ein Zeichen
von Kunst darstelle (Geiger 2012, S. 108).

Mit dieser Aussage übereinstimmend bezeichnet die britische Vertreterin
der Cultural Studies, Angela McRobbie, die Kleidermode als

„the application of creative thought to the conceptualisation and execu-
tion of items of clothing so that they can be said to display a formal
and distinctive aesthetic coherence which takes precedence over funktion"
(McRobbie 1998, S. 14)

Während also die soziale Komponente der Mode dem Individuum Sicherheit
vermittelt und der Grunddresscode „trendunabhängige Stabilität" verschafft,
bereitet der ästhetische Aspekt durch seine Kreativität Freiheiten (Geiger
2012, S. 96,119). Diese lassen sich dabei vor allem im spontanen und unver-
bindlichen Ausprobieren finden, ohne gleich die Subjektpositionierung neu
setzen zu müssen. Mit großem Spielraum für Interpretationen und Erfindun-
gen ist dieser Aspekt der Mode zutiefst ästhetischen Prinzipien unterworfen
(ebd., S. 103).

Auf dieser Überlegung aufbauend soll festgehalten werden, dass Kleidermode auch eine Form von Kunst darstellt. Jedoch wurde sie kulturgesell-
schaftlich so gering geschätzt, dass eine unter ästhetischen Gesichtspunkten
kritische Beurteilung, wie sie in der Malerei oder der Musik zur Anwendung kommt, kaum noch möglich ist (ebd., S. 99). Der Grund lag lange
Zeit in der mangelnden künstlerischen Kritik im herkömmlichen Sinne, die
ebenfalls, wie die oben angedeutete wissenschaftliche Vermittlung, vor allem
Journalist*innen zukam. Dadurch blieb die Anerkennung der Kleidermode
als Kunst aus (Svendsen 2006, S. 93). Hinzu kam, dass nicht klar war, wer
bei der Kleidermode, die auf der Straße am wirkmächtigsten ist, als die zu
kritisierende Künstlerin zu betrachten ist. Da zugleich so viele Menschen am
fertigen Outfit arbeiten, ist dies bei der Kleidermode nicht klar zu benennen.
Weder die Designer*innen allein, noch die Menschen in den Fertigungsstätten
oder die in der medialen Produktion noch die Konsument*innen, welche die
tatsächlich getragene Mode zu einem Ensemble zusammenfügen, kommen
als alleinige Künstler*innen in Frage (vgl. Geiger 2012, S. 94). Dies kann als
weiterer Grund für die Nichtanerkennung der Mode als Kunst in Betracht
gezogen werden. Nichtsdestotrotz hat es einiges an Zusammenarbeit zwischen Modefirmen und Künstler*innen gegeben, nicht zuletzt, um die enge
Verbindung der Designer*innen zwischen Mode und Kunst deutlich zum
Ausdruck zu bringen. Marc Jacobs, der für *Louis Vuitton* seit über 10 Jahren
Mode kreiert, entwarf ab 2003 mit international anerkannten Künstler*innen,
wie Yayoi Kusama, Marcel Sprouse oder Takashi Murakami, Designs für
teure Damenhandtaschen (o.A. 2012c).

In Bezug auf Hijab-Kleidung scheint es einen systematischen Mangel
dominanzgesellschaftlicher Wahrnehmung an der ästhetischen Seite der Hijab-
Bekleidung zu geben, wodurch die soziale Einordnung der muslimischen
Mitbürgerinnen in die Gesamtgesellschaft extrem erschwert ist. Die Ursache

wird hierbei oft im Kopftuch selbst gesehen und in dem Beharren der Frauen darauf, es tragen zu dürfen, statt in der mangelnden Fähigkeit der Dominanzgesellschaft, es angemessen zu lesen. Unter anderem, da viele Menschen, denen meine Interviewpartnerinnen begegnet sind, von einer Abwesenheit einer ästhetischen Komponente ausgehen, häufen sich bei den Frauen Eindrücke von Ablehnung. Dieses Gefühl der Geringschätzung ihrer Kleidung wird bestätigt durch die wiederholten Fragen nach dem Nutzen des Kopftuches bzw. die Aussagen zur Infragestellung eben jenes Nutzens. Oft wird unterstellt, die Kopfbedeckung habe einen nachteiligen Einfluss auf das gesamte Erscheinungsbild, ohne dass erkannt würde, dass das Kopftuch in den meisten Fällen liebevoll eingebetteter Teil dieses Bildes ist.

Wie Svendsen (2006, S. 157) festhält, induziert das Bewusstsein für Mode Selbst-Bewusstsein. Die Bekleidung der Frauen stellt damit eine Infragestellung der etablierten gesellschaftlichen Hierarchie dar, da dieses Selbstbewusstsein durch wiederholte negative Zuschreibungen in den Medien systematisch zu untergraben versucht wurde. Dabei sind es vor allem die vielen kleinen Details innerhalb der Bekleidungsentwürfe, die ein fortschrittliches Frauenbild und ein modernes Selbst signalisieren sollen wie z.B. Hosen oder die Verwendung modischer Accessoires wie extra dafür designte Hijab-Nadeln. Auch die Auswahl der Stoffe ist eine bewusste Entscheidung (Haase 2012, S. 49). Die Akteurinnen stellen, wie bereits gezeigt wurde, ihre Bekleidung aus unterschiedlichsten Quellen zusammen und arbeiten die modischen Dynamiken in alltäglichen Interaktionen miteinander aus.

Die allgemeine Bedeutung von Mode liegt also in der künstlerischen und sozialen Artikulation des Körpers in der Interaktion mit anderen. Aber wie genau verbindet sich der Körper mit der Mode? Und welche sozialen Positionierungen können aus dieser Körperproduktion gelesen werden? Hierauf geht der folgende Abschnitt ein.

4.2.3 Mode drückt den Körper aus...

Eine gängige Vorstellung lautet, dass Modekleidung eine notwendige Bedingung für Subjektivität sei, da sie den Körper artikuliere und damit der Psyche Ausdruck verleihe (Silverman 2012, S. 153). „Kleidung und andere Formen der Verzierung machen den menschlichen Körper kulturell sichtbar." (ebd., S. 151) Kleidung verbinde demnach den sozialen mit dem „biologischen" Körper (Barnard 2002, S. 182). Jedoch antizipiert diese Aussage das Vorhandensein eines natürlichen Körpers, der unabhängig vom sozialen Körper existiert. Dies ist eine zumindest schwierige Annahme. Körpertechniken können als Praktiken verstanden werden, mit denen sich Menschen innerhalb des sozialen Normenregelwerkes darstellen. Die Regelwerke konstruieren das Verhalten und schränken es gleichzeitig ein. Mode ist eine dieser Körpertechniken (Lehnert 2012a, S. 16) und bestimmt darüber hinaus den Blick, mit dem wir auf den nackten Körper blicken (Bieger und Reich 2012, S. 17).

Dieser kann vieles sein, ist aber eher nicht als wertneutral zu sehen, denn er transportiert eine ganze Reihe sozialer Vorstellungen und Zuschreibungen. „Natürlichkeit" ist dabei oft ein Favorit, schaut man sich Werbetexte und die zugehörigen Bilder an (Svendsen 2006, S. 79). Es ist jedoch so, dass diese „Natürlichkeit" meist dem gängigen Schönheitsideal der jeweiligen Zeit folgt. Jede Epoche hat ihre ganz eigenen Vorstellungen davon, was als „natürlicher" Körper zu betrachten ist.

Die Darstellungen der Frauen aus dem europäischen Mittelalter sind ein Beispiel dafür: Deren riesige Köpfe und Unterleibe stehen im krassen Gegensatz zu ihren schmächtigen Schultern und Brüsten (ebd., S. 85). Betrachtet man sich die sehr ähnliche Kleidermode jener Zeit, kann geschlussfolgert werden, dass Darstellungen von nackten Körpern immer zugleich die Bekleidung und die Mode mitdenken. „Mode hat schon immer den Körper geformt und sie ihren Idealen angepasst [... und ist damit] eine Technologie der Körperproduktion." (Bieger und Reich 2012, S. 14)

Infolge ziehen vestimentäre Praktiken weitere Körperpraktiken nach sich. So ist das Korsett niemals wirklich verschwunden, sondern zunächst durch Wäsche ersetzt worden. Seit Aufkommen der körperbetonten Kleidung, ist es durch Sport und Schönheitschirurgie in ein Muskelkorsett verwandelt worden. Insbesondere körpernahe Moden müssen als Technik der Körperproduktion verstanden werden. Sie zeichnen den Körper nicht etwa nach, sondern kreieren ihn erst (Lehnert 2012a, S. 17). Auch die zeitgenössische Photographie denkt Kleider immer mit, was durch die computergestütze Glättung aller Unebenheiten und Makel der abgebildeten nackten Körper oft nur unterstützt wird. Zum Beispiel erscheinen die Frauen auf den Aktbildern des berühmten Modephotographs Helmut Newton nicht nackt im eigentlichen Sinne, ihre Posen, ihre Körperformen wirken so glatt, dass sie genauso gut Kleidung tragen könnten.

Der soziale und der „natürliche" Körper sind also zu jeder Zeit untrennbar verwoben, selbst ein toter Körper wird unter kulturellen Gesichtspunkten wahrgenommen. Kleidermode ist letztlich nur ein Element des sozialen Körpers und andersherum. Beide beeinflussen sich gegenseitig. Diese Ausgestaltung der Körper kann kaum als freiwilliger Akt bezeichnet werden, sondern ist vielmehr die Inkorporierung sozialer Normen wie gängige Schönheits- und Sauberkeitsnormen. Diese Normen sind zum Teil von äußerster Wirkmächtigkeit, schaut man sich beispielsweise Size Zero Models an und ihren Einfluss auf die Ernährungsstörungen junger Frauen (Svendsen 2006, S. 83). In Bezug auf muslimische Moden bedeutet dies: Nacktheit oder Unbedecktheit ist keinesfalls ein natürlicher Zustand, sondern ebenso ein Teil der Normen einer Gesellschaft, wie die Bedeckung des weiblichen Körpers in einer anderen Gesellschaft die Norm sein kann.

Mode hat also nicht nur mit Kleidung zu tun, sondern bezieht sich auf den gesamten Körper und dessen Umfeld. Der Körper wird durch Kleidung als Teil sozialer Praktiken mit konstruiert und mit Bedeutung versehen. Eine dieser Bedeutungen ist die Darstellung des sozialen Geschlechtes. Die Aussage über die Genderzugehörigkeit einer Person ist heute eine der deutlichsten, die Kleidung treffen kann. Gerade auf muslimische Mode trifft diese Aussage zu, da von wenigen Kunst-Performances abgesehen, der Hijab ausschließlich von Menschen getragen wird, die sich selbst als Frauen inszenieren wollen. Daher wird sich der folgende Abschnitt dem Zusammenhang von von Mode und Geschlecht aus eurozentrischer Perspektive widmen.

4.2.4 ... und formt Geschlechterbeziehungen

Der Konsum von Mode galt laut McRobbie (1999, S. 41) lange Zeit als genuin weiblicher Bereich.[19] Unterschiede im Geschlecht auf der Kleidung abzubilden hat jedoch in Europa gar keine lange Tradition. Erst seit dem 14. Jahrhundert gibt es erste Entwicklungen in Form der Hose. Die Vorstellung, dass der männliche und der weibliche Körper sich prinzipiell kaum unterscheiden, verschwand gar erst im 17. Jahrhundert. Erst danach verbreitete

---

19 Darum war das Thema Mode auch prädestiniert dafür, durch die feministische Forschung analysiert zu werden. Die allgemeine und speziell die feministische Forschung dazu erstreckt sich allerdings vor allem über zwei Bereiche: Zum einen die materielle Seite der oft ausbeuterischen Produktion, was eine sehr politische Sichtweise darstellt. Viele Designer*innen können damit aber nicht viel anfangen, da sie sich oft als apolitisch sehen (McRobbie 1999, S. 28). Zum anderen wird vor allem die kulturtheoretische Seite der Repräsentation nach dem Verkauf der vestimentären Objekte betrachtet. Auch hier ist die Forschung für die meisten Designer*innen zu soziologisch, weshalb die einzige schriftliche Vermittlung von Mode in der Regel den Journalist*innen zukommt (ebd., S. 18). Das Ziel vestimentärer Forschung sollte es darum sein, beide Bereiche zu vereinen, was ich mit dieser Arbeit zumindest zu einem Teil anstrebe (ebd., S. 32).

sich die Idee, dass Frauen und Männer in Bezug auf mentale und körperliche Eigenschaften grundlegend differieren. Der französische Philosoph des 18. Jahrhunderts Jean-Jacques Rousseau ist ein typisches Beispiel für dieses Denken (Svendsen 2006, S. 86). Hingegen wurde bereits im Koran, also seit ca. dem sechsten Jahrhundert nach Christus, die Vorstellung von der Verschiedenheit der Geschlechter als gesetzt betrachtet und vorgeschrieben, dass sich diese vestimentär voneinander abgrenzen müssen.

Die Zugehörigkeit zu einem Geschlecht kann jedoch kaum als feststehend betrachtet werden, sondern wird von Geburt an performativ ausgehandelt (vgl. Butler 1997, S. 21,49). Es soll nicht gesagt werden, dass sich Körper nicht voneinander unterscheiden. Doch dass diese Unterscheidung ausschließlich binär auf die geistigen und körperlichen Fähigkeiten zurückwirkt, ist höchst fragwürdig. Es gibt viel mehr Geschlechter als das männliche und weibliche, sowohl auf der körperlichen als auch der mentalen Ebene. Kritikwürdig ist zum einen die a priori gesetzte binäre Unterteilung der Geschlechter und zum anderen die mit der vermeintlichen Schwäche oder Stärke des jeweiligen Geschlechts begründeten Hierarchie, bestehend aus konkreten alltäglichen Benachteiligungen oder Bevorzugungen.

Soziale Geschlechter, im englischsprachigen Raum mit „gender" bezeichnet, werden in Europa in allen möglichen Körperpraktiken hergestellt, von unterschiedlichen Verhaltensregeln bei Tisch bis zu der Einrichtung der Toiletten. Eine der auffälligsten Formen der Unterscheidung ist die Kleidermode, mit der sich Menschen sozialanthropologisch und fremdreferenziell geschlechtlich positionieren (Geiger 2012, S. 111). Nehmen wir die Hose als Beispiel für die Verflechtung von Körper- und Kleidermode in Bezug auf Geschlecht. Die Etablierung der Hose als gesellschaftlich angemessenes Kleidungsstück für die „westliche" Frau begann Anfang des 20. Jahrhunderts. Davor galten Hosen bei Frauen obszön. Aber das veränderte Körperbewusstsein zu dieser Zeit, dergestalt in der Manipulation der Körper, erforderte Bewegungsfreiheit auch für Frauen. Dadurch setzte sich die Hose zunächst im sportlichen Bereich und später auch im Alltag als angemessenes Kleidungsstück für Frauen durch. Diese sehr auf individuelle Selbstentfaltung bezogene Sichtweise auf Modeentwicklungen ist typisch für Europa. Hosen waren jedoch auch überall da für Frauen angemessen, wo eine Bewegungsfreiheit der Beine notwendig war, beispielsweise bei der Feldarbeit.

Während sich die Mode für den weiblichen Körper in stetiger Entwicklung befand, Altes zitierte und mit viel Schmuck aufwartete, blieb die Mode für Männer im Europa des letzten Jahrhundert auffällig gleichförmig und schmucklos. Oft wurde der dunkle Anzug in seiner Uniformität als vestimentärer Sprung in die Moderne verstanden. In jener Epoche sei die

Hierarchisierung der Gesellschaft entlang der Kleidung nicht mehr notwendig bzw. wurde nun in der normativen Arbeitsteilung zwischen Mann und Frau ausgedrückt. Doch auch männliche Bekleidungsformen sind im letzten Jahrhundert ebenso durchcodiert worden wie weibliche. Der Unterschied zwischen einem maßgeschneiderten Anzug und einem „von der Stange" könnte für Eingeweihte nicht größer sein. Auch der Anzug selbst ist eine Modeerscheinung, spielt er doch in den letzten Jahren zunehmend eine kleinere Rolle, während die Mode für den Mann wieder mehr Facettenreichtum zu bieten hat (Svendsen 2006, S. 43).[20]

In der Kleidermode ist die Unterscheidung der Geschlechter insbesondere im Bezug auf die soziale Verortung der Sexualität präsent.

> „Eine der wichtigsten [sexuellen] Differenzen ist die Tendenz der Libido, bei Frauen diffuser zu sein als bei Männern; bei Männern ist im Grunde nur der Genitalbereich sexualisiert, bei Frauen der gesamte Körper; dies gilt gleichermaßen für den ausgestellten und den angeschauten weiblichen Körper. Folglich ist die Ausstellung eines *jeden* weiblichen Körperteils erotischer als die Ausstellung desselben Körperteils beim Mann, natürlich abgesehen vom Geschlechtsteil."[21]

Dadurch wird der gesamte weibliche Körper dauerhaft sexualisiert und weibliche vestimentäre Körperpraktiken zielen in der Regel darauf ab, die so erzeugte Scham zu verbergen oder zu präsentieren. Hier ist wenig Unterschied zu der Wahrnehmung der Körper durch muslimische Frauen festzustellen, mit dem Unterschied jedoch, dass die erzeugte Scham (arabisch: ʿAura) in jedem Fall verborgen werden muss.

Blickdynamiken werden dabei performativ durch die Qualität des Betrachtens produziert. Der Begriff des „männlichen Blicks", wie er von Laura Mulvey geprägt wurde, beschreibt die Art Blicke, mit denen Männer Frauen ansehen, aber auch, mit denen Frauen sich und andere Frauen betrachten und bewerten (vgl. Bieger und Reich 2012, S. 18). Er ist Ausdruck der bestehenden Machthierarchie zwischen den Geschlechtern, bei welcher der Mann die aktive und handelnde Rolle zugeschrieben bekommt, während Frauen sich auf Passivität und Angeschautwerden zu beschränken haben (vgl. L. Mulvey 1989, S. 19 f.).

Kleidermode kann als die vestimentäre Manifestation dieser Blickdynamiken verstanden werden. Sie bringt die Rollenverständnisse der Menschen

---

20 Ein hervorragendes Beispiel hierfür ist die Photoserie über einen türkeistämmigen Schneider http://alioutfit.tumblr.com/, zuletzt abgerufen am 22. Juli 2013

21 Flügel, Psychologie der Kleidung. Da diese Passage bisher nicht in deutscher Sprache erschienen ist, wird hier die Übersetzung von Dustin Breitenwischer in Silverman (2012, S. 154) herangezogen.

visuell zum Ausdruck, normiert und verstetigt diese (Geiger 2012, S. 110). Vorstellungen vom männlichen Blick wirken darauf zurück, wie Frauen sich kleiden und wie sie finden, dass ihre Körper zu sein haben. Zum Beispiel war die Debatte um die Brustoperation der Schauspielerin Angelina Jolie vor allem ein Diskurs über das Idealbild der Frau, welches ohne Busen nicht vorstellbar ist (Akyün 2013). Und dies ist der Punkt, zu dem dieser Abschnitt hinführen sollte: Westliche Moden und Blickdynamiken sind keinesfalls weniger hierarchisch, weniger patriarchalisch als muslimische und der herablassende Ton, mit dem in den sozialen und anderen Medien über die Kleidung muslimischer Frauen geschrieben wird, ist aus dieser Perspektive völlig unangemessen.

4.3 Die Ausdrucksmöglichkeiten der Kleidermode

Die vergangenen Abschnitte beschäftigten sich mit der genauen Formulierung eines Modebegriffes, wie er hier in der Arbeit zur Anwendung kommt. Ich grenzte zunächst aus einer eurozentrischen Perspektive den Begriff historisch und definitorisch ein und arbeitete die verschiedenen Bedeutungsebenen heraus, unter anderem dass Kleidermode den Menschen dazu dient, den sozialen Körper zu konstruieren. Im Folgenden möchte ich hierauf noch einmal genauer eingehen. Wenn Mode der Ausdruck der eigenen sozialen Subjektpositionierung ist, wie wird diese im Einzelnen gestaltet? Wie kann Mode gesellschaftliche Aussagen artikulieren? Auf diese Fragen werden in dem kommenden Abschnitt Antworten gefunden werden, um den Begriff der Stil- und Ausdrucksformen, der sich im Titel der Arbeit findet, genauer einzugrenzen.

Roland Barthes (1985, S. 249) hält fest, dass die Bedeutungen von Moden, von außerhalb einer Gruppe betrachtet, äußerst willkürlich seien. Ob eine Hose am Bein weit geschnitten oder eng anliegend ist, so oder so handelt es sich um ein Beinkleid. Auch die Betrachtung der Jeans als legere und dem Anzug als formelle Kleidung ist äußerst unlogisch. Von innen betrachtet hingegen scheint das Modesystem streng logischen Normen unterworfen. Ein Beispiel dafür ist der Kleidercode des Casual Friday, der, obwohl es heißt, man könne tragen, was man wolle, genauso normiert ist wie die sonst übliche Bürokleidung (Svendsen 2006, S. 60). Für Außenstehende mögen die Zeichensysteme von Gruppierungen sehr unübersichtlich wirken, aber jede Gruppe, egal wie chaotisch sie auf Außenstehende erscheinen mag, ist vestimentär extrem gut ausdifferenziert (ebd., S. 128).

Die Bedeutung von einem Kleidungsstück ist nicht feststehend, weil verschiedene soziale Gruppen in gleiche Kleidungsstücke ganz andere Bedeutungen hineinlegen (Barnard 2002, S. 33). Zu einer bestimmten Zeit und in einem bestimmten Kontext kann ein Kleidungsstück etwas ganz anderes bedeuten als zu anderen Zeiten und Umständen. Die veränderte Bedeutung eines Rosenkranzes um das Handgelenk eines Menschen muslimischen oder christlichen Glaubens ist ein Beispiel dafür, die Bedeutung des Kopftuches in Deutschland jetzt und vor einhundert Jahren ein weiteres (ebd., S. 172). Hijabs verfügen zum Beispiel über eine Vielzahl von symbolischen Bedeutungsebenen, die durch die Dominanzgesellschaft kaum gelesen werden, obwohl es nicht lang her ist, dass Kopftücher oder -bedeckungen auch für Frauen in Deutschland üblich waren.

Auch sind Kleidungsstücke durch ihre Kombinationsmöglichkeiten in ihrer Bedeutung „unentschieden". Der Stiletto kann, ebenso wie das Kopftuch, gleichzeitig mit der Bedeutung der Befreiung und Unterdrückung versehen werden. Wer Stiletto oder Kopftuch trägt, ist sich der multiplen Bedeutungen bewusst, die in Auseinandersetzungen um diese Kleidungsstücke verhandelt werden. Insbesondere die Kombination beider ist besonders spannend, wirkt doch das Kopftuch durch den hohen Schuh in Deutschland ebenso wie in z.B. Syrien[22] sehr viel modischer. Dabei sind beide im „westlichen" feministischen Diskurs Ausdruck patriarchaler Selbst-Unterdrückung schlechthin. Aber eben nur im „westlichen" Diskurs. Gleichzeitig ist in Deutschland der Stiletto das Symbol der Frau, die eigene Sexualität lebt und sich von den braven Frauen in flachen Schuhen abgrenzt. Das aber wiederum kann jemand mit der Assoziation „Stiletto = Sexsymbol" als mit dem Kopftuch schlecht vereinbar finden. Infolge hat mich die selbstverständliche Kombination von Kopftuch und Stiletto in Syrien fasziniert. Ich überlegte daraufhin, ob entweder der Stiletto diese Bedeutung in Syrien nicht innehat oder aber die Frauen unabhängig davon die gestalterischen Spielräume nutzen, welche ihnen das islamische Recht an dieser Stelle bietet.

Modische Kleidung ist also gespickt mit unsystematischen Zeichen, Symbolen und Codes, deren Bedeutungen sich je nach Bezugssystem wandeln. Dadurch sind Kleidungsstücke immer mit einer Vielzahl von Bedeutungen zugleich versehen. Als Nächstes stellt sich die Frage, wer diese Bedeutung verleiht und woher die Codierungen kommen. Es können nicht allein die Träger*innen sein. Deutlich wird dies nicht zuletzt in der Hijab-Mode, in der die Frauen ihre Kleidung mit Bedeutung versehen können wie sie wollen und von

---

22 Diese beiden Länder deshalb, weil ich hier gelebt und zu Mode geforscht habe und diese Kontexte deshalb zu beurteilen vermag.

der Dominanzgesellschaft trotzdem nur auf ihr Muslimsein reduziert werden. Auch sind es nicht allein die angestellten oder freischaffenden Designer*innen, welche der Kleidung Bedeutung verleihen, da die getragene Kleidung in ihrer letztendlichen Kombination vielfältige Bedeutungsspektren abdecken kann. Wird ein Designobjekt nach vielen Jahren im Secondhand-Laden verkauft, ist die Bedeutung als getragenes Kleidungsstück mit Sicherheit eine andere, als vom Designer*innen ursprünglich intendiert. Auch die Betrachter*innen sind nicht automatisch diejenigen, die für die Zuschreibung von Bedeutung in vestimentäre Mode verantwortlich sind, da durch Erklärungen und Gespräche Bedeutungen neu verstanden werden können.

Aus all diesen Überlegungen geht hervor, dass die Bedeutung von Mode in Bezug zu Kontexten steht und vor diesen interaktiv immer wieder neu ausgehandelt wird (Svendsen 2006, S. 69). Das bedeutet insbesondere vor dem Hintergrund sich verändernder historischer und sozialer Umstände nicht, dass Mode allein für sich steht. Stattdessen ist sie bei den Akteur*innen immer in ein Erfahrungsnetz von verschiedenen Objekten und ihren Bedeutungen eingebettet (Barnard 2002, S. 171). Mode etabliert damit „codierte Kommunikation innerhalb von referenziellen Kontexten, die immer zwischen einer Vielzahl von Bezugssystemen liegen." (Geiger 2012, S. 98)

Mit der Visitenkarte, den Ausdrucksformen und den vestimentären Codierungen ist also keine ausdifferenzierte Sprache gemeint, sondern eher eine Reihung von semantisch codierten Bedeutungen, die in bestimmten Kontexten von den Akteur*innen in die bekleideten Körper hineingelesen wird. Allerdings sind diese Codierungen relativ unsystematisch. Nicht jede Kleidung stellt automatisch für jeden Menschen eine Kommunikation dar, wie ausgefeilt das Codesystem innerhalb einer Gruppe auch sein mag (Svendsen 2006, S. 64). Die Bedeutungsinhalte von Moden wechseln schnell und verändern ihre Bedeutung meist bis zum nächsten Modezyklus. Ein Kennzeichen der Mode ist darum ihre Wandelbarkeit. Mit Begriffen aus der Semiotik kann dementsprechend formuliert werden, dass es die Natur der Mode ist, effektive Zeichen zu produzieren, die sich nach kurzer Zeit in ineffektive Zeichen wandeln (ebd., S. 130). Jedoch sind Mode und Sprache nicht sehr ähnlich, da letztere sich ja sehr viel langsamer verändert (ebd., S. 71). Außerdem verfügt Mode weder über eine Grammatik noch über ein entsprechendes Vokabular. Viel eher ist Kleidung eine visuelle Ausdrucksweise mit mehr Nähe zur Musik und zur Kunst als zu gesprochener Sprache (vgl. ebd., S. 71). Der Aspekt der sich zyklisch ändernden Trends soll nun betrachtet werden, da er für die Theorieentwicklung in Kapitel 9.1 eine Rolle spielt.

4.3.1 Der Antrieb der Mode

Die Frage danach, welchen Prinzipien die Mode folgt, war schon zu Beginn der Sozialforschung ein wichtiges Thema. Auch hier beziehen sich Theoretiker*innen (z.b. Barnard (2002, S. 13)) bis heute auf Georg Simmel und verstehen Mode als Prozess, der nur in entwickelten Gesellschaften stattfinden kann, weil sich in diesen ausdifferenzierte Klassen gebildet haben. Die höheren Klassen seien dabei das modische Vorbild, dem die anderen Klassen versuchen nachzueifern (Simmel o.J. [1905], S. 11-15).[23] In diesen Werken wird davon ausgegangen, dass in weniger entwickelten Gesellschaften der oben genannte Impuls, sich mit anderen zu verbinden und mit einer Gruppe zu identifizieren, größer ist, als sich künstlerisch zu individualisieren, folglich fehle die Grundvoraussetzung für Mode.

Die These, nach der sich Menschen in ihrer modischen Kleidung nach der nächsthöheren Klasse orientieren, geht dabei ursprünglich auf den nordamerikanischen Ökonom Veblen zurück. Menschen würden laut Veblen ihre Kleidung nach der Motivation gestalten, die eigene Klassenposition durch Selbstreklame unter Verwendung der Zeichen der nächsthöheren Klasse zu verbessern (Veblen 1981 [1899], S. 140-42). Dieser Gedanke wurde von Pierre Bourdieu weiterentwickelt, der die hier nur sehr verkürzt wiedergegebene Überlegung anstellte, dass es soziale Muster von Geschmack gebe, die dem Habitus unterworfen und damit Teil des Klassendenkens und des symbolischen Kapitals seien (Bourdieu 1982, S. 283). Das bedeutet aber, die Möglichkeit in Abrede zu stellen, mit Mode eine künstlerische Ausgestaltung der Kleidung vornehmen zu können, da diese Ausgestaltung nicht dem freien Willen unterliegt, sondern dem Klassendenken, mit dem Resultat, dass der Mode zu folgen reiner vestimentärer Konsum des nach dem nächsthöheren Klassenmuster vorgegebenen Geschmacks wäre. Das mag dem sozialen Aspekt der Mode entsprechen, den künstlerischen Aspekt erklärt diese These nicht.

Dazu kommen einige weitere logische Fallstricke: Da die oberen Klassen sich ihrer Position bewusst waren, benötigten sie keine sich ständig wandelnde Mode, um sich als Etablierte zu kennzeichnen. Und als die Moden der letzten 40 Jahre untersucht wurden, zeigte sich, dass sich Trends zum Teil genau andersherum entwickelten, also von der Straße auf die Laufstege und von dort in die höheren Schichten (Svendsen 2006, S. 46). Klassendenken kann also nicht der Ursprung von Mode sein, höchstens einen Anteil daran haben. Warum aber wandelt sich Mode dann?

---

23 Siehe auch das Zitat auf Seite 99

Modischer Geschmack ist nach Svendsen (2006, 60f f.) viel mehr als
klassenorientiertes vestimentäres Handeln und wird stattdessen von verschiedenen Kategorien beeinflusst wie Alter, Geschlecht und antizipierten
Vorstellungen von Ethnizität. Statt Klasse und Stand folge Mode im „Westen" vor allem der Kategorie des Alters, da sich Jugend in der Postmoderne
zum wertvollsten Gut entwickelt habe, welches immer weniger die Phase
eines Überganges von der Kindheit ins Erwachsenenleben darstelle, sondern
zu einem permanenten Status geworden sei. Svendsen (ebd., S. 48) vermutet,
dass Simmel sich irrte, weil er von einer kleinen Gruppe von Arbeiter*innen,
mit denen er in Kontakt kam, auf alle Arbeiter*innen geschlossen hatte:

> „Like many others, Simmel generalized about the working class as a whole
> on the basis of the limited section with which he actually came in contact,
> but this generalisation was partly missleading."

Aus Geschmack würde durchaus symbolisches Kapital resultieren, aber
dieses Kapital lässt sich nicht in eine wie auch immer geartete Form sozialer
Hierarchie übersetzen. Die modische Entwicklung eines Menschen geschieht
nicht aus dem Antrieb heraus, die eigene Position in der Klassenhierarchie zu
verbessern. Ein Teil der Mode sein zu wollen, ist viel selbstreferenzieller, viel
egozentrischer. Diese Menschen sind eher vom Antrieb beseelt, von anderen
und sich selber als modisch betrachtet zu werden (ebd., S. 55).

Die Vorstellung, nur wenig bedeckende Mode sei ein Ausdruck von
Moderne sowie die visuell sichtbare Materialisierung der herrschenden gesellschaftlichen Hierarchie, hält sich jedoch hartnäckig. Ich vermute, dass die
Vorstellung, Mode sei etwas „Westliches", das höher entwickelten Menschen
vorbehalten ist, noch auf frühere Überlegungen zurückgeht. Barnard (2002,
S. 55) äußerte den interessanten Gedanken, dass neu entdeckte Völker in
der Vormoderne als primitiv eingestuft wurden, weil sie sich weniger bedeck-
ten, also noch nicht vom metaphorischen „Baum der Erkenntnis" gekostet
hatten, der ihnen ihre Nacktheit bewusst gemacht hätte. Nach Nietzsches
Urteil vom Tode Gottes wich die religiös motivierte Bedeckung rationalen
und anderen Überlegungen, nach und nach wurden es weniger bzw. andere
Kleiderschichten. Dies hat sich zu einem Punkt entwickelt, bei dem die
Vorstellung von Moderne mit dem Schwinden insbesondere der weiblichen
Bekleidung verknüpft ist. Dies erklärt auch, warum muslimische Frauen oft
den Eindruck gewinnen, ihre Kleidung würde in Deutschland als unmodern
betrachtet werden. Drückt doch dieses Beharren auf modester Bekleidung
für viele Nichtmuslime ein Verhaftetsein in „vormoderner Religiosität" aus.
Doch ist Mode wirklich nur ein Produkt der Moderne?

4.4 Modeproduktion, Kapitalismus und Moderne

Modeliteratur nimmt vor allem Bezug auf die kapitalistischen Produktionsformen von Mode, was eine sehr eingeschränkte Sichtweise darstellt. Diese
Form der Mode beruht auf Arbeitsteilung, Elitenproduktion, der Herstellung
von Luxusgütern für diese Eliten sowie dem ständigen Wandel. Aus dieser
Perspektive ist Mode sicherlich nur ein Produkt der „westlichen" Moderne. Unberücksichtigt bleiben hierbei indische Wickeltechniken, chinesische
Webtechniken, die alle lang vor der europäischen Hochzeit alle möglichen Modeformen ausgebildet haben. Auch die Bekleidungsformen der europäischen
Antike wurden von der „westlichen" Modetheorie nicht als Kleidermode
betrachtet, da ihr angeblich das ausgeprägte Spiel mit wechselnden Trends
abging (Geiger 2012, S. 116). Ebenso wurde für die vormittelalterliche Epoche lange Zeit mehr von Dekoration gesprochen als von Mode. Die in 4.2.2
beschriebene ästhetische Autonomie des Einzelnen wird nicht eher als ab der
Zeit der Renaissance und dem Beginn des merkantilistischen Wirtschafts-
systems um 1350 angenommen, da zuvor die Form der Kleider aufgrund
fehlender Schnitttechniken für praktisch alle Menschen die gleiche geblieben
sei. Nur die Qualität der Kleider hätte sich unterschieden, je nach Stand
(Svendsen 2006, S. 21 f.). Zu dieser Ansicht trägt bei, dass in Gesetzen und
Standesregelungen klar vorgegeben war, wie die Menschen der einzelnen
Stände sich zu kleiden hatten (Bieger und Reich 2012, S. 13). Der mangelnde
Antrieb zur sozialen Zuordnung zu Gruppen durch die Mode aufgrund des
Ständesystems führte zusätzlich zur Ansicht, Mode sei ein Produkt der
„westlichen" Moderne.

Was zeitgenössisch lange Zeit als Kleidermode bezeichnet wurde, bezog
sich vor allem auf ausdifferenzierte wechselnde Schnitte, die vermutlich erst
mit der Erfindung des Schneiderberufes aufkamen. Barnard (2002, S. 159)
geht mit anderen sogar davon aus, dass von dieser Form der Mode frühestens
mit der industriellen Revolution gesprochen werden könne und der dazu ge-
hörigen Auflösung der Stände, die sich nach und nach zu Klassen wandelten.
Erst unter Einbeziehung dieses Wandels, der durch den Kapitalismus ausgelöst wurde, könne Moderne verstanden werden. Mode sei ohne Städteleben,
Kapitalismus und Moderne nicht möglich. Denn erst die Moderne habe den
Menschen als eigenständiges Individuum produziert, welches den Körper als
Medium gebraucht, diese Individualität auszudrücken (Bieger und Reich
2012, S. 12). Insbesondere die Fixierung auf Individualität trägt zu dieser
sehr eurozentrischen Sichtweise der Modetheorie bei, welche ausschließt, dass
Kreativität ohne Individualität möglich sei. Keine Berücksichtigung finden in
diesen Sichtweisen die Umstände, dass vor allem der Kolonialismus, also die

Ausbeutung der produktiven Arbeitskraft des globalen Südens, zum Entstehen europäischer Moden beigetragen hat. Diese globalen Verflechtungen der Vergangenheit bleiben in der Regel unsichtbar. Dementsprechend definiert zum Beispiel Gertrud Lehnert (2012b, S. 8) Mode wie folgt:

> „Im allgemeinsten, abstrakten Sinne kann Mode als grundlegende Dynamik betrachtet werden, die die modernen, d. h. die Konsum-Kulturen antreibt und in Gang hält und sich in einer Vielzahl von Moden konkretisiert: Architektur, Inneneinrichtung, Design, intellektuelle bzw. Wissensmoden, künstlerische Moden usw. Kleidermode ist im Hinblick auf ihre kulturelle, soziale und wirtschaftliche Bedeutung eine ihrer wichtigsten Hervorbringungen."

Mode ist laut Lehnert also das, was sich schnell wandelt, weil die Industrie im eigenen Land Absatzmärkte schaffen muss, damit sie nicht wegen Übersättigung des Marktes stagniert.[24] Ein Modeobjekt brauche zuweilen keine bessere Eigenschaft als die, ein Novum zu sein (Svendsen 2006, S. 28). Doch auch wenn die Kleidermode in Europa im letzten Jahrhundert stark vom Kapitalismus geprägt wurde, empfinde ich es als äußerst eurozentrisch, davon auszugehen, dass es vor der „westlichen" Moderne keine Mode gegeben hat und es außerhalb von ihr auch keine Mode geben kann. Die Wechsel mögen schneller geworden sein, aber zyklisch waren sie auch schon zu anderen Zeiten.

Ich verfolge darum in dieser Arbeit eine Definition von Mode, die alles als Mode bezeichnet, was einen Menschen bewusst von anderen Menschen abgrenzbar macht und Aufmerksamkeit erregt. Jede menschliche Handlung ist Normen unterworfen, jede Handlung erfolgt als Ergebnis einer vorher erfolgten Sozialisierung. Wer sich morgens im Halbschlaf anzieht und geradewegs in den Schrank greift, wird doch anschließend halbwegs gesellschaftlich normativ gekleidet sein. Es wurde definiert, dass Mode aus am Körper getragenen Aufmerksamkeit erregenden Objekten bestehe, die Individuen benutzen, um sich und ihre sozialen Körper performativ herzustellen. Nirgendwo und zu keiner Zeit diente Kleidung allein der Wärme oder der schamhaften Bedeckung, sondern verfolgte immer auch bewusst dekorative Zwecke. Das bedeutet aber auch, dass keine Gesellschaft ohne Mode existiert (vgl. Entwistle 2000, S. 6).

Mein Vorschlag ist darum, Kleidermode im Allgemeinen als bewusste, sich zyklisch wandelnde, dekorative Kleidung zu bezeichnen mit dem Ziel der Abgrenzung und Anpassung an soziale Gruppen und als ästhetisch-

---

24 Die großen Fashion-Häuser vertrauen auch darum ihren ‚fashion forecasters', also ihren Mode-Vorhersagern, deren Prophezeihungen sie folgen und die in Folge selbsterfüllend werden (Svendsen 2006, S. 57).

künstlerische Ausgestaltung (vgl. ebd., S. 237). Die spezielle kapitalistische
Form der Mode mit ihren schnellen regelmäßigen Wechseln im Detail um
des Konsums willen werde ich im Folgenden als Produktmode bezeichnen.
Auch Hijab-Bekleidung muss zur Produktmode gerechnet werden, denn
sie folgt in ihren Ausformungen oft den gleichen Prinzipien kapitalistischen
Konsums. Die Kleidung modeinteressierter muslimischer Frauen, ihre Ästhetik, ihre saisonale Veränderung, ist, ebenso wie die Kleidung anderer Frauen,
inspiriert durch die Produktmode, die von der Dynamik der industriellen
Moderne angetrieben wird. Wenn sich muslimische Mode verändert, tut sie
das aus der gleichen Lust der Menschen an der Abwechslung wie andere
Moden. Dabei äußern sich viele muslimische Frauen jedoch zurückhaltend
zum Thema Mode, weil sie in ihren Absichten und Motivationen nicht mit
nichtmuslimischen Frauen verwechselt werden wollen (vgl. McRobbie 1999,
S. 39).

4.4.1 Nichtwestliche Modeschöpfer*innen als Politikum

Es sind dabei nicht nur im „Westen" verortete Designer*innen, die mittlerweile für die Modewelt eine Rolle spielen, sondern es gibt eine Vielzahl
von Designer*innen aus dem Nahen Osten oder solche mit muslimischer
Religionszugehörigkeit. Diese lassen sich in ihrer Arbeit von den unterschiedlichsten Einflüssen inspirieren. Natürlich stehen vor allem London, Paris
und Mailand im Zentrum, aber genauso schauen ägyptische und türkische
Designer*innen nach Indien, Libanon oder Marokko (Tarlo und Moors 2007,
S. 134). Einer der bekanntesten Designer mit muslimischer Religionszugehörigkeit ist der zypernstämmige britische Modeschöpfer Hussein Chalayan, der
seit 2008 als Kreativdirektor für *Puma* arbeitet (Pyle 2008). Ebenso ist Atıl
Kutoğlu zu erwähnen, der gar mit einem eigenen Modelabel international
große Aufmerksamkeit erregt hat. So erhielt Kutoğlu von der türkischen First
Lady den Auftrag, ein neues Kopftuchdesign für sie zu entwerfen, welchen
er zwar nicht annahm, aber seitdem seinen Kollektionen immer passende
Tücher beifügt (Strohmaier 2008). Außerdem entwirft der Libanese Elie Saab
Haute Couture und wurde mit der Oscar-Nacht-Robe von Halle Berry von
2002, in welcher sie den Preis für die beste Schauspielerin entgegen nahm,
einem breiteren modeinteressierten Publikum bekannt (Nellis 2002). Ümit
Ünal, der beim türkischen Modelabel *Abbate* unter Vertrag ist, ist der einzige
bekannte türkische Modeschöpfer, der noch in der Türkei lebt und arbeitet.[25]

---

25 http://www.umitunal.com/about.html zuletzt abgerufen am 23.07.2013

Für Deutschland ist die Modeschöpferin Fatima Halwani zu erwähnen, die ihre als Haute Couture bezeichnete Mode auf der renommierten Berliner Fashion Week aufführte und die durch ihre Zusammenarbeit mit Udo Walz Aufmerksamkeit erregte (Hanisch 2013). Außerdem hat Neslihan Kapucu mit ihrer Abschlusskollektion „One Way" in Erinnerung an Gastarbeiter*innen ihr Studium mit einer Show auf der Fashion Week abgeschlossen (o.A. 2012b). All diese Designer*innen haben es durch ihre Koproduktionen mit größeren Modefirmen oder mit namhaften Personen aus der Filmbranche oder der Politik zu eigener Berühmtheit geschafft, entwerfen aber keine spezielle Mode für Frauen muslimischer Religion, die einen besonders modesten Anspruch an ihre Kleidung haben. Sie sollen hier dennoch als Beispiele für nichtwestliche Modeschöpfer*innen genannt werden. Modeschöpfer*innen islamischer Mode finden sich im Konsumkapitel in 5.5.3.

Jedoch wird die Mode von muslimischen Desigern oft anders wahrgenommen, als die von mit dem „Westen" assoziierten Modeschöpfern. Dies kann aus dem Umstand gelesen werden, dass Entwürfe in den Medien oft mit politischen statt mit ästhetischen Motiven identifiziert werden. Ich verstehe dies als Unwillen oder Unfähigkeit, diese Designer*innen unter den gleichen Gesichtspunkten zu beurteilen wie andere. So wurde Hussein Chalayan lange Zeit mehr unter politischen Gesichtspunkten denn modischen Aspekten interpretiert, ganz der Prämisse entsprechend, dass Mode etwas eher „Westliches" sei, wie in diesem Zitat aus einem englischsprachigen Modeblog deutlich wird:

> „For me, Chalayan's work shows women to appear to be all the same with their faces covered, no matter the length of the mask. As their face cannot be distingushed, neither can they as a person. And does covering the face really change how sexual a woman appears, even when naked?" (misantrophe. 2000)

Chalayan hingegen distanziert sich davon und verwirft solche Überlegungen. Natürlich hätten seine Entwürfe mit seinem Ursprung zu tun und zitierten die religiösen Vorstellungen der Frauen seines Landes:

> „Er wollte damit zeigen, wie Frauen durch Kleidung ihr Territorium markieren, sagte er damals in einem Interview, und welche Rolle die Religion dabei spiele. Daß die Idee von manchen Rezensenten dann verkürzt wurde zu einem Protest gegen die Unterdrückung der moslemischen Frau, das nannte er ‚Blödsinn'." (Schilling 2005)

Dabei wirken Designs aus dem Mittleren Osten mittlerweile merklich auf die Mode der großen Labels zurück, wie in den 2012-Entwürfen von *Jil Sander*, *Prada* und *Chanel*, aber auch den Streetwear-Marken wie *H&M*, *Zara* oder der

britischen Marke *Topshop* zu sehen ist (Althaus 2012). Innerhalb der Mode-
Branche genießen die Designer*innen also eine ganz andere Anerkennung.
Das vorangegangene Kapitel definierte Kleidermode als funktionale,
am Körper getragene Objekte, welche dazu dienen den Körper künstlerisch
und sozial zu kommunizieren und dafür in der Interaktion mit anderen
mit Bedeutungen aufgeladen werden. Ich betrachtete, wo Mode entsteht,
sowohl symbolisch als auch tatsächlich und untersuchte die Möglichkeiten
der Bedeutungsgeneration genauer. Nun möchte ich das Thema Mode in
einen für diese Arbeit relevanten Gesamtzusammenhang einordnen. Dazu
werde ich im folgenden Abschnitt auf den besonderen Zusammenhang von
muslimischer Mode und Konsum eingehen.

5 Konsum islamischer Mode

Wie bereits im Kapitel 4 verdeutlicht wurde, ist Mode mehr als nur materiell vorliegende Kleidung, die über performatives Potential verfügt. Vielmehr muss Mode selbst als Prozess, als Akt der Performativität verstanden werden. Mode ist also das, was Menschen alltäglich aus ihrer Kleidung machen, es ist das, was passiert, wenn sie morgens vor dem Kleiderschrank stehen (Lehnert 2013, S. 7,12). Es sind vor allem Praktiken des Einkaufens, also des Konsums auf der einen Seite und die der Bedeutungsproduktion auf der anderen Seite, welche den alltäglichen Gebrauch mit Mode formieren. Dazu gehört auch, bewusst oder unterbewusst, die Auseinandersetzung mit rechtlichen Bestimmungen und mit herrschenden Diskursen der Vorstellungen und Bedeutungen[26], mit angewandtem Wissen über Bekleidungspraktiken ebenso wie die Auseinandersetzung mit dem Wissen über die historischen Moden der Eltern, welche oft durch Bilder erlernt werden.[27] Diese Aneignungsprozesse finden allerdings in keinem geschlossenem Diskurs-System statt, sondern sie sind fluide (Hall 2004a, S. 68).

Verschiedene Formen von religiöser Kleidung, beobachtet über die Zeit, machen deutlich, dass religiöse Bekleidung den gleichen Modeerscheinungen unterworfen sind und den gleichen Fluktuationen folgen wie Bekleidungsformen von anderen sozialen Gruppen (Schulz 2007, S. 269). Vor allem für Jugendliche auf der Suche nach ihrer Subjektpositionierung ist Mode ein wichtiges Thema, da bilden muslimische Jugendliche keine Ausnahme (Bendixsen 2013, S. 273). Die Annahme, dass allen muslimischen Frauen ihre Bekleidung durch religiöse Vorschriften diktiert würde, ist schlichtweg als falsch einzustufen. Musliminnen und Mode sind keineswegs ein inkompatibles

---

26 Aus diesem Grund finden sich in dieser Arbeit ausführliche Kapitel zu ebenjenen Diskursen sowie zur rechtlichen Situation zum Kopftuch sowie zur Hijab-Mode.
27 Diese Überlegung ist es, die mich zu der Annahme bringt, modisches Engagement lässt eine Aussage über die Integrationsbemühungen zu.

Thema, wie die große Vielfalt an Bekleidungsformen und -praktiken von zum Teil sehr religiösen Frauen deutlich machen (Tarlo und Moors 2007, S. 133).

Das folgende Kapitel wird als erstes Konsumtheorie genauer beleuchten: Was passiert, wenn wir konsumieren? Wie werden Moden konsumiert? In einem zweiten Schritt gehe ich auf die konkreten Objekte des muslimischen Bekleidungskonsums ein: In einer Bestandsaufnahme modester Bekleidungsformen werde ich eine konkretisierende Beschreibung der verschiedenen Hijabformen vorlegen und ausführen, von welchen Kleidungsstücken überhaupt die Rede ist. Als Quelle dienen zum einen meine interpretierten Beobachtungen und zum anderen weitere Forschungsliteratur zum Thema. Anschließend gehe ich auf die verschiedenen zeitgenössischen muslimische Modeformen in Deutschland und weiteren Regionen ein, um abschließend die institutionelle Perspektive des Verkaufs in Deutschland zu analysieren. Dabei werde ich auch einige symbolische Produktionsformen muslimischer Mode beleuchten und Formen der Weiterverbreitung aufzeigen, wie sie z.b. in Blogs stattfinden.

5.1 Konsumtheoretische Überlegungen

Gertrud Lehnert (2013, S. 43) vertritt die Ansicht, dass Konsument*innen im Allgemeinen nur in Bezug auf die Auswahl und den Kauf von Konsumgütern ihre Kreativität unter Beweis stellen können.

> „Auswahl und Einkauf gehören zu den wichtigsten Akten der Attribution und Affirmation eines vorausgegangenen Angebotes, in denen Kleider Mode werden." (ebd., S. 123)

Dies berücksichtigt aber kaum die vielen Kategorien, welche von Konsumenten in ihren zeitgenössischen Moden zitiert werden: altes, Vererbtes, gefundene Dinge oder solche, die in Läden jenseits der großen Shoppingketten gekauft wurden. Die Wiederverwendung von Müll hat sich schon zu einem Trend durchgesetzt, z.B. die Sammlung von Dingen, die eigentlich doch nicht als Mode zu betrachten sind wie Festival-Armbänder und Taschenschmuck aus Cola-Dosen-Ringen oder Sammlungen von Babyschnullern. Zeitgenössische Mode mischt Altes, Neues, Fremdes und Eigenes oft ohne die Beteiligung der Industrien, die oft genug Trends erst aufgreifen und in Massenware umsetzen (Geiger 2012, S. 97). Andererseits kann nicht abgestritten werden, dass erfolgreiche Unternehmen es nicht nur verstehen, die Bedürfnisse ihrer Kund*innen zu befriedigen, sondern es außerdem vermögen, neue Bedürfnisse erst zu schaffen (Svendsen 2006, S. 130).

Die Aneignung der Waren zum Zweck der Selbstgestaltung, also das, was wir als Konsum bezeichnen, bringe die Wirtschaft hervor (Miller und Woodward 2012, S. 41). Einige Kritiker*innen sagen sogar, dass der einzige Antrieb der Wirtschaft die Konsumsucht sei. Dies ist allerdings kein neues Phänomen, sondern eines, das wahrscheinlich schon frühere Gesellschaften prägte (Lehnert 2013, S. 114-116). Eine der Kritikerinnen, die Britin Angela McRobbie (1999, S. 3) konstatierte, dass diese Selbstgestaltung im Rahmen von Kulturen stattfinde und damit kulturelle Entwicklungen der wichtigste Motor des Kapitalismus geworden seien. Dies sei auch der wichtigste Grund für Regierungen, Einfluss auf kulturelle Entwicklungen zu nehmen.

Bereits der Soziologe Georg Simmel merkte an, dass „moderne Kultur" (Simmel 1989 [1911], S. 386) davon geprägt zu sein scheint, dass Technologien, Wissen und Objekte wichtiger geworden seien als der Mensch selbst. Der schwedische Philosoph Lars Svendsen (2006, S. 119) geht sogar soweit zu sagen, dass sich die Menschen durch ihre Fixierung auf Objekte selbst ausmanövriert hätten und sich nun durch Konsum als Individuen auszuweisen suchten, was im Grunde bedeutet, dass weder Menschen noch Objekte über eigene Bedeutung verfügen, sondern diese immer performativ hergestellt wird (ebd., S. 126).

In Bezug auf Mode ist dies besonders zutreffend. Dies kann nicht zuletzt daran abgelesen werden, dass Modekleider im Verlauf ihrer Existenz ganz unterschiedliche Bedeutungen haben und einnehmen können. Der Wandel einer Hose beispielsweise, von einem begehrtem Modeobjekt zu einer Lumpenhose, die nur noch zu Hause getragen werden kann, hin zu einem zerschnittenen Putzlappen, bezieht sich immer auf das gleiche Objekt, dessen Bedeutung sich gewandelt hat (Lehnert 2013, S. 112). Das bedeutet schließlich, dass der symbolische Wert der Dinge um einiges höher ist als ihr reeller Wert, wodurch sich die Bereitschaft der Konsument*innen erklärt, massive Preisunterschiede bei Modeobjekten verschiedener Marken in Kauf zu nehmen. Selbst kleinste Details werden hier mit Bedeutung aufgeladen, so zum Beispiel identische Taschen, die als unterschiedlich authentisch wahrgenommen werden, je nachdem ob sie in einem teuren Ladengeschäft für Luxusartikel oder auf einem preiswerten Markt für reproduzierte Waren erstanden wurden.

Die Art sich zu kleiden wird durch die Menschen verknüpft mit Vorstellungen davon, wer wir sind oder auch, wer wir sein wollen. Vestimentäres Handeln kann so als ein zentraler Gestaltungsmechanismus sozialen Handelns verstanden werden, da Aussagen über Hierarchien hiermit ebenso getroffen werden wie individuelle Positionierungen (Bieger und Reich 2012, S. 8, 10). Dabei sei in den letzten 20 Jahren die Klassenidentifikation in den Hintergrund getreten und die Subjektpositionierung habe an Bedeutung gewonnen.

Nicht zuletzt, so Mona Abaza (2007, S. 289), sei dies darauf zurückzuführen, dass Klassendistinktionen durch Kleidung überhaupt subtiler geworden seien. Man könnte auch sagen, dass der Diskurs der gesellschaftlichen Position dem Regelwerk der Mode unterworfen wurde, in Modeformen übersetzt wurde (Hall 2004a, S. 68).

Wir konsumieren also eher Bedeutungsinhalte, die auf Objekte übertragen werden, als die Objekte selbst (Svendsen 2006, S. 129). Der Unterschied zwischen dem realen und dem imaginierten Objekt führt zu einem fortgesetzten Verlangen, welches durch Konsum zu befriedigen versucht wird (ebd., S. 115 f.). Dies ist aber mitnichten nur ein egoistisches Verhalten, sondern vielmehr ein bedeutungsvoller Prozess, in dem Menschen kreativ werden, da sie aktiv und vor allem selektiv konsumieren. Es existieren zudem alternative oder gar altruistische Konsumformen, die zeigen, dass Menschen eben nicht von der Industrie ferngesteuert werden (ebd., S. 112). Der Konsum von Mode wird so zum Ausdruck einer „durch und durch ambivalenten Produktivität [... und ist] umvermeidbare[r] Bestandteil sozialen Seins" (Bieger und Reich 2012, S. 8). Eine ähnliche Sicht auf Konsum vertritt Mary Douglas, die das *Shoppen*, mit Bezug auf die Arbeiten von Bronisław Malinowski, Marcel Mauss und nicht zuletzt Claude Lévi-Strauss, als ernstzunehmende kulturelle Aktivität betrachtet (Douglas 1992, S. 150). Auch Daniel Miller (2012, S. 46 f.) vertritt eine ähnliche Position, wenn er konstatiert, dass es zwei Aspekte einer Person gebe, nämlich das, was man über sie, auch sich selbst, weiß und das, was man sich für sie vorstellt. Der performative Akt Einkaufen sei eine Möglichkeit, zwischen diesen beiden Sphären zu vermitteln und in Bezug auf das eigene Selbst Entwürfe für die Zukunft vorzunehmen. Seine anthropologische Forschung in Trinidad ergab demzufolge, dass Menschen oft eine genaue Vorstellung von sich im Verhältnis zu den Dingen haben und deshalb in einem vollen Warenhaus nichts für sich finden können. Wird aber etwas erworben, wird es sofort mit eigenen Bedeutungen aufgeladen und einverleibt (Lehnert 2013, S. 118).

Diese Einverleibung ist Teil der Handlungsträgerschaft der Menschen, ihrer Agency (Latour 2007, S. 79). Sie wird angetrieben von ihrer Vorstellungskraft, ihrer Imagination, ihren Aspirationen (vgl. Appadurai 1996). Auch auf die Partizipation an Moden trifft dies zu, nämlich wenn sich das eigene Leben vorgestellt und dann durch Handlungen in die Tat umgesetzt wird. Eine Mode kann somit als kollektive Form der Imagination verstanden werden. Insbesondere Musliminnen wird oft ihre Handlungsfähigkeit abgesprochen, da sie angeblich nicht selbst und frei über ihr Leben und ihre Kleidung entscheiden können, insbesondere, wenn sie Kopftücher tragen. Doch die Partizipation an Mode ist der beste Beweis dafür, dass muslimische Frauen in Deutschland und anderen Ländern über nicht weniger Handlungsträgerschaft, Agency, verfügen als beispielsweise nichtmuslimische deutsche Frauen. Die oft getroffene Einteilung in modisch und religiös ist als willkürlich anzusehen und als Fortschreibung von Orientalismen, welche den „Orient" gern als ahistorisch und damit weniger entwicklungsfähig sehen (vgl. Said 2009 [1978]).

5.2 Muslimische Bekleidung

5.2.1 Begriffsklärungen

Vorab ist zu bemerken, dass sich auch die islamischen Rechtsgelehrten nicht immer einig sind in Bezug auf die für die Kleidungsstücke verwendeten Bezeichnungen. Die hiernach vorgenommene Sortierung bezieht sich teils auf meine eigenen Forschung und teils auf die Forschungen von z.b. Moors (2007) oder Abaza (2007).

Hijab Der Hijab ist der koranische Begriff für Schleier aller Art, insbesondere für jenen Raumtrenner, welcher die Prophetenfrauen vor dem Besucheransturm Mohammeds (s.) bewahren sollte. Auch aus der vorislamischen Dichtung ist das Wort Hijab im Zusammenhang mit Raumteilern in Erscheinung getreten. Heute bezeichnet Hijab im Allgemeinen das Kopftuch, welches zumeist die Haare, Ohren, Hals und einen Teil des Ausschnitts bedeckt. Viele muslimische Frauen bezeichnen den schlichten weißen Hijab, welcher das Gesicht unbedeckt lässt, aber relativ eng am Hals anliegt als *Hijab ʾIslāmī* (Knieps 1993, S. 130). Die Haare werden entweder oben am Hinterkopf oder im Nacken zusammengebunden und meist mit einer Art Stirnband als erste Lage Stoff am Kopf versehen, welches elastisch eng am Kopf anliegt und verhindert, dass Haare herausschauen. Dieses Tuch greift oft eine Farbe aus der restlichen Kleidung auf und schafft so eine optische Brücke zur Kopfbedeckung. In Syrien bestand dieses Untertuch eine Zeit lang aus Spitze (vgl. Abb. 8.1). Darüber wird ein zweites Tuch gelegt, welches oft dekorativ gefärbt ist und raumfüllend weit oder eng gewickelt sein kann.

Es gibt unzählige Möglichkeiten der Variationen für diese Kopftuchform, z.B. in der Art des Stoffes oder der Bindung, in der Farbgebung oder im Muster. Eine dieser Variationen ist beispielsweise die *Al-Amira*, welches ein vorgenähtes einteiliges Schlauchtuch darstellt, das leicht über den Kopf gezogen werden kann und besonders für das Gebet junger Mädchen gebraucht wird, aber auch Teil der Schuluniformen sein kann (Kanitz 2010).

Gesichtsschleier Es gibt verschiedene Formen von Gesichtsschleiern und ihre Form und Trageweise unterscheidet sich je nach gegenwärtiger Mode, Herkunft und Stand der Frau. Je nachdem auf welchem Teil des Gesichts der Schleier aufliegt, erhält er einen anderen Namen. Der heute übliche *Niqāb*, der sich von Saudi-Arabien aus in alle Länder verbreitet hat, wurde beispielsweise schon früh von einem Lexikographen belegbar beschrieben, welcher herausarbeitete, dass es sich um einen speziellen Gesichtsschleier handelte, welcher auf den Wangen auflag. Heute liegt er an der Stirn an und hängt von dort frei fliegend herunter mit einer Auslassung für die Augen. Dies ist einerseits praktisch, denn damit kann in der Öffentlichkeit gegessen werden. Andererseits ist es unpraktisch, denn es ist nur ein sehr vorsichtiges Bewegen möglich, damit das Gesicht nicht unbeabsichtigt entblößt wird. Der *Lifām* wiederum liegt auf der Nasenspitze auf und liegt eng am Gesicht an, wodurch er eine Menge sicherer Bewegungsfreiheit ermöglicht. Außerdem wird der *Litām* getragen, welcher die Nase freilässt und nur den Mund bedeckt. Beide werden in vorislamischen Quellen nicht erwähnt, in islamischen Quellen aber als Sonderformen des *Niqāb* beschrieben (Knieps 1993, S. 99).

Khimār Diese Form des Kopftuches wird bereits im Koran erwähnt (ebd., S. 102). Heute wird er unter anderem in Iran getragen (bekannt geworden als *Tschador* und auch als *Sharshaf*) und zeichnet sich dadurch aus, dass er sehr weit ist und die Form der Schultern nicht sichtbar wird, da er auf dem Kopf aufliegt, das Gesichtsoval aber freilässt. Besonders modische Formen können den *Khimār* bis zu den Handgelenken reichen lassen oder gar bis zu den Knien. Andere Formen des *Khimār*s enden kurz unter den Schultern. Eine Miniform des *Khimār* wird als *Esharp* bezeichnet und wird speziell in Iran getragen und lässt Stirn und Schläfen sowie den Hals frei (TB-FF 2011-13).

Jilbāb Der *Jilbāb* findet ebenfalls bereits im Koran Erwähnung (Knieps 1993, S. 109). Er ist mir im Verlauf meiner Forschung mit mehreren Bezeichnungen als *Manto* (Syrien) und als *Jalabiya* (Libanon) begegnet. Damit ist ein dünnes, trenchcoatartiges, oft geknöpftes Mantelgewand gemeint, welches meist zusammen mit dem Hijab und ohne Gesichtsbedeckung über der Alltagskleidung getragen wird. Hier scheint es allerdings Doppelbezeichnungen zu geben: die libanesische Bezeichnung *Jalabiya* bezieht sich in Libyen auf ein grob gewebtes Überkleid mit einer zipfeligen Kapuze und in Ägypten ist die *Jellabiya* das Gewand der Beduinen.

Abaya Die *Abaya* wird manchmal auch als *Jilbāb* bezeichnet und benennt eine Art weites Überkleid, welches am Saum und an den Ärmeln Verzierungen aufweisen kann. Die *Abaya* ist in Saudi-Arabien modisch geworden und von ausgewanderten Frauen in ihre Heimatländer importiert worden, wo diese wiederum zu Mode wurde (Tarlo und Moors 2007, S. 135). Auch hier ist, ebenso wie bei der Gesichtsbedeckung, zu beachten, wo das Kleidungsstück aufliegt. Die *Abaya* beispielsweise wurde eine Zeit lang von Gelehrten dafür kritisiert, dass sie auf den Schultern aufliegt und damit die Form des Körpers offenbart (Moors 2007, S. 327).

Accessoires Viele Frauen fügen ihrer Kleidung Accessoires hinzu, zum Beispiel farblich passende Halstücher oder verzierte Kopftuchnadeln. Diese weisen darauf hin, dass die Bekleidung mit Sorgfalt und Aufmerksamkeit ausgewählt wurde. Diese kleinen Details sind so bedeutend, dass sie in dem kleinen Hijabbüchlein der SOAS-Studentin Sofia Niazi als Hijab-*Pals*[28] eine eigene Seite gewidmet bekamen (Abb. 5.3).

Gleiches gilt für die Schuhe: Ob die Absätze der derzeitigen Mode entsprechen und ob sie farblich auf die Handtasche abgestimmt sind, ist eine Möglichkeit zu kommunizieren, dass die Auswahl der Kleidung durch die Frauen ebenso selbstbestimmt wie aufmerksam der Umgebung gegenüber erfolgt.

5.3 Zeitgenössische Bekleidungsformen in Deutschland

Laut Bendixsen (2013, S. 274) existiert in Berlin, ähnlich wie ich es für Syrien beschrieben habe (Kanitz 2010), eine Struktur der Kleidungsformen, die sich an den Moscheegemeinden orientiert. Zum Beispiel kombinieren die jungen Frauen der von Bendixsen untersuchten MJD (Muslimische Jugend in Deutschland)[29] eine Reihe vestimentär islamisch authentischer Identitäts-vorstellungen mit einem modischen Verständnis muslimischer Kleidung. Die

---

28 *Pal* ist englische Umgangssprache und bedeutet Kumpel.
29 Eine von den großen Dachverbänden unabhängige Organisation von muslimischen Jugendlichen.

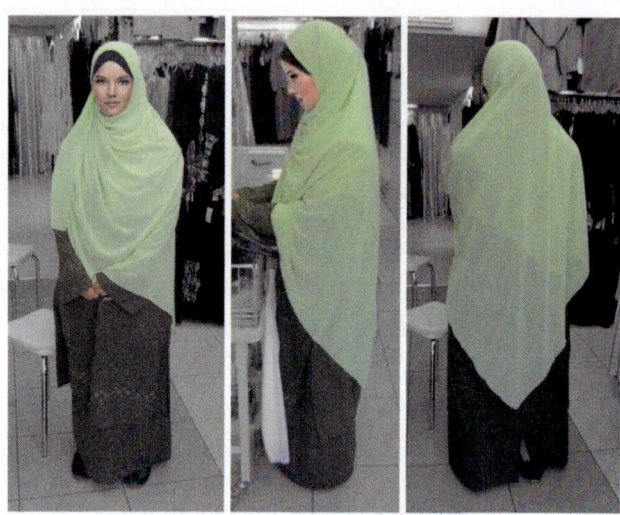

Abbildung 5.1: *Khimār*, Berlin, Oktober 2012. Quelle: JK.

Abbildung 5.2: *Abaya*, Berlin, Oktober 2012. Quelle: JK.

Anhängerinnen der IGMG (Islamische Gemeinschaft Millî Görüş)[30] hingegen seien, laut Bendixsen, konservativer in ihrer Bekleidungswahl, viele tragen Mäntel, quadratische Seidentücher und flache Schuhe und legen großen Wert auf das äußere Erscheinungsbild. Eine von Bendixsen beschriebene Interviewpartnerin der IGMG merkte dazu an, dass sie den Stil von MJD aus dem Grund lieber möge, da dieser für sie einfacher zu realisieren sei. Sie bevorzuge auch *H&M*-Bekleidung und würde gelegentlich enge Kleidung und auch Make-up tragen (Bendixsen 2013, S. 280).

Dabei reduzierten nur wenige Frauen die Auswahl ihrer Kleidung auf die importierte türkische *Tessetür*.[31] Stattdessen erwerben die Frauen ihre Bekleidung bei internationalen Modeketten wie *H&M*, *C&A* und anderen. In Bezug auf deren Konfektionskleidung ist die ganz praktische Empfehlung der Muslimische Jugend in Deutschland (MJD), diese einfach eine Nummer größer zu kaufen (ebd., S. 277). Außerdem sei schwarz zu meiden, weil es negativ assoziiert ist und rot, weil dies zu aufmerksamkeitssuchend sei. Vermehrt haben sich in der internationalen modesten Mode elaborierte saudische Stilformen weiter verbreitet und sind vor allem nach 9/11 für viele Frauen noch wichtiger geworden (Abaza 2007, S. 288). Insbesondere die *Abaya* ist vor allem seit der Jahrtausendwende in vielen Ländern auf dem modischen Vormarsch. Viele Frauen kultivieren ein elegantes und modisches Erscheinungsbild, um sich von Stereotypen (schwarz), mit denen islamistische Strömungen repräsentiert werden, abzugrenzen, wodurch die schwarze oder dunkle Kleidung an Popularität verlor (Sandıkcı und Ger 2007, S. 203). Schwarze Kopftücher, die oft mit pro-iranischen Aussagen in Verbindung gebracht werden, werden auch in anderen Kontexten mal mehr, mal weniger gern getragen (Tarlo und Moors 2007, S. 161).

Dazu interpretiert Bendixsen, dass es weder reine Beeinflussung von außen sei, noch der persönliche Geschmack, der in der Bekleidungswahl ihrer Interviewpartnerinnen dominiere. Vielmehr stünde die Kleidung in den Kontexten um Islamic Fashion und Multikulturalismus in Berlin. Es sind vor allem die persönlichen Erfahrungen innerhalb beispielsweise der Migrationsgeschichte, welche die Bekleidungsbiographie beeinflussen (Bendixsen 2013, S. 279).

---

30 Zweitgrößte Dachorganisation für Moscheegemeinden in Deutschland, entstanden aus der türkischen Millî Görüş-Bewegung
31 *Tessetür* heißt übersetzt „Hijab" und bezieht sich auf in jüngerer Zeit entwickelte Modeformen in der Türkei.

5.3.1 Einige Beispiele

In Berlin wird derzeit ein Stil getragen, der insofern besonders ist, als dass er verschiedene Stilelemente in sich vereinigt. Noch vor zehn Jahren war eine klare Abgrenzung zwischen türkischen und arabischen Beeinflussungen zu erkennen. Arabische Einflüsse ließen sich an einem eng an der Stirn anliegenden oft unifarbenen Baumwollschal identifizieren und Frauen mit türkischen Stilelementen trugen eine Art Schirm im Stirnteil des gemusterten quadratischen Seidenkopftuchs, welcher zum Teil mit einem Streifen Plastik verstärkt wurde. Materialien und Muster der Kopftücher unterschieden sich also signifikant. Das hat sich insbesondere unter den Musliminnen geändert, die in Deutschland aufgewachsen sind. Es ist teilweise schwer geworden, auf den ersten Blick die Herkunft oder die Einflüsse auf die Entwicklung einer Frau auszumachen.

Diese neue Art der Durchmischung von Stilelementen kann als eigenständiger Stil bezeichnet werden. Zwar variieren die Erscheinungsbilder zwischen den Altersgruppen und den nationalen Einflüssen, aber es gibt Muster. Konstanten sind bei diesem Stil eine Jeans nach aktuellem Röhrenschnitt bzw. andere gerade geschnittene Hosen, wie in Abbildung 5.4 zu sehen ist. Viele Frauen tragen Jeans und modische Schuhe, oberschenkellange Pullis oder Jacken, und dazu farblich passend abgestimmt einen mehr oder weniger voluminösen Hijab. Die Kleidung wird zum Teil im Urlaub im Heimatland der Eltern gekauft, anderes wird in Modeketten wie *H&M*, *C&A* etc. erworben und ergänzend werden Teile aus Spezialgeschäften für religiöse Bekleidung hinzugefügt, um eine bestimmte Farbkombination zu erreichen (vgl. Schulz 2007, S. 267). Röcke oder Kleider über Hosen zu tragen hat sich übrigens inzwischen auch unter nichtmuslimischen Frauen etabliert, für viele Musliminnen ein Beweis dafür, dass muslimische Moden sehr wohl einen Einfluss auf die dominanzdeutschen Moden haben (Maryam 2011; vgl. auch Tarlo und Moors 2007, S. 154).

Muslimische Kleidung, wie bereits festgehalten, hat multiple Bedeutungsebenen und kann in ihrer Strenge sehr variieren (vgl. Abaza 2007, S. 284). Egal wie religiös eine Kleidung im Einzelnen ausgestaltet ist, es finden sich immer Referenzen darin, die Auskunft geben über andere identitätsstiftende Momente wie zum Beispiel Herkunft oder Familienstand (Tarlo und Moors 2007, S. 136). Diese Ausdrucksformen der Kleidung haben sich in den vergangenen drei Jahrzehnten dramatisch geändert (Abaza 2007, S. 288). Mittlerweile werden auch Leggings in Kombination mit oberschenkellangen Mänteln, Pullovern, Shirts etc. getragen. Als Kopfbedeckung dienen mehrere Lagen von Schals, bei der eine untere Lage mit einem Plastikstreifen ver-

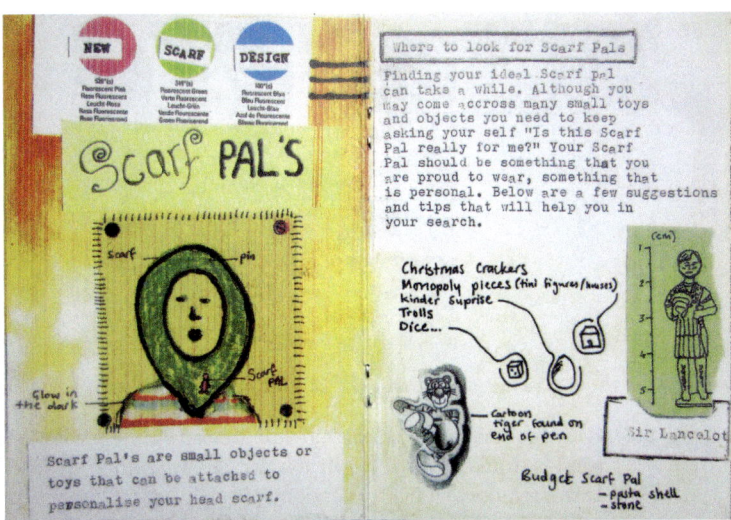

Abbildung 5.3: „Scarf-Pals", ironische Darstellung von Hijab-Schmuck durch Sofia Niazi (2006).

Abbildung 5.4: Bikerjacket über knielangem schwarzen Kleid über Jeans, dazu goldenes Seidenkopftuch mit Verzierungen. Berlin, Oktober 2012. Quelle: JK.

Abbildung 5.5: Grün gemustertes Maxikleid mit weiten Ärmeln, dazu passendes dunkelgrünes Kopftuch mit schwarzem Untertuch. Daneben etwas engere Version mit sichtbaren blauen Ärmeln und Hosen, dazu passender Hijab. Berlin, September 2013. Quelle: JK.

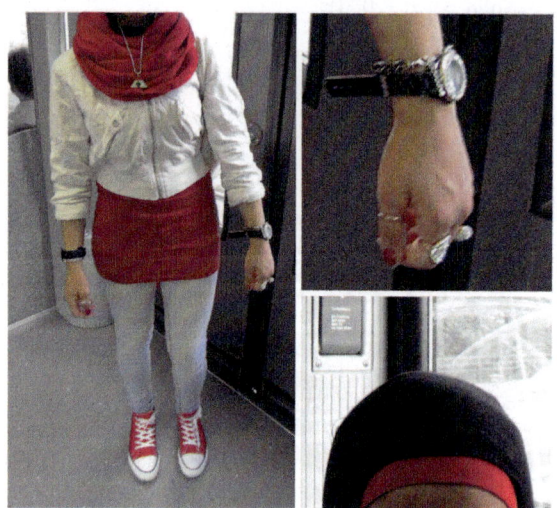

Abbildung 5.6: Graue Jeggins und weiße Jacke, darüber rotes Schlauchminikleid und dicker roter Schal zu schwarzem Kopftuch mit rotem Unterkopftuch. Berlin, September 2013. Quelle: JK.

stärkt wie ein Schirm das Gesicht einrahmt und sich farblich von den oberen Lagen absetzt. Meist greift diese Schirmlage einen Farbton aus der restlichen Kleidung oder den Accessoires wieder auf. Außerdem sind die Wahl der Schuhe, ihre Kombination mit passenden Handtaschen sowie Accessoires wie Halstücher oder auffällige Ketten augenfällige Merkmale dieses neuen Stils.

Wie bereits erwähnt, ist scheinbar insbesondere diese Streetfashion in den letzten Jahren für die Modebranche wichtiger geworden, also die Fähigkeit zur Kombination (Lehnert 2013, S. 59 f.), welche von Modemagazinen aus allen Ländern aufgegriffen wird wie in dem Magazin *Âlâ*, dem ersten türkischen Magazin für Islamic Fashion.

Es scheint zwei scheinbar gegenläufige Tendenzen zu geben: Tarlo und Moors (2007, S. 135) bemerken, dass es einerseits eine Tendenz zur Diversifizierung der unterschiedlichen Stile gibt, andererseits stellen sie Homogenisierungstendenzen fest (ebd., S. 134). Diese Beobachtung deckt sich mit meiner Forschung: Die Homogenisierungstendenz scheint eine Vermischung der Stile bei gleichzeitiger Etablierung eines neuen Stils zu sein: Diesen Stil habe ich im Folgenden mit dem Begriff „Berliner Stil" benannt. Und dieser wird bei Einhaltung von bestimmten Grundregeln der islamischen Bedeckung in den verschiedensten Variationen ausdifferenziert. Die beiden Tendenzen der Homogenisierung und Ausdifferenzierung zeigen sich auch in der Verwendung von unterschiedlichen Bezeichnungen für gleiche Kleidungsstücke und umgekehrt (ebd., S. 136).

5.4 Einige modische Entwicklungen außerhalb Deutschlands

Die Position in der persönlichen Lebensbiographie, der ökonomische ebenso wie der berufliche Stand beeinflussen wie Frauen ihre Interpretationen von islamischen Vorschriften in ihre Bekleidung integrieren (Schulz 2007, S. 267). „Vestimentäre Praxen unterscheiden sich durch Alter, Bildungsgrad, Status, Anlass und Ort." (Moors 2007, S. 323) Wie die Pionierin auf dem Gebiet der islamischen Modeforschung, die Niederländerin Annelies Moors in diesem Zitat festhält, gibt es einen großen Variantenreichtum dessen, was als akzeptable muslimische Kleidung betrachtet wird. Modischer Konsum von Kleidung bleibt, wie schon einige Male erwähnt, dabei keineswegs nur auf den globalen Westen beschränkt oder auf säkulare Gesellschaften. Überall und auch in Ländern mit muslimischer Mehrheit gibt es modische Konsumformen, selbst da wo weibliche Kleidung rechtlich reguliert ist. Auch in Saudi-Arabien ist Mode nicht nur ein Phänomen, welches unter der Überbekleidung stattfindet,

wie Filme wie *Sex and the City II* andeuten. Statt dessen sind es auch die
Überbekleidungen selbst, die Stoffe, Schnitte und Farben, welche modischen
Wandlungen unterworfen sind. Die einzelnen Kleidungsstücke haben dabei
je nach Kontext verschiedene Bedeutungen und erzeugen verschiedene Echos
und Resonanzen (Tarlo und Moors 2007, S. 135). Während in Saudi-Arabien
die *Abaya* regelrecht gesetzlich vorgeschrieben ist, bedeutet dasselbe Gewand
beispielsweise in Indien und im Jemen eine willkommene, modebewusste
und Moderne-symbolisierende Alternative zu als traditionell betrachteten
Gewändern. In anderen Kontexten wiederum, wie in Deutschland, ist die
Abaya das Kleidungsstück der islamistischen Anderen und wird als stark
religiös wahrgenommen (ebd., S. 135).

Das, was Außenstehende als traditionelle Kleidung ansehen, kann an den
unterschiedlichsten Plätzen produziert und eingeführt worden sein: Moors z.b.
bringt ein Beispiel dafür, dass das gerade geschnittene und bunt gemusterte
Schal-Gewand, die *Sitara*, aus Indien in den Jemen importiert wurde. Oder
die dreilagige jemenitische Gesichts- und Kopfbedeckung *Sharshaf*, welche
ursprünglich in den 1960ern aus der Türkei eingeführt wurde (Moors 2007,
S. 323). Diese Vermischung der verschiedenen Stilformen, also die Koexistenz
von Stilelementen, die von den Trägerinnen als islamisch, westlich oder
traditionell eingeordnet werden macht muslimische Mode in allen Ländern
so interessant (vgl. Abaza 2007, S. 288).

Es folgen an dieser Stelle einige Beispiele aus der Modeforschung über
muslimische Frauen. Für die Türkei forschten vor allem Sandıkcı und Ger
(2007). Im Jemen arbeitete Moors (2007), in Ägypten Werner (1999) und
Abaza (2007).

5.4.1 Türkei

Seit einigen Jahren haben die jungen, gebildeten und meist urbanen türkischen Frauen begonnen, das Kopftuch für sich zu entdecken (Sandıkcı und
Ger 2007, S. 192). Diese Entwicklung geht auf eine Akkumulierung von Geld
in der Türkei und einer Vergrößerung des Mittelstandes zurück – Prozesse, von denen auch die islamischen Gesellschaftsschichten profitiert haben.
Die islamische Bourgeoisie, die sich daraus entwickelte, hat das Merkmal,
einerseits konservative Werte zu vertreten, andererseits aber avantgardis-
tische Konsumpraktiken zu verfolgen (ebd., S. 192). Diese Entwicklung
bedeutete die Erschließung neuer ökonomischer Betätigungsfelder in der
Türkei: den Vertrieb islamischer Konsumgüter. Das gleichzeitig stattfindende

Restrukturierungsprogramm für die türkische Wirtschaft, welches auf eine Liberalisierung des Marktes abzielte, öffnete die Türkei für den Weltmarkt. Begleiterscheinungen dieser Öffnung waren die Profilierung internationaler Marken, das Anwachsen der Werbeindustrie, neue Shoppingmöglichkeiten sowie die Entwicklung der dazugehörigen konsumstarken und konsumorientierten Mittelklasse (ebd., S. 192). Dies betraf aber nicht nur die säkulare Mittelklasse, sondern auch ihr islamisch orientiertes Pendant. Entsprechend der Logik des Kapitalismus haben sich schließlich in der Türkei ländliche islamische Betriebe zu großen Betrieben entwickelt, die dann in die Stadt gezogen sind und mit ihnen die Familien als Konsumenten*innen. Eine islamische Konsumenten*innen-Gruppe entstand, die auch bei den großen Firmen Beachtung fand: Schnell entwickelte sich eine Produktgruppe, die islamisch gelabelt wurde wie z.B. Zahnpasta (ebd., S. 194). Modisch fand dies seinen Ausdruck in der Veröffentlichung des ersten islamischen Modemagazins der Türkei, der *Âlâ*, die eine Zeitlang auch in Deutschland vertrieben wurde. Diese Entwicklung wurde als Bedrohung für die sich als säkular verstehenden Gesellschaftsschichten der Türkei wahrgenommen und wurde vor allem in Kämpfen um die öffentliche Sichtbarkeit des Kopftuches ausgetragen. Diese endeten mit Verboten von religiösen Symbolen in der Öffentlichkeit.

5.4.2 Ägypten

In Ägypten ist der islamische Lebensstil vor allem im Bildungsbürgertum verbreitet. Der neue urbane Konservativismus verbinde islamische Kleidung mit gesellschaftlichem Erfolg (Abaza 2007, S. 288). Diese „Subkultur [stelle] eigene Codes bereit, die sich an bestehende Markierungen von sozialen Positionen anschließen, sie jedoch modifizieren, d.h. mit eigenen Bedeutungen versehen." (Werner 1999, S. 250) Das bedeutet, dass die Integration von verschiedenen Stilelementen an sich ein Phänomen ist, das sich durch viele islamische Länder zieht. Es scheint, als ob die Muster sich ähnelten: Eine säkulare Bildungselite bildet verschiedene Stilformen aus, um sich als Teil einer Klasse zu inszenieren. Aufstrebende, teils muslimische Schichten adaptieren diese Stilformen und arbeiten sie für sich um. In einem positiven Sinne „islamisieren" sie diese.

Meine Interviewpartnerin Khadischa beschrieb als neuesten Schrei der Kairoer Modewelt eine stofflastige Form der Kopftuchwickelung, welche die älteren Frauen spöttisch als „Krunb" bezeichneten, was im Deutschen so viel heißt wie „Kohlkopf". Dies ist eine deutliche Entwicklung, denn zu Beginn meiner Arbeit galt als ägyptischer Stil das im Nacken gebundene Kopftuch in Verbindung mit einem Roll- oder Stehkragen, wie er in Abbildung 5.8 zu sehen ist. Die Bilder stammen aus einer Ägypten-Reise von Khadischa und wurden auf meine Bitte hin für diese Arbeit als Beispiele ägyptischer Moden aufgenommen.

5.4.3 Der Jemen als Beispiel für vollständige Bedeckung

Wie sieht es nun in Ländern aus, in denen Frauen die Bekleidung in der Öffentlichkeit gesetzlich vorgeschrieben ist? Der Jemen, obwohl nicht rechtlich reguliert, ist, ebenso wie Iran oder Saudi-Arabien, durch die Moden langer schwarzer Gewänder gekennzeichnet, so dass diese Gewänder, außerhalb getragen, oft als ein positiver Bezug auf die *Scharīᶜa*, als rechtliche Grundlage der Ideologien dieser Länder, gewertet werden. Einige Frauen, mit denen ich mich unterhalten habe, verzichten deshalb ganz auf die Farbe schwarz in ihrer Kleidungswahl. Jedoch sind diese regionalen Besonderheiten weit weg davon, klar definiert zu sein. Wie bereits erwähnt, ist es nicht etwa so, dass die Mode vor allem unter der Bekleidung stattfindet, wie oft angenommen wird. Annelies Moors hat mit ihrer Forschung im Jemen aufgezeigt, dass die Überbekleidung der Frauen ebensolchen Moden unterworfen ist wie Überbekleidung anderswo. Moors (2007, S. 329) beschreibt zudem für den Jemen, dass viele junge Frauen noch vor einigen Jahren dem Zeitpunkt entgegenfieberten, zu dem sie damit beginnen durften, die Gesichtsbedeckung zu tragen, denn diese kennzeichnete sie als erwachsene Frauen. Irgendwann hörten aber die Schülerinnen aus dem Süden des Jemens damit auf und begannen, nur noch den weißen *Hijab ᵓIslāmi* zu tragen. Das Ablegen der Gesichtsbedeckung in der Öffentlichkeit setzt die Frauen ihrer Forschung in einem mehrheitlich muslimischen Land einer viel größeren Kontrolle aus, da sie nun nicht mehr einfach in der Menge verschwinden können. Es gibt darum mittlerweile den Trend, nach dem einige Frauen sich das Gesicht in der Öffentlichkeit bedecken, aber in Kreisen, wo ihre Persönlichkeit hervortreten soll, die Gesichtsbedeckung abnehmen (ebd., S. 333). Die modischen Bewegungen, welche von der Globalisierung ausgelöst wurden, haben nicht nur *Paisley*-Muster und „Haremshosen" bzw. „Fischerhosen" nach Europa gebracht, sie haben die vestimentären Praktiken auch in Gesellschaften mit Bekleidungsvorschriften oder allgemein gesellschaftlich akzeptierter Vollverschleierung komplizierten Entwicklungsprozessen unterworfen. Beispielsweise nennt Moors (ebd., S. 324) den *Sharshaf* als Gewand, welches vor allem in

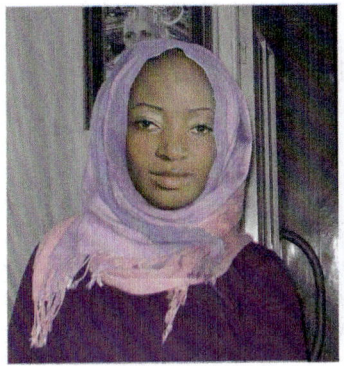 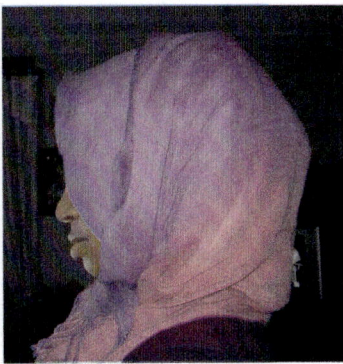

Abbildung 5.7: Ägyptischer Krunb von 2012 von vorne und seitlich. Quelle: Khadischa.

Abbildung 5.8: Ägyptischer Stil nach der Jahrtausendwende, Bindung des Tuchs im Nacken zusammen mit Roll- oder Stehkragen. Quelle: Khadischa.

den 1960ern aus der Türkei in den Jemen importiert wurde und die davor
als traditionell geltende Kleidung ablöste.[32] Der *Sharshaf* ähnelt einem auf
dem Kopf getragenem und über die Schultern reichendem dreieckigem Cape,
welches mit verschiedenen knöchellangen Röcken und weiten Hosen sowie
einer eng anliegenden Gesichtsbedeckung kombiniert wurde. In Sana'a war,
ebenso wie überall sonst, in den 70ern der Maxi-Skirt Mode, importiert aus
Beirut (Moors 2007, S. 324). Ab den späten 1970ern wurde von Familien,
die entweder aus dem Urlaub oder der Arbeitsmigration zurückkehrten,
der *Balto* eingeführt (ebd., S. 325). Dieser, verfügbar in vielen Farben, ver-
hieß „fashionable modernity" und galt zudem, bei voller Länge und lose
geschnitten, für die konservativen Islamisten als ein halbwegs akzeptables
Kleidungsstück. Halbwegs nur deshalb, weil er, im Gegensatz zum *Sharshaf*,
auf den Schultern aufliegt und somit die Form des Körpers eher offenbart.
Der *Balto* ähnelt sehr der *Abaya* und wird mit einem Hijab und einem *Niqāb*
getragen.

Auch wenn die schwarze Farbe auf den ersten Blick sehr uniform wirkt,
gibt es eine große Varianz in der modesten Mode, indem im höchsten Maße
die Stoffe und ihre Verzierungen variieren: So konnten Stoffe der einen Saison
in der nächsten schon wieder als „out" gelten (ebd., S. 324). Glänzender
Satin, grobe Baumwolle, Leinenstoffe wechseln sich ebenso ab wie Stickereien
und Verzierungen an Ärmeln und Saum.

5.5 Institutionen

Ästhetische Sensibilitäten, welche Resonanzen bei muslimischen Beobachter*innen hervorrufen sollen, haben einen Islamic Fashionscape entstehen lassen (Tarlo und Moors 2007, S. 170). Die dazugehörige Industrie reproduziert
verschiedene Vorstellungen von kultureller Differenz. Sie nehmen dadurch
einen großen Anteil an der Identitätsproduktion ihrer Konsument*innen. In
Deutschland existiert dieser ‚Islamic Consumptionscape' (Sandıkcı und Ger
2007, S. 192; vgl. auch Appadurai 1996) bisher erst im kleinen Maßstab,
hat aber Entwicklungspotential, da Muslim*innen die medial am häufigsten
repräsentierte Minderheitengruppe sind.

Bei der Betrachtung von modester Mode im Rahmen einer globalen
Ökonomie ist vor allem interessant, wer wann und wie einkauft und vor

---

32 Die bis dahin als traditionell geltende Sitara war selbst erst gegen Ende des 19. Jahrhunderts aus Indien importiert. Sie wird auch heute noch getragen (Condra 2013,
S. 767).

allem wo. Interessant ist auch, wer die Designer*innen der produzierten Kleidungsstücke sind, wer die Verkäufer*innen und wer die Konsument*innen. Bei Betrachtung dieser Strukturen werden zwei Dinge deutlich: Erstens ist die Vorstellung westlicher Dominanz im Modesektor zu dekonstruieren. Internationale Fashion Shows, Modemagazine und einfallsreiche Designs sind kein Phänomen des globalen Westens. Zweitens ist Mode institutionalisiert und braucht Infrastrukturen ebenso wie die ausführenden Menschen. In den folgenden Abschnitten wird deshalb ein kurzer Überblick über einige dieser Menschen gegeben.

5.5.1 Transnationaler Kleinhandel

Eine wichtige Anlaufstelle der Muslim*innen für die Details modester Mode sind kleine Einzelhandelsgeschäfte, die speziell auf die Bedürfnisse der muslimischen Kundschaft hin ihre Einkäufe im Libanon, in der Türkei, in Ägypten und in den Vereinigten Arabischen Emiraten tätigen. *Abayas*, Abendroben, Oberteile und Jacken und vor allem Bodies, damit sind hier langärmelige T-Shirts gemeint, lange Schals, quadratische Kopftücher, *Al-Amira* in vielen Farben werden in den Geschäften angeboten. Die Ware wird, jedenfalls in dem kleinen Geschäft, in dem ich meine Feldforschung betrieben habe, von den Angestellten eigenhändig ausgewählt und nach Deutschland importiert. Die Inhaberin des Geschäfts kauft die Ware in der Türkei ein, ihre Mitarbeiterin in Ägypten. Beide verbinden den Aufenthalt mit einem Familienbesuch. Die Frauen der Familien sind dabei unersetzbare Quellen, wenn es um die neuesten Moden in den jeweiligen Ländern geht (Khadischa 2011-12).

Die importierte Kleidung wird dann, nach einer Sale-Aktion um Platz zu schaffen, oft kurzerhand neben die alte Ware gehängt, wodurch die Läden oftmals etwas überfüllt aussehen. Meine Interviewpartnerin Amina beschwerte sich aus diesem Grund darüber, dass sie gar keine Ahnung habe, welche Mode denn nun tatsächlich aktuell sei. Überhaupt würden auf der Straße alle Frauen alles durcheinander tragen, da die alte Ware nicht abgehängt werde. Während in den Ländern, wo die Ware produziert wird, die Schneider*innen nach Mailand, New York und London schauen, die Designs kopieren und innerhalb von kürzester Zeit in ihren Läden hängen haben, dauere es bis diese Ware ihren Weg nach Deutschland findet. Dadurch, dass Trends religiöser Mode nicht über große Ketten nach Deutschland kommen, sondern oft nur in spezialisierten transnationalen Einzelhandelsgeschäften, legen Trends muslimischer Mode oft lange Wege zurück. Die Entwicklung der modischen Vorstellungen in den muslimischen Kreisen Berlins geht somit andere Wege als in einer muslimischen Dominanzgesellschaft, neue modische Ideen verbreiten sich langsamer.

5.5.2 Kopftuchfriseurinnen

Analog zur Brautfrisur haben sich spezielle Kopftucharrangement-Designerinnen etabliert, welche in einem abgeteilten Bereich ihres Ladens ihre Dienste neben dem normalen Friseurgeschäft des Haareschneidens anbieten (Hurriya 2011). Diese haben sich meiner Ansicht nach vor allem im globalen Westen entwickeln können, weil hier die jungen Frauen einerseits früh mit dem Tragen des Kopftuches beginnen, andererseits aber gemischtgeschlechtliche Hochzeitsfeiern bevorzugen. Ich werde in den Thesen im Abschnitt 8.1.1 noch einmal genauer auf diese Überlegung eingehen.

5.5.3 Designer*innen

Im Kapitel 4.4.1 zur Mode wurde bereits auf einige der im Bereich der Mode tätigen Designer*innen aus muslimischen Kontexten eingegangen. Designer*innen von muslimischer Mode waren jedoch für dieses Kapitel vorgesehen. Modeste Mode speziell für Menschen muslimischen Glaubens wird ebenfalls entworfen und vertrieben, und das sehr erfolgreich.[33] Nach einer Studie der *French Fashion University „Esmod"* in Dubai wird mit islamischer Mode weltweit jährlich etwa 96 Mrd. Dollar umgesetzt (Geiges 23.04.2011). Die Entwicklung religiöser, gut verdienender Mittelklassen, wie sie beispielsweise in der Türkei, aber auch in Deutschland immer mehr in den Städten sichtbar werden, hat in Ländern, in denen Kleidung freiwillig ist, einen großen Markt für modische, aber sittsame Kleidung entstehen lassen. Um Länder hingegen, in denen rechtliche Kleidungszwänge für Frauen bestehen, machen die Designer*innen meist einen großen Bogen, da sich viele von ihnen, wie weiter oben schon beschrieben, als apolitisch sehen (Tarlo und Moors 2007, S. 135). Diese kommen zumeist aus dem Nahen Osten bzw. sind Kinder von Migrant*innen aus jener Region wie die Designerin Huda Nuaimi aus Dubai. Diese hatte einen großen Einfluss auf die Verbreitung der *Abaya*, dem schwarzen bodenlangen weiten Kleid aus meist feingewebter Seide, im Jemen, Indonesien und in Mali. Nuaimi revolutionierte die *Abaya*,

---

33 Für die Akteur*innen in diesem Bereich vgl. das Kapitel 5.5 zu den Designer*innen.

indem sie den Schnitt verschlankte, aufwändige Details hinzufügte und die Stoffe variierte, ohne jedoch die Sittsamkeit dieses Kleidungsstückes in Frage zu stellen (Hermann 2012; vgl. auch Tarlo und Moors 2007, S. 135)

Weitere Designer*innen muslimischer Mode finden sich in der Diaspora und kommen vor allem aus Großbritannien. Dazu gehört Sarah Elenany, welche die von ihr als „inklusive Kleidung" entworfene Mode mit Models bewirbt, die teils Kopftücher tragen, teils nicht.[34] Die japanstämmige britische Konvertitin Hana Tajima ist eine der bekanntesten Bloggerinnen und entwarf bis vor kurzem vor allem edle Hijab-Kreationen.[35] Auch ist Barjis Chohan hier erwähnenswert, die durch ihre Zusammenarbeit mit Vivien Westwood bekannt geworden ist.[36]

In Deutschland spielt im Bereich der Modeproduktion von Muslim*innen für Muslim*innen vor allem das Label *Styleislam* eine Rolle, das von Yeliz und Melih Kesmen seit 2008 betrieben wird (Herding 2013, S. 99). Das Designerehepaar produziert von Accessoires über Streetwear bis zu Taschen alle möglichen Modeprodukte und vertreibt diese im Internet. Die durch die Hip-Hop-Szene inspirierten Entwürfe mit aufgedruckten Prints wie „I love my Prophet" oder „Terrorism is not a Religion" sollten vor allem „die Community unterstützen", werden aber zu einem Viertel auch von Nichtmuslim*innen erworben (o.A. 2012a). Dabei sollen kleine verspielte Anspielungen auf muslimische Inhalte, die für Außenstehende nicht sofort als solche erkennbar sind, ein Gefühl des Zusammenhaltes vermitteln (Herding 2013, S. 109).

Weitere in Europa agierende muslimische Modelabels sind laut der Arbeit von Maruta Herding (ebd., S. 106) für Deutschland nur die beiden eher kleineren T-Shirt-Produktionen *Communi-T* und *Muslim Shirt*. In Frankreich produziert das Label *Unicité* Streetwear und das Label *Zaynab* produziert Schwimmbekleidung jenseits des Burkini. Die meisten der genannten Modeunternehmen arbeiten jedoch nicht als transnationale Unternehmen. Sie expandieren also nicht, sondern bleiben in den Nationalstaaten verhaftet (ebd., S. 120).

---

34 http://www.elenany.co.uk/, zuletzt abgerufen am 22. Juli 2013
35 stylecovered.com, zuletzt abgerufen am 22. Juli 2013
36 www.barjis.co.uk zuletzt abgerufen am 23.07.2013

Abbildung 5.9: Verschiedene *Abayas* mit Stickereien. Berlin, Oktober 2012. Quelle: JK.

Abbildung 5.10: Werbekatalog der Designerin Sarah Elanany. Quelle: Sarah Elanany.

5.5.4 Blogs

Weitaus etablierter als die wenigen Designer*innen sind die muslimischen Modeblogs, welche von Frauen aus verschiedenen Ländern geführt werden und die Entwicklung einer internationalen muslimischen Mode sehr vorangetrieben haben. Dabei handelt es sich zum einen um Modeblogs von Designer*innen. Kein Modehaus kann mehr ernstzunehmend Mode vertreiben, ohne nicht auch einen Blog zu führen, so jedenfalls die einhellige Meinung der Expert*innen der Tagung „Mediating Modesty: Fashioning Faithful Bodies", im Sommer 2011 am Londoner College of Fashion. Zum anderen sind es darüber hinaus einfache Konsumentinnen, welche zumeist Bilder ihrer neuesten Erwerbungen online stellen und mit anderen Modeinteressierten teilen und über Outfitdesigns diskutieren.

Ebenso wie Foren stellen diese Blogs intra- und interreligiöse Diskussionszentren für alle drei abrahamischen Religionen dar. Im Internet ist es möglich, religiöse Diskussionen um Kleidung von der männlichen Sphäre zu trennen, womit neue Formen religiöser Autorität entstehen.

Beispiele sind *Eva Khurshids Blog, Haute Hijab* oder *Artizara*. Letztere ist mit ihrem Online-Gang 2004 eine der ersten Seiten für muslimische Fashion gewesen. *Gutbetucht* ist ein Beispiel für einen teils deutschsprachigen Modeblog. Unter Musliminnen in Deutschland sehr berühmt geworden ist die Facebook-Seite „Hijab is my Diamond" von Sümeyye Coktan, die inzwischen auch ihre eigene Webseite verfolgt, welche mir zu irgendeinem Zeitpunkt von fast jeder Frau angeraten wurde, die ich auf der Straße für ein Photo ansprach.

Englischsprachige Blogs Hier einige Blogs, welche als die Vorreiter auf dem Gebiet der Islamic Fashion angesehen werden. Die Liste erhebt keinen Anspruch auf Vollständigkeit.

- http://www.hijabtrendz.com/, zuletzt abgerufen am 22. Juli 2013, einer der ersten Blogs (2007) für muslimische Mode im Netz.
- http://hanatajima.com/, zuletzt abgerufen am 22. Juli 2013. Tajima hat inzwischen aufgehört selbst Mode zu produzieren, bloggt aber weiter urbane japaninspirierte Hijab-Styles.
- http://daysofdoll.com/, zuletzt abgerufen am 22. Juli 2013, wurde mit Alternativen zum Burkini bekannt.

Deutschsprachige Blogs Außerdem noch eine Liste mit derzeit aktiven deutschsprachigen Fashion Blogs von Hijabträgerinnen.

- `http://gutbetucht.blogspot.co.uk/`, zuletzt abgerufen am 22. Juli 2013, einer der wenigen zweisprachigen Blogs (deutsch und englisch).
- `http://hijabiblog.com/tag/hijab/`, zuletzt abgerufen am 22. Juli 2013, einer der sehr wenigen aktiven deutschsprachigen Blogs zu Muslim Fashion.
- `http://www.sumeyye.de/index.php/en/`, zuletzt abgerufen am 22. Juli 2013, der Blog jenseits von Facebook zu „Hijab is my Diamond".
- `http://nour-iman.blogspot.de/`, zuletzt abgerufen am 22. Juli 2013.

5.5.5 Online-Handel

Einige der frühen Bloggerinnen vertreiben inzwischen Kleidung in ihrem eigenen Onlinehandel. Die verschiedenen Internet-Shops transportieren mit ihren Texten und Bildern eine ganze Mission, nämlich, dass es für männliche und weibliche Muslim*innen möglich ist, modeste Kleidung zu tragen und deren eigene Schönheit zu erkennen. Viele haben auch einfach aus einer Not heraus angefangen, selbst mit Mode zu handeln, da sie einfach keine passende Kleidung für sich fanden und schlussfolgerten, dass es auch anderen Frauen so gehen könnte. Die folgende Liste transportiert eine Auswahl der Shops, die mir im Verlauf der Forschung von 2011 bis 2014 aufgefallen sind, weil sie in Blogs oder Online-Artikeln verlinkt wurden.

- `http://www.barjis.co.uk`, zuletzt abgerufen am 17.10.2014
- `http://sunnahstyle.com/`, zuletzt abgerufen am 17.10.2014
- `http://www.shukronline.com/`, zuletzt abgerufen am 17.10.2014
- `http://www.thehijabshop.com/`, zuletzt abgerufen am 17.10.2014
- `http://www.sixteenr.com`, zuletzt abgerufen am 17.10.2014

6 Selbstpositionierungen der Interviewpartnerinnen

Aus den vielen Stehgreifinterviews sowie aus den sechs problemzentrierten ausführlichen Interviews, die ich im Laufe der dreijährigen Forschung geführt habe[37], wurden von mir vier ausführliche Interviews aufgrund ihrer inhaltlichen Dichte ausgewählt, anhand derer hier beispielhaft modische Motive und Beweggründe für Bekleidungsstile ausführlich dargestellt werden sollen. Die vier Frauen sind alle zwischen 25 und 40 Jahre alt und tragen Hijab-Bekleidung, also Kopftuch und passende Kleider. Zwei von ihnen, Suraya und Amina, haben eigene Migrationserfahrungen und zwei von ihnen, Maryam und Hurriya, wird diese Erfahrung von außen in Form eines „Migrationshintergrundes" zugeschrieben.

Ich möchte mit der folgenden Beschreibung keinen Anspruch auf Vollständigkeit der Bekleidungsbiographien und auch nicht auf eine vollständige Beschreibung muslimischer Mode erheben. Manche Interviews fokussierten sich mehr auf die Kleiderbiographie als andere. Vielmehr sollen die Ausführungen dazu dienen, ein genaueres Bild der einzelnen Interviewpartnerinnen zu erlangen. Im Verlauf des Auswertungskapitels werde ich die eingangs formulierten Thesen diskutieren und mit weiteren Auszügen aus den Interviews belegen, die beispielhaft aus einer Reihe ähnlich treffender Textpassagen ausgewählt wurden.

Der folgende Abschnitt wird jedoch eine erste Thesenüberlegung genauer ausführen, ohne welche die Vorstellung der Interviewpartnerinnen ein sehr mühsames Unterfangen wäre, da einige präzise Konzepte hierfür in der deutschen Sprache fehlen. Ich gehe zunächst auf eine Besonderheit in der Unterscheidung der Raumdefinitionen ein. Sigrid Nökel stellt nämlich sehr treffend fest:

---

37 Zu den genaueren Angaben der Forschungssituation siehe die Kapitel zur Methodologie und zur Operationalisierung.

„Folgt man dem Prinzip vom Raum als dominantem sozialem Ordnungs-
prinzip, so muss eine Analyse muslimischer Akteure nicht bei der Kleidung
ansetzen [...], sondern beim Raum."(Nökel 2004, S. 296)

Im Anschluss stelle ich meine Interviewpartnerinnen vor, um dann nach
einem kurzen Rechtsdiskurs zum zweiten Teil dieser Arbeit zu gelangen
und die grundlegenden analytischen Ergebnisse meiner Ausarbeitung in der
Thesendiskussion zusammenzufassen.

6.1 Der feine Unterschied: Öffentlicher und privater Raum in verschiedenen Kontexten

Ich möchte im folgenden Abschnitt auf ein Phänomen aufmerksam machen,
welches mir im Laufe meiner Forschung auffiel, für mich aber lange Zeit nicht
erklärbar blieb, da mir schlichtweg passende Konzepte oder auch nur einfache
Worte dafür fehlten und welches auch durch meine Interviewpartnerinnen
oder die Fachliteratur nicht auf Anhieb erklärt wurde. Zwar geht Ludwig
Ammann (2004) auf diesen Umstand bereits ausführlich ein. Allerdings
wendete er seine Erkenntnisse nicht auf Bekleidung oder auf die Komplexität
an, die entsteht, wenn eine Muslimin in den „Westen" migriert, weshalb seine
Beschreibungen auf eher theoretischer Ebene verbleiben.

Cordula Bachmann beschreibt in ihrer Dissertation zwei Typen von
Bekleidungssystemen: Das binäre System und das affektiv-chaotische. Der
erste Typ, bei ihr meist Männer, teilt den eigenen Kleiderschrank nach
zwei räumlichen Sphären ein, oft: „geht für draußen" und „geht nicht für
draußen", also in für den privaten und für öffentlichen Raum bestimmte
Kleidung. Dabei zieht die erste Entscheidung in der Bekleidungsauswahl
eine Kette von Restriktionen und Folgeentscheidungen nach sich,

„ohne dass der sich Kleidende groß Überlegungen anstellen muss. Die Kleidung ist festgelegt: Eine bestimmte Hose zieht ein bestimmtes Jackett nach
sich, bestimmte Schuhe usw. [...] Alle Kleidungsstücke des Kleidungsstils
sind tendenziell miteinander kombinierbar, so dass es [...] keiner weiteren
Überlegungen bedarf." (Bachmann 2008, S. 67)

Während Bachmann, die ja über Kleidung und Geschlecht schreibt, dies
vor allem auf Männer bezieht und analysiert, dass dieses binäre System in
Verbindung steht zu den zwei positiv besetzten Rollenbildern, die für Männer
in den kulturellen Diskursen zur Verfügung stehen, habe ich ihre Einteilung
auch geschlechtsunabhängig feststellen können. Nicht nur Männer, die an

Mode und dem Konsum von Mode kein ausgeprägtes Interesse haben, systematisieren ihr eigenes Bekleidungsverhalten nach diesem Schema, sondern auch einige meiner Interviewpartnerinnen. Das bedeutet, dass die räumliche Sphäre die Entscheidung für eine Bekleidung mehr dominiert als der Anlass und dieser mehr als das persönliche Gefühl.

Das chaotische System hingegen macht bei Bachmann die Auswahl der Kleidung von der gerade vorherrschenden Stimmung und dem Stilgefühl ab. Dieser Typ wählt täglich neu aus einer großen Auswahl oft nicht zueinander passender Dinge nach jeweiliger Gefühlslage an jenem Tag. Die Anziehsituation ist davon gekennzeichnet, dass sich jedes Kleidungsstück zwar potentiell mit anderen Kleidungsstücken kombinieren lässt, dies aber oft nicht passt (ebd., S. 71). Dieser Grundgedanke der zwei Typen von Menschen, mit ihren unterschiedlichen Interessen an Mode und modischem Bekleiden, begleitete mich im Verlauf meiner Forschung und meines Schreibprozesses immer wieder und soll im Rahmen dieser Analyse auch genutzt werden.

Obwohl ich in der Kleidungswahl meiner Interviewpartnerin Amina das binäre System wiederzuerkennen meinte, wie es Bachmann (ebd., S. 67) beschrieben hat, gelang es mir doch nicht, das *Binäre* in ihrem Bekleidungsverhalten zu erklären. Dabei stolperte ich über die Sätze, mit denen ich das Bekleidungsverhalten muslimischer Frauen einzuordnen versuchte. In der Regel wird dieses Verhalten durchaus auch von muslimischen Frauen selbst so beschrieben, dass Musliminnen sich in der Öffentlichkeit verschleiern und zu Hause nicht. Aber gerade Aminas Kleiderwahl passte mit dieser Feststellung nicht zusammen, denn Amina trägt bei bestimmten öffentlichen Anlässen sehr wohl äußerst freizügige Kleidung, frisiert ihr Haar und benutzt großzügig Make-up. Allerdings sind bei diesen Anlässen nur Frauen zugegen. Hingegen gibt es im privaten Rahmen Momente, wo das Private von der Anwesenheit von bestimmten Männern gebrochen wird, von anderen aber nicht.

Ich erinnerte mich, bereits in meiner Magisterarbeit über den konzeptuellen Unterschied zwischen privatem und öffentlichem Raum in Deutschland und Syrien geschrieben zu haben, und ich betone das deshalb an dieser Stelle so deutlich, weil mir im Rahmen meiner Versuche, den Sachverhalt um Aminas Bekleidungsverhalten zu erklären, deutlich wurde, dass ich den prinzipiellen Unterschied in der Aufteilung der räumlichen Sphären zwischen westlichen und islamisch geprägten Gesellschaften, wie ich ihn im Zuge meiner Magisterarbeit beschrieben hatte, im Grunde bis zur Auseinandersetzung mit den Interviews von Amina nicht begriffen habe. Ich hatte zwar alles richtig beschrieben, aber die Konsequenz leuchtete mir erst im Zuge der Recherche zu diesem Projekt ein. Und diese Konsequenz lautet, dass es schlichtweg falsch ist, zu sagen, dass muslimische Frauen sich nur in der Öffentlichkeit bedecken und nur im privaten Rahmen dies nicht tun. Und da Mode eng mit Raumanalyse verknüpft ist, ist es mir äußerst wichtig diesen Zusammenhang hier zu verdeutlichen.

Der männliche Personenkreis, vor dem muslimische Frauen sich nicht bedecken, ist vom Koran genau erläutert und es sind jene Personen, die von Rechts wegen nicht geheiratet werden können. Dies sind die eigenen Söhne und die Söhne und Töchter des Gatten aus anderen Ehen. Analog dazu darf auch der Vater des Gatten nicht geheiratet werden und darum ist es statthaft, sich vor diesem unbedeckt zu zeigen. Ferner ist dies auch möglich vor allen in direkter Linie verwandten Menschen wie den eigenen Brüdern, Vätern und Großvätern einer Frau sowie allen Kindern, welche die Geschlechtsreife noch nicht erlangt haben. Aus Mangel an besseren Begriffen für diese Gruppe benutzte ich eine Zeitlang den Begriff „*Haram*"[38] bzw. für alle anderen den Ausdruck: „Männer, die nicht zum eigenen *Mahram*[39] gehören", doch beides erschien mir ungelenk. Als deutlich wurde, dass im Zuge der Raumanalyse von Aminas Mode ein besserer Begriff nötig ist oder zumindest einer, der auch real benutzt wird, fragte ich zunächst einige Personen, die ich spontan ansprach und denen ich eine passende Antwort aufgrund ihres Kopftuch zutraute.

Es handelte sich um junge Frauen, die offenbar in Deutschland sozialisiert schienen und die sich untereinander auch türkisch unterhielten. Dabei ergab sich zum einen, dass sie, für sich, eine sehr strenge Unterscheidung in Öffentlichkeit und Privatsphäre im westlichen Sinne vornehmen und dass sie selbst zum Henna-Abend einer Braut ihr Kopftuch nicht abnehmen würden. Zum anderen zeigte sich, dass es in Deutschland zumindest unter den türkischsprachigen Frauen keinen stehenden Begriff für den Personenkreis zu geben scheint, vor dem sich nicht verschleiert werden muss. Also startete ich eine Umfrage auf der Social-Media-Plattform Facebook, bei der ich meine muslimischen Freundinnen auf der ganzen Welt bat, mir bei meiner Wortfindung behilflich zu sein, da ich, mitten im Schreibprozess, an einer zügigen Lösung für mein Wortfindungsproblem interessiert war. Die Antworten auf meine Frage waren jedoch so erhellend, dass ich die Hintergründe zu diesem Abschnitt nicht, wie sonst üblich, im Verborgenen belassen, sondern

---

38 Das Begriffspaar *haram* und *halal* bezeichnet die Dinge, die rituell erlaubt bzw. verboten sind. Im Jüdischen werden dafür die Worte *koscher* und *trefe* gebraucht. Siehe auch Glossar.

39 *Mahram* ist das arabische Partizip zu *harama* (verbieten). Es bedeutet soviel wie „verboten", oder auch „Tabu".

hier als Vollzitat wiedergeben möchte, weil sie für den Sachverhalt äußerst aufschlussreich waren. Meine Frage lautete:

> „In German you have two spaces, the private and the public. But what do I call the women's-section at a wedding? It's obviously the public, but make-up and hair and dresses and everything can be seen, so how do you descibe that space in a concept... Or what do I call it, when my male friend visits me at home? ‚Mahram‘ then seems not very fitting anymore...“

Eine Freundin aus Südafrika, die ich in Syrien kennenlernte und die inzwischen einen Mann in Australien geheiratet hat, schlug das für den englischen Sprachraum geläufige Wort „Mahrams“ vor, bezog dies aber offenbar nicht nur auf den Raum, sondern Mahrams schloss bei ihr einen ganzen Personenkreis mit ein. Damit ersetzte sie meine ungelenke Wortwahl wunschgemäß durch eines, das tatsächlich in Benutzung ist.

> „You can perhaps say ‚... wears whatever she wants amongst other ladies and in the home but prefers hijab when going out and amongst non mahrams‘“

Auf meine Nachfrage hin, ob dies ein stehender Begriff sei, bestätigten auch andere, diese Wortwahl sei ihnen schon begegnet. Doch darüber hinaus äußerten sich noch andere Frauen, und lieferten weit präzisere Antworten, als meine weit gefasste Frage vermuten ließ.

Eine andere, deren Biographie ich nicht nachvollziehen kann, da ich sie nicht persönlich kenne, schlug vor:

> „I guess I would call it a women's only space. Which can be both private or public. All of our weddings are segregated and we use terms such as ‚the women's wedding‘“

Hier deutete sich eine völlig andere Betrachtungsweise des öffentlichen Raumes an, als sie für westliche Zusammenhänge oft benutzt wird. Es existieren Begriffe wie „Frauenparty“, die einen abgegrenzten Bereich, welcher nur Frauen vorbehalten ist deutlich machen.

Eine dritte Frau bezog analog dazu folgendermaßen Stellung:

> „I am struggling a bit on how to answer the question but I'll break it down in two sections. I will give you an answer as a Saudi woman from Saudi, then I will give you the answer as a Muslim living in the UK. The perception of the space in Saudi Arabia in my opinion is gender based. What I mean by that, is that the majority of spaces are known as women sections and men sections. So, most of the facilities are segregated. We have schools for girls and schools for boys (this includes public and private schools but may not apply on international schools). Universities for example, have female sections and male sections (basically, the buildings are located on the same land but the campuses are totally separated, so I've never seen my

male classmates). However, public spaces in Saudi Arabia are the spaces where men and women are at the same location. For example, hospitals, shopping malls, restaurants, the Holy mosque in Makkah, fun fairs, the beach or even public parks. Based on that, you could say that women in Saudi follow the dress code in public places as I identified it previously. And they don't follow the dress code at ‚women sections‘. However, my sense of space has changed since I came to the UK. I consider all spaces as public. But what I consider to be private is: my home, or if I was in a ‚female only‘ facilities or places such as toilets, changing rooms at gyms. Regarding your question on ‚male friend‘ visit, basically since I have never had a male friend in Saudi I don't think that I can answer your question because I don't know. But here in the UK my male friends never visited me, but I mingle with them in public places like restaurants or coffee shops or social gatherings. And if they ever visited, then it is a visit.“

Dieses Zitat macht deutlich, dass es für die Schreiberin einen klar abgrenzbaren Unterschied macht, in den Kontexten von Saudi-Arabien zu sein oder sich in Großbritannien aufzuhalten. Sie definiert vier räumliche Sphären: das Private und das Halbprivate eines Besuchs bei sich zu Hause, die Frauenöffentlichkeit (und analog dazu die Männeröffentlichkeit) und die offene Öffentlichkeit. Das Halbprivate bei sich daheim existiert in ihrer Lebensrealität aber offenbar nicht, da sie noch nicht verheiratet ist und es sich für eine unverheiratete Frau nicht schickt, Männer oder eine gemischte Gruppe in ihren privaten Räumen zu empfangen.[40] Erst auf meine Frage hin äußert sie sich dazu.

Diese Beschreibung der vier Sphären scheint für meine Interviewpartnerinnen Amina und Suraya, die beide in einer muslimischen Dominanzgesellschaft sozialisiert wurden, ebenfalls zuzutreffen. Daraus schließe ich, dass muslimische Frauen in Ländern mit einer muslimischen Dominanzgesellschaft diese Gesellschaft generell in vier Sphären eingeteilt erleben. Im Zuge einer Migration ergibt sich, dass diese Vierteilung der Räume zu einer Zweiteilung wird: Das meiste ist öffentlicher Raum und ein sehr kleiner Teil ist der Raum, der Frauen vorbehalten ist, unter anderem der persönliche private Raum. Meine Interviewpartnerinnen Hurriya und Maryam beschrieben passend dazu ein ganz anderes Bekleidungsverhalten, welches der zweidimensionalen Wahr-

---

40 Ein sehr prägendes Erlebnis in Syrien war ein gemeinsames allabendliches Fastenbrechen im Ramadan (August 2008) mit Student*innen aus verschiedenen Freundeskreisen, die über die Mitglieder einer weiblichen Wohngemeinschaft zusammenkamen. Menschen aus verschiedenen muslimischen und nichtmuslimischen Gesellschaften und mit unterschiedlichen Religionen saßen in einem zwanglosen Rahmen zusammen, aßen und beteten, als ein Nachbar klingelte und sich über die gemischte Zusammenkunft im Haus beschwerte und die männlichen Anwesenden aufforderte, die Wohnung umgehend zu verlassen. Diese Aufforderung löste insbesondere bei den Muslim*innen aus nichtmuslimischen Ländern Unverständnis aus.

nehmung des Raumes entspricht, wie er in der westlichen Vorstellung von der Unterteilung in Privatsphäre und Öffentlichkeit zum Ausdruck kommt. Hieraus erklären sich auch die Äußerungen der türkischsprachigen Frauen, die ich um ihre Meinung zu diesem Sachverhalt bat. Letztere reagierten nämlich irritiert auf diese Vierteilung des Raumes und noch irritierter auf meine Beteuerungen, meine Interviewpartnerin Amina würde auf einer Frauenparty ein halbdurchsichtiges Gewand tragen. Die eine fragte die andere, ob sie etwa in einem Frauenraum wie dem Henna-Abend das Kopftuch abnehmen würde und die andere reagierte mit einem entgeisterten Gesichtsausdruck und einem Schnalzlaut, welches die deutlichste Form der Verneinung darstellt. Klinkhammer (2000, S. 276) beschrieb dieses Verhalten als Distinktionsmerkmal der Frauen untereinander: Als Zeichen des „wahren Islam" würden die Frauen auch unter anderen muslimischen Frauen das Kopftuch anbehalten. Ich teile diese Deutung zwar bedingt, meine Untersuchung zeigt jedoch, dass Distinktion nicht der einzige Grund ist. Es gibt zum Beispiel einfach Stile, da wird der Hijab morgens angelegt und so fixiert, dass er bis zum Abend beim Heimkommen nicht abgenommen werden muss (Tarlo und Moors 2007, S. 169). Der Hijab gehört quasi zum Outfit wie bei anderen die Schuhe. Diese auszuziehen kann ebenfalls ein Outfit ruinieren, ebenso ist es mit dem Hijab. Nicht zu vergessen ist die Komplexität der Hijab-Schichten und dass das Haar darunter eben nicht frisiert ist.

Der letzte Kommentar, den ich hier zitieren möchte, erhellte den Unterschied in der Raumwahrnehmung noch weiter:

> „I'd happily call the wedding environment the private space. It is private - not everyone can attend it, they are invited guests and the woman takes her hijab off knowing that the people present and the venue will conform to her religious needs. It is not too dissimilar to the conditions present when she is in her home, where she takes her hijab off because once again, she has the security and assurance knowing that the venue conforms to her needs, and the people entering the home are eligible to see her without her hijab. I would not associate a wedding with the term public when it is segregated, and clearly not open to anyone from the public but select people."

Für die Frauen, die ich hier zitiert habe, ist der geschlechtergetrennte Raum zum Teil ein privater Raum, zum Teil ein öffentlicher Frauenraum. Die Aussage der dritten Person deutet außerdem an, dass das Kennenlernen der westlichen Raumeinteilung wesentlich ihre Wahrnehmung des Frauenraumes als privaten Raum reduziert hat, denn sie bezeichnet den Frauenraum nicht als privaten Raum, sondern zeichnet viel deutlicher als Person vier das Bild einer Frauenöffentlichkeit, während die vierte Beantworterin die Frauenöffentlichkeit als privaten Raum bezeichnen kann.

Der Hauptunterschied zwischen den verschiedenen Kontexten wie Deutschland oder Saudi Arabien scheint das von der vierten Frau ins Spiel gebrachte Vertrauen zu sein. Jenes Vertrauen meint, dass in einer bestimmten Umgebung die Bedürfnisse einer muslimischen Frau nach Bedeckung vor einem bestimmten Personenkreis respektiert werden.

Aber auch in der offenen Öffentlichkeit in einer muslimisch geprägten Gesellschaft ist der Umgang zwischen Männern und Frauen ein ganz anderer. Meine Interviewpartnerin Hurriya, die in Deutschland sozialisiert wurde, erlebte diesen Umgang mit Frauen in Abu Dhabi nicht als restriktiv, sondern vielmehr als respektvoll.

> [Hu:] „Du, es war so schwer wieder nach Deutschland zu fahren. ‚Oh nein, nicht schon wieder.' Weißt du die Männer dort behandeln die Frauen mit so einem Respekt. Wenn du in einem Aufzug bist und da will ein Mann rein, der nimmt lieber den nächsten Aufzug, aber steigt nicht mit dir ein. Und egal wo du bist, ob in einer Bank oder in einer Firma, oder auf dem Amt, es gibt immer eine Schlange für die Frauen und eine für die Männer, so dass sich die Frauen nicht bedrängt fühlen. Oder, wenn es keine Frauenschlange gibt, haben die Frauen immer Vortritt, egal wie lang die Schlange ist, kommst du als erste ran." (Hurriya 2011, Zeile 660)

Die bis hierhin getätigten Überlegungen zu der Struktur des Raums geben Aufschluss über eine weitere Beobachtung, die ich im Laufe meiner Forschung tätigte. Während Amina und viele andere Frauen, die ich aus Syrien und anderen Zusammenhängen kenne und die in einer muslimischen Dominanzgesellschaft aufgewachsen sind, ihre Kleidung nach Anlässen sortieren, egal, ob sie ihre Bekleidung sonst eher binär oder chaotisch wählen, scheinen muslimische Frauen, die in Deutschland in der Minderheitensituation sozialisiert werden, eine andere Kleiderpraxis zu verfolgen. Da es keine zuverlässige Teilung des Raumes in eine offene und eine frauenoffene Öffentlichkeit gibt, sondern nur eine offene Öffentlichkeit, wählen viele Frauen ihre Bekleidung so, dass sie sie zuverlässig durch den Tag und die vielen unterschiedlichen Situationen des Tages bringt. Auch in den unterschiedlichen Räumen wechseln sie ihren Bekleidungsstil nicht, also nehmen nicht etwa das Kopftuch ab oder Ähnliches, da sie nicht sicher sein können, dass alle Anwesenden die gleiche Vorstellung von der Struktur des Raumes haben. Lediglich in ihrem Zuhause können sie sich ihres privaten Raumes sicher sein und nur hier kleiden sie sich so, wie es ihnen beliebt, ohne sich dabei zusätzlich bedecken zu müssen. Für besonders festliche Anlässe wie Hochzeiten gibt es zwar auch besonders festliche Kleidung, doch diese wird genauso „islamisiert" wie die Alltagsbekleidung auch, ein Wort dass von den Interviewpartnerinnen selbst eingeführt wird. Es bedeutet, mit Bodies[41], langen Oberteilen, Rollkragen, Unterkopftüchern und anderen bedeckenden Kleidungsstücken ein im Kaufhaus erworbenes Kleidungsstück weiterzuentwickeln, also den westlichen Grunddresscode in islamisch angemessene Kleidung zu verwandeln.

> [Ma]: „Aber du hast sie [die Kleidung] halt islamisiert. [...] Ihr würdet sie vielleicht ohne Ärmel tragen und ich trage da einen Body drunter. Oder ihr würdet sie vielleicht unten ohne Hose tragen, ich trage da eine Hose drunter[...] was mir gefällt, das kaufe ich, aber ich versuche ..." *[J:] „...es zu islamisieren?"* [Ma:] „Ja, genau, zu islamisieren, das ist wirklich so."[42]

Dieser Teil der Bekleidung ist trendabhängig. Beispielsweise galten in Libyen einige Zeit Spitzen-Fake-Ärmel als der letzte Schrei. Das sind Handgelenkstulpen mit und ohne Spitzenbesatz, die hier in Deutschland entweder teuer in translokalen Kleinunternehmen eingekauft oder aus alten Strümpfen kurzerhand umfunktioniert werden.[43] Auch die anderen einzelnen ergänzenden Bekleidungen werden entweder selbst aus dem Urlaub importiert, aus anderen Kleidungsstücken selbst hergestellt oder auf Märkten und in kleinen translokalen Geschäften erworben. Selten werden diese Kleidungsstücke aus „westlichen" Geschäften erworben, da sie innerhalb der translokalen Kleinunternehmen doch noch billiger sind. Meist können „Spitzen-Fake-Ärmel" ja doch nicht woanders erworben werden. Wenn überhaupt vorhanden, dann gibt es nur Handgelenkwärmer oder Stulpen, die nicht zu den modischen oder praktischen Bedürfnissen muslimischer Frauen passen.

Um die Kleidersituation von muslimischen Frauen zu beschreiben, ist also ein Umdenken notwendig. In der deutschen Gesellschaft gibt es im Bewusstsein der meisten Menschen seit dem Entstehen des Bürgertums zwei Sphären, nämlich den öffentlichen Raum sowie den privaten Raum (z.B. bei Habermas 1990 [1962], S. 54). Natürlich gibt es Graubereiche dazwischen, aber da diese oft nicht benannt werden, seien es für die vorliegende Überlegung nur diese beiden. In einigen islamischen Gesellschaften ist der Raum, wie gezeigt wurde, etwas anders strukturiert. Man könnte auch sagen, dass eine zusätzliche Dimension zugefügt wird: Es gibt, zusätzlich zu den zwei erst genannten Bereichen den semi-öffentlichen Raum, wie die Frauenhochzeit, dem Menschen des eigenen Geschlechts angehören und den semi-privaten Raum, der zwar privat und nicht frei zugänglich ist, in dem aber auch „Nicht-

---

41 Als Body bezeichnen viele meiner Interviewpartnerinnen ein Longsleeve, also ein langärmeliges Shirt.

42 Maryam 2011, Zeile 1230-40.

43 Suraya 2011-14, Zeile 195.

Mahrams"[44] anwesend sein können, z.b. zu Besuch bei anderen oder wenn Gäste empfangen werden. In der Beschreibung von Aminas Garderobe wird nun deutlich werden, was diese Vierteilung des Raumes praktisch bedeutet.

6.2 Amina: Pragmatik statt Mode

Amina wurde in Syrien, genauer, in Aleppo geboren. Nach dem Studium der Pharmazie begann sie in einer Apotheke zu arbeiten, wo sie auch ihren Mann kennenlernte. Für dessen Doktorarbeit folgte sie ihm nach Deutschland, wo ihre Kinder zunächst die Kita und dann die Schule besuchten.[45] Amina ist Anfang dreißig und derzeit Hausfrau. Als ihr Mann nach Abschluss seiner Dissertation auch nach längerem Suchen keine Arbeit in Deutschland fand, zog die Familie nach Saudi-Arabien, da eine Rückkehr nach Syrien und nach Aleppo insbesondere unmöglich erschien.[46] Eine der wichtigsten Fragen an Amina war die nach der Rolle von Mode in ihrem Leben.

> [Am:] „Was mich angeht, ich liebe keine gewöhnlichen Sachen. Aber ich kaufe auch nicht jede Mode, die kommt. Aber es gibt viele [Menschen], die, wenn die neue Mode kommt, schnell gehen und sie kaufen. Oder? Was mich angeht, ich mag das nicht." (Amina 2011, Zeile 255) [...] „Ich bevorzuge einen normalen Hijab. Es gibt viele von diesen Sachen, und alles kann jetzt Mode sein, aber ich beteilige mich da nicht." (ebd., Zeile 175) [J:] *„Normal heißt?"* [Am:] „Dass an ihm nichts ist von diesen Sachen oder so. Manchmal ist eine Blume angebracht, oder hier geflochten oder eingedreht, manchmal sehr eng, also sehr eng am Hals oder [der Stoff reicht] nicht bis zum Kinn, das sind alles Sachen, die nicht gut sind, finde ich. Das passt nicht zu mir, weißt du..." (ebd., Zeile 180)[47]

Amina räumt der Mode keinen großen Stellenwert in ihrem Leben ein. Sie mag zwar einen gewissen Stil und den pflegt sie auch, aber sie folgt im Alltag keinen Trends. Dass sich dies nur auf den Alltag bezieht, wird sich aber noch zeigen.

Im privaten Rahmen daheim trägt Amina gern bequeme Pyjamas. Diese sind für sie aber nur geeignet, wenn sie allein, mit ihrer Familie oder mit anderen Frauen zusammen ist. Für informelle oder private Anlässe

---

44 Während dies in der britischen Umgangssprache einen verbreiteten Term unter Musliminnen darstellt, scheint es für dieses Konzept im deutschen oder türkischen keine Entsprechung zu geben.

45 In dieser Kita lernte ich Amina kennen und bat sie um ein Interview.

46 Von 2012 bis zum Zeitpunkt der Interviews in dieser Arbeit (Mitte 2013) herrschte in Syrien und insbesondere in Aminas Heimatstadt Aleppo Bürgerkrieg.

47 Übersetzung aus dem Arabischen durch die Autorin.

im semi-privaten Raum in Anwesenheit von nicht-*Mahrams*, z.b. bei sich oder anderen zu Hause, hat sie ein weiteres Set von Bekleidung, die ihren Körper vollständig bedeckt, mit Ausnahme der Hände und des Gesichts. Ihr Bekleidungsstil für diesen semi-privaten „Nicht-*Mahram*"-Raum ist vor allem von Kleidung geprägt, die ihren Körper vollständig einhüllt und ihre Figur nicht zu eng betont. Sie selbst trifft bezüglich privater und semi-privater Kleidung vor allem Unterscheidungen zwischen praktischer Kleidung für den Alltag und schöner Bekleidung für Besuche, z.B. *Abayas*.

> [J:]„*Liebst du diese* Abaya*?*" [Am:] „Ja!" [J:] „*Warum?*" [Am:] „Wenn
> wir Männer hier haben, also Gäste, dann kann ich sie einfach anziehen."
> [J:] „*Was genau magst du an dieser* Abaya*?*" [Am:] „Die Farbe und die
> gestickte Steinarbeit." (ebd., Zeile 305)

Zur Hausarbeit kann sie die *Abayas* aber nicht tragen, dazu sind sie zu lang, unbequem und steif. Zu Hause bevorzugt Amina deshalb Pyjamas oder Hosen, die sie auch zu unserem Gespräch trägt (ebd., Zeile 315).

Auf der Straße trägt Amina einen Mantel mit einem weißen typisch syrischen Kopftuch. Diese Mäntel, im Libanon auch *Jalabiya* und in Syrien *Manto* genannt, bevorzugt sie im Alltag in der offenen Öffentlichkeit, dem Weg zum Einkaufen oder zur Kita. Der Mantel ermöglicht es ihr, auch draußen Hosen zu tragen, die sie sonst nur für den privaten Raum angemessen findet. Die Mäntel folgen dabei aber durchaus der Mode. Amina unterteilt sie in solche, die einen klassischen Schnitt haben und solche, die einen modischen Schnitt vorzuweisen haben.

> [Ju:] „*Was daran ist die Mode. Wo ist der Unterschied zwischen einem
> klassischen Mantel und einem modischen wie diesem?*" [Am:] „Dass der
> Kragen aufgeklappt ist. Und das hier ist auch nicht ... Und der Stoff ist
> sehr leicht und es hat kein Futter und keine Knöpfe." (ebd., Zeile 285)

Amina ist in der Wahl der Farben ihrer Alltagsbekleidung eher praktisch:

> [Am:] „Ich trag zum Beispiel immer Jeans oder schwarze Hosen oder Brau-
> ne. Jeans trage ich viel. Jeans oder schwarze Hosen passen zu allen anderen
> Farben." (ebd., Zeile 130)

Sie bevorzugt darüber hinaus die Farbe Lila. Die dunklen Farben trägt sie nicht etwa, weil diese Farben ihr unbedingt besser gefallen, sondern weil sie sonst die Mäntel jedes Mal waschen muss, weil sie mit den Kindern auf dem Spielplatz dreckig werden. Auch trägt sie den Mantel nicht auf Bodenlänge, sondern nur knöchellang, damit sie nicht den Schmutz von Treppen aufwischt oder stolpert (ebd., Zeile 50).

> [Am:]„Unter den Farben, die ich mag sind vor allem dunkle Farben, na-
> türlich. In dem Laden habe ich einen Beigen gekauft, aber das ist mit

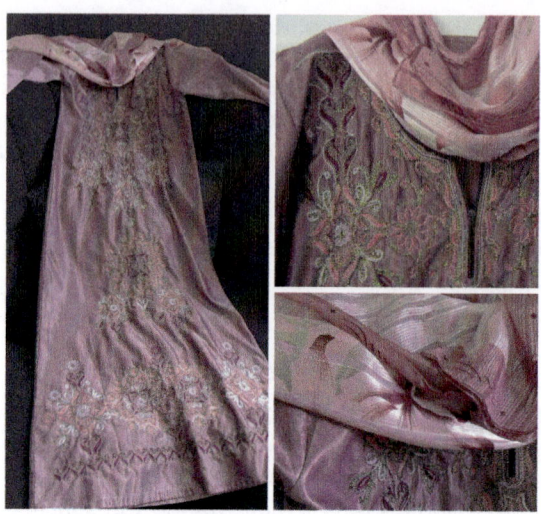

Abbildung 6.1: Kleid/*Abaya* von Amina. Berlin, 2012. Quelle: JK.

Abbildung 6.2: Einer von Aminas modischen Mänteln. Rechts darunter der
Vergleich eines „klassischen" Ärmels mit dem Ärmel des „mo-
dischen" Mantels. Rechts außen Wintermäntel im Geschäft.
Berlin, 2012. Quelle: JK.

den Kindern nicht sehr sinnvoll, weil er jedes Mal, wenn ich mit ihm hinausgehe, schmutzig wird. Und dann muss ich ihn waschen. (Wir lachen)
Jedes Mal, wenn ich hinausgehe, muss ich ihn waschen, während mit den
dunklen Farben, da ist der Schmutz nicht so deutlich zu sehen. [...] Und
außerdem kann der Mantel nicht so sehr lang sein, weil manchmal ist auf
der Treppe Schmutz oder man kann leicht stolpern. Auch wird er sehr
schmutzig, wenn er so lang ist von unten. Da ist es besser, wenn er ein
bisschen kürzer ist. Nicht sehr viel kürzer, stimmig halt." (Amina 2011,
Zeile 50)

Dabei müssen die Farben aber ihrem Farbgefühl entsprechen:

[Am:] „Mantel und Hijab müssen passend sein, also die gleichen Farben
darin haben oder nahe dran sein. Und die Tasche und Schuhe auch." (ebd.,
Zeile 125)

Für formelle Anlässe im semi-privaten Raum hat Amina außerdem noch
Kostüme oder besonders festliche *Abayas* und andere Kleider, die sie, entsprechend ihrer Vorstellungen, komplett bedecken. Zum Beispiel besitzt sie
einen Kostüm mit Jackett und langem Rock aus grauer Wolle (ebd., Zeile
345).

Im Bereich des formellen semi-öffentlichen Raumes wie dem Frauenteil
einer großen Hochzeit trägt Amina dem Anlass angemessene, entsprechend
modische Kleider. Da es sich hierbei um einen reinen Frauenraum handelt,
können diese Kleider sehr freizügig sein (ebd., Zeile 360). Über dieser Bekleidung tragen die Frauen Mäntel, *Abayas* und Schals, welche den Aufputz
auf dem Weg zur Feier vor ungebetenen Augen verbergen. Auch Suraya, die
aus Libyen stammt, erzählt von diesem Brauch. Alle würden einen *Jilbāb*
tragen, der manchmal mehr oder weniger durchsichtig ist. Aber sobald sie
den Feiersaal betreten haben, nehmen sie ihre Kopftücher ab. Das sei die
Gelegenheit in Libyen, wo wirklich alle Frauen *Jilbāb* tragen. Und wenn sie
sehr stark geschminkt sind, tragen sie noch zusätzlich einen *Khimār*, der ihr
Gesicht bedeckt (Suraya 2011-14, Zeile 375).

Aus diesem Grund finden sich unter Aminas Photos ihrer eigenen Hochzeit sehr aufschlussreiche Bilder, die Auskunft über den Verwandtschaftsgrad
der anwesenden Frauen geben. Während Amina sich zusammen mit ihrem
Ehemann in dem weißen Kleid und mit all ihrem Schmuck ablichten lässt,
sind nur die Schwestern und Mutter ihres Mannes in ähnlich festlichem
Aufputz zu sehen. Alle anderen ziehen sich zum Zwecke der Photos ihre
Überbekleidung über und halten sich ihre Schleier vor das Gesicht und ziehen
sie wieder aus, wenn der Mann den Frauenteil der Party verlässt (Amina
2011, Zeile 455-460).

Amina besitzt, wenn sie auf eine frauenöffentliche Feierlichkeit eingeladen wird, spezielle Hochzeitsbekleidungen, die aber schnell aus der Mode

geraten zu scheinen. Die Kleider, die sie mir zeigt, sind von durchsichtigen
Stoffen geprägt, die mit Perlen bestickt sind (Amina 2011, Zeile 365). Diese
aufwendigen Kleider, zu denen Amina auch viel Make-up aufträgt, empfinde ich als besonders herausragend, da sie für mich in hartem Kontrast
zu Aminas sonstiger Bekleidung stehen. Vor allem eines davon wirkt auf
mich außerordentlich freizügig. Erst nach der kontextuellen Einbettung des
Kleides in die Vierteilung der Räume wird es nachvollziehbarer: Es ist dafür
gedacht, in dem Frauenteil der Hochzeitsfeier getragen zu werden. Es handelt
sich um ein korallenfarbenes zweiteiliges Kleid. Das Oberteil besteht aus
appretierter Gaze, also feinem, halbdurchsichtigem Gewebe, welches mit
aufwendiger Perlenstickerei in einem lückenhaften Muster verziert ist. Der
Rock erinnert an einen Flamenco-Rock. Ihr Mann hat es für sie aus Syrien
mitgebracht, als er einmal ohne sie dort zu Besuch war:

> [Am:] „Dies ist auch aus Syrien. Einmal ist mein Mann nach dort gefahren
> und hat mir das mitgebracht, das habe ich nicht gekauft. Mein Mann hat
> das gekauft, es war ein Geschenk für mich." [J:]   *„Das ist ein großartiges
> Ding, was trägst du darunter?"* [Am:] „Nur einen BH. Hier habe ich nicht
> sehr viele Sachen, die passend sind. In Syrien habe ich viele Sachen, aber
> hier nicht."

In einer bestimmten räumlichen Sphäre empfindet Amina ihre Festtagsbe-
kleidung also als angemessen. Amina berichtet über ihre fehlende Kleidung
mit Bedauern, viel musste sie im Zuge ihrer Migration zurücklassen. Wenn
sie hier auf eine Hochzeit geht, ist sie nicht in der Lage sich aus ihrem
eigenen Kleiderfundus zu bedienen. Es ist ihr wichtig, dem Anlass entsprechend angemessen bekleidet zu sein, was mit 20 Kilo Gepäck pro Flug für
mehrere Jahre kaum zu realisieren ist. Im Verlauf des Gesprächs über ihre
Hochzeitsbekleidung wurde Aminas Sinn für Mode deutlich.

> [J:]   *„Und alle Frauen tragen dann an diesem Ort großartige Kleidung und
> so? Und viel Make-up?"* [Am:] „Natürlich! [...] Aber das hier ist alt. Ich
> habe es vor drei Jahren gekauft. Wenn ich jetzt damit irgendwo hingehen
> würde, alle würden es für alt halten. Es ist eine alte Mode. Ich könnte es
> nicht tragen." [J:]   *„Alles hiervon ist alt, ja? Die Materialien, die Stickerei,
> alles out? Und was ist jetzt modisch?"* [Am:] „Ich weiß es nicht. Solange ich
> nicht nach Aleppo zurückkehre, habe ich keine Ahnung." [J:]   *„Och. Aber
> das hier ist so hübsch."* [Am:] „Ja, ist es! Und schön, aber sie würden
> sagen es ist out. Ich weiß nicht, was ich damit machen soll, weil es aus der
> Mode ist." (ebd., Zeile 355-375)

Offenbar ist Amina bezüglich dieser Kleidung eher angepasst, da sie das
trägt, was gesellschaftlich angemessen ist. Die Mode, die Amina bei festlichen
Anlässen zu tragen pflegt, scheint aber weniger ihren eigenen Vorstellungen
von ästhetischen Mustern zu folgen, sondern dient scheinbar vor allem

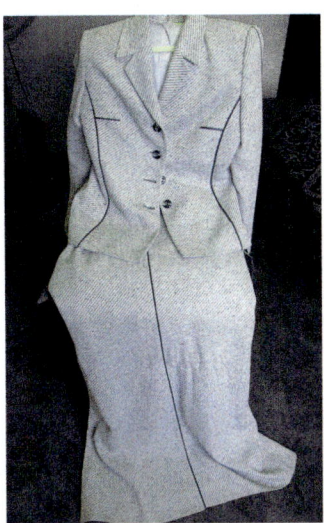

Abbildung 6.3: Aminas graues Wollkostüm. Berlin, 2012. Quelle: JK.

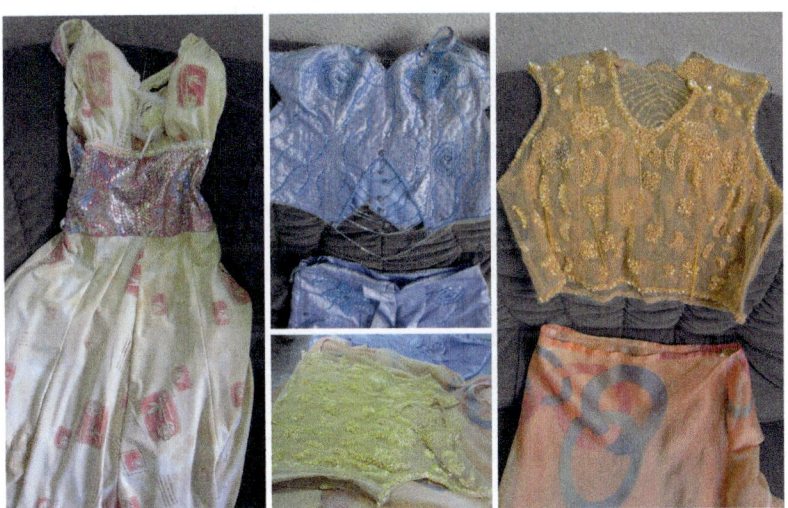

Abbildung 6.4: Festliche Hochzeitsbekleidung in frauenöffentlichenen Räumen auch für sonst sehr modest gekleidete Musliminnen geeignet. Berlin, 2012. Quelle: JK.

sozialen Zwecken. Sie trägt auf Feierlichkeiten modische Bekleidung, aber
nicht in erster Linie, weil sie Spaß an der Veränderlichkeit von Mode hat,
wie aus dem ersten Zitat von Amina hervorgeht, sondern weil sie sonst mit
den abwertenden Äußerungen der anderen konfrontiert wäre. Sie befolgt also
die Mode, da die Fähigkeit sich der neuesten Mode nach zu kleiden, eine
kulturelle Möglichkeit darstellt, Anerkennung der anderen zu erwerben und
eventuell innerhalb der Gruppenhierarchie die eigene Rolle zu bestätigen.
Ich werde diesen Gedanken in Kapitel 9.1 erneut aufgreifen.

Auch in Bezug auf ihre eigene Hochzeit schienen es eher andere Personen
zu sein, die mit ihren Geschmacksvorstellungen Aminas Bekleidung sehr
prägten: Während Amina eine schlichte Hochzeitsdekoration ihres Haars
bevorzugt hätte, wurde ihr recht deutlich mitgeteilt, dass sich ihre Kritikerinnen, so etwa die Familie ihres Mannes oder ihre eigene Schwester,
ein „ansprechenderes" Aussehen von ihren Haaren erhofft hatten (Amina
2011, Zeile 480-495). Auf den Bildern ist sie infolge auch mit aufwendig
aufgesteckten und geschmückten Haaren zu sehen.[48]

Dennoch ist es zu einfach, Aminas Bekleidungswahl rein auf den äußeren Einfluss zurückzuführen. Amina erzählt beispielsweise, dass ihr Mann
bestimmte Stücke nicht mag, sie diese aber dennoch trägt, weil sie ihr aber
gefallen. Zum Beispiel bevorzugt sie einen Mantel, obwohl sich die darunter
liegende Kleidung abzeichnet. Sie trägt ihn dann einfach, wenn er nicht dabei
ist (ebd., Zeile 300). Ob mit oder ohne seine Einwilligung und ob dies ein
subversiver Akt ist, kann ich nicht einschätzen.

Dennoch macht Amina deutlich, dass sie, auch wenn sie prinzipiell in
einem semi-öffentlichen Rahmen entlang der von ihr akzeptierten gesellschaftlichen Normen Moden folgt, insbesondere zu festlichen Anlässen, die Idee
hinter Mode, Konsum und „sich aufreizend kleiden" nicht mag (ebd., Zeile
175). Bestimmte modische Entwicklungen kritisiert sie, als für sich selbst
nicht gut.

> [Am:] „Ja. Als ich in der Uni war, so vor 10 Jahren, da waren diese Be-
> kleidungsformen noch nicht da. Aber ich mag das nicht, ich finde diese
> Kleidung nicht gut. Man kann das ja zu Hause tragen, aber man sollte da-
> mit nicht hinausgehen." (ebd., Zeile 590) [...] „Aber viele von den Frauen
> tragen diese. Vielleicht kleiden sie sich einfach ihrer Laune nach." (ebd.,
> Zeile 185)

Amina hingegen kleidet sich nicht der Laune nach, sondern hat streng
nach Anlass und räumlicher Sphäre getrennte Bekleidung, aus der sie dann

---

48 Amina geht aber auch sonst zum Friseur, auch hier in Deutschland. Dies sind spezielle Friseure, die ihren Kundinnen eine reine Frauenöffentlichkeit bieten. Auf ihren
Hochzeitsbildern zum Beispiel ist Amina mit blonden Strähnchen zu sehen.

auswählt. Das bedeutet aber nicht, dass Amina findet, nur ihr Mantel sei muslimische Mode, im Gegenteil. Sie sieht durchaus die verschiedenen Bekleidungsstile muslimischer Frauen, ohne gleich ihre Religiosität in Frage zu stellen:

> [J:] *„Gibt es eine muslimische Mode?"* [Am:] „Ja gibt es, viele davon. Besonders in Ägypten oder Libanon gibt es viele modische Kleidung und die Schnitte der Kleidung sind modisch, aber es ist muslimische Kleidung. Es muss kein Mantel sein. Hemd und Hose, oder vielleicht [...] Es gibt viele Arten und Weisen von der islamischen Kleidung, die Mehrheit der muslimischen Frauen tragen Hosen und darüber ein Hemd oder eine Bluse oder ein kurzes Jackett. Oder so ähnlich. Oder *Abaya*." (ebd., Zeile 150)

6.2.1 Beginn des Kopftuchtragens

Amina begann mit dem Kopftuchtragen auf Einwirkung ihrer Familie hin und erklärt, dass sie sich zu jener Zeit, sie war etwa 14 Jahre alt und ging in die achte Klasse, noch nicht bereit fühlte, Hijab zu tragen.

> „Um ehrlich zu sein, während dieser Zeit wollte ich eigentlich gar keinen Hijab anlegen. [...] Vielleicht, weil ich es nicht gewöhnt war und mich damit unwohl gefühlt habe. Am Anfang habe ich ihn nicht gemocht, habe die Bedeutung gar nicht verstanden, ihn nicht durchdrungen. Aber nach einiger Zeit, wenn man größer wird, da habe ich es verstanden. Nach einer Weile, wenn man aufwächst, versteht man, warum man ihn tragen muss." (ebd., Zeile 540-545)

Da es für Amina keinen Bruch, keine Veränderung in der Biographie gab, kein einschneidendes Erlebnis, aus dem heraus sie mit dem Tragen begonnen hätte, änderte sie ihre sonstige Kleidung auch nicht. Zwar ersetzte sie ihre T-Shirts mit langen Ärmeln, aber darüber hinaus trug sie das, was sie auch vorher bevorzugte (ebd., Zeile 555).

Der Bruch in Aminas Kleiderbiographie entstand erst, als sie sich nach dem Studium der Pharmazie dazu entschloss, den Mantel zu tragen:

> „Wann ich das erste Mal Mantel getragen habe? Etwa als ich das Studium an der Universität beendet habe und anfing in der Apotheke zu arbeiten. Ich hab zuerst die Klassen an der Universität beendet und dann habe ich Arbeit in der Apotheke gefunden. Davor habe ich Hosen mit Jacke getragen oder Blusen." (ebd., Zeile 60-75)

Während sie sich nicht allein zum Kopftuch entschloss, war der Umstieg auf den Mantel allein ihre Wahl, wie sie sagt aus religiösen Gründen:

> „Im Islam sollen muslimische Frauen ihren Körper bedecken. [Die Kleidung soll] nicht eng am Körper liegen, den Körper nur andeuten." (ebd., Zeile 85)

Der Umzug nach Deutschland hingegen löste bei Amina keine Veränderung aus, weder änderte sie etwas an ihrem Make-up noch an ihrer Kleidung.

> [J:] *In Bezug auf die Kleidung, hat sich da bei dir irgendwas geändert, bevor oder nachdem du nach Deutschland gekommen bist?"* [Am:] „In Bezug auf mich? Nein, ist alles gleich geblieben.." (Amina 2011, Zeile 585)

Ich kann dies im Blick auf ihre Bekleidungswahl nur bestätigen, da Amina sich genau so kleidet, wie ich das bei Frauen in Damaskus beobachten konnte (Siehe Abb. 6.5). Sie hat ihre Bekleidung nicht an die Umgebung angepasst, wie das zum Beispiel Suraya in Deutschland oder Hurriya in Abu Dhabi getan haben. Diese Beobachtung stützt die Überlegung, dass es ein gewisses Grundinteresse braucht, um den eigenen Kleidungsstil im Rahmen einer Migration zu ändern, ist dies nicht gegeben, wird dem ursprünglichen Grunddresscode treu geblieben. Auch die Tatsache, dass Amina hier angestarrt wird, ließ sie ihren Grunddresscode nicht ändern. Stattdessen gewöhnte sie sich einfach daran.

> „Nein, es gab keinen großen Unterschied, aber als ich hier das erste Mal herkam, haben die meisten Leute [meine Kleidung] ein wenig angeschaut, als ob sie sehr fremd wäre, aber nach einer Weile hab ich mich dran gewöhnt." (ebd., Zeile 520)

Vielleicht gibt es aber auch noch einen anderen Aspekt, welcher Amina davon abhält, ihre Bekleidung zu ändern. Diesen Aspekt beschreibe ich in Kapitel 8.3. Laut den dort angestellten Überlegungen stellen Aminas Mäntel bereits die „beste" Form islamischer Bekleidung dar, es besteht für sie also kaum einen Grund dies zu ändern. Wenn sie ihren Grunddresscode ändert, dann aus pragmatischen Gründen im Winter: Dieser spannende Punkt zu diesem Thema wurde mir im Gespräch mit Amina klar, als es um ihre Mäntel ging: Während ich bis dahin dachte, das sich Bekleiden sei für muslimische Frauen im Winter einfacher als im Sommer, da zu dieser Jahreszeit ohnehin alle lange und weite Bekleidung wählen, stellte es sich heraus, es ist genau so schwierig, wenn nicht schwieriger. Es muss eine Kleidung gefunden werden, die sowohl für semi-private Innenräume als auch für offen öffentliche Außenräume geeignet ist. Wer beispielsweise gerne einen Mantel trägt und diesen im Normalfall auch in Räumen nicht ablegt, der stößt auf die Schwierigkeit, dass Wintermäntel sehr warm sind und in den gut beheizten Innenräumen in Deutschland unmöglich anbehalten werden können. Während im Sommer die Frauen leichte Bekleidung unter einem ungefütterten Sommermantel tragen, der extra für sie produziert wird und der praktisch ist, weil er einfach übergeworfen werden kann, ist dies im Winter nicht möglich. In semi-privaten Kontexten, wo sie ihre für

den privaten Rahmen übliche Kleidung nicht tragen möchte, löst Amina
dieses Problem folgendermaßen: Wenn sie im Winter an einen Ort geht, wo
nicht-*Mahram*-Männer anwesend sind, zieht sie lange Röcke an, statt der
Hosen oder körperbetonten Bekleidung, die sie sonst bevorzugt (ebd., Zeile
105). Hier greift sie also zu ähnlichen Strategien, wie die Frauen, die in einer
nichtmuslimischen Dominanzgesellschaft aufgewachsen sind.[49]

6.2.2 Einordnung

Amina verfügt über ein sehr pragmatisch orientiertes System der Bekleidungsauswahl. Allerdings trägt sie mit Mantel und Kopftuch eine Kleidung,
die nicht zu jeder Situation ihres Alltages passt, auch wenn das in Deutschland sonst nicht der muslimischen Mode entspricht. Laune oder Gefühl
nehmen bei ihr keine hohe Priorität ein, wenn sie ihre Bekleidung für den
Tag bestimmt. Tatsächlich lehnt sie die Vorstellung ab, die eigene Kleidung
immer nach dem Gefühl auszuwählen. Aminas Kleidung ist nach Bachmann
(2008) doppelt binär strukturiert, quasi quartär.

Demzufolge teilt Amina ihre Bekleidung nach zwei Kriterien ein: Zum
einen unterscheidet sie nach räumlicher Sphäre, d. h., ob die Begebenheit in
einem privaten, semi-privaten/öffentlichen oder einem semi-öffentlichen Rahmen stattfindet. Das zweite Kriterium, nach der Amina ihre Bekleidung auswählt, ist der Anlass. So kommen in privaten und semi-privaten/öffentlichen
Alltagssituationen eben alltagstaugliche Kleidungsstücke zum Einsatz wie
Hosen, Jogginganzüge und der Mantel, während zu besonderen Anlässen
spezielle Kleidungsstücke vorhanden sind, die auch durchaus der Mode folgen
(Amina 2011, Zeile 340-350).

Ihre Bekleidung ist so organisiert, dass die strikte Trennung von privatem
und semi-privatem/öffentlichen Rahmen für sie unkompliziert möglich wird:
Daheim trägt sie bequeme Kleidung wie Jogginganzüge, Jeans und Shirts,
draußen reicht es einen Mantel darüberzuwerfen und sie ist vollständig
angezogen. Aus dem gleichen Grund mag sie ihre aufwendigen *Abayas* oder
Kleider mit ähnlichem Schnitt, da diese einfach zu tragende Kleidungsstücke
sind, die sie komplett bekleiden und dennoch gut angezogen wirken lassen.

Amina hat scheinbar kein Bedürfnis oder keine Möglichkeit, ihre reiche
Bekleidungsauswahl für die deutsche Migrationssituation nutzbar zu machen.

---

49 Diese Problematik stellt sich übrigens tatsächlich nicht in Syrien, weil dort die Räumlichkeiten kaum beheizt werden, es aber mitunter genauso kalt werden kann wie in
Deutschland.

Ihr fehlendes Grundinteresse an Produktmode hat meiner Ansicht nach dazu beigetragen, dass sie sich in ihrem Bekleidungsverhalten vor allem auf den Mantel beschränkt hat. Sie bleibt in aller Regel auf die Kleidung für den rein öffentlichen und den rein privaten Raum reduziert, es gibt bei ihr wenig Mischformen. Wenn junge Frauen über ihre Mütter urteilen, diese seien nicht an Mode interessiert, wäre es interessant zu erfahren, ob sie das wirklich nicht sind oder ob sie sich einfach nie so recht mit der Reduktion auf zwei Sphären arrangieren konnten.

6.3 Maryam: Pragmatik statt Mode II

Maryam ist in Deutschland als Kind libanesischer Einwander*innen geboren. Sie ist eine verheiratete Frau Mitte zwanzig mit zwei kleinen Kindern und hat an einer Universität in Berlin Anglistik und Amerikanistik studiert (Maryam 2011, Zeile 355). Während ihres Studiums hat sie auch bereits in Botschaften als Übersetzerin gearbeitet (ebd., Zeile 375-380). Sie war eine Zeit in einer Moscheegemeinde aktiv und hat Tadschwid mit den anderen gelernt, also die richtige Aussprache des Arabischen im Koran (ebd., Zeile 1125). Mehrfach wird während des Interviews deutlich, dass sie als die religiös gebildetste Person in ihrer Familie wahrgenommen wird. Ihre Mode, sagt sie, sei zwar langweilig, sei ihr aber sehr wichtig. Sie legt Wert darauf, dass sie schön und gepflegt aussieht.

> [J:] *„Wie wichtig ist Mode in Deinem Leben?"* [Ma:] „Sehr wichtig. Also ich bin jetzt nicht so übertrieben, also ich hab nicht tausend Handtaschen und tausende... [Schuhe]. [...] Ich mag gerne, dass ich schön aussehe, wenn ich rausgehe, gepflegt und so, dass ich mich in dem was ich anziehe wohl fühle und dass es gut aussieht. Aber wie gesagt, ich bin jetzt nicht übertrieben." [J:] *„Aber Kopftuch und Oberteil muss passen?"* [Ma:] „Es muss alles passen. Also, die Hose muss passen, das Oberteil muss passen." [J:] *„Schuhe, Tasche..."* [Ma:] „Schuhe, Tasche, ja. Ich hab manchmal... Zum Beispiel: lila ist meine Lieblingsfarbe, ich hab eine lila Handtasche, lila Schuhe dazu, dann das lila Kopftuch, das sieht richtig elegant aus. Ich find das auch schön, ich mein, wir Frauen mit Kopftuch leben ja auch, wir haben auch Geschmack und so. Es gibt richtig schöne Sachen." (ebd., Zeile 405, 435, 500)

Allerdings achtet sie auch darauf, dass ihre Oberbekleidung mindestens bis zu den Oberschenkeln reicht und nicht zu eng ist, also ihre Körperformen nicht allzu offensichtlich nachgezeichnet werden.

> [J:] *„Wenn ich es mal zusammenfassen darf, du versuchst also ne Balance zu finden zwischen modischer Kleidung und religiöser Kleidung."* [Ma:]

Abbildung 6.5: „Modischer" und „klassischer" Mantel und weißer Hijab. Damaskus, 2009. Quelle: JK.

Abbildung 6.6: Junge Frauen mit islamisierter, also weiterentwickelter „westlicher" Mode. Berlin, 2013. Quelle: JK.

„Natürlich. Und für mich, also es ist für mich wichtig, dass es gut aussieht, dass es mir gefällt, aber gleichzeitig auch dass ich mich...“ [J:] „...anständig bekleidet fühlst?“ [Ma:] „Ja. also dass es wirklich nicht zu eng ist irgendwo, oder dass man nicht sehen kann, was man nicht sehen sollte. Also ich achte da auf jeden Fall darauf. Und wenn nicht, dann gibt es da auch jemanden, der mich darauf hinweist.“ [J:] „Ist dein Tuch deshalb so weit? Dass die Schultern bedeckt sind?“ [Ma:] „Nicht unbedingt, aber sollte das Oberteil etwas enger sein, dann achte ich darauf, dass das so ein bisschen nach vorne bedeckt ist“ (Maryam 2011, Zeile 1390)

Sie versucht aktiv eine Brücke zu spannen, zwischen modischer und religiös korrekter Bekleidung, da sie in ihrer Vorstellung dadurch für andere eine Vorbildfunktion einnimmt.

„Also für mich ist ganz wichtig bei Mode, gerade wenn ich Kopftuch trage und so, meistens, dass es lang ist, also die Oberteile sollen nicht zu eng sein. Es soll gut aussehen und ich möchte andere Leute anspornen. Also diejenigen, die immer denken, Frauen mit Kopftuch, die laufen immer so herum, als hätten sie einen Kartoffelsack an, denen möchte ich zeigen: Das ist nicht so. [...] Und wie gesagt, es ist ganz wichtig, dass ich gepflegt rüberkomme. Auch um so ein Zeichen zu setzen: ‚Leute, ein Kopftuch muss nicht unbedingt nicht gut aussehen!‘“ (ebd., Zeile 405, 500)

Dabei legt sie sich nicht auf einen bestimmten Stil fest, den sie mit einem Namen versehen wollen würde, sondern hat ihre eigene Art sich zu kleiden gefunden und dieser Art bleibt sie treu und sucht, wenn sie neue Bekleidung auswählt, nur solche Stücke aus, die auch zu diesem Stil passen.

„Aber ich meine, dass man schon seinen eigenen Stil hat und nicht nur um sich an die Mode anzupassen oder sich an die neuste Mode oder den neuesten Trend zu halten, sich irgendwelche Farben anzieht, oder keine Ahnung, die ein bisschen komisch sind. Ich bin gar nicht so. Mir ist das wichtigste, ich fühl mich wohl in den Sachen, sie sehen gut aus und das reicht für mich. [...] Ja. Also vielleicht bin ich da zu altmodisch, mein Stil ändert sich auch gar nicht.“ (ebd., Zeile 795, 815)

Zu diesem Stil gehören unbedingt Schuhe mit Absätzen. Schuhe scheinen oft die einzige Ausnahme vom allgemein postulierten Gebot der Unauffälligkeit zu bilden. Sie sind von moralischen Diskussionen ausgenommen und stehen solange nicht in der Kritik wie sie beim Gehen nicht klappern. Im Gegenteil, sie sind ein wichtiges Teilelement weiblicher Bekleidung. Als Zeichen der Zugehörigkeit zu den erwachsenen und heiratsfähigen Frauen können und zum Teil müssen diese ge- und ertragen werden. Auch sehr modest gekleidete muslimische Frauen, mit denen ich Interviews im Rahmen meiner Kleidungsforschung führte, bevorzugen Absätze, die sie anziehen, wenn innerhalb der Familie ausgegangen wird (vgl. Kanitz 2010, S. 86).

„Ich zieh immer Absätze an. Aber muss nicht unbedingt immer nach der Mode gehen. Aber ich zieh' immer gern hochhackige Schuhe an, obwohl ich weiß, dass das ungesund ist und Krampfadern macht." [J:] *„Ist das wichtig? Hochhackige Schuhe?"* [Ma:] „Das ist wichtig. [...] Meistens [sind die] so von hinten auf, das ist auch gar kein Problem, aber so dass man das nicht gleich sieht, dass die Füße da vorne rausblitzen. Wie gesagt, deswegen mach ich nicht jede Mode mit, ich bin da nicht unbedingt: ‚Das muss ich jetzt mitmachen.'" (Maryam 2011, Zeile 990, 1020)

So trägt Maryam in ihrem Hijab einen Plastikstreifen, der wie eine Art Schirm ihr Gesicht bedeckt. Dieser Stil wurde zuerst unter türkischsprachigen Frauen etabliert und hat sich aber nun auch unter anderssprachigen muslimischen Frauen verbreitet.

[Ma:] „Das ist so ein Plastikteil, ich hab das früher, am Anfang, als ich anfing, Kopftuch zu tragen, hab ich das nicht gemacht, ich hatte dann einfach nur dieses Tuch und dann einfach so und darüber ein Kopftuch, aber irgendwann vor sechs, sieben Jahren hab ich das für mich entdeckt." [J:] *„Die Türkinnen haben damit angefangen, oder?"* [Ma:] „Ja, ich glaub schon. Am Anfang fand ich das voll blöd, ich dachte, wie sehen die denn aus mit so einem Plastikteil da auf dem Kopf, aber bei manchen sah das auch so richtig extrem aus, als ob die da so ein Dach auf dem Kopf haben, einen Regenschutz." (wir lachen) „Aber irgendwann hab ich das auch für mich entdeckt, und dann hab ich gemerkt, das passt zu meinem Gesicht auch besser. Ich hab mir gedacht, ... also jetzt, wenn ich das so normal wieder anziehe, also ohne [Streifen unter dem] Kopftuch, dann finde ich, dass man mein Gesicht so in vollen Zügen sehen kann und das möchte ich nicht." (lacht) (ebd., Zeile 825)

Auch wenn Maryam diese Mode zunächst ablehnte, integrierte sie Kopftuch-schirme schließlich in ihren Stil. Als sie für ihre Bewerbungsbilder, zu denen ich sie begleitete, ein schattenfreies Gesicht benötigte, war Maryam auch dementsprechend unglücklich über den *Al-Amira*-Hijab, den sie zu diesem Zwecke extra kaufte und anzog. Jener war eierschalenfarbenen und lag eng am Gesicht an.

Die Verbreitung der Plastikstreifen unter Frauen aller Herkünfte deutet die Entwicklung eines eigenständigen Stils an, der sich im Laufe der letzten Jahre herausgebildet hat. Dieser Stil ist davon geprägt, dass er einem westlichen Grunddresscode folgt und zur ästhetischen Ausgestaltung aus verschiedenen Kleidungsstilen zitiert und verschiedene Kategorien vermischt. Auf diesen neuen Stil werde ich im Verlauf der kommenden Abschnitte noch näher eingehen.

Auch bei anderer Gelegenheit probiert Maryam durchaus neue Stile für sich aus. Als sie im Libanon war, überreden sie ihre Verwandten dort, neue Formen des Hijabs auszuprobieren, die dort gerade „in" waren.

[Ma:] „Immer, wenn ich im Libanon bin, dann kommen meine ganzen Verwandten und Bekannten: ‚Maryam, du hast schon seit sechs oder sieben Jahren dasselbe Kopftuch an, bindest es immer noch gleich, bist voll altmodisch, ist ja peinlich mit dir raus zu gehen.‘ Und dann kommen sie und versuchen, keine Ahnung, was zu machen und das sieht dann am Ende so schrottig aus. Und dann sagen die immer: ‚Komm, das sieht besser aus, man kann jetzt dein Gesicht sehen‘ und du fühlst dich so... ‚Äh, ja wirklich?‘ Ich fühle mich dann gar nicht wohl in meiner Haut. Im Libanon, wir waren das letzte Mal vor zwei Jahren dort, da haben die mir irgendwas angedreht. Ich konnte es nicht mal selber binden! Jedes Mal wenn wir raus gehen wollten, haben wir die Schwester von meinem Mann gerufen. Und immer waren die alle fertig und ich sitze da als letzte und warte mit dem Kopftuch und dann hieß es: ‚Kannst du das immer noch nicht selber binden?‘ ‚Nein, kann ich nicht!‘ (lacht) Keine Ahnung, wie die das immer gemacht haben. Und dann, als ich nach Deutschland kam, hab ich das einmal selbst gemacht und dann hat mich eine Freundin gesehen und sie sofort: ‚Wie siehst du denn aus?‘ Stand ich so da: ‚Sieht das nicht gut aus?‘ ‚Nein, das sieht nicht gut aus! Das sah vorher gut aus.‘ Und da hab ich mir geschworen: Nie wieder!“ (Maryam 2011, Zeile 1150-1165)

Dabei scheint es nicht die Lust am Ausprobieren zu sein, die Maryam dazu bewegt, den neuen Stil mitzumachen, sondern vor allem der Druck durch die Verwandtschaft. Wie schon bei Amina beschrieben, ist für Maryam Mode in erster Linie ein Hilfsmittel sozialer Positionierung. Im Urlaub, wo sie keiner kennt und es möglich ist, Dinge auszuprobieren, versucht sie, neue modische Elemente in ihre Bekleidung einzubauen, scheitert aber an der Rückführung dieser Stilelemente nach Deutschland.

Die von Maryam bevorzugten Farben sind kräftige Töne, zum Beispiel Blautöne, die von Violetttönen bis ins Türkise reichen können. Pastelltöne mag sie hingegen nicht und kauft sie auch nicht, ebenso Moden in Orange-, Gelb- oder Pinktönen.

„Lila hab ich mitgemacht, eine Zeitlang war, glaube ich, türkis voll ‚in‘, hab ich auch mitgemacht. Aber dieses Orange, da war mal diese Zeit, wo dieses Orange überall hing, das hab ich nie angezogen. Oder dieses richtig knallige Pink. Und dann gab es so ein Senffarben... das fand ich auch gar nicht schön.“ (ebd., Zeile 1070)

Hier unterscheidet sie sich von ihren Freundinnen, denen sie zum Teil auch Mal fassungslos zusieht, wie diese Bekleidung in Farben kaufen, nur weil diese gerade „in“ sind.

„Ich weiß nicht, ich hab Freunde, die gehen voll nach der Mode. Da sind wir im Kaufhaus, ‚Ja diese Farbe ist voll in‘ (fassungslos) und dann ziehen die das an, nur weil das ‚in‘ ist. Und ich find das sieht so... Wie kann man nur so rumlaufen mit dieser Farbe. ‚Ja, die ist doch gerade *in*.‘ Und dann siehst du die [Farbe] einmal im Oberteil und einmal als Rock und Schuhe

und ich denk mir, ‚Ihr spinnt doch!‘. Hat sich jemand überlegt, dass das
jetzt in sein soll, und dann zieht ihr das nur deswegen an.“ (ebd., Zeile
1070-1080)

Produktmode mit ihren schnellen Wechseln ist, wie schon bei Amina beobachtet, nicht ihre Welt. Oft werden für Maryam untragbare Farben und
Schnitte angeboten, die nicht in ihren Kleiderschrank passen, darum hält
sie sich lieber an ihren Stil. Und der kann auch recht eigen sein, wie sie
erzählt. Zu ihrer Hochzeit bekam sie, wie es zu muslimischen Hochzeiten
üblich ist, hochkarätiges Gold geschenkt. Dieses diente lange Zeit auch als
Altersvorsorge für Frauen, die dieses dann, in Zeiten von Knappheit, einzeln
verkaufen konnten. Dieser Goldschmuck gefiel Maryam aber nicht in seiner
Form und auch von seiner Schwere her und so tauschte sie ihn kurzerhand
um. Sie kaufte weniger hochkarätigen Goldschmuck, der mehr zu ihrem Stil
passte. Ihr Familienkreis reagierte auf diese Entscheidung mit Unglauben,
denn wer würde schon weniger wertvolles Gold vorziehen (ebd., Zeile 1100).
Doch nach islamischem Recht ist es ihr Gold, das als Absicherung ihrer
Zukunft in Notsituationen dient. Es zu verkaufen ist ihre Entscheidung. Es
kann angenommen werden, dass Maryam durch ihre Ausbildung das Gefühl
empfindet, diese Sicherheit nicht zu brauchen und sich deshalb leisten kann,
den wertvolleren Goldschmuck gegen solchen einzutauschen, der ihr gefällt.

Maryam hat für sich den Anspruch entwickelt, für andere ein Vorbild
in Sachen religiöser Bekleidung zu sein (ebd., Zeile 880). Mehr als einmal
ist es vorgekommen, dass sie für ihre Bekleidung von anderen Frauen gelobt
wurde.

[Ma:] „Ich saß einmal unter Freundinnen und dann, ich weiß nicht, worüber
wir gesprochen haben, aber wir haben uns über das Thema aufgeregt.
Leute, die Kopftuch tragen und die halten sich gar nicht an den Kodex, was
man tragen muss und wie eigentlich die Kleidung einer Kopftuchtragenden
aussehen sollte, und dann ist eine aufgestanden, sie trägt kein Kopftuch
und sie sagt, ‚Jetzt mal ganz, ganz ehrlich. Ich kenne keine, die Kopftuch
trägt,‘ also es hat mich schockiert eigentlich, ‚aber ich kenne keine, die
Kopftuch trägt, die sich richtig daran hält, wie man sich anziehen soll,
abgesehen von Maryam.‘“ (ebd., Zeile 1375-1380)

Da sie versucht einen Mittelweg aus Mode und religiöser Angemessenheit
zu finden und da anerkennende Kommentare bezüglich ihrer Kleidung eher
selten sind, weil sie Kopftuch trägt, scheinen solche Momente für Maryam
insgeheim große Bedeutung zu haben. Dass dies nur insgeheim ist, kann an
dem Nebensatz „Es hat mich schockiert eigentlich“ abgelesen werden. Solche
Momente verdeutlichen, dass ihre vestimentären Anstrengungen, einen Stil
zu finden, der westlich integrierte Mode und Religiosität vereint, von Erfolg

gekrönt sind, sie kann sich in verschiedenen Kontexten bewegen und findet
dennoch Anerkennung.

Maryam würde zum Zeitpunkt unseres Interviews gerne für diese Anerkennung noch weitergehen und Mäntel in ihre Bekleidung mit einbauen, da
sie diese als eine Steigerung der religiösen Bekleidung betrachtet.

> „Ich würde gerne *Jilbāb* tragen. Kennst du diese? Diese langen Jacken
> und diese Mäntel, die sind voll elegant und das gibt sie in was weiß ich
> wie vielen Farben und das sieht wirklich gut aus. Und ich find, da hat
> man auch... manchmal mit solchen Sachen da hab ich das Problem, dass
> es hier ein bisschen eng und da ein bisschen eng ist und dann muss ich
> immer alles irgendwie zurechtmachen... [...] Und das [den Mantel] würde
> ich gerne tragen." (Maryam 2011, Zeile 190) [...]

Sie findet den Mantel um einiges praktischer und unterlässt ihn zu tragen
nicht aus ästhetischen, sondern aus finanziellen und sozialen Erwägungen, wie
sie sagt. Zum einen sind ihr die Mäntel zu teuer. Mäntel von guter Qualität,
die für den Sommer bestimmt und dennoch knöchellang sind, kosten einiges
an Geld. Da eine bestimmte Stufe des Kleidungsstils nicht einfach wieder
gewechselt werden könne, würde sie auch mehrere Mäntel brauchen, also in
verschiedenen Farben und von verschiedener Dicke und die dazu passenden
Kopftücher. Interessant ist an dieser Stelle der Umstand, dass sie den Mantel
bevorzugen würde. Der Grund ist, dass sie ihn als religiös erstrebenswerter
bewertet, weil sie damit ein bestimmtes religiöses Engagement verknüpft.
Ich werde diesen Punkt im Abschnitt 8.3 zum vestimentären Empowerment
noch einmal aufgreifen.

6.3.1 Beginn des Kopftuchtragens

Maryam hat unabhängig von ihrem Mann die Umstellung ihres Kleidungsstils
zum Hijab-Stil beschlossen. Sie betont, ebenso wie Hurriya weiter unten, die
Freiwilligkeit ihres Handelns, was im Kontext der Diskurse um das Kopftuch
in Deutschland nicht verwunderlich ist, da mit Kopftuch in den Medien
oft Zwang assoziiert wird, zum Teil auch kontextlos, wie ich im Laufe des
Kapitels noch aufzeigen werde:

> „Ach, er [ihr Mann] freut sich schon, dass ich, ich mein, ich bin hier in
> Deutschland geboren, ich bin hier aufgewachsen, bin hier zur Schule ge-
> gangen, ich hab das alles freiwillig gemacht, er ist schon stolz auf mich,
> auch wenn er weiß. Also ich achte da schon darauf. Aber manchmal, wenn
> er merkt: ‚Wenn du läufst, dann sieht man deinen...' (lachen), dann weißt
> er mich lieb darauf hin. Also sehr lieb." (ebd., Zeile 1395)

Maryam war sich immer bewusst, dass sie eines Tages mit dem Tragen des Kopftuches beginnen möchte, schob diesen Tag aber auf einen unbestimmten Zeitpunkt in der Zukunft. Für sie war damit in ihrer damaligen Vorstellung Alter und ein Herabsetzen der Attraktivität verbunden.

> „Erst wenn ich älter werde, dann trage ich Kopftuch. Dann habe ich schon ein paar Kinder und dann sehe ich sowieso alt aus, dann ist es mir egal, wie ich dann rumlaufe. Aber ich war noch jung, ich war 19." (ebd., Zeile 1295)

Maryam begann im Urlaub bei der Familie im Libanon mit dem Kopftuch- tragen. Sie war seit zwei Monaten erst verheiratet, sie hatte ihr Abitur erfolgreich abgeschlossen und sich für die Universität beworben. Ihr Mann redete ihr da nicht hinein, obwohl Maryam wusste, dass er sich seine Frau mit Kopftuch vorstellte. Aber sie hatte sich ihre weiße Hochzeit mit fliegenden Haaren vorgestellt und als dieser Traum erreicht war, bestand für sie kein Grund mehr für eine weitere Aufschiebung (ebd., Zeile 850-860). Spontan und bewusst entschloss sie sich dazu, diesen Schritt zu gehen, zu einem Zeitpunkt zu dem sie sich weit weg von jedem Kontext befand, der für sie sonst vertraut war. Und sie wollte die Gelegenheit des Umbruches in ihrem Leben nutzen, also die Zeit zwischen dem Abitur und dem Studium, um mit dem Kopftuchtragen zu beginnen.

Auch hatte Maryam erkannt, dass es eine gute Idee ist, dann mit dem Ändern der Kleidergewohnheiten zu beginnen, wenn das neue Umfeld sie noch nicht ohne Kopftuch kennt, da das Habitualisieren des Kopftuches ein beschwerlicher Prozess sein kann, wenn einem alle erzählen, wie man damit aussieht (ebd., Zeile 840).

> [Ma:] „Es ist wirklich so. Wenn man sich das aussucht, dann dort am Besten. Weil dann hast du auch Zeit. Es ist wirklich am Anfang, wenn du dein Kopftuch trägst, es ist ein Kampf. Das ist ein innerer Kampf. ‚Du siehst ja so hässlich aus, warum hast du dir das angetan'..." (ebd., Zeile 1285)

Im Zusammenhang mit dem Beginn des Kopftuchtragens berichtete mir Ma- ryam von einer ihrer Freundinnen, die keinen migrationsbedingten Bruch in ihrem Leben erlebte, sondern einen persönlichen, als ihr Großvater verstarb.

> „Eine andere Freundin, von der hätte ich nie gedacht, dass sie ein Kopftuch tragen würde, sie war sehr modebewusst mit den Haaren und hat immer Wert darauf gelegt zu färben und zu schneiden. Ich hab sie abgestempelt, dachte, die wird nie Kopftuch tragen. Und bei ihr kam ein Einschnitt, als ihr Opa gestorben ist. Sie hat ihn sehr, sehr, sehr geliebt und sie war bei der Beerdigung, bei der Trauerfeier, also die ist ja erst einmal bei denen zu Hause und dann nach ein paar Tagen wird der erst beerdigt, hier in

Deutschland. Im Libanon und in den arabischen Ländern geht's ja ganz schnell. Aber erst einmal war die Trauerfeier zu Hause und bei der hatte sie ein Kopftuch an. Und immer, wenn jemand hereingekommen ist hieß es: ‚Ah, trägst du jetzt Kopftuch, schön.' Und sie meinte zu mir, ‚Ey, die denken alle, ich trag' jetzt Kopftuch, sind die blöd. Ich werd' nicht mein Kopftuch tragen, ich trag' das jetzt nur so, ich mach's dann ab. Aber die sagen, wenn man kein Kopftuch trägt, dann kommen die Engel nicht.' Und dann hab ich mir gedacht, ‚Okay, alles klar.' Also sie ist eh nicht so religiös. Sie betet nicht und sie ist so Muslima aus Gewohnheit, also sie ist geboren als Muslimin. Aber nicht richtig praktizierend. Dann bei der Beerdigung, als er dann richtig runter getragen wurde, hat sie so richtig über den Sinn des Lebens nachgedacht und wegen Strafe, du weißt ja, und dann hat sie gedacht: ‚Ok, jetzt mach ich es', und dann hat sie es getragen. Und sie hatte richtig zu kämpfen, sie hatte manchmal gedacht, ‚hab ich jetzt das Richtige gemacht.'" (Maryam 2011, Zeile 1305-1325)

Auch für sich selbst, die sie sich als religiös bewertet, war der Umstieg schwer, wie sie betont. Maryam beschreibt, wie schwierig sich für sie der Umstieg auf Hijabkleidung angefühlt hat, so sehr, dass sie davon geträumt hat.

„Du wirst manchmal ganz kritisch am Anfang, guck mal wie du aussiehst, siehst jetzt wie eine ältere Frau aus. Am Anfang, hab ich immer davon geträumt, dass ich ohne Kopftuch rumgelaufen bin." (ebd., Zeile 1295)

Sie betont, für wie sinnvoll sie den Umstieg in einem Land mit mehrheitlich muslimischer Bevölkerung hält (ebd., Zeile 1295). Der Libanon war für sie auch eine gute Wahl, weil sie dort die entsprechenden Einkaufsmöglichkeiten vorfand, die ihr in Deutschland fehlen. Hier gibt es ganzjährig zu günstigen Preisen leichte Oberteile mit langen Ärmeln und am Hals bündig abschließenden Kragen, etc. (ebd., Zeile 840). Zusätzlich zum scheinbar üblichen Druck und Unverständnis seitens ihrer nichtmuslimischen Umgebung hatte Maryam unwissentlich einen denkbar schlechten Zeitpunkt gewählt, um mit dem Kopftuchtragen zu beginnen. Seit dem 11.September 2001 verstärkten sich deutlich merkbar die Ressentiments gegen Muslime. Dies war für Maryam spürbar bei ihrer Rückkehr aus dem Urlaub nach Deutschland, nur wenige Tage nach dem Anschlag (ebd., Zeile 860-875).

„Das ist diese Skepsis, die kommt sowieso. Auch wenn du gläubig bist, wenn dich jemand schräg anguckt, dann denkst du schon, ‚hab ich das Richtige gemacht, oder nicht?' Aber wenn der Glaube nicht da ist, also da stärkt dich ja der Glaube, das Wissen, ich hab das für Gott gemacht." (ebd., Zeile 1305-1325)

Hier wird etwas deutlich, was in Deutschland in den meisten Fällen überwiegt, wenn begonnen wird, Hijab zu tragen: Die Religion als Hauptantrieb. Kaum eine Frau würde sich hier zum säkularen Kopftuchtragen entscheiden, auch wenn es das natürlich auch gibt, wie diese Bloggerin betont:

„In certain communities, hijab can allow a woman to enter into public
spaces to work and support her family, whether she believes it is a religious
requirement or not. People do indeed choose to wear it for religious reasons,
cultural reasons, identity reasons, as a form of protest, solace, protection
or fashion expression and feel empowered by this choice. Women who may
otherwise feel pressure by their community to cover up, may in fact feel
confident, respected and protected by covering - and may even garner a
level of power within that community. Of course, people also use the hijab
to oppress, restrict and control women, and it is absolutely a target for
Islamophobia and an excuse for prejudice." (wood turtle 2011)

Ich werde den hier unter anderem mit „cultural reasons" angesprochenen
Punkt des „säkularen Hijab-Tragens" in den Thesen in 7.5 und 8.1.1 noch
einmal aufgreifen. Für Deutschland kann angenommen werden, dass dies
zumindest in der Selbstwahrnehmung der Frauen keine große Rolle spielt,
denn jede, der von mir befragten Frauen in den letzten fünf Jahren, nannte
als erstes ihren Gottesglauben als Grund für das Hijab-Tragen.

6.3.2 Einordnung

Maryams Bekleidung bezeichne ich ebenfalls als binär organisiert, da sie Klei-
dungsstücke nach dem Prinzip hinzufügt, ob sie zu den bereits vorhandenen
Kleidungsstücken passen oder nicht, und nicht in erster Linie nach ihrem
Gefühl oder der aktuellen Mode entscheidet, was sie anziehen wird. Da sie
berufstätige Mutter ist und hier in Deutschland aufgewachsen, hat sie einen
Kleidungsstil entwickelt, der für sie praktisch ist, da er in allen Situationen
tragbar ist. Produktmode probiert sie nicht risikofreudig aus Interesse an der
Mode aus, sondern in geschützten Räumen und weil Freundinnen sie dazu
überreden. Mode hat bei Maryam also eine ausgeprägt soziale Komponente,
ebenso wie bei Amina. Beide sind eher wenig aus eigenem Antrieb an Mode
interessiert. Doch während Amina für alle Räume außerhalb ihres Zuhauses
nur ihren Mantel nutzt, hat Maryam einen Stil entwickelt, der sowohl ihren
Ansprüchen nach modischer Eleganz entspricht, als auch ihrem Bedürfnis
sich modest zu kleiden gerecht wird.

Der weiter oben erwähnte Satz, sie finde ihre eigene Mode langweilig,
assoziiere ich so, dass sie sich in Bezug auf Produktmode als langweilig
empfindet, weil sie diese nicht mitgeht. Ihre Bekleidung ist für sie stilvoll und
dazu gehört, dass sie durchaus an gepflegter Kleidung interessiert ist und
auf ihre Kleidung achtet, aber nicht in einem produktmodischen Sinne. So
lässt sich erklären, dass sie an einer Stelle betont, wie wichtig Mode für sie
sei und welche große Rolle diese in ihrem Leben spiele, und an anderer Stelle

festhält, dass ihre Mode langweilig sei. Ich vermute, dass Maryam Produktmode mit der dominanzgesellschaftlichen Hierarchie assoziiert, während ihre stilistischen Bemühungen auf ganz andere hierarchische Positionierungen abzielen. Diese können als eine Form der alternativen Hierarchie bezeichnet werden. An dieser orientieren sich muslimische Frauen, weil es scheinbar ohnehin keine Rolle zu spielen scheint, wie sehr sie sich bemühen als integriert zu gelten. Diese Unternehmungen werden in ihrer Wahrnehmung nicht entsprechend gewürdigt. Auch dieser Punkt ist es wert, im Hinterkopf behalten zu werden, denn ich werde noch einmal darauf zurückkommen.

6.4 Suraya: Vorsichtiges Ausprobieren von Mode

Suraya kommt aus Libyen und hat ein großes Interesse an Mode. Sie wohnte vor Ausbrechen des, in den deutschen Nachrichten nicht sehr präsenten, Bürgerkrieges von 2011 in ihrer Region bei ihrer Familie in der Nähe von Tripolis. Sie hat Geschichte studiert und ist Doktorandin und Dozentin an einer Universität in Libyen. Seit 2004 hält sie sich regelmäßig in Deutschland auf, um das Visum ihrer Mutter zu verlängern. Diese ist krank und wird in Deutschland behandelt. Außerdem kann sie, seit Ausbruch des Krieges, ihre Doktorarbeit in Libyen nicht zu Ende schreiben, weshalb sie sich in Deutschland eingeschrieben hat und nun hier promoviert (Suraya 2011-14, Zeile 305). Sie ist 40 Jahre alt, geschieden und lebt abwechselnd bei ihrer Familie in Libyen und in Berlin. Suraya ist die jüngste Tochter der Familie und hat noch vier ältere Brüder. Zwei davon sind ebenso interessiert an Mode wie sie selbst (ebd., Zeile 185).

Suraya hat weder Ehemann, der ihr in ihren Bekleidungsstil hineinredet, noch lässt sie sich von Vätern und Brüdern ihre Bekleidung vorschreiben. Sie ist modisch sehr selbstständig, sagt sie. Suraya ist experimentierfreudig mit ihrer Kleidung und probiert auch gern Trends aus, solange sie in einem gewissen, selbstgesteckten Rahmen bleiben.

Suraya ist eine Besonderheit unter den Interviewpartnerinnen. Ihrem Selbstverständnis nach ist sie sehr religiös und hat darüber hinaus ein wirklich ausgeprägtes ästhetisches Interesse an Mode, welches auch Eingang in ihren Alltag findet. Sie repräsentiert damit genau jene Schnittmenge, die oft von vielen Kritiker*innen in ihrer Existenz negiert wird: Einerseits folgt sie peinlich genau den islamischen Bekleidungsregeln, andererseits arbeitet sie immer neueste Modetrends in ihre Bekleidung ein. Bei unseren regelmäßigen Treffen im Verlauf der drei Jahre meiner Forschung wies sie mich regelmäßig auf ihre neuesten Erwerbungen und deren Kombinationen hin. Eine Zeitlang kombinierte sie eine karierte, anthrazitfarbene Tunika von *Esprit* mit einem Tuch in exakt den gleichen anthrazitfarbenen Farbschattierungen, gemustert mit einem Leopardenmuster. Aufgrund des Mustermixes wäre mir die Bedachtheit ihrer Kleidung nicht auf den ersten Blick ins Auge gefallen. Die Zusammenarbeit mit Suraya lehrte mich meine kulturell sehr geprägte Vorstellung von Mode deutlich zu überdenken.

Für sie bezieht sich Mode auf alle möglichen Dinge, also auch Handtaschen, Autos und Handys. Ich würde sie eher produktmodisch und konsumorientiert beschreiben. Sie legt großen Wert auf ihre Bekleidung, verfolgt aktuelle Moden und liebt vor allem die deutschen Marken wie *Gabor*, weil diese für sie für gute Qualität stehen. Bereits nachts überlegt sie sich ein Outfit für den nächsten Tag. Die Familie ist sehr groß, darum sucht sich Suraya morgens ihre Kleidung heraus und legt sie sich zurecht, bügelt sie usw. Weil Privatsphäre bei der Größe der Familie nicht immer garantiert ist, nimmt sie ihre Kleidung morgens mit ins Badezimmer mit.

> [Su:] „Am frühen Morgen, oder sogar in der Nacht, denke ich darüber nach, dass ich rausgehen werde und ich überlege mir, was ich tragen werde." [J:] *„In der Nacht?"* [Su:] „([deutsch] Ja) (lacht) Was ich tragen werde. Und ich nehme die Sachen aus dem Schrank." [J:] *„Abends schon!"* [Su:] „Ja, abends." [J:] *„Klasse!"* [Su:] „Und ich seh sie mir an und manchmal müssen sie gebügelt werden. Das Bügeln mache ich nachts, denn vielleicht habe ich morgens nicht ausreichend Zeit. Und ich denke darüber nach, dass ich an diesem Tag eine Freundin treffen werde, die ich lange nicht getroffen habe. Und ich denke an die schönste Kleidung, die ich habe, die muss ich tragen." [J:] *„Die schönste Kleidung."* [Su:] „Und es müssen schöne Farben sein. Und vielleicht treffe ich ([deutsch] meine Kollegen, also Männer) Und ich denke, es muss akzeptabel sein. Das bedeutet, dass die Farben nicht so auffällig sind. ([auf deutsch] Ja. Nicht rot, nicht...) [Wechsel ins Arabische] Es ist eine Farbe, die gut ist und passend [im Sinne von angemessen]." (ebd., Zeile 100)

Die von ihr bevorzugten Farben reichen von Schwarz bis Orange und sie kombiniert sie mit anderen, ihrer Meinung nach damit harmonierenden Farben. Dazu zieht sie noch eine zweite Farbe an. In Libyen, so sagt sie, ist schwarz die Königin der Farben und sie zählt sie auch als eine eigenständige Farbe, also nicht als unsichtbar bzw. unmarkiert.[50] Außerdem trägt sie

---

50 Genauso verhält es sich mit der Jeans, die für sie als Farbe zählt. Miller und Woodward (2012) haben herausgearbeitet, dass die Jeans sich vor allem im globalen Westen zu einem unmarkierten Kleidungsstück entwickelt hat, welches unabhängig von der sonstigen Farbgestaltung des Outfits getragen werden kann. Dies mag erklären, warum komplette Outfits aus Jeans in Deutschland mittlerweile als untragbar gelten, während sie z.B. in Damaskus keine Seltenheit darstellen.

sehr gerne sogar die Unterwäsche passend zur Kleidung, so dass ihre beste
Freundin sie immer fragt, welche Farbe ihre Unterwäsche heute habe, ob
sie die eine oder die andere Farbe ihrer Oberbekleidung aufgreifen würde.
Orange und Dunkelgrün nennt sie als Beispiele für ihre Lieblingsfarben
sowie weiß und schwarz. Am liebsten ist ihr, dass Hijab, Body, Schuhe und
Handtasche farblich aufeinander abgestimmt sind. An den Füßen trägt sie
meist Sneaker, aber nur wenn sie in Deutschland ist. In Libyen bevorzugt
sie Lederschuhe, Halbschuhe oder Stiefel mit kleinem Absatz. Überhaupt
findet sie passende Handtaschen und Schuhe sehr schön, ihr ist aufgefallen,
dass dies in Deutschland wenig getragen würde. Die Menschen trügen ihrer
Meinung nach alle Sachen und Farben wild durcheinander, vor allem die
jungen Leute. Bei den älteren Frauen sieht sie viel mehr zueinander passende
Kleidung, die nicht so viele Farben durcheinander tragen.

Ihre bevorzugten Stoffe sind Baumwolle, außerdem Kaschmir und Wolle.

> [Su:] „Und es sind Farben, die harmonieren oder sich ähneln. ([deutsch:]
> Zum Beispiel weiß mit schwarz, orange mit dunkelgrün) und so in der Art.
> Die Farben und die Art der Kleidung. Ich liebe ([deutsch] Baumwolle. Und
> Kaschmir und Wolle) ich liebe diese Stoffe. Aber im Sommer trage ich nur
> Baumwolle. Weil die Sachen gut sind und weil die Hitze in meinem Land so
> groß ist, dass ich Sachen aus ([deutsch] Baumwolle) tragen muss." (Suraya
> 2011-14, Zeile 115)

Suraya besitzt viele Taschen, die sie passend zu der Kleidung trägt.

Wir reden auch über aktuelle Fashion und was ihr derzeit aufgefallen ist.
Sie erzählt mir, dass ihr die Sandalen mit dem Reißverschluss an der Ferse
besonders ins Auge gestochen seien und die langen Maxiröcke. Über diese sei
sie ganz besonders glücklich. Vor einiger Zeit hat sie vergeblich versucht in
Deutschland lange Röcke zu kaufen, aber es gab sie einfach nicht. Ich frage
sie, was sie macht, wenn es nur kurze Sachen gibt. Dann, sagt sie, geht sie
wieder und versucht es zu einem anderen Zeitpunkt noch einmal. Allerdings
verdeutlicht sie auch, dass sie durchaus auch kurze Röcke trägt: über einer
Hose. Das sei in Libyen lange Zeit ein ganz großer Trend gewesen.

Suraya informiert sich immer über die aktuellsten Modetrends. Neben
ihren eigenen Beobachtungen der Streetwear nimmt sie Anregungen über das
Fernsehen und über Zeitungen auf und manchmal auch über das Internet,
allerdings nicht über Blogs. Den Kleidereinkauf erledigt sie bei *C&A* oder
Kaufhof. Die Läden transnationaler Kleinunternehmer aus Neukölln und
Wedding hat sie ausprobiert, fand die Sachen dort aber zu unmodisch und
deshalb untragbar (ebd., Zeile 160). Im Sommer 2014 hat Suraya einen
neuen Hijab-Stil ausprobiert, den sie sonst nicht trägt. Sie berichtet mir von
folgendem Dialog zwischen ihr und ihrer Mutter:

[Su:] „Meine Mutter meinte heute zu mir ‚Wieso trägst du dein Kopftuch wie eine Palästinenserin?' Ich sagte zu ihr, das sei jetzt modisch. Sie meinte nur, wie es vorher war, hätte sie schöner gefunden. Ich sagte ihr, ich würde es ein bisschen so tragen und wenn es ihr weiterhin nicht gefiele, würde ich es wieder ändern." (zwinkert) [J:] *„Du hast nicht vor, es wieder zu ändern, oder?"* [Su:] „Nein!" (lacht) (informelles Gespräch ebd.)

Suraya kombinierte ein mintgrünes Tuch mit einem schwarzen Unterkopftuch und trug einen dazu passenden Kajalstift auf ihr Unterlied auf.

Die Kleidung in Libyen für zu Hause unterscheidet sie von der Kleidung für draußen, hiernach sortiert sie ihren Kleiderschrank. Auch sind dort Winterkleidungsstücke woanders gelagert als die Sommerbekleidung. In Deutschland ist diese Unterscheidung nicht so streng, da sich ihre Garderobe sehr von dem unterscheidet, was sie in Libyen hat und benötigt.

[Su:] „Ja, es gibt einen Unterschied. Der Schrank in Libyen ist sehr groß und sortiert, viel besser sortiert. Und in Deutschland ist er kleiner, denn ich bleibe nicht so lange in Deutschland und ich brauche auch nicht so viel Kleidung." [J:] *„Warum?"* [Su:] „Weil in Deutschland arbeite ich nicht, ich gehe nur aus dem Haus ([deutsch] um einzukaufen, oder in die Bibliothek zu gehen oder mit einer Freundin zu treffen, spazieren gehen). Aber in Libyen brauche ich ([deutsch] viel Kleidung, weil ich bin auf Arbeit) und manchmal gehe ich eine Freundin besuchen und meine Familie und deshalb unterscheidet sich die Kleidung zwischen Libyen und Deutschland." (ebd., Zeile 60)

Wie bei Amina setzt die Migration der Mode klare Grenzen, da es nicht möglich ist, für alle Anlässe angemessene Kleidung mitzunehmen. Da es für Suraya, ebenso wie für Amina, aber keine Vielzahl unterschiedlicher Anlässe gibt, zu denen sie die jeweils angemessene Kleidung benötigt, ist das kein großes Problem. Vermutlich braucht sie auch deshalb weniger Kleidung, weil die Sphären auf zwei reduziert sind.

Als Suraya nach Deutschland kam, stellte sie fest, dass sie ihre Bekleidung hier als unpraktisch empfand. Die langen Röcke erlaubten ihr keine Bewegungsfreiheit, da in ihnen keine großen Schritte möglich sind. Auch das Einsteigen in Busse oder das Treppensteigen erschien ihr mit langen Röcken als zu beschwerlich. Darüber hinaus gefiel ihr nicht, wie dabei ihre Beine entblößt wurden. Zusätzlich würde viel mehr Wind wehen, besonders beim Hinabsteigen zur S-Bahn (ebd.). Da Suraya das Tempo hier als ein anderes wahrnahm, bemängelt sie am langen Rock, dass es nicht möglich war, darin schnell zu laufen. Schließlich nannte sie noch einige soziale Gründe dafür, in Deutschland keinen Rock mehr tragen zu wollen. Sie hatte den Eindruck, dass sie in anderer Kleidung weniger auffiel als im Rock und sie berichtete davon, sich weniger angestarrt zu fühlen (ebd., Zeile 20-25). Da ihr

Abbildung 6.7: Abbildung von Suraya in einer Bibliothek. Berlin, 2012. Quelle: JK.

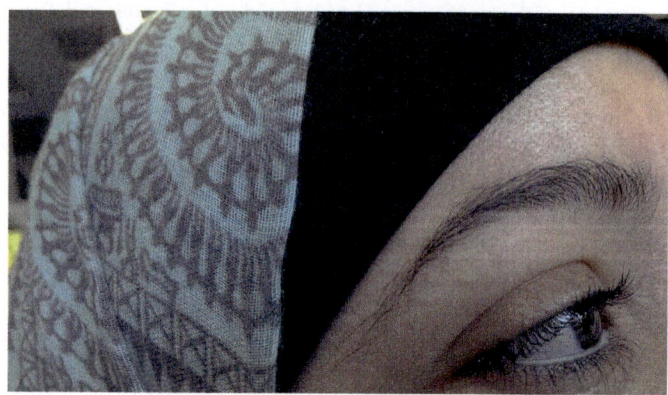

Abbildung 6.8: Suraya mit neuem Stil: mintgrünes Kopftuch und passender mintgrüner Kajal auf dem unteren Innenlid. Berlin, 2014. Quelle: JK.

in ihrer Familie auch sonst niemand vorschreibend in ihre Bekleidungswahl hineinredet, wechselte sie ihren Grunddresscode, probierte Hosen zu einem langen Cardigan aus und fand diesen Stil in Deutschland seitdem einfach praktischer.

Ihre erste Jeans kaufte sie zusammen mit einem ihrer Brüder, der sie zu *C&A* begleitete und ihr bei der Auswahl helfen sollte. Er war es auch, der ihr überhaupt erst den Vorschlag machte, statt der unpraktischen Röcke, die sie sonst immer trug, eine für Deutschland sehr viel unauffälligere Hose zu kaufen. Ihr Bruder trägt *stonewashed* Jeans, aber das, findet Suraya, sieht aus wie Gebrauchtkleidung, auch wenn ihr bewusst ist, dass dies die derzeitige Mode darstellt.

Gelegentlich versucht sie die Jeans aus Deutschland in Libyen zu tragen, mehrmals stand sie darin schon vor dem Spiegel, nur um die Sachen wieder auszuziehen. Aber weder die Jeans noch die von ihr in Deutschland bevorzugten Sneaker kann sie in Libyen tragen, denn letztere passen nicht zum Rock, das von ihr dort bevorzugte Kleidungsstück. Allerdings ist das keine generelle Regel, es ist nur so, dass Suraya sich in Libyen in Jeans und Turnschuhen nicht wohlfühlt. Hier kommt die bereits angesprochene affektive Begegnung von Raum und Gefühl zum Tragen.

In einem unserer späteren Gespräche kam die Frage erneut auf, ob sie nun angefangen habe, Jeans in Libyen zu tragen. Suraya verneinte, die Zeit sei derzeit nicht so gut für so etwas wegen des Krieges, aber vielleicht würde sie nach einer möglichen Hochzeit damit anfangen.[51] An der Universität bei ihrer Arbeit als Dozentin wäre dies ohnehin nicht möglich, Jeans seien dort nicht gern gesehen, das gelte als modisch unpassend. Da Suraya als Dozentin an der Universität arbeitete, bevorzugte sie dort einen formelleren Kleidungsstil, weil das ihrer Empfindung nach erwartet wird (Suraya 2011-14, Zeile 155).

Sie berichtete mir oft von neuesten Modetrends in Libyen, denen sie durch ihr regelmäßiges Pendeln gut folgen konnte. Bei einer Gelegenheit erzählte mir von einer Mode, die zu diesem Zeitpunkt bereits zwei Jahre andauerte. Bei dieser wurde eine *Abaya* bis zum Oberschenkel eingeschnitten und mit einer weiten, gleichfarbigen Hose oder einem langen Rock kombiniert. Im Sommer reichte der Schlitz bis zum Oberschenkel, im Winter dagegen sei der Stoff dicker und der Schlitz bloß bis zum Knie. Immer jedoch würden die Farben der *Abaya* und der Hose perfekt aufeinander abgestimmt

---

51 Gelegentlich zieht sie die Hochzeit mit einem neuen Mann in Erwägung, aber wenn, dann soll er ein „guter" Mann sein: unverheiratet, religiös, ehrlich etc. Jene, die bei ihr anfragen, sind aufgrund ihres eigenen Alters oft bereits verheiratet und die Hochzeit kommt nicht zu Stande (Suraya 2011-14, informelles Gespräch).

sein. Über ein weiteres Beispiel libyscher Mode berichtete sie mir, dass in speziellen Läden für islamische Mode Unterarmstulpen verkauft würden, die mit Dreiviertelarm-Blusen kombiniert werden. Besonders erwähnenswert erscheint mir hierbei der Umstand, dass auch in Libyen diese Läden gesondert von anderen Bekleidungsgeschäften zu existieren scheinen. Zuletzt sei der Trend hin zu Spitzenstulpen gegangen, die mit einer Raffung und kleinen Rüschen am Handgelenk ausgestattet sind. Außerdem gab es einen Zeitraum, wo sich auf dem Kopf zwei Tücher, z.B. schwarz und weiß, gegeneinander kreuzten. Dies habe sie in Ägypten vor allem beobachten können. Diese Beobachtung kann ich für den gleichen Zeitraum für Syrien bestätigen. Auf meine Bitte hin brachte mir Suraya Bilder der aktuellen Mode in Libyen mit, die sie an der Universität für diese Arbeit aufgenommen hatte (vgl. Abb. 6.9).

Bei anderer Gelegenheit erklärte Suraya, dass sie beobachtet hatte, wie sich die Kleidung in den letzten Jahren in Libyen wandelte. Sie wurde nicht weniger oder mehr religiös, sie änderte sich nur. Waren in Libyen vorher *Jilbāb* und Hijab die vorrangig getragene Kleidung, änderte dies sich in den vergangenen Jahren und es wurden auch Röcke, Hosen und Blusen akzeptabel. Suraya erzählte, dass alle *Jilbāb* trugen, sei so von den *Scheikhs* vorgegeben gewesen, die behauptet hatten, diese Vorgaben stammten aus dem Koran. Suraya widersprach dem. Frauen sollten ihrer Meinung nach nicht so enge und auffällige Kleidung tragen und den Umständen angemessen gekleidet sein, aber sonst mache der Koran keine Vorgaben. Jene, die sich sehr religiös kleiden wollen, trügen *Khimār*, welcher ganz schwarz ist. In Libyen würde das aber sehr wenig getragen, das gehöre zum *Ḥijāz*, also auf die arabischen Halbinsel. Diese von Suraya beobachtete Veränderung hörte ich auch von Amina sowie von den Frauen aus dem transnationalen Bekleidungsgeschäft, in dem ich über einen längeren Zeitraum Feldforschung durchführte. Diese Entwicklung gab mir zu denken und inspirierte mich zu dem Gedanken, dass sich in Europa in den letzten Jahren eine inklusive Mode entwickelt hat (vgl. die Mode von *Elanany*, S. 140, die von der Designerin ebenfalls als inklusiv bezeichnet wird). Diese zeichnet sich dadurch aus, dass der westliche Grunddresscode in den modischen Entwürfen aufgegriffen und mit islamisch korrekten Stilelementen vervollständigt wird. Diese inklusive Mode ist in den letzten Jahren, über die Möglichkeiten des Internetzeitalters und durch die Globalisierung, zurück in Länder gewandert, die eine muslimische Dominanzgesellschaft haben und hat dort die vorhandene Mode verändert. Ich werde in der Thesendiskussion in Kapitel 8.1 diesen Gedanken noch einmal aufgreifen.

Abbildung 6.9: Surayas Nichte mit ihrer Freundin. Beide tragen den weiterentwickelten Stil. Tripolis, 2014. Quelle: Suraya.

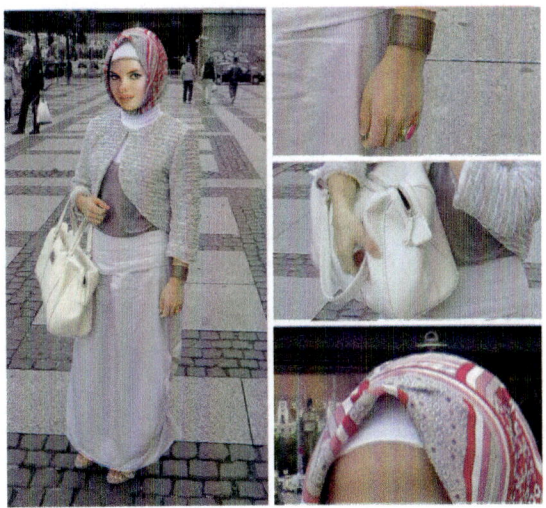

Abbildung 6.10: Helle Chiffonbluse kombiniert mit Baumwollrock und Lederarmband. Besonders auffällig: pink-weiß gemustertes Kopftuch und pinker Ring. Alexanderplatz, Berlin, 2012. Quelle: JK.

6.4.1 Beginn des Kopftuchtragens

Suraya begann mit dem Tragen des Hijabs am Ende der neunten Klasse. Es war der Tag der Prüfungen der libyschen Sekundarstufe II und sie und vier ihrer Freundinnen beschlossen, an diesem Tag mit dem Kopftuchtragen zu beginnen. Suraya hatte schon seit einem Jahr ihre Periode und hatte schon vorher immer gewusst, dass sie Kopftuch tragen würde, sie plante mit 14 oder mit 15 damit anzufangen. An diesem Tag jedoch sollte Allah sehen, dass sie gute Frauen sind und ihnen helfen. Darüber hinaus fand Suraya, dass sie nun eine erwachsene Frau geworden und verantwortlich für ihre Handlungen sei. Das merkte sie daran, wie ihre Mutter sie gelegentlich anders kritisierte und sie nun verstärkt darauf aufmerksam machte, dass sie kein Kind mehr sei und für ihre Handlungen verantwortlich (Suraya 2011-14, Zeile 240) (vgl. auch Klinkhammer 2000, S. 245). Ihre Familie gratulierte ihr zu ihrer Entscheidung, eine Feier oder ähnliches gab es jedoch nicht, gibt es in der Regel bei Frauen auch nicht. Wohl aber gehen die Brüder oder Väter mit den Töchtern los und kaufen dem Hijab angemessene Kleidung, so auch bei ihr. Sie verneint aber die Überlegung, dass manche Mädchen nur deshalb den Hijab aufsetzen, weil man dann neue Kleidung geschenkt bekommt. Eine ihrer Freundinnen legte, im Anschluss an die Prüfung, das Kopftuch wieder ab mit der Begründung, dass es nicht hübsch sei, was ihr herbe Kritik von den Freundinnen einbrachte. Suraya schüttelt darüber heute noch den Kopf, denn ihrer Meinung nach dürfe das Kopftuch, einmal begonnen, nicht wieder abgesetzt werden, da es den Übergang der Kindheit zum Frau-sein markiere (Suraya 2011-14, Zeile 235-250). Auch auf diesen Punkt, dass die „korrekte" Form Hijab zu tragen, unabhängig von tatsächlichem religiösen Engagement in Verbindung mit Gottesglauben gebracht wird, werde ich im weiteren Verlauf (Kap. 7.5) noch zu sprechen kommen.

6.4.2 Einordnung

Suraya interessiert sich sehr für Mode und Kleidung und setzt sich mit ihrem vestimentären Auftreten intensiv auch aus stilistischer Perspektive auseinander. Sie schafft damit eine enorme vestimentäre Übersetzungsleistung. Aber es wird deutlich, dass Kleidung für sie stark kontextabhängig ist. Statt dass sie einen Kleidungsstil für sich erarbeitet und dem treu bleibt, probiert sie gern herum und wechselt je nach Kontext und Anlass auch aus Eigenmotivation den Kleidungsstil, wobei der Kontext aber eine größere Rolle zu spielen scheint als der Anlass. Hier unterscheidet sie sich von Amina und Maryam, die beide ihrem Stil kontextunabhängig weitgehend treu bleiben oder wenn, dann nur auf sozialen Druck hin Neues ausprobieren. Suraya ähnelt in ihrem Verhalten eher Hurriya, die ich nun vorstellen werde.

Surayas Vorstellung, und die vieler anderer Gesprächspartnerinnen aus dieser Forschung sowie aus meiner Magisterarbeit, bezüglich zueinander passenden Farben zeigt darüber hinaus, dass die Stilbruch-Ära, seit der es möglich ist, alte Bekleidungsregeln zu brechen, ein Phänomen des „Westens" ist.

> „Plötzlich darf man Grün mit Blau kombinieren, kann Streifen zu Karos tragen, Blümchen zu Punkten und Chiffon zu grober Baumwolle." (Schipp 2005)

Dieser Stil wird auch und gern von den jungen muslimischen Frauen gewählt, die in Deutschland aufgewachsen sind, allerdings seltener von Frauen mit eigener Migrationserfahrung und Sozialisation in einem Land mit muslimischer Dominanzgesellschaft (vgl. Abbildung 6.10). Suraya kommentierte dies sogar mit Verwunderung.

6.5 Hurriya: Mode als Übersetzungsleistung

Hurriya ist eine kleine, sehr energische Frau Anfang vierzig und die Gattin eines Restaurantbetreibers.[52] Sie ist Mutter von vier Kindern und arbeitet als Angestellte im Restaurantbetrieb mit, erledigt Besorgungen und macht die Einkäufe für den Catering-Betrieb des Restaurants. Sie ist in Deutschland aufgewachsen, in einem Dorf in der Nähe von Stuttgart. Als junge Frau empfand sie ihren Vater als sehr streng, weshalb sie sich schwor, sie wolle nie „so" leben (Hurriya 2011, Zeile 265). Zum Beispiel hätte ihr Vater gern gesehen, dass seine Töchter früher anfangen, sich „anständig" zu kleiden, aber Hurriya und ihre Schwester weigerten sich.

> [Hu:] „Wenns nach meinem Vater ging, hätt ich's [das Kopftuch] gleich nach der Hochzeit anziehen müssen. Er hat's versucht früher, aber wir haben uns nicht zwingen lassen." (ebd., Zeile 310)

Erst als sie ihren Mann kennenlernte, entschied sie sich doch um. Dieser zeigte ihr eine andere Seite islamischen Lebens und die Entscheidung für ihn erwies

---

52 Im Studium war Hurriyas Mann mein Arbeitgeber. Da ein sehr vertrauensvolles Verhältnis zu ihm herrscht, saß er zeitweise während des Interviews mit am Tisch und erledigte Papierkram.

sich in den kommenden Jahren für Hurriya als eine gute Entscheidung. Sie macht dies mit einer Anekdote aus den Anfängen ihres Ehelebens deutlich:

> [Hu:] „Direkt nach meiner Hochzeit, als ich [meine Eltern] das erste Mal besucht habe:[...]" [J:] „ ‚Wieso hast du noch kein Kopftuch an?‘ " [Hu:] „Ja. Und ich hab mit [meinem Mann] vorher gesprochen und hab gesagt, ‚Ich bin noch nicht soweit. Ich möchte es nicht.‘ Und da sagt er: ‚Ja dann brauchst du es nicht.‘ Und ich hab gesagt: ‚Und mein Vater?‘ ‚Überlass mal deinen Vater mir.‘ Und dann bin ich zu meinem Vater und mein Vater guckt mich so ganz komisch an, ich versteck mich hinter meinem Mann, man sieht mich eh nicht hinter ihm... und dann meint er zu meinem Vater: ‚Ich möchte mit dir sprechen.‘ Und da meint er: ‚Also lass sie in Ruhe, sie ist jetzt meine Frau, ich bin für sie verantwortlich und für mich ist es ok so.‘ Mein Vater hat so eine Fresse gekriegt...(lacht) Aber er hat's geschluckt, weil er ist ja auch sehr religiös, er hat ja auch viel Ahnung, also kann er ihm ja nix vormachen." (Hurriya 2011, Zeile 305)

Ihr Mann verteidigte sie vor ihrem Vater bezüglich ihrer Bekleidungswahl. Nachdem Hurriya ihm erklärt hatte, sie sei noch nicht soweit, übernahm dieser die Durchsetzung dieses Wunsches gegenüber dem Vater und verteidigte sie auch vor seinen eigenen Freunden. Mehr noch, er ermunterte seine Frau zum Friseur zu gehen und einen eigenen Kleidungsstil zu finden.

> „Dann durfte ich, wie ich geheiratet hab, das erste Mal zum Friseur, ich durfte mich schminken. Ich durfte anziehen, was ich wollte, er hat alles durchgelassen. Meine Eltern sind durchgedreht, er hat gesagt: ‚Lasst sie in Ruhe‘." (ebd., Zeile 320-335)

Bis heute bringt Hurriya ihr Kleidungsstil gelegentlich Kritik von ihren weiblichen und seinen männlichen Bekannten ein. Und während Hurriyas Mann diese Kritiken abschmettert, setzen die der Frauen ihr schon zu. Eventuell ist dies ein Grund, warum sie diese Freundschaften schleifen lässt in den letzten Jahren und sich auf ihre eigene Familie konzentriert.

> „Aber ganz ehrlich, viele sprechen mich darauf an, dass ich zu modern herum laufe. Meine Bekannten zum Beispiel. Die, die alle kein Kopftuch anhaben: ‚Würde ich Kopftuch tragen, würde ich nur lang anziehen, würde ich nur so und so...‘ Da hab ich gesagt: ‚Ja, warum machst du es dann nicht?‘ ‚Ich bin noch nicht soweit.‘ Da hab ich gesagt: ‚Ja dann lass [mich doch in Ruhe]‘ ‚Du bist aber schon eine Hadschi, warst schon in Mekka.‘ Da hab ich gesagt: ‚Ja, na und? Nur weil ich in Mekka war, heißt das noch lange nicht, dass ich mein Leben abschließen muss oder nichts mehr in meinem Leben machen muss.‘" (ebd., Zeile 470)

Hatte sie in jüngeren Jahren viele Freundinnen und war viel in Arbeitsgruppen unterwegs, war ihr das in den letzten Jahren immer zu viel. Sie deutet an, dass sie die fortwährende Kritik der anderen leid war (ebd., Zeile 585).

> [Hu:] „Schau, die Leute sind alles Neider, leider. Alles Eifersüchtige. Du
> musst immer achten auf das, was du sagst und ich hab keinen Bock mehr
> darauf. Immer dieses Geschnatter. Ich hab keinen Bock darauf, verstehst
> du? Die respektieren mich alle, ich hab mit keiner Schwierigkeiten, Gott-
> seidank, aber, ich geh einfach auf Abstand. Ich hab meine Kinder, die sind
> jetzt erwachsen, ich komm mit denen klar, ich hab meine Geschwister hier,
> ich hab meine Schwester, mit der komm ich super klar, machen wir alles
> gemeinsam und dann ist da mein Mann. Mein Freund ist einfach mein
> Mann." (ebd., Zeile 595-600)

Aus Hurriyas Beschreibung geht hervor, dass ihr ihre Mode sehr wichtig ist
und sie sich da von niemandem hineinreden lassen muss. Allerdings gesteht
Hurriya ihrem Mann schon Mitspracherecht zu, denn seine Fähigkeit, Einfluss
auf seine Frau zu nehmen hat Auswirkungen darauf, wie die Familie geachtet
und seine Kompetenz als Islamkundiger anerkannt wird. Also beugt sie sich
gelegentlich seinen Wünschen und sieht das als ihren Beitrag zur Familie
(ebd., Zeile 205, 845-850).

> [Hu:] „Ja... Also wie gesagt, ich bin manchmal meinem Mann viel zu mo-
> dern." (lacht verlegen und schielt zu ihm herüber) [J:] „Was heißt das?"
> [Hu:] „Wenn ich ein knappes Oberteil anziehe und meinen Popo kann man
> sehen, dann kann er schon [...]" [Hu's Mann:] „Ja, das passt nicht zusam-
> men." [Hu:] „Er meint, das ist dann zu übertrieben. Wenn man meinen
> Hintern dann schon sehen kann. (schnell im Anschluss und begütigend in
> seine Richtung:) Keiner guckt mir auf meinen Hintern, nur du. (lacht wie-
> der das verlegene Lachen) Dann mag er das nicht, verstehst du? Aber den
> Rest toleriert er. Meine Fingernägel toleriert er, meine Schminke toleriert
> er u.s.w. [...] (lacht nochmal) Meine Verrücktheiten... die zu meiner Mode
> gehören, toleriert er auch [...] ne?" (tätschelt seinen Oberschenkel) (ebd.,
> Zeile 205)

Dabei kleidet sie sich immer dem Anlass entsprechend:

> [Hu:] „Na, dann bin ich wieder so sportlich. Es sei denn, wir haben irgend-
> was, Veranstaltung oder so, dann zieh ich mich wieder schick an. Es ist je
> nachdem, was für eine Situation du hast. Ist es schönes Wetter, hast du
> luftige Sachen an, ist es kälter, hast du wärmere Sachen an. Gehst du aus,
> bist du schicker angezogen. Er wundert sich manchmal, was für Sachen ich
> hab." (ebd., Zeile 720)

Ihre eigene Mode beschreibt sie als „moderne Kleidung", die sie freiwillig,
wie Maryam es positiv ausdrückt, „islamisiert", also z. B. mit langen Ärmeln
versieht. Die Betonung der Freiwilligkeit scheint ihr sehr wichtig, zu oft hat
sie in den deutschen Medien Berichte von Frauen gehört, die das Kopftuch
nicht freiwillig tragen. Da sie das Gefühl hat, ihr Mann würde ihr zuliebe
viele Kompromisse eingehen, macht sie ihrerseits Zugeständnisse bezüglich
ihrer Kleidung und wählt z.B. keine Oberteile aus, die die Umrisse ihres Pos
entblößen.

Stattdessen kombiniert sie lockere Jeans mit oberschenkellangen Ober-
teilen, dazu farblich passenden Hijab und Schuhe, je nach Anlass flache
Sneaker oder Pumps mit Absatz. Dazu einen *Al-Amira*-Hijab, in den sie wie
Maryam einen Plastikstreifen hineinschiebt:

> [J:] *„Aber, sag mal, hast du da einen Streifen drunter?"* [Hu:] „Ja, ich
> hab so einen Plastikstreifen, die sind so zurecht geschnitten, die kann man
> auch fertig kaufen. Und ich mach immer ein Loch rein und dann tu ich es
> rein. Das sieht einfach schöner aus finde ich, als dass das so platt an dem
> Kopf ist." (Hurriya 2011, Zeile 110)

Hurriyas Kleidungsstil scheint ebenso wie Surayas das zu sein, was Bachmann
(2008) als das alltägliche Chaos affektiver Bekleidungswahl bezeichnet. Sie
sagt, sie liebt die Mode. Sie passt sich an die Umstände an, wie auch die
anderen Frauen:

> [Hu:] „Also ganz ehrlich, wenn ich in den Libanon gehe, habe ich viel
> schlimmere Sachen als hier an. Da pass ich mich an." [Hu's Mann:] „Da
> ist sie noch moderner." [Hu:] „Jaha! Da bin ich noch schlimmer. Es gibt
> wirklich Sachen, die ich im Libanon trage und die ich hier nicht trage."
> (Hurriya 2011, Zeile 695)

Es ist interessant, dass Hurriya ihre Bekleidung selbst als schlimm bezeichnet
und wohl auch der Grund für die erwähnte Kritik an ihrem Kleidungsstil.
Ich werde diesen Punkt noch aufgreifen. Das Anpassen während des Urlaubs
beschrieb auch Maryam. Dabei bleibt die Anpassung aber immer in einem
bestimmten Rahmen.

> [J:] *„Unterscheidest du dich von den Frauen im Libanon, von der Mode?"*
> [Hu:] „Ne? Die tragen Gewagteres. Ich würde nie Stiefel bis da (zeigt auf
> den Oberschenkel) tragen. Ich trage Rock bis da im Winter und Stiefel bis
> da (jeweils bis zum Knie), ja." (ebd., Zeile 215)

Im Unterschied zu Maryam jedoch, hat bei Hurriya das modische Gesamtge-
fühl bezüglich ihrer Kleidung Priorität, weniger die religiöse Anerkennung
durch einzelne Mitglieder der Umgebung. Es scheint für Hurriya bedeutsam
zu sein, dass die affektive Verbindung von Raum und Kleidung sich für sie
stimmig anfühlen. Der Unterschied zu Mayram liegt eventuell darin, dass
es ihr mehr ausmacht, sich vestimentär sehr vom Kontext zu unterscheiden,
sie dafür konkrete Kritik einzelner Personen besser erträgt. Zu mehreren
Begebenheiten hat sie darum ihren Kleidungsstil umfassend geändert, vor
allem vor und nach ihrem Umzug nach Abu Dhabi.

Nach ihrer Pilgerfahrt nach Mekka ging Hurriya dazu über, *Abayas* zu
tragen. Sie war mit ihrem Mann aus beruflichen Gründen nach Abu Dhabi
gezogen und passte sich den Landessitten entsprechend an. Auch zu einem

früheren Zeitpunkt trug Hurriya die *Abaya* in Deutschland auf der Straße, während ihrer Schwangerschaft, da sie wegen ihrer weiten Schnittweise in dieser Zeit angenehm zu tragen sind. Aber sie machte durchweg schlechte Erfahrungen damit:

> „Früher, da wurde ich nur angeschrien. Nur angemotzt, ja! Und wenn ich mal schwanger war, ‚Guck dir mal die an, ey, die kriegt nochmehr Kindergeld und mehr Kinder und so.'" (ebd., Zeile 160)

Erst bei ihrem Aufenthalt in Abu Dhabi machte sie die Erfahrung, dass diese Kleidung wertgeschätzt wird und sie darin vestimentäre Anerkennung findet.

> „Also ich habe in Abu Dhabi gewohnt und es war einfach herrlich. In diesem Land, wo man sagt, dort sei nur Wüste und dort würden nur die Leute mit Geld respektiert, aber da läuft jeder herum, wie er will, da guckt keiner den anderen an. Die Frauen laufen schwarz verschleiert, aber haben die die top-teuerste Garderobe an... die beste Schminke, die Dior-Handtasche und das sieht einfach sexy aus." (ebd., Zeile 80-85)

Dann kam für Hurriya die Zeit der Hadsch[53], welche für viele Muslim*innen eine tiefgreifende religiöse Erfahrung darstellt. Danach entschloss sie sich, mit ihrem Kleidungsstil zur *Abaya* zu wechseln.

> „Also, wie gesagt, nachdem ich in Mekka war, habe ich für mich selber entschlossen, dass ich diese lange *Abaya* anziehe, dieses lange Kleid." (ebd., Zeile 125)

Einige Zeit nach ihrer Rückkehr vom Auslandsaufenthalt der Familie in Abu Dhabi wurde ihr erneut klar, dass sie hier mit dieser Art der Bekleidung unzufrieden ist und wechselte wieder zu einem integrativen Stil, der westliche und islamische Bekleidungselemente in einem Stil zusammenführt.

> „Nach und nach hab ich ja gemerkt, scheiße, ich liebe die Mode doch, weißt du?" (ebd., Zeile 125)

Ihr Mann war zunächst unglücklich über diese Wahl, doch seiner Maxime folgend, dass man niemanden zu einer Bekleidung zwingen darf, akzeptierte er Hurriyas neuen Stil schließlich.

Sie freut sich auch noch immer an den *Abayas*, schöne und teure Kleider, die in sie Kuwait geschenkt bekommen hat und die mit *Swarowski*-Steinen geschmückt sind. Sie möchte sie aber nur zu entsprechenden Anlässen tragen,

---

53 Eine der fünf Glaubenspfeiler im Islam stellt die Pilgerreise nach Mekka dar, welche von mittlerweile bis zu zwei Millionen Muslim*innen jährlich an bestimmten Tagen im Jahr kurz nach dem Ramadan durchgeführt wird, um gemeinsam vor Ort verschiedene Riten zu begehen.

beispielsweise zu Empfängen in Botschaften, wo auch die anderen Frau-
en schick gekleidet sind und demzufolge bewundernde Kommentare über
Hurriyas erlesene Kleidung und ihren Aufputz machen.

> „Ich hab sehr schöne und sehr teure *Abayas*. Ich hab sie geschenkt bekom-
> men aus Kuwait. Aber ich zieh sie nur manchmal an, wenn ich mal bei
> jemandem zu Besuch gehe, weißt du?" (Hurriya 2011, Zeile 135)

Auch in Kuwait oder Abu Dhabi würden ihre teuren *Abayas* auf den ersten
Blick als solche erkannt, aber nicht in Deutschland.

Also kehrt Hurriya mit ihrem Grunddresscode zu dem zurück, was sie
in Deutschland als „moderne Kleidung" wahrnimmt, auch gegen den Widerstand ihres Mannes, für den dies gleichzeitig eine Herabsetzung innerhalb
muslimischer vestimentärer Hierarchien sein muss.[54] Nur wenn sie zu Treffen
mit den Gattinen der Botschafterinnen geht, lohnt sich das Tragen dieser
Abayas, da sie in diesem Rahmen ausreichend gewürdigt werden.

> „Letztens meinte eine Freundin zu mir, also von der Botschaft, wir hat-
> ten eine Veranstaltung. Und ich war eingeladen." [J:] „*Welche Botschaft?*"
> [Hu:] „Emiratische Botschaft. Aber ich war bei ihr zu Hause, bei der Frau
> des Botschafters. Es waren alle Diplomaten da, aber ich wurde auch ein-
> geladen. Und sie guckt zu mir: ‚Wie schaust du denn aus? Man, du siehst
> aus, als ob dein Mann Minister wäre.' Da hab ich gesagt: ‚Mein Mann ist
> doch ein Minister. Der ist Minister von euch allen.' Da sagt sie ‚Man, siehst
> du gut aus!'" [J:] „*Was hattest du an?*" [Hu:] „Ich hatte ein Kleid an, das
> ging bis da und Stiefel und einen Blazer, das war richtig schick und schönes
> Kopftuch dazu. Also es war auffallend. Schöner als die Diplomatenfrauen."
> (ebd., Zeile 720-730)

Deutlich wird das Gefühl der nicht vorhandenen Wahrnehmung von Hurriyas
Modeinteresse und dem Mangel an Akzeptanz ihrer Person in einem Zitat
über die Zeit ihrer Rückkehr nach Deutschland:

> [Hu:] „Du, es war so schwer wieder nach Deutschland zu fahren. ‚Oh nein,
> nicht schon wieder.'" (ebd., Zeile 660)

Dennoch ist sie in ihrer Wahrnehmung, ebenso wie Maryam, in einer vor-
teilhaften Position, denn sie ist in der Lage, aus beiden Gesellschaften das
Beste mitzunehmen (ebd., Zeile 270).

> [Hu:] „Mir fehlt vieles, wenn ich in den Libanon gehe oder in islamische
> Länder, wahrscheinlich, weil ich hier so aufgewachsen bin." (ebd., Zeile
> 795)

---

54 Was es mit muslimischen vestimentären Hierarchien auf sich hat, führe ich in Kapitel
8.3 zum vestimentären Empowerment aus.

6.5.1 Beginn des Kopftuchtragens

Hurriya begann das Kopftuch im Urlaub, einige Jahre nach ihrer Heirat zu tragen. Sie wurde schon lange durch ihren Vater mit dessen Vorstellungen von angemessener Kleidung konfrontiert, der nach der Hochzeit nun darauf bestand, Hurriya müsse nun aber endlich mit dem Kopftuchtragen beginnen, immerhin sei ihr Mann ein in religiösen Kreisen geachteter Mann. Als sie sich weigerte, trat ihr Mann für sie ein und besprach die Angelegenheit mit dem Vater, der Hurriya von da an in Ruhe ließ (ebd., Zeile 305-325). Als Hurriya mit ihrer ersten Tochter schwanger war, beschloss sie, nun sei sie soweit und sie möchte das Kopftuch aufsetzen. Ihr Mann schlug ihr dann vor, erst einmal den Urlaub als eine Art Probephase abzuwarten. Wenn sie mit einem guten Gefühl nach Hause führe, solle sie es aufbehalten, sonst wieder ablegen, dann sei sie noch nicht so weit (ebd., Zeile 345). So fuhren sie nach Dänemark und auf der Autobahn half Hurriyas Mann ihr mit dem Kopftuch, sie selber hatte noch nie eines für die Öffentlichkeit aufgesetzt, nur zum Gebet.[55]

Sinn der Aktion war, dass in einem Kontext ohne Freunde und Verwandtschaft eine Umgewöhnung leichter zu ertragen ist, als wenn alle Bekannten den neuen Stil gleich kommentieren.

> „Ich bin nach Dänemark gefahren zu unseren Freunden, keiner kennt mich mit Kopftuch, ohne Kopftuch, keiner hat gesagt: ‚Äh steht dir, steht dir nicht... macht dich hässlich, macht dich alt', die Leute haben mich so akzeptiert. Und dann hab ich mich dran gewöhnt und gesagt: ‚Ok, ich komm damit klar.'" (ebd., Zeile 345-355)

Bei ihrer Rückkehr sagte Hurriyas Mutter dann auch promt zu ihr: „Du siehst aus wie eine alte Oma, steht dir gar nicht." (ebd., Zeile 395) Das machte den Umstieg in der Bekleidung für Hurriya natürlich noch schwerer. Um den Übergang besser zu verkraften, trug sie deshalb das Kopftuch nach ihrem eigenen Stil. Obwohl die muslimischen Bekleidungsregeln nur die Hände und das Gesicht unbedeckt lassen, trug Hurriya es ganz am Anfang so, wie sie wollte.

> „Hab aber immer noch kurzärmlich so getragen, weißt du? Das ist wahr! (wir beide lachen herzlich) Dann mit den Jahren wurde mir das dann alles

---

55 Beim Gebet gilt die Regel, dass der Körper der Frau vollständig bedeckt sein muss, sonst wird das Gebet von Gott nicht angenommen. Da das erste der fünf täglichen Gebet Morgens vor dem Sonnenaufgang stattfindet, bewahren viele Frauen einen langen, oft selbst genähten *Khimār* in der Nähe des Bettes auf, den sie zum Gebet einfach überwerfen können. Auch in universitären Gebetsräumen hängen solche *Khimār* für muslimische Frauen, die zum Beten kommen, sich aber im Alltag nicht oder nicht vollständig mit weiter Kleidung bedecken.

> noch klar, obwohl ich bin eigentlich so aufgewachsen, aber ich wollte es
> nicht akzeptieren. Wollte es erst so akzeptieren, wie ich es will. Mein Sohn
> guckt sich letztens Photos an: ‚Mama, du bist kurzärmelig mit Kopftuch,
> bist du wahnsinnig!'" (Hurriya 2011, Zeile 350)

In der Beschreibung von Hurriyas Wechsel zur modesten Bekleidung offenbart
sich, dass es sich bei den Erwartungen der Familie, ausgedrückt in den Forderungen des Vaters, um Verhandlungen um angemessene äußere Darstellung
geht. Sich nicht vollständig zu bedecken ist Kindern vorbehalten, spätestens
mit der Heirat hat Hurriya, der Vorstellung des Vaters entsprechend, sich wie
eine erwachsene Frau zu bekleiden. Gleichzeitig liegt die Definitionshoheit
über angemessenes Bekleiden aber nicht mehr in seiner Hand, er ist nun kein
Teil der Auseinandersetzung mehr. Die Aushandlungen finden von nun an
zwischen Hurriya und ihrem Mann statt. Und auch wenn der Wünsche und
Vorstellungen äußert, setzt Hurriya auch aktuell ihre eigenen Vorstellungen
von angemessener Kleidung konsequent um.

In der Äußerung des Sohnes hingegen wird ein für diese Arbeit wichtiger Punkt deutlich, auf den ich in dem Kapitel 7.5 zur Kritik innerhalb
der muslimischen Diskurse noch einmal eingehen werde. Hier scheint ein
Umdenken der jüngeren Generation stattgefunden zu haben. Ich konnte
einen, in muslimischen Diskursen oft geäußerten, kritischen Blick beobachten, mit dem die Kleidung von muslimischen Frauen betrachtet wird. Die
Ausdifferenzierung muslimischer Modeformen verschärfte diese Diskurse in
den letzten ca. fünf Jahren, ebenso wie sich die Mode selbst entwickelte,
befeuert durch die Möglichkeiten der Anonymität des Internets. Auch meine
Gesprächs- und Interviewpartnerinnen bezogen sich positiv oder negativ
bewertend auf die Kleidung anderer Frauen. Diese Bewertungen sind Teil
einer Hierarchisierungsstrategie, auf die ich im Kapitel 8.3 noch zu sprechen
kommen werde.

6.5.2 Einordnung

In der Geschichte von Hurriya wird deutlich, dass es einen Zusammenhang
gibt, zwischen dem Bruch in ihrer Biographie und dem Bruch in ihrer Bekleidungsbiographie. Hurriya geht nach Abu Dhabi, wo ihre *Abayas* erkannt
und positiv bewertet werden. Hier kann sie auch mit *Abaya* ihren Wunsch
nach modischer Vielfalt ausleben, denn die Frauen treffen mit teuren Stoffen
und Applikationen, Schnittmustern und Designerhandtaschen Aussagen wie
die, dass sie fähig sind, sexy und modebewusst auf eine religiös korrekte
Art zu kombinieren, da eine Vierteilung der Räume und eine reine Frauenöf-

fentlichkeit dies einfach möglich machen. Für Außenstehende sehen *Abayas* jedoch nach dem immer gleichen schwarzen Kleid aus. Und so symbolisieren nach Hurriyas Rückkehr nach Deutschland die Sammlung teurer *Abayas* nicht mehr Eleganz und Weltgewandheit. Stattdessen wirken die *Abayas* wie „der schwarze Kittel" der armen Ausländerin, als die sie sich überhaupt nicht fühlt. Hier wird klar, dass zum Spiel mit der Mode mehr Personen gehören als nur diejenige, welche die Mode anzieht. Darüber hinaus benötigt es die betrachtende Person, welche die Kleidung mit ihrer Rezeption in einen gewünschten Kontext setzt. Hurriya fühlt dies und wechselt ihren Grunddresscode wieder zu einem Stil, der hier in Deutschland gelesen werden kann und für den sie keine abwertenden Blicke mehr bekommt.

6.6 Erste Interpretation

Hurriyas Mode ist von einem eigenständigeren Ausprobieren gekennzeichnet als die von Maryam. Beide sind in Deutschland aufgewachsen, beide haben auch viel Erfahrungen in muslimischen Kontexten. Davon unabhängig ist die eine interessiert an Mode als Produktmode und die andere legt mehr Wert auf einen konsistenten Stil. Hurriya ähnelt in ihrem Ausprobieren eher Suraya, da sie sich in die neue Örtlichkeit vestimentär einfügt und an sie anpasst. Hurriyas Geschichte ist, ebenso wie die von Suraya, ein Beispiel für eine gelungene vestimentäre Übersetzungsleistung. Auf ihrer Kleidung zeigen sie, dass sie verstanden haben, dass in Deutschland die Räume eine binäre Struktur aufweisen, keine quartäre. Indem Hurriya sich während Pendelns zwischen Abu Dhabi und Deutschland die nichtwestliche Vierteilung des Raumes aneignet und in ihrer Bekleidung umsetzt, spielt sie deutlicher das Spiel mit der Mode als zum Beispiel Maryam, die in ihrem Übersetzungsversuch gnadenlos scheitert, als ihr die neuste libanesische Kopftuchmode schnell wieder ausgeredet wird.

Hurriya hingegen geht in dieser Leistung sogar noch einen Schritt weiter und implementiert die in der muslimischen Dominanzgesellschaft angeeignete Mode in Deutschland, allerdings nur in den entsprechenden Räumen, was ihr manchmal ein großes Maß an Anerkennung einbringt: Sie würde aussehen wie die Diplomatengattinnen selbst. Indem sie sich, in der sonst zweigeteilten Öffentlichkeit Deutschlands, in einem frauenöffentlichen Raum, kleidet, wie Amina dies in einem semi-privaten Raum, z.B. bei einem Besuch tun würde, leistet sie, ohne sich dessen bewusst zu sein, eine bemerkenswerte Übersetzungsarbeit. Die Abaya, kombiniert mit einem Jackett, funktioniert zugleich in der offenen Öffentlichkeit (auf dem Weg zum Treffen) ebenso wie in der semi-privaten Öffentlichkeit und in der Frauenöffentlichkeit und kommt gerade deswegen erst in letzterer so richtig zur Geltung. Manchmal bedeutet es aber auch, dass Hurriya starker Kritik ausgesetzt ist, da ihre vestimentäre Übersetzungsleistung nicht anerkannt wird und sie lediglich bezüglich ihrer religiösen Vorstellungen inkonsistent wirkt, egal, ob sie das jetzt nun tatsächlich ist oder nicht. Dies ist ein wichtiger Gedanke, auf den ich ebenfalls im Kapitel 7.5 zur innerislamischen Kritik noch zu sprechen kommen werde. Aber auch Suraya leistet große Übersetzungsschritte, wenn sie sich an die binäre Teilung des Raumes anpasst und ihre Kleidung, ebenso wie Hurriya oder Maryam, aus westlicher Kleidungsart wählt und diese dann islamisiert, also weiterentwickelt. Darüber hinaus transferiert sie ihre modische Entwicklung zurück, wenn sie diese für Deutschland gedachte Mode nach Libyen mitbringt und langsam dort für sich tragbar macht. Damit beeinflusst sie die Entwicklung der Mode in Libyen, wenn auch unbewusst.

Amina und Maryam, die sich laut eigener Aussage auch nur wenig für Produktmode interessieren, bleiben ihrem eigenen Grunddresscode permanent treu. Aminas modisches Interesse ist scheinbar nicht ausgeprägt genug, um den gewählten Stil an die hier in Berlin stattfindende Mode anzupassen. Sie hat aber auch keine Anlässe, die sie dazu zwingen würden, wie dies bei Maryam im Urlaub der Fall ist. Die abwertenden Blicke lernt sie nach einiger Zeit einfach auszuhalten, sie gewöhnt sich daran. Ihre Kleidung würde sie deswegen aber nicht ändern, denn die ist für sie klar durchstrukturiert. Sie trägt aus religiösen Gründen in der offenen Öffentlichkeit einen Mantel und sieht keinen Grund, dies zu ändern. Maryam bleibt ebenfalls aus mangelndem Interesse an der Produktmode ihrem Stil treu und verändert diesen in der Regel nicht. Momente, in denen sie sich zu einem Ausprobieren neuer Stile verführen lässt, bereut sie später, da ihr Interesse nicht der Anerkennung ihrer Mode gilt, sondern der Anerkennung für ihre Fähigkeit, modeste Kleidung in ihren „westlichen" Grunddresscode ansprechend zu integrieren. Dass ihr dies hervorragend gelingt, beweisen die gelegentlich vorkommenden Kommentare bezüglich der religiösen Korrektheit ihres Stils. Trotzdem sie sich für Mode an sich nicht interessiert, schafft sie es einen Stil zu entwickeln, der den verschiedenen Anforderungen in Deutschland mehr als gerecht wird. Nur im Libanon ist sie nicht modisch genug, aber das kann sie ignorieren, da der relevante Kontext für sie Deutschland ist. Und hier bewegt sie sich im Rahmen dessen, was als religiös besonders angemessen erscheint, ohne damit allzuviel negative Aufmerksamkeit in der Dominanzgesellschaft zu wecken.

Der Vergleich zwischen den beiden Mode- und Migrationstypen war insofern fruchtbar, als dass er aufgezeigt hat, dass die Entwicklung eines

Stils, welcher in verschiedenen Kontexten funktioniert, bzw. das Wechseln dieses Stils eine besondere integrative Leistung darstellt. Die Adaption und Entwicklung einer neuen Bekleidungsform setzt eine Beschäftigung und ein Interesse an Mode voraus. Die vier Frauen zeigen beispielhaft eine unterschiedliche Herangehensweise an Mode und an den Umgang mit Stilformen, je nachdem, ob sie über eine eigene Migrationserfahrung verfügen oder nicht und ob sie Interesse an Mode haben.

7 Dimensionen der Regulation

Das nun folgende Kapitel wird zum einen über die regulative Perspektive des Kopftuches in Deutschland Aufschluss geben und zum anderen die Rechtslage zu Kleidung in islamischen Rechtsquellen betrachten. Dabei beschränke ich mich auf die reine Beschreibung der jeweiligen Gesetzeslagen: Der sich als säkular verstehenden deutschen Perspektive und den religiösen Grundlagen, auf die sich muslimische Frauen beziehen, wenn sie über ihre Kleidung sprechen. Hierbei nehme ich eine gründliche Eigenanalyse vor, statt mich auf konkrete Aussagen der Frauen zu beziehen. Jene konnten bereits im vorigen Kapitel nachvollzogen werden.

Für die Fragestellung ist dieses Kapitel insofern bedeutsam, als dass die im Rahmen der fortgesetzten Diskurse um den Hijab in Deutschland immer wieder thematisierten Behauptungen beleuchtet und verschiedene Annahmen in einen Kontext gesetzt werden. Zum Beispiel wird mir gegenüber oft die These geäußert, im Koran stehe gar nichts über eine Verschleierungspflicht oder es wird in Bezug auf mein Forschungsthema die Frage danach gestellt, ob Mode „im Islam" überhaupt erlaubt sei. Ich erlaube mir dazu allerdings kein argumentatives Urteil, denn wichtig ist der Nachweis eines Schleiergebots im Koran für die Bekleidungswahl der Frauen meist nicht (Klinkhammer 2000, S. 273), wie sich im Laufe dieses Kapitels noch zeigen wird. Es geht mir vielmehr darum, islamwissenschaftliche und rechtliche Informationen anzubieten und anhand dieser eine Diskussionsgrundlage zu ermöglichen. Die Frage nach den Bekleidungsvorschriften im Islam können ohnehin nicht abschließend für alle Muslim*innen beantwortet werden, da es *den Islam* in Deutschland und auch in anderen Ländern gar nicht gibt. Dabei werde ich die, in anderen Werken meist nur angerissenen rechtlichen Ausführungen, nicht nur mit dem Koran erläutern, da auch die Frauen sich nicht nur darauf beschränken, sondern ich werde darüber hinaus auch auf die Ḥadīthe sowie die vorislamische Dichtung eingehen. Dabei beziehe ich allerdings nicht den kompletten Rechtsdiskurs innerhalb der Kulturanthropologie mit ein, da dies hier den Rahmen sprengen würde, nämlich auseinanderzusetzen, welche rechtlichen Grundlagen es in Bezug auf Hijab-Bekleidung zu beachten gibt. Drittens werde ich auf innermuslimische regulative Strategien eingehen. Weiterhin soll die Frage nach der rechtlichen Situation in Deutschland im Rahmen der Fragestellung beantwortet werden.

Die Frage danach, ob das Tragen des Hijabs vorgeschrieben ist, beantworten viele Muslim*innen für sich selbst damit, dass zur Zeit des Propheten Mohammed (s)[56] dieser und die engsten Menschen um ihn herum vorbildlich gelebt hätten. Die meisten Frauen, die ich zu diesem Thema befragt habe, bezogen sich entweder auf ihre Studien des islamischen Rechts und hatten sich nach längerer Überlegung ein eigenes Urteil gebildet. Oder sie verließen sich diesbezüglich auf die Rechtsgutachten von Islamgelehrt*innen. Wiederum andere beriefen sich auf die Vorstellungen ihrer Umgebung.

Edward Said (2009 [1978], S. 113) bemerkte zu dem Thema ganz richtig, dass es eigentlich keinen Sinn mache, den Alltag und die Lebensrealität von Muslim*innen auf der ganzen Welt aufgrund der Analyse klassischer Texte zu beurteilen oder die Meinung muslimischer Experten als Grundlage für realpolitische Entscheidungen zu nehmen. Dennoch ist zu beachten, dass die meisten Frauen, die in Deutschland mit dem Kopftuchtragen beginnen, dies als bewusste Entscheidung nach vorhergehendem Studium der Quellen tun. Auch Frauen, die selbst über Erfahrung in der Koranexegese verfügen, vertrauen zum Teil zusätzlich der Interpretation von Religionsgelehrt*innen. Sie sind der Ansicht, die Rechtskunde im Islam sei zu umfangreich. Ein verhältnismäßig kurzes Selbststudium könne somit nicht besser sein, als ein lebenslanges Arbeiten mit den Rechtsquellen.

Ob und wie hingegen das Kopftuch in Deutschland erlaubt ist und welchen Rechtsstatus es besitzt, wurde seit 1998 vor allem an der Frage des Staatsdienstes festgemacht, nämlich ob Lehrerinnen Kopftücher während des Unterrichts tragen dürfen. Hierüber wurde die gesamte rechtliche Frage verhandelt und diese soll für das Gesamtbild hier ausschnittsweise wiedergegeben werden. Ausführlicher finden sich Beschreibungen der Diskurse u.a. in Amir-Moazami (2007), welche die Diskurse wissenschaftlich aufbereitet, Oestreich (2004), die mit journalistischer Genauigkeit einen Überblick über

---

56 Diese Abkürzung wird in dieser Arbeit aus Respekt gebraucht. Sie steht für „ صَلَّى الله ُعَلَيِه وَ سَلَّمْ *ṣallā 'l-lāhu ʿaʾhi wa salam* " und bedeutet: „Der Segen Allahs sei mit ihm und Frieden". Dies ist eine Segensformel, auch Eulogie genannt. Sie wird sonst von Muslim*innen gebraucht, wenn Sie den Namen des Propheten Mohammed (s) hören oder selbst aussprechen.

die Diskurse und ihre Akteur*innen bietet und Blumenthal (2009), die das Thema aus rechtlicher Perspektive für die einzelnen Bundesländer abhandelt. Ich beginne dieses Kapitel mit dem Rechtsstatus von Mode und Kleidung im Islam und fahre dann mit den rechtlichen Positionen zum Kopftuch in Deutschland und insbesondere zur gesetzlichen Regelung des Kopftuches für Lehrerinnen in Berlin fort und schließe mit einer innermuslimischen regulativen Perspektive.

7.1 Grundlagen islamischer Rechtslehre

Im Glauben sowie im Denken und Handeln beziehen sich Muslim*innen, hinsichtlich zumindest der religiösen Elemente ihres Alltags, auf die islamische Rechtslehre. Der Islamwissenschaftler Tariq Ramadan (2001, S. 188) gibt als kleinsten gemeinsamen Nenner des Muslimseins das Glaubensbekenntnis, die *Shahāda* an[57]. Einige Muslim*innen streben darüber hinaus an, in jedem Handeln, jedem bewussten Gedanken, ja jedem Atemzug Gott zu gedenken, nicht umsonst gilt der Islam als die Religion der totalen Hingabe und Unterwerfung (Khoury 2009). Hieraus rührt die versionsreiche Einflechtung von Redewendungen, die den Namen *Allāhs* beinhalten, in die alltägliche, auch deutsche Sprache. *Mā shāʾllāh, Bismiʾllāh* und viele mehr. Jede Handlung im Gedenken an Gott zu tun wird bereits kleinen Kindern beim Essen beigebracht, die jeden Bissen im Namen *Allāhs* zu segnen lernen. So kann jede Handlung, das Essen, das Überqueren der Straße, zum Gottesdienst werden, welche im Namen *Allāhs* ausgeführt wird, übersetzt also „*Bismiʾllāh*".

Umgekehrt wird jede Handlung auch im Licht ihrer Rechtsleitung betrachtet. Die Grundlagen für dieses Handeln, welches für manche möglichst stets im Einklang mit dem Glauben sein soll, basiert auf dem Koran, dem Wort Gottes. Dieses wurde nach dem islamischen Glauben vom Propheten Mohammed (s) innerhalb von 23 Jahren von 609 bis 632 n. Chr. verkündet. Das bekannte Jahr 622 n. Chr. ist das Jahr der Hidschra[58] Mohammeds (s) und seiner Anhänger von Mekka nach Medina. Dieses Jahr markiert den Beginn der islamischen Zeitrechnung.

---

57 Dabei handelt es sich um das islamische Glaubensbekenntnis: Es gibt keinen Gott außer Gott und Mohammed ist sein Prophet: لا إِلَهَ إِلَّا ٱللّٰهُ مُحَمَّدٌ رَّسُولُ ٱللّٰهِ *lā ʾilāha ʾillā ʾl-lāhu muḥammadun -rrasuwlu ʾl-lahi* .

58 Arabisch für auswandern. Die Flucht Mohammends von Mekka nach Medina markiert den Beginn der islamischen Zeitrechnung.

Zur Nachahmung empfohlen ist über den Koran hinaus außerdem das vorbildliche Handeln des Propheten Mohammed (s) selbst, seine Taten, seine Aussprüche oder das, was er stillschweigend gebilligt hat. Findet sich im Koran keine Antwort auf eine bestimmte Fragestellung, wird das gesammelte Wissen hierüber herangezogen. Jener vorbildliche Weg wird „Sunna" genannt, von dem auch die Sunniten ihren Namen beziehen. Das Handeln des Propheten Mohammed (s) wurde in Erzählungen überliefert, in den Ḥadīthen (arabischer Plural: aḥadīth), manchmal auch Prophetentradition genannt. Mindestens aus diesen beiden Quellen, also dem Koran und den Ḥadīthen, beziehen die überwältigende Anzahl muslimischer Rechtsgelehrt*innen ihre Urteile und fast alle Strömungen des Islams können sich auf die Anerkennung dieser beiden Quellen einigen. Insofern hat die Aussage, es würde sich eigentlich keine Anweisung zum Kopftuchtragen im Koran finden lassen, für die meisten Muslim*innen wenig Gültigkeit (Ferchl 1991, S. 7; Khoury 2009, S. 11). Die Ḥadīthe sind Ermahnung und Erbauung zugleich, zudem geben sie viele praktische Hinweise und erzählen über das Leben der frühislamischen Zeit. Sie zu befolgen gilt aber mehr als freiwillige Leistung, welche im Paradies belohnt wird. Ihre Nichtbefolgung hingegen zieht keine Konsequenzen nach sich (vgl. Krawietz 2002).

Ḥadīthe, auch erfundene, gab es um 200 Jahre nach der Hidschra[59] wie den sprichwörtlichen Sand am Meer, da das sich schnell ausbreitende islamische Reich vor allem Einflüsse aus den lokalen griechischen und iranischen Kulturen übernahm und einige Gläubige versuchten, ihren Vorstellungen und Ansichten in Form von Ḥadīthen mehr Gewicht zu verleihen. Auch die verschiedenen politischen Streitigkeiten nach dem Tod des Propheten Mohammed (s) hinterließen ihre Spuren, als einzelne Parteien ihre Lehren oder politischen Ziele mit den Äußerungen oder Taten des Propheten zu legitimieren suchten (Ferchl 1991, S. 11).

Bereits zu Lebzeiten der ersten Khalīfe soll es zwar Aufzeichnungen der Sunna auf Papyrus gegeben haben, die ersten nach Themen sortierten Ḥadīth-Sammlungen, in denen außerdem der Versuch unternommen wurde, durch wissenschaftliche Methoden die Aussprüche zu authentifizieren, entstanden jedoch erst Ende des 8. Jahrhunderts. Eine eigene Ḥadīth-Wissenschaft entwickelte sich. Bis heute besteht ein Ḥadīth immer aus genau zwei Teilen: der Überliefererkette, Isnād genannt, arabisch für Stütze, sowie dem eigentlichen Inhalt, also der Erzählung. Die Überliefererkette listet nacheinander jene auf, die den Inhalt des Ḥadīth weitererzählt haben, prüft ihre Lebensumstände, ob sie in Kontakt stehen konnten und ihren Leumund.

---

59 Auszug Mohammeds (s) aus Mekka nach Medina.

Auch die Erzählung selbst wurde bewertet und der gesamte *Ḥadīth* mit einem Qualitätsurteil versehen, wobei schwach die schlechteste Bewertung darstellt (*daʿīf*) und gesund die stärkste (*ṣaḥīḥ*). In diesem Zusammenhang möchte ich die Werke von Bukhārī und Abū Dāwūd anführen, auf welche in der vorliegenden Arbeit zurückgegriffen wurde. Diese beiden *Ḥadīth*-Wissenschaftler erstellten Sammlungen, die noch bis heute erhalten sind und zusammen mit vier weiteren Sammlungen respektvoll die Sammlung der Sechs Bücher genannt werden: „*al-Kutub as-sitta*". Bukhārī lebte 810-870 n. Chr., also nur etwa 200 Jahre nach der Hidschra. Seine Sammlung ist die berühmteste und wird „*Ṣaḥīḥ al-Bukhārī*" genannt, übersetzt etwa „*Die gesunden* Ḥadīthe *des Bukhārī*".

Eine schwerwiegende Kritik an den *Ḥadīthen* lautet, dass sie nicht wortwörtlich tradiert wurden und darum anfälliger seien für verständnisbedingte Änderungen durch die Überlieferer. Insofern seien sie als verbindliche Rechtsquelle schlecht geeignet.

Die Tradition des Auswendiglernens, welche enorme Gedächtnisleistungen nicht nur in frühislamischer Zeit hervorgebracht hat, machte dennoch aus der mündlichen Überlieferung in Verbindung mit dem Nachweis der Überliefererkette eine weit zuverlässigere Quelle, als zum Beispiel die frühen Niederschriften, die oft ohne „Vokale" also ohne diakritische Zeichen auskamen und, ebenso wie der Koran selbst, unterschiedliche Lesarten zulassen. Zur Verdeutlichung was unter Lesarten zu verstehen ist, vielleicht ein Beispiel aus dem Deutschen: Die Konsonantenfolge „lbn" lässt von „lieben" über „laben", „loben" oder auch „leben" alle möglichen Interpretationen zu.[60] Diakritische Zeichen über und unter den Konsonanten geben die Kurzvokale an. So wird „*l̓bn*" als lieben gelesen, während „*lbn*" laben ausgesprochen wird. So bedeutet

كَتَبَ *kataba* „er schrieb" und ist ohne diakritische Zeichen nicht von كُتُب *kutub* „Bücher", dem Plural von Buch zu unterscheiden.

Nach dieser kurzen Einführung werde ich die beiden Quellen Koran und *Sunna* auf ihre Aussagen zum Thema Kleidung und daraus abgeleitet

---

60 Auch wenn das Beispiel insofern hinkt, als dass dies verschiedene Verben mit unterschiedlichen Wortstämmen und Wortbedeutungen sind, während ähnlich geschriebene Worte im Arabischen meist einen logischen Zusammenhang haben, wie das zweite Beispiel zeigt.

zum Thema Mode untersuchen. Aus Gründen der Vollständigkeit werde ich abschließend noch einige Worte zu vorislamischer Dichtung sowie zu späteren Rechtsquellen schreiben.

7.2 Weibliche Kleidung laut Koran

Ein in der Kopftuchdebatte in Deutschland oft vorgebrachtes Argument gegen Kopftücher im Staatsdienst lautet, es ließe sich keine direkte Anweisung aus dem Koran ableiten, dass Frauen sich die Haare bedecken müssen. Welche direkten Anweisungen es gibt, wird in diesem ersten Abschnitt betrachtet.

Zunächst findet sich eine *Āyā* (Verse innerhalb der Suren) in der Sure *An-Nūr*, arabisch für „das Licht", in der beide Geschlechter dazu aufgefordert werden, ihre Blicke voreinander zu senken.

> 24.30, *An-Nūr „Sprich zu den gläubigen Männern, sie sollen ihre Blicke senken und ihre Scham bewahren. Das ist lauterer für sie. Gott hat Kenntnis von dem, was sie machen."* (Khoury 1999)

Erst danach werden auch die Frauen aufgefordert. Die Anweisung an sie geht noch weiter:

> 24:31, *An-Nūr „Und sprich zu den gläubigen Frauen, sie sollen ihre Blicke senken und ihre Scham bewahren, ihren Schmuck nicht offen zeigen, mit Ausnahme dessen, was sonst sichtbar ist. Sie sollen ihren Schleier auf den Kleiderausschnitt schlagen und ihren Schmuck nicht offen zeigen, es sei denn ihren Ehegatten, ihren Vätern [...]."* (ebd.)

Diese *Āyā* gibt zwei Hinweise. Zunächst geht sie wie selbstverständlich davon aus, dass es einen Schleier gibt, der auf den Kleiderausschnitt geschlagen werden kann, um den Ausschnitt zu verbergen. Zum zweiten soll der Schmuck nicht offen gezeigt werden und hier argumentieren einige Frauen, dass das Haar der Frau einen ihrer größten Reize darstelle und auf jeden Fall verborgen werden müsse. Sigrid Nökel (2002, S. 93) berichtet von einer jungen Frau, die im Zuge der Auseinandersetzung für und wider Kopftuch nicht nur mit den islamischen Quellen argumentierte, sondern sich zugleich mit dem Frauenbild im globalen Westen auseinandersetzte und dabei auch kritisch die Rolle der Haarpracht betrachtete. Sie begutachtete Models, welche für sie die „Verkörperung weiblicher Schönheitsideale" darstellen und aufgrund dieser Betrachtung kam Nökels Interviewpartnerin zu dem Schluss, dass im Grunde alle Frauen in der Werbebranche über eine lange Haarpracht verfügen, die zudem oft dramatisch in Szene gesetzt wird. Nökels Interviewpartnerin folgerte daraus, dass das Haar auch im „Westen" durchaus Teil weiblicher Erotik sei und demzufolge unter die islamische Bedeckungspflicht falle (ebd., S. 93).

Ein weiterer Hinweis findet sich in der Sure *Al-Aḥzāb* (die Verbündeten), in welcher deutlich wird, dass Musliminnen einen Schleier tragen sollen, um sich zu kennzeichnen und sich von den Sklavinnen abzugrenzen, weshalb der Schleier lange Zeit ein Privileg darstellte.

> **33.59**, *Al-Aḥzāb „O Prophet, sag deinen Gattinnen und deinen Töchtern und den Frauen der Gläubigen, sie sollen etwas von ihrem Überwurf über sich herunterziehen. Das bewirkt eher, dass sie erkannt werden und dass sie nicht belästigt werden. Und Gott ist voller Vergebung und barmherzig."*
> (Khoury 1999)

Zur gleichen Zeit wurde der Hijab-Vers offenbart, bei dem der Prophet einen Vorhang in seinem Haus zog, weil ihm der Besucheransturm zu groß wurde (Oestreich 2004, S. 17). Diese *Āyā* legt den Gläubigen nahe, sich den Frauen des Propheten Mohammed (s) nur durch einen Schleier, dem Hijab, zu nähern. Dies sollte verhindern, dass die vielen Besucher des Propheten seinen Frauen zu nahe treten.

> **33.53**, *Al-Aḥzab „O ihr, die ihr glaubt, tretet nicht in die Häuser des Propheten ein - es sei denn es wird euch erlaubt. [...] Und wenn ihr sie [die Gattinnen des Propheten] um einen Gegenstand bittet, dann bittet sie von hinter einem Vorhang. Das ist reiner für eure Herzen."* (Khoury 1999)

Diese *Āyā* gilt als die Grundlage für die Geschlechtertrennung und die Rechtfertigung für die Abschließung der Frauen des Propheten, was als vorbildliches Beispiel für alle Frauen genommen wurde.

Werden die koranischen Quellen in Betrachtung gezogen, kann also durchaus eine Verschleierung der Frau abgeleitet werden. Jedoch ist diese aufgrund der verschiedenen Deutungsmöglichkeiten weder eindeutig noch generell, weshalb im Folgenden noch einige *Ḥadīthe* aufgeführt werden, welche den Sachverhalt weiter klären können. Außerdem finden sich hier erste Hinweise zu den Aussagen der Rechtsquellen in Bezug auf Mode.

7.2.1 Weibliche Kleidung in den Ḥadīthen

In den Erzählungen um das Leben des Propheten Mohammed (s) und seiner Frauen finden sich vor allem Beschreibungen von ʿĀʾisha und ihrer Bekleidung. So trug diese bevorzugt ein gelbes, rosafarbenes oder auch rotes Frauenkleid, *Dirᵓ* genannt, und darüber einen *Khimār*, also ein großes Schleiertuch von schwarzer, manchmal auch gelber Farbe (Knieps 1993, S. 64).

Bezüglich der Frage nach dem Schleiergebot geben die *Ḥadīthe* auch keine ausführlichen Anweisungen oder millimetergenauen Abmessungen. Oft wird wie selbstverständlich erwähnt, dass die Frauen zur Zeit des Propheten Kopfbedeckungen oder auch Verschleierungen trugen. Sie dienen aufgrund ihrer Vorbildfunktion deshalb zumindest als Inspiration.

Der aussagekräftigste *Ḥadīth* zu diesem Thema ist meiner Meinung nach der Folgende:

> *„Asmāᵓ, die Tochter von Abū Bakr, trat beim Propheten ein. Sie hatte dünne Kleider an. Da wandte er sich von ihr ab. Und er sagte: ‚O Asmāᵓ, wenn die Frau das Menstruations-Alter erreicht hat, passt es nicht, dass man von ihr mehr als dies und dies sieht.' Dabei wies er auf sein Gesicht und seine Hände hin. 3643 Nach ᶜAᵓisha (Abū Dāwūd)"* (Khoury 1999, S. 178 f.)

In einem weiteren *Ḥadīth* erzählt die Lieblingsfrau des Propheten Mohammed(s) von den ersten Kopftüchern.

> *„Gott erbarme sich der ersten Frauen der Auswanderer! Als (der Vers) herabkam: ‚Sie sollen ihren Schleier auf den Kleiderausschnitt schlagen', haben sie den Saum ihrer Kleider herausgerissen und haben sich damit verschleiert. 3632 Nach ᶜAᵓisha (Abū Dāwūd, Bukhārī)"* (ebd., S. 178 f.)

Aufgrund dieser Koranverse und *Ḥadīthe* kamen viele islamische Gelehrte in den verschiedensten Ländern zu dem Ergebnis, dass eine angemessene Kleidung, die nicht körperbetonend und aufreizend sein darf, verpflichtend sei und dass dazu in den meisten Fällen auch die Bedeckung der Haare gehöre. Auch viele muslimischen Frauen schlussfolgern, ob sie sich nun an dieses Gebot halten oder nicht, dass es sowohl ein Gebot zur Geschlechtertrennung gibt, als auch daraus folgend ein Bedeckungsgebot, welches die Frauen auffordert, ihre Körper mit opaken Stoffen zu bekleiden, die nur Gesicht und Hände sichtbar lassen. Wer für sich also durch Eigenstudie ein Gebot zur Bedeckung der Haare ableitet oder durch eine Anfrage an einen Gelehrten eine *Fatwā*, also ein Rechtsgutachten ausstellen lässt, für den ist das Tragen eine Pflicht, welche bei Nichtbeachtung zur Liste der schlechten Taten hinzugefügt wird. Die Liste beinhaltet alle Taten, aufgrund derer sich Muslim*innen am Tag des jüngsten Gerichts vor Gott verantworten müssen. Doch das muss jeder für sich allein. Das bedeutet in der islamischen Lehre letztlich, dass jeder Mensch für seine Taten selbst verantwortlich ist. In Bezug auf Kleidung heißt das beispielsweise für meine Interviewpartnerin Suraya, dass sie ihre Kleidung stets darauf überprüft, ob sie diese aus Eitelkeit trägt, da sie in der Überzeugung lebt, für all ihre Taten nach ihrem Tod Rechenschaft ablegen zu müssen (Suraya 2011-14). Habe sie zum Beispiel das Kopftuch aus Eitelkeit nicht getragen, obwohl sie es hätte tragen müssen, wird sie dafür gerade stehen müssen. Sie sagt, sie wüsste, sie würde vor ihrem Schöpfer stehen und Gott hätte bereits Kenntnis von allem, also auch, dass sie aus Eitelkeit gehandelt habe und dennoch müsse sie Rechenschaft ablegen (TB-FF 2011-13).

Wie steht die *Sharī ͨa*[61] aber nun zur Mode? Ein *Ḥadīth*, welcher von Bukhārī in dessen Sammlung aufgenommen wurde, ist der Folgende. Er beginnt mit einem Koranvers, zu erkennen an dem Satz: „Gott der Erhabene sagte", sowie der arabischen Bezeichnung der Sure, hier für das bessere Verständnis auch mit der Nummer der Sure. Dies fügt Bukhārī mit einem Ausspruch des Propheten und eines seiner Gefährten, Ibn ͨAbbās zusammen:

> „Gott der Erhabene sagte: ‚*Sag, wer hat den Schmuck Gottes verboten, den er für seine Diener geschaffen hat?*' (*Sura al-ᵓaͨrāf* – 7,32)
>
> Der Prophet sagte: ‚*Esst, trinkt, kleidet euch und gebt Almosen! Aber tut es ohne Übertreibung und ohne Hochmut!*'
>
> Ibn ͨAbbās sagte: ‚*Iss, was dir schmeckt, und kleide dich, wie es dir gefällt! Aber hüte dich dabei vor zweierlei: Vor der Maßlosigkeit und vor der Eitelkeit!*' 3617 nach Ibn ͨAbbās (Bukhari)" (Khoury 1999, S. 178 f.)

Aus diesem Vers geht deutlich hervor, dass Schmuck als solcher nicht verboten ist, sondern die Haltung zählt, mit der er getragen wird. Ebenso ist die Kleidung persönliche Wahl, solange sie im Maß bleibt.

Während also die Ausgestaltung der Bekleidung relativ frei gehandhabt werden kann, ist die Beschaffenheit der Stoffe vorgegeben, da durchsichtige Gewänder, welche Haut und Haare durchschimmern lassen, nicht regelkonform sind. So muss die Bekleidung opak sein. Mālik b. Anas, einer der Begründer der vier Rechtsschulen und einer der wichtigen *Ḥadīth*-Sammler außerhalb der „Sechs Bücher", führt hier folgenden *Ḥadīth* an:

> „Ḥafṣa, ͨĀᵓishas Nichte, trat bei dieser ein und trug einen feinen Schleier. ͨĀᵓisha nahm diesen, zerriss ihn und gab Ḥafṣa einen opaken Schleier." (Knieps 1993, S. 107)

Dass es kein Verbot hübscher Bekleidung gibt, wird auch deutlich, wenn in den *Ḥadīthen* von verzierter Kleidung die Rede ist wie in folgendem Vers:

> Umm Ḥālid Bint Ḥālid berichtet: „*Dem Propheten wurden einige Kleider, darunter eine kleine schwarze Ḥamīṣa gebracht. Er wandte sich an*

---

61 Islamisches Recht, welches aber eher als Methode der Rechtsschöpfung statt als Gesetzestext zu verstehen ist.

> *die Leute und fragte: ‚Wem könnte diese Ḥamīṣa passen?' Als sie keine*
> *Antwort wussten, sagte er: ‚Bringt Umm Ḫālid herbei!' Man holte mich.*
> *Der Prophet reichte mir die Ḥamīṣa und forderte mich auf, sie anzuzie-*
> *hen. Er sagte: ‚Mögest du sie häufig und lange tragen können!' Auf der*
> *Ḥamīṣa waren grüne und gelbe Muster. Als der Prophet diese Verzierun-*
> *gen sah, rief er: ‚O Umm Ḫālid, das ist* sanāh!' ‚Sanāh' *ist ein Wort aus*
> *der abessinischen Sprache und bedeutet ‚hübsch'."* (Ferchl 1991, S. 413)

Auf einer Konferenz bekam ich den Hinweis, dass sich diese Akzeptanz
modischer Bekleidung oft nur auf die Bekleidung beziehen würde, die unter
dem Hijab-Gewand getragen wird. Dass dies nicht so ist, soll in dieser Arbeit
noch deutlicher werden.

7.2.2 Quellen aus vorislamischer Dichtung sowie späteren Rechtsschulen

Claudia Knieps hat aufgrund von Quellen in vorislamischer Dichtung nachgewiesen, dass verschiedene, heute noch getragene Kopftuchformen auch in
vorislamischer Zeit üblich waren. Diese wurden aber unterschiedlich gehandhabt: Während Wüstenbewohnerinnen unverschleiert blieben, bedeckten
sich die Frauen in den Städten. Die Frauen der *Quraiš* aus dem Stamm
des Propheten z. B. liefen auch vor ihrer Konversion verschleiert (Knieps
1993, S. 76). Die vorislamische Dichtung beschreibt darüber hinaus, dass
es unter Frauen wie unter Männern üblich war, sich die Haare zu bedecken
und zum Teil auch das Gesicht zu verhüllen. Die Beschreibungen handeln in
der Regel von den Ausnahmen für diese Gepflogenheit, nämlich im Falle von
Furcht oder Trauer, aus Stolz über Schönheit oder wenn die Frau ohnehin
abgeschlossen lebte (ebd., S. 131).

   Die getragenen Gewänder reichten von Gesichtsschleiern, wie *Burquᶜ*,
Qināᶜ, *Liṯām* und *Lifām* bis hin zu Schalgewändern[62], wie *Ḥimār*, *Jilbāb*,
Naṣīf (ebd., S. 76). Die *Qināᶜ* ist ein Beispiel für einen vorislamischen
Schleier, welcher Kopf und Gesicht sowohl von Mann als auch Frau verhüllen
konnte und durch die vorislamische Dichtung belegt, aber nicht genauer
beschrieben wurde (ebd., S. 92, 94). Auch der *Khimār* und der *Jilbāb* werden
in frühislamischen Quellen oft genannt, es handelt sich um Übergewänder,
welche bis heute zum Ausgehen übergezogen werden und die eigentliche
Frauenkleidung bedecken sollen (ebd., S. 105). Nur diese sind in den Quellen
überhaupt erwähnt und sie beziehen sich eindeutig auf das Haupt(haar),
nicht auf das Gesicht.

---

62 Eine Toga beispielsweise ist ein Schalgewand.

Gesichtsschleier und andere Formen der Verschleierung sind vor allem deshalb gut belegt, weil sie in den später konsolidierten Rechtsschulen als nicht Hadsch-kompatibel beschrieben wurden[63]. Diese Quellen weisen außerdem bestimmte Kleidungsformen als die der Prophetenfrauen beim Gebet aus: Mālik b. Anas, einer der Begründer der Rechtsschulen, welcher 179 nach der Hidschra starb, überlieferte, dass ʿĀʾisha, und andere Frauen des Propheten sich entsprechend kleideten: in das *Dirʿ*, also das Frauenkleid und den *Khimār*, den schalartigen Überwurf, mit dem der Kopf bedeckt wurde (ebd., S. 107).

7.2.3 „Dürfen die das?"

Die Rechtsquellen, so lässt sich zusammenfassend sagen, fordern die Frauen zu einer Bedeckung des weiblichen Körpers mit Ausnahme des Gesichtsovals und der Hände auf. Die Ausgestaltung der Bekleidung bleibt, laut Rechtsquellen, der jeweiligen Frau überlassen. Fragt man meine Interviewpartnerin Khadischa, so sagt diese, die Regeln zur islamischen Mode seien sehr einfach, man dürfe alles tragen. Es darf nur nicht durchsichtig sein und zu eng anliegen. Die Bekleidungsvorschriften seien so weit gefasst, dass ihre Umsetzung problemlos möglich sei (Khadischa 2011-12). Die Ambiguitätstoleranz (vgl. dazu das äußerst informative Buch von Thomas Bauer 2011) der islamischen Religion lässt also Frömmigkeit und Interesse an Mode problemlos gleichzeitig zu, da es verschiedene Abstufungen von Sünden gibt. Das Kopftuch nicht zu tragen sei allerdings eine verhältnismäßig kleine Sünde. Es zu tragen hilft jedoch den Frauen, sich zu disziplinieren und dient, unter anderem, als ständige Erinnerung an ihren Willen, sich Gott zu unterwerfen. Dieser Punkt ist nicht zu unterschätzen. Die äußere Form gibt den Frauen den Halt, die eigene Disziplinierung auch durchzuhalten.

Die Art und Weise der weiblichen Bekleidung ist in den unterschiedlichen Rechtsschulen ausführlich beschrieben und sehr variabel ausgelegt worden und hat in den verschiedenen Städten zu den unterschiedlichsten Moden beigetragen. Mode, solange sie im selbstgesteckten Maß bleibt, ist also erlaubt. Sie dürfen das. Daraus zu schlussfolgern, dass das Kopftuch unnötig sei oder eine Provokation darstelle, ist jedoch sehr selbstbezüglich und berücksichtigt nicht die Bedeutung des Kleidungsstückes als persönliches religiöses Ritual

---

63 Die Kleidung während der Zeit der Hadsch ist klar vorgeschrieben. Frauen tragen weite Gewänder mit Kopftuch, bei denen das Gesicht allerdings nicht verschleiert werden darf.

für die Frauen. Ich möchte im folgenden Abschnitt dazu noch einmal auf dieses „Warum" des Kopftuches eingehen, im Kontext von Mode und Recht.

7.2.4 Hijab dient der Schambedeckung

Wie bereits erwähnt und auch von einigen anderen Autorinnen gezeigt[64], gibt es vielfältige Gründe ein Kopftuch zu tragen:

> „As you know, lots of Muslim women wear hijab for a variety of different reasons, some of them religiously based, or for security or comfort and other times for more political reasons. My reasons literally have nothing to do with how I am perceived by a man." (fat brown hijabis 2013)

Über den bereits genannten religiösen Bezug hinaus nutzen viele junge muslimische Frauen das Kopftuch auch, um ihren Familien zu zeigen, „dass sie Vertrauen verdienen"(Beck-Gernsheim 2004, S. 60) und diese sich um ihre Töchter keine Sorgen machen müssen, wenn sie abends zu Lerngruppen gehen und Ähnliches. Indem die jungen Frauen sich religiös bilden und nach außen als religiös und moralisch einwandfrei geben, erarbeiten sie sich Freiheiten, denn sie können ihre eigene moralische Überlegenheit, welche sie aus ihrer religiösen Überlegenheit ziehen, im Diskurs um persönliche Freiheiten zum Einsatz bringen. Das kann bedeuten, dass in Deutschland genauso viele oder gar mehr muslimische Frauen als in islamischen Ländern früh mit dem Tragen des Kopftuches beginnen.

Einige Zeit zu Beginn dieser Forschung vertrat ich die These, muslimischen Frauen den Hijab zu verbieten sei etwa so, als würde man „westlichen" Männern erklären, dass sie nun von der Pflicht der Hose befreit seien und sie nun Röcke tragen dürften, da diese viel bequemer, viel praktischer seien. Ich nahm an, die Peinlichkeit, welche diese Männer ohne Hose empfinden würden, sei vergleichbar mit dem Gefühl einer Frau, der die Hijab-Bekleidung genommen würde. In mehreren Gesprächen und Interviews brachte ich diese These zur Sprache und ich stellte fest, dass die Frauen mir in Bezug auf die Peinlichkeit widersprachen.

> Suraya verneinte definitiv und sagte, kein Kopftuch zu tragen sei ja nicht peinlich, nichts daran sei peinlich. Viele Frauen würden gar kein Kopftuch tragen, deswegen würde es ja nicht weiter auffallen, wenn sie einfach ohne eins raus gehen würde. Aber keine Hose zu tragen, wäre ihr peinlich. Der Unterschied liege darin, dass sie die Leute nicht fürchtet, aber Allah. Wenn sie ohne Hose raus gehen würde, müsste sie sich vor Allah und vor den Leuten rechtfertigen, ohne Kopftuch jedoch nur vor Allah. Nur ihn fürchtet

---

64 z.B. Klinkhammer (2000), Nökel (2002) und Beck-Gernsheim (2004).

sie, sie stellt sich vor, dass er sie am Tag des jüngsten Gerichtes fragt, warum sie kein Kopftuch getragen habe. Er wüsste den Grund, aber er würde sie trotzdem fragen und sie müsste antworten. Das sei ein großer Unterschied, deswegen sei das Kopftuch nicht mit dem Tragen einer Hose zu vergleichen (Suraya 2011-14, Zeile 260).

Auch keine meiner anderen Interviewpartnerinnen erwähnte explizit etwas davon, dass sie ohne Kopftuch ein Gefühl von Nacktheit empfinden würde.

An anderer Stelle wurde jedoch deutlich, dass die ursprüngliche Überlegung, nämlich, dass eine bestimmte Art sich zu kleiden ein bestimmtes Gefühl hervorrufe, nicht völlig von der Hand zu weisen ist. Während beispielsweise Suraya den Hijab zu Hause sofort ablegt, behält Surayas Mutter ihre Hijab-Bekleidung den ganzen Tag an, auch wenn sie allein ist (ebd.). Suraya beantwortet die Frage nach dem Warum damit, dass ihre Mutter sagt, sie fühle sich nackt in ihrem Herzen, wenn sie das Kopftuch nicht tragen würde. Außerdem fühle sie sich mit Tuch wohler: Es sei ihr einfach kalt ohne Tuch (ebd., mündliche Rückfrage).

Deshalb ist der Vergleich zu modifizieren. Hijab ist nicht einfach mit einer Hose oder sonst irgendeinem Beinkleid zu vergleichen, sondern eher mit einer bestimmten Sorte Kleidung, die erst habitualisiert werden muss. Die Sorte Bekleidung, die einem ein Sicherheitsgefühl vermittelt. Einmal habitualisiert, gibt das Tragen des Hijab den Frauen das gleiche Sicherheitsgefühl, wie beispielsweise anderen das Tragen einer Jeans. Denn auch dies ist keine Selbstverständlichkeit. Tatsächlich ist die Jeans mit ihren harten Nähten und dem festen Bund erst einmal ein sehr unbequemes Kleidungsstück, welches eine bestimmte Figur voraussetzt. Lehnert hält fest:

> „Wenn die Jeans habitualisiert worden ist, fühlt man sich, wenn man sie trägt, im eigenen Körper so sicher, wie sich eine Frau des 19. Jahrhunderts in Korsett und ausladendem Kleid gefühlt haben mag oder ein Mann in seinem korrekten Anzug." (Lehnert 2013, S. 62)

Wie bereits ausgeführt, begegnen sich Mode und Körper aus der Sicht des Bekleideten auf affektiver Ebene, einige Kleidungsstücke fühlen sich „richtig" an, andere „falsch". Jeans geben vielen Menschen ein Sicherheitsgefühl, ebenso gibt die Hijab-Bekleidung muslimischen Frauen, die den Hijab bevorzugen und ihn schon lange tragen, dieses Gefühl von „richtig": Sie fühlen sich authentisch und sicher, womit das Gefühl einher geht, in bestimmten Situationen korrekt gekleidet zu sein. Beispielsweise gibt die Jeans Suraya nicht dauerhaft dieses Gefühl. Wechselt sie den Kontext, also das Land, dann wirkt die Jeans modisch unpassend auf sie (vgl. Seite 177).

Dabei weise ich erneut darauf hin, dass im Allgemeinen mit Hijab nicht nur das Kopftuch gemeint ist, sondern sich dieses Wort auf die gesamte

Bekleidung und oft auch auf das Verhalten bezieht. Die meisten meiner
Gesprächspartnerinnen äußerten sich in dieser Hinsicht.

> „[Ma:] Ich finde das [Die Leggings einer anderen Muslimin] ist zu… Also
> ich denke halt, da ist dieses Kopftuch fehl am Platz, da kann sie das Kopf-
> tuch gleich abmachen. Wirklich jetzt. Weil das Kopftuch ist nicht nur das
> Kopftuch, dieses Stück Stoff, sondern überhaupt, das ist eine Einstellung."
> (Maryam 2011, Zeile 665)

Das Kopftuch wird von den Frauen in der Regel als ein Teil einer Gesamtbe-
kleidung betrachtet, in der sie sich wohlfühlen und die für sie das Gefühl
ergibt, vollständig bekleidet zu sein. Der Hijab erinnert sie zudem beständig
daran, dass zu dem Hijab ein bestimmter Verhaltenscode gehört. Diese un-
sichtbare Verknüpfung mit einem Verhaltenscode ermöglicht es vielen jungen
Frauen, den Hijab in familiären Auseinandersetzungen zu nutzen, um sich
Freiheiten zu erkämpfen, wie schon von Karakaşoğlu und Boos-Nünning
(2005), Höglinger (2002) und Jessen und Wilamowitz-Moellendorff (2006)
ausgeführt wurde (vgl. Abschnitt 8.1.1).

So fremd, wie sie von vielen Nichtmuslim*innen in Deutschland immer
noch wahrgenommen wird, ist diese Kleidung allerdings gar nicht, denn sie
hat sich von dem Stil, der in Ländern mit muslimischer Mehrheit üblich ist
zu einem sehr spezifischen Stil weiterentwickelt, der vor allem in „westlichen"
Großstädten getragen wird.

Soviel also zur rechtlichen Situation des Kopftuches und der Mode im
Islam und dem Sinn und Zweck des Kopftuches. Doch was sieht die deutsche
Rechtssprechung in Bezug auf Kopftücher vor? Hierauf wird der folgende
Abschnitt eine Antwort finden.

7.3 Hijab in Deutschland

Der Ausgangspunkt zur kollektiven Religionsfreiheit ist die rechtlich gut ab-
gesicherte individuelle Religionsfreiheit, welche in Deutschland gewährleistet
wird, indem sie von einer Reihe von Diskriminierungsverboten begleitet wird
(Towfigh 2010, S. 463).

> „Kern des deutschen Religionsrechtes bildet ein zwischen den individuell
> orientierten grundrechtlichen Gewährleistungen und dem kollektiv ausge-
> richteten institutionellen Staatskirchenrecht befindliches Regelungsgefüge."
> (ebd., S. 460)

Dieses institutionelle Staatskirchenrecht ist explizit christlich geprägt. Säkula-
rität bedeutet zudem in Deutschland nicht etwa, dass der Staat wertneutral

sei, sondern dass er Werte vorgibt, die sich die Religionsgemeinschaften aneignen und vertreten können (Bodenstein 2010, S. 352).

Wie bereits erwähnt, wurde die Frage nach der rechtlichen Position in Deutschland an der Frage des Staatsdienstes verhandelt, seitdem die Lehrerin Fereshta Ludin ihr Recht einklagte, an einer deutschen Schule unterrichten zu dürfen. Ihr war die Einstellung mit dem Hinweis auf ihr Kopftuch verwehrt worden, worauf sie einen Rechtsstreit begann, der sie bis vor das Bundesverfassungsgericht führte. Dieses stellte folgende Sachverhalte fest:

Wird das Kopftuch als religiöses Gebot gesehen, fällt es unter die im Grundgesetz Art. 4 Abs. 1 und 2 Grundgesetz (GG) garantierte freie Ausübung der Religion. Soweit so einfach. In Bezug auf Lehrerinnen wird dieses individuelle Recht von dem Diskriminierungsverbot Art. 33 Abs. 2 und 3 GG gestützt, welches gleichen Zugang für alle zu Stellen im öffentlichen Dienst garantieren soll. Ein Verbot des Kopftuches für Lehrerinnen würde demzufolge ihre Glaubensfreiheit einschränken, obwohl infrage gestellt werden kann, ob sich Lehrerinnen überhaupt im Rahmen ihres Angestelltenverhältnisses im vollen Umfang auf die Grundrechte berufen dürfen oder ob da eine Begrenzung besteht (Blumenthal 2009, S. 105).

Spätestens hier fangen die Probleme an, denn laut Grundrechtsposition Art. 6 Abs. 1 GG verfügen die Eltern über Erziehungsfreiheit. Nun wird im Allgemeinen gesagt, dass diese innerhalb der Schule keinen Geltungsbereich besitzt, da eine staatliche Verantwortung an ihre Stelle tritt, welche nun die Grundrechte der Schüler zu berücksichtigen hat. Eines dieser Grundrechte ist wiederum das bereits angeführte Grundgesetz Art. 4 Abs. 1 und 2 GG, welches auch die negative Religionsfreiheit abdeckt, also das Recht darauf, keiner Religion anzugehören bzw. von anderen nicht in der eigenen Religionsfreiheit eingeschränkt zu werden. Auch hier ist umstritten, ob überhaupt von einer Religionsfreiheitsverletzung gesprochen werden kann, nur weil es möglich ist, die Lehrerin aufgrund ihrer Kleidung einem Glauben zuzuordnen. Trotz dieses Einwandes wird in dieser Frage das positive Recht kopftuchtragender Lehrerinnen auf Religionsfreiheit gegen das negative Recht der Schüler*innen auf Religionsfreiheit verhandelt.

Das Bundesverfassungsgericht kam in seinem Urteil vom 24.09.2003 zu dem Schluss, dass eine fundierte Rechtsgrundlage bezüglich eines abschließenden Urteils zu dem Thema in Deutschland nicht gegeben sei. Da der Handlungsraum der Bundesländer bezüglich religiöser Symbole weiter sei als weithin angenommen, sei es die Sache der Bundesländer und ihrer Legislative, hier die entsprechenden Rechtsgrundlagen zu schaffen (ebd., S. 104).

7.4 Debattenverlauf

Spätestens an dieser Stelle brach eine lange gesellschaftliche Debatte vom
Zaun, welche sich vor allem in religiöse und säkulare Argumentationen
unterscheiden ließ. Quer durch alle Gesellschaftslinien hindurch nahmen
Politiker*innen unterschiedlichster Parteien zum Teil sehr persönliche Positionen ein. Während sich zum Beispiel Edmund Stoiber, CSU, Angela
Merkel, CDU und Roland Pofalla, CDU relativ erwartbar für eine christlich
motivierte Ungleichbehandlung stark machten, also Kopftücher verbieten,
aber Kreuze als einer kulturpolitischen Aussage mit einer Ausnahmeregelung
versehen wollten, waren auch Wolfgang Thierse, SPD und Wolfgang Hu-
ber, der damalige Bischof der Evangelischen Kirche in Berlin Brandenburg
(EKiBB) sowie Antje Vollmer, Bündnis 90/Die Grünen, Vertreter*innen
dieser Position, wobei die letzten beiden innerhalb ihrer Organisationen Ein-
zelmeinungen abbildeten (Blumenthal 2009, S. 119). Aus säkularen Gründen
für ein Kopftuchverbot argumentierten Gerhard Schröder, SPD, damaliger
Bundeskanzler außerdem dessen Parteigenossin Lale Akgün, sowie weitere
Abgeordnete verschiedener Parteien. Aus zivilpolitischen Kreisen meldete
sich vor allem Alice Schwarzer als Vertreterin einiger feministischer Ansichten
zu Wort.

Gegen ein Verbot wurde vor allem das religiöse Argumentationsmuster in
Stellung gebracht. Eine religiös motivierte Ablehnung des Verbots vertraten
zum Beispiel die evangelischen und katholischen Kirchen, Johannes Rau,
SPD, Rita Süßmuth, CDU, Renate Künast und Claudia Roth, beide Bündnis
90/Die Grünen.

Bis Ende 2006 hatten acht Bundesländer ein gesetzlich geregeltes religiöses Symbolverbot erlassen, darunter auch Berlin am 20.01.2005. Es folgt
eine ausführliche Besprechung dieser Gesetzesdebatte in Berlin.

7.4.1 Ländersache: Berlin

Auch das Land Berlin hatte den Denkprozess bezüglich des Verhältnisses von
Religion und Staat neu aufgegriffen und von allen Ländern am intensivsten
behandelt. Dabei sprachen sich SPD und die damalige PDS gleichermaßen
gegen eine Ungleichbehandlung von Kreuz und Kopftuch aus. Allerdings ver-
dichteten sich in der SPD recht säkulare Positionen für ein Verbot, während
die PDS vor allem gegen ein Verbot votierte, da es aufgrund mangelnder
Umsetzbarkeit in eine faktische Ungleichbehandlung vor allem muslimischer

Frauen münden würde (ebd., S. 235). CDU und FDP sprachen sich im Verlauf der Debatte für ein Verbot religiöser Symbole innerhalb von Schulen und eventuell auch dem öffentlichen Dienst aus, wobei sie konkret für das Kopftuchverbot warben und Ausnahmeregelungen für christliche und jüdische Symbole forderten. Auch die Bündnisgrünen schlossen sich der Verbotsposition an, allerdings blieben sie beschränkt auf die Schule und begründeten ihre Entscheidung mit der Religionsfreiheit der Schüler*innen.

Die CDU brachte schließlich im Februar 2004 einen Gesetzesentwurf ein, welcher ein Verbot religiöser Symbole mit einer Ausnahmeregelung für christliche Symbole beinhaltete (ebd., S. 238). Relativ schnell wurde aber deutlich, dass alle anderen Fraktionen diese Formen der Ungleichbehandlung ablehnten. Man beschloss Kräfte der Zivilbevölkerung einzubeziehen und fragte so ziemlich alle, die keine Muslim*innen waren: den Rat der Bezirksbürgermeister, die Gewerkschaften, verschiedene Personalräte und Berufsverbände, den Hauptpersonalrat, sowie die „Religions- und Weltanschauungsgemeinschaften"(ebd., S. 240), also die evangelischen und katholischen Kirchen. Etwas befremdlich wirkt an dieser Stelle, dass keine einzige muslimische Organisation um ihre Meinung gebeten wurde.

Der Gesetzesentwurf, der schließlich zustande kam, behandelte das Kopftuch in Schule und öffentlichem Dienst und beinhaltete ein Verbot aller religiösen Symbole, der säkularen Argumentation für ein Verbot folgend. Entsprechend dem Verfassungsurteil kamen die Berliner Gesetzgeber*innen zu dem Schluss, dass man das Kopftuch entweder zulässt, oder ein allgemeines Verbot einführt. An allen Orten, wo die Menschen über keine Ausweichmöglichkeit verfügen, wurden Verbote religiöser Symbole beschlossen. Demzufolge sind Kitas und der zweite Bildungsweg mit Ausnahmeregelungen versehen worden. Dabei ist positiv zu berücksichtigen, dass Berlin als einziges der acht Bundesländer, welches ein Gesetz erlassen hat, immerhin explizit eine Aussnahmeregelung für christliche und jüdische Symbole ausgeschlossen hat, in Bremen und Niedersachsen gibt es zumindest implizit keine ausdrückliche Ausnahme, es findet sich also keine Erwähnung (ebd., S. 243, 269). Allerdings hat die Stadt Berlin auch sonst keinerlei christliche Bezüge in ihrer Verfassung, weder findet sich in der Präambel ein Gottesbezug noch ist zum Beispiel der Sonntag als Feiertag religiös motiviert. Lediglich ein Religionenschutz besteht.

7.4.2 Kritik am Urteil

Objekte sind keinesfalls automatisch Symbole, sondern sie werden im Laufe eines Kommunikationsprozesses von Menschen dazu gemacht. Dies kann gelingen und Sender*in und Empfänger*in haben eine ähnliche Vorstellung von dem, was da kommuniziert wurde. Oder es kann misslingen, wie im Falle des Kopftuches nachvollzogen werden konnte. Zudem in vielen Fällen das Kopftuch gar nicht kommunikativ gemeint sei, wie Heide Oestreich (2004) festhält. Erst in den Augen der Dominanzgesellschaft, so die Meinung auch vieler meiner Interviewpartnerinnen, wird das Kopftuch zum Symbol und in dieser Eigenschaft wird es dann mit dem christlichen Kreuz verglichen (ebd., S. 77). Doch der Vergleich des Kopftuches mit dem christlichen Kreuz blendet die vestimentäre Komponente des Tuches völlig aus und reduziert es auf seine Sichtbarkeit, seine Symbolhaftigkeit (Amir-Moazami 2007, S. 110). Dabei wird völlig ignoriert, dass viele Musliminnen das Tuch zum Teil ihrer Persönlichkeit machen. Die Verbote jener religiösen Symbole bedeuten demnach eine religiöse Diskriminierung, weil sie eine Ungleichbehandlung vornehmen. Während ein Verbot religiöser Symbole einer Christin lediglich das Abnehmen oder verstecken ihres Symbols abverlangt, überschreitet das gleiche Verbot bei einer Muslimin eine religiöse Schamgrenze (Oestreich 2004, S. 113).

> „Eine Lehrerin ist eben keine Wand, das Kopftuch kein Kreuz, dass man mal eben abhängen kann." (ebd., S. 73) „Es ist ein fundamentaler Unterschied, ob eine Christin ihr Kreuz abnimmt oder eine Muslimin ihr Kopftuch."(ebd., S. 77)

Die Neutralität des Staates ist zu wahren, weshalb das Kreuz an der Wand zu Recht eine Identifizierung des Staates mit dem Christentum bedeutet. Das Kopftuch der einzelnen Lehrerin deutet allerdings mehr auf ihre eigene Haltung hin als auf die des Staates (Blumenthal 2009, S. 107). Ihre Vorbildfunktion wird damit nur dann beeinträchtigt, wenn Religiosität grundsätzlich als etwas Verwerfliches betrachtet wird.

Kopftuchgegner*innen argumentieren deshalb mit der politischen Dimension des Kopftuchs und legitimieren damit die Ungleichbehandlung, da es sich beim Kopftuch in erster Linie um ein politisches und nicht um ein religiöses Symbol handeln würde. Doch die Menschenrechtsverletzungen im Namen des Islams sind nicht zu verwechseln mit dem Kopftuch selbst, welches zur Religionsfreiheit eines jeden Menschen gehört (vgl. Oestreich 2004, S. 93). Der zugleich unterstellte politische Fundamentalismus von Kopftuchträgerinnen wartet bis heute auf einen Nachweis, der nicht erbracht werden kann, weil es, von den Anhängerinnen von ISIS (Islamischer Staat

im Irak und in (Groß-)Syrien) einmal abgesehen, nur wenige islamistische
Fundamentalistinnen gibt (ebd., S. 186).[65] Das Kopftuch als rein politisches
Symbol zu behandeln, ist darüber hinaus nicht rechtens, weil es noch andere
Deutungsmöglichkeiten gibt und der „objektive Empfängerhorizont" aus-
schlaggebend ist bei der Deutung (Blumenthal 2009, S. 107). Damit ist eine
Ungleichbehandlung bezüglich der religiösen Symbole Kopftuch und Kreuz
nicht zu rechtfertigen.

Das Tuch in Deutschland als Kleidungsstück zu vermitteln, scheitert
nach Meinung von Oestreich (2004, S. 47) an der mangelnden „Auslands-
erfahrung" der Justiz. Dass es so etwas wie Schamgrenzen außerhalb des
Körperrumpfes geben soll oder eine Raumaufteilung jenseits von Öffentlichkeit und Privatsphäre, ergibt hier in Deutschland wenig Sinn, diese Formen
der Selbst- und Raumwahrnehmung sind etwas Besonderes, etwas „Fremdes".
So ist es nicht verwunderlich, dass es in christlichen Ohren absurd klingt,
dass ein Tuch nur ein Kleidungsstück sein kann (ebd., S. 47).

Die erlassenen Kopftuchverbotsgesetze sind zusammengefasst bestenfalls
problematisch zu sehen, denn sie beruhen auf einer angenommenen sugges-
tiven Wirkung des Tuches, darauf, dass es eine Gefahr darstelle. Dies ist
aber nicht bewiesen. Bisher hat sich in Deutschland auch noch kein Eltern-
teil beschwert, obwohl es durchaus einzelne kopftuchtragende Lehrerinnen
gibt (ebd., S. 71). Auch ist nicht klar, worin eigentlich die Gefahr für die
Kinder besteht, welche aus dem Tuch resultieren soll. Keinem Kind wird
ein Bekenntnis aufgedrängt (ebd., S. 47). Kein Tuch zu tragen, schützt die
Kinder ebenso wenig vor dem Zwang durch die Eltern eines zu tragen, wie
es junge Mädchen davon abhält, es freiwillig zu tragen (ebd., S. 78). Im
Ergebnis findet sich eine fortgesetzte Stigmatisierung einer Minderheit. Statt
Andersheit auszuhalten, lernen die Kinder, dass fremdes Aussehen gefährlich
ist und ausgegrenzt werden muss (ebd., S. 78 f.) Sowohl Sigrid Nökel (2002,
S. 105-109) als auch Heide Oestreich (2004, S. 139) kommen deshalb in
ihren Arbeiten zu dem Schluss, dass die Reaktion auf das Kopftuch meist
ein größeres Problem darstellt als das Kopftuch selbst. In der Frage um die
Gerichtsverfahren um Fereshta Ludin und ihre Gesinnung scheint es „also
eher um die Frage kultureller Dominanz als um die Befreiung der Frau zu
gehen." (Rommelspacher 2002, S. 124)

---

65 Vgl. hierzu die Statistik auf Seite 90: Nur 7% aller befragten männlichen und weiblichen Jugendlichen legen nach der Studie in ihrer religiösen Lebensführung Wert
   auf Abgrenzung von Andersgläubigen, gegenüber denen sie negativ eingestellt sind
   (Khorchide 2010, S. 374). (Was sie übrigens nicht automatisch zu religiösen Funda-
   mentalist*innen macht.)

7.5 Kritik innerhalb muslimischer Gemeinschaften

Im Folgenden werde ich die Kritik an der Bekleidung anderer Frauen aus einer weiteren Perspektive aufgreifen, die ich im Laufe der Forschung immer wieder gehört habe. Die von Hurriya geschilderte Erfahrung, wie viel Gegenwind eine Frau erfahren kann, die sich entschließt, wieder weniger modeste Bedeckung zu tragen, scheint dabei beispielhaft zu sein. Zwar geht Hurriya nicht so weit, das Kopftuch wieder abzunehmen, aber sie entschließt sich, von einem Stil, den sie sich aus religiösen Gründen angeeignet hat, aus modischen und sozialen Gründen wieder abzuweichen. Da dieser Stil aber als religiös überlegen gewertet wird, erntet sie für diese Entscheidung eine Menge Fragen und negative Rückmeldung. Sie erfährt so viel Kritik, dass angenommen werden kann, dass der Rückzug aus dem Freundeskreis in die Familie auch mit ihren vestimentären Entscheidungen zusammenhängt.

Hurriya ist vermutlich darum auch die einzige Frau, in deren Interviews keine Kritik an der Kleidung anderer Frauen auftaucht, während die meisten meiner Interviewpartnerinnen schon die eine oder andere Bemerkung über die Stile anderer Frauen äußerten. Ich vermute, die Frauen nutzen, wenn und indem sie andere Frauen kritisieren, dies als legitime Möglichkeit der Prestigegewinnung: Die Kleidung anderer Frauen zu kritisieren, legt zugleich die eigene Kleidung als Maßstab an. Gleichzeitig ist dies eine Rechtfertigungsstrategie.

Auch Männer kritisieren zuweilen die Bekleidungsformen muslimischer Frauen und Sheikhs geben regelmäßig Negativurteile ab oder befürworten einen bestimmten Stil im Besonderen. Der oft geäußerte Vorwurf lautet, dass muslimische Frauen, welche das Kopftuch mit enger Kleidung kombinieren, angeblich alle Aktivitäten in Verbindung von Musliminnen und Mode in Misskredit bringen: Dies wird als wahr angenommen, sowohl gegenüber der Dominanzgesellschaft, die glauben könnte, eine bedeckte Frau in „sexy Klamotten" könne, wegen der Widersprüchlichkeit ihrer Kleidung, als Beispiel für erzwungene Kopftücher gelten, als auch gegenüber anderen Muslim*innen und vor allem den Kritiker*innen an körperbetonender Mode als verwerfliches Zurschaustellen des Körpers.

Auch in vielen Blogs wird sich mit diesem Sachverhalt, der starken Kritik an der Bekleidung der Frauen auseinandergesetzt. Dabei wird deutlich, dass es im Sinne des vestimentären Empowerments sehr befreiend und stärkend sein kann, einen Hijab zu tragen, aber dass diese Freiheit auch sehr einschränkend wird, wenn eine Frau keinen Hijab trägt oder sich gar entschließt, den Hijab wieder abzunehmen. Sofort wird unterstellt, sie wäre vom Glauben abgefallen. Niemand hinterfragt, wie sehr sie sich mit Gott verbunden fühlt, wie viel sie betet, wie intensiv sie das Fasten betreibt oder aus welchen Gründen sie das Kopftuch wieder ablegt (wood turtle 2012). Gleichzeitig wird die Religiosität nur auf die Bekleidung bezogen. Niemand fragt danach, ob ein Mann auch sein *Zakāt*[66] bezahlt habe oder seine Frau auch die fünf Gebete am Tag einhalte. Beides gehört zu den fünf für jeden Muslim verpflichtenden Glaubenssäulen im Islam, während die Verschleierung eine eher persönliche Entscheidung darstellt und nicht als direkte Anweisung im Koran zu finden ist (vgl. dazu Abschnitt. 7.1 sowie die Anmerkung von Rahimi 2013).

Kritik an der Kritik: Entwicklungen in den Social Media

Diese kritische Seite des Hijab-Tragens wird nicht gern thematisiert, denn es existieren, wie in diesem Kapitel erläutert, ohnehin genug Diskurse, die den Zwang der islamischen Religion zum Thema haben. Also haben einige junge Menschen einen Weg gefunden, die Kritik an der Kritik auf satirische oder literarische Weise zu äußern, indem sie die Möglichkeiten des Web 2.0 und die darin vorhandenen sozialen Medien kreativ nutzen. Über etwas Witze zu machen, transportiert dabei die Botschaft, dass man sich von niemandem das eigene Leben diktieren lassen möchte. Einige literarische Blogbeispiele habe ich bereits angedeutet, ein satirisches Beispiel möchte ich nun vorstellen.

Es gibt im Rahmen dieser Entwicklung eine neue gesellschaftskritische Facebook-Seite. Die Seite heißt „A Man's Hijab", und untertitelt „What would it be like if men and beards were treated like women and headscarves? NOTE: This page is SATIRE and shows how ridiculous the analogies are." Das Motto hinter der ganzen Aktion lautet „Hijab4Men: Let's turn the tables and show men how it feels". (O.A. 2014)

Satirisch wird hier das Tragen des Bartes für muslimische Männer propagiert. Dabei werden einige spannende Elemente aufgegriffen, vor allem Bilder von wenig oder unbekleideten Männern in der Werbung, die neben dieselben Bilder montiert werden, nur dass auf dem zweiten Bild mittels *Photoshop*, absichtlich mehr oder oder weniger gekonnt, den Männern Bekleidung entlang der Regeln im Koran angezogen und ein langer Bart angeklebt wird. Das Profilbild der Seite zeigt einen Nassrasierer, welcher, mit einem Verbotsschild versehen, Männer dazu auffordert, sich nicht mehr zu rasieren: „Say no to a razor".

---

66 Eine der fünf Glaubenssäulen im Islam ist das verpflichtende Almosen, „*Zakāt*", welches einen genau festgelegten Teil des Vermögens bzw. Einkommens umfasst.

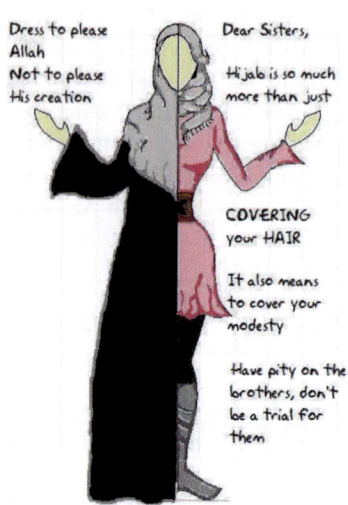

Abbildung 7.1: Typische Internet-Werbung für modestere Bedeckung, Quelle: (O.A. 2014).

Abbildung 7.2: Satirische Antwort auf Abb. 7.1: Kritik an der Zurschaustellung männlicher Körper (O.A. 2014).

Mehrere Blogs berichten über die Aktion und sympathisieren mit den Erstellerinnen der Seite.[67] Einige Männer kommentieren das Geschehen abfällig, bemerken, was für ein schlechter Vergleich die Bilder seien, doch statt darauf einzugehen, werden viele $\bar{A}y\bar{a}t$ und $\d{H}ad\bar{\imath}the$ zitiert, welche Männer dazu anhalten, sich doch Bärte wachsen zu lassen, um ihre Scham zu bedecken und Frauen nicht so sehr zum Schauen zu provozieren. Weitere Statements bestehen aus kleinen Gegengeschichten. Diese greifen Motive über Erwartungen an Frauen und deren Hijab aus Geschichten oder Witzen auf, die in abgewandelten Formen regelmäßig im Internet auf Facebook und Co. zirkulieren. Anlass sind eine Reihe von Werbeplakaten, die offenbar immer wieder im Mittleren Osten auftauchen. Beispiele sind die Bilder 7.1 sowie 7.3. Letzteres bezieht sich auf eine Geschichte, die so und in ähnlicher Form unter Muslim*innen kursiert und auch beim „Imam Internet"(wood turtle 2011) immer wieder zu finden ist.

> Ein Christ fragt einen Muslim, warum muslimische Frauen sich bedecken müssten. Daraufhin holt der Muslim zwei Bonbons hervor, wickelt eines davon aus seinem Papier und wirft beide in den Staub. Daraufhin fragt er den Christ, welches von beiden er noch essen möchte. Als der Christ auf das Eingewickelte deutet, lächelt der Muslim und erklärt, so verhalte es sich auch mit den muslimischen Frauen. (vgl. Mustefa 2014)

Die britische Journalistin Zab Mustefa hält fest, was für eine Objektivierung es darstelle, wenn Frauen ausgerechnet mit Süßigkeiten verglichen werden (ebd.). Als Antwort auf solche Geschichten kursiert auf jener Facebook-Satire-Seite nun eine Gegengeschichte. Die lautet so:

> „A Catholic priest once met with a Shaykh and asked him: ,Why are your men required to have beards?' The Shaykh smiled and took out two kiwis from his pocket (he likes to carry kiwis around with him). He peeled the hairy skin from one of them, and left the hairy skin on the other. He then threw both of the kiwis on the ground and asked the priest: ,Which one are you willing to eat?' The priest said ,Of course the one with the hairy skin still on it!' The Shaykh again smiled and said: ,It is the same with our men!'"(O.A. 2014)

Diese Geschichte soll zeigen, wie lächerlich der Vergleich von Frauen im Hijab mit unbelebten Objekten ist.

Oft wurde mir im Rahmen meiner Promotion die Frage gestellt, ob die muslimischen Frauen sich überhaupt modisch kleiden dürften. Zu Beginn des Kapitels habe ich diese Frage aus theoretischer Perspektive aufgegriffen, hier soll sie aus empirischer Sicht betrachtet werden. Ich werte dies dahingehend, dass die Diskurse zu den Vorstellungen von der Beschaffenheit „richtiger"

---

[67] Zum Beispiel: Bonessi (2014) oder Mustefa (2014).

muslimischer Kleidung auch in der Dominanzgesellschaft gehört werden. Es gibt sogar erste Studien dazu, welche die Vorstellungen von verschiedenen muslimischer Gruppen versuchen in Zahlen zu fassen (vgl. dazu Abb. 7.4.[68]) Bisher hatte ich immer Schwierigkeiten, diese Frage zu beantworten, weil es keine einfache und auch keine eindeutige Antwort zu geben schien. Diese Form der satirischen Kritik leistet mir Hilfe dabei, diese wirklich oft gestellte Frage zu beantworten.

Die Antwort lautet überspitzt gesagt: „Wen geht das was an?" Es ist die Sache der Frauen, was sie tragen, es ist allein ihre Entscheidung, da es auch ihre Verantwortung vor Gott ist. Sie sind selbstständig denkende Wesen, die natürlich allein über die Wahl ihrer Kleidung entscheiden dürfen. „Dürfen die das?" ist wie die Frage danach, ob jemand sich überhaupt nach seinen oder ihren eigenen Vorstellungen kleiden darf. Es mag geschmacklich fragwürdig sein, aber solange die Person nicht gegen in den jeweiligen Kontexten geltende Gesetze bezüglich Bekleidungen verstößt, ist sie doch frei zu tragen, was sie möchte. Und genau das tun Menschen überall in der Welt, auch in Ländern, wo eine bestimmte Kleidung für Frauen gesetzlich vorgeschrieben ist. Im Rahmen der gesetzlichen Möglichkeiten erfolgt eine modische Ausgestaltung der Bekleidung zur Inszenierung als eigenständiger und kreativer Mensch und zur Zuordnung zu bestimmten gesellschaftlichen Gruppen. Indem die Akteur*innen hinter dieser Satire die Kritik kritisieren, verteidigen sie die Etablierung muslimischer Mode. Diese Mode ist ihrerseits als Strategie gegen Diskriminierung einzustufen und sie soll zeigen, dass muslimische Mode einen integrierten Teil westlicher Gesellschaft muslimischen Glaubens repräsentiert.

Diese satirische Seite kritisiert zudem die innermuslimische Kritik, an der Art den Hijab zu tragen, als vielfache Heuchelei. Es wird die Tatsache angeprangert, dass Frauen, in der nichtwestlichen ebenso wie in der westlichen Welt, oft mit gnadenlosen Schönheitsidealen konfrontiert werden. Gleichzeitig aber besteht in den Vorstellungen derjenigen, die Hijab mit fehlerloser Sündenfreiheit gleichsetzen, ein Verbot, diesen Schönheitsidealen gerecht zu werden. Männer werden nicht mit den gleichen übergriffigen Forderungen nach einer bestimmten Kleidung konfrontiert, sie haben nicht die schwierige Balance zu meistern, sich im Einklang mit Gott zu kleiden und dennoch dem unglaublichen und praktisch unerfüllbaren Anspruch nach weiblicher Schönheit zu erfüllen. Denn nicht nur in Europa und in der westlichen Welt gibt es diesen Anspruch, wie die Journalistin Emily Dische-Becker in ihrem Blogartikel in faz.net festhält:

---

68 Von den vielen Links und Hinweisen, die ich jeden Monat mit Bezug auf mein Thema bekomme, erhielt ich dieses nur von Nichtmuslim*innen.

Abbildung 7.3: Aufforderung an Frauen, sich zu bedecken, objektivierender Vergleich mit Süßigkeiten. Photo: Twitter/Gautam Trivedi, arabische Textunterschrift: Hijab ehrt die Dame. Englische Textunterschrift: Veil is security. (Bonessi 2014).

What Style of Dress is Appropriate for Women in Public?
% who say woman is dressed most appropriately

	Woman 1	2	3	4	5	6
Tunisia	1	2%	3%	57%	23%	15%
Egypt	1%	9	20	52	13	4
Turkey	0	2	2	46	17	32
Iraq	4	8	32	44	10	3
Lebanon	2	1	3	32	12	49
Pakistan	3	32	31	24	8	2
Saudi Arabia	11	63	8	10	5	3
MEDIAN	2	8	8	44	12	4

Source: The Birthplace Of The Arab Spring. Values And Perceptions Of The Tunisian Public In A Comparative Perspective. From the Middle Eastern Values Study, University of Michigan Population Studies Center.

PEW RESEARCH CENTER

Abbildung 7.4: Der „Westen" beginnt sich für die Vorstellungen über „korrekte" islamische Kleidung zu interessieren und startet eine Umfrage. Aus dem Report „The Birthplace of the Arab Spring: Values and Perceptions of Tunisians" (Moaddel 2013, S. 54).

„In der arabischen Levante, wie überall sonst, sind die Normen der weiblichen Schönheit viel größere Bürden als der Schleier. [...] Im Libanon erhält
man für eine Schönheitsoperation leichter einen Kredit als für ein Haus
oder ein Kleinunternehmen. Wie Maher Mezher von der First National
Bank erläutert, die Sofortkredite von $ 5.000 für solche OPs gewährt: ‚Wer
nicht gut aussieht, findet im Libanon keinen Job und wird sozial geächtet.‘"
(Dische-Becker 2014)

Die Kritik an der Kritik ist eine Art, die eigene vestimentäre Entwicklung von negativen Diskursen von muslimischer und nichtmuslimischer Seite
zu emanzipieren. Sie macht den festen Willen deutlich, den eigenen Stil bei-
zubehalten. Die größte Herausforderung erwartet die jungen Frauen offenbar
nicht nur in der Dominanzgesellschaft, in der sie als Musliminnen in der
Minderheit leben und in der Abgrenzung zu dieser sie oft überhaupt erst mit
dem Kopftuchtragen begonnen haben. Die Entwicklung einer Empowermentstrategie hat diesen Konfrontationen und hierarchischen Herabsetzungen,
welche muslimische Frauen durch die Dominanzgesellschaft immer wieder
erfahren, ein wirksames Gegenmittel entgegengesetzt. Nun ist es an der Zeit
der Ebene muslimischer Kritiker*innen zu begegnen und sich nicht mehr in
den Hijab „hinein- oder herausschämen" zu lassen (vgl. Rahimi 2013).

7.6 Zusammenfassung erster Teil

Der erste Teil dieser Arbeit befasste sich mit den theoretischen Fragen, die
durch den Titel aufgeworfen werden. Um die Kopftuchdebatte zu verstehen,
muss man sich über die dahinter liegenden Diskurse klar werden. Hierbei geht
es nicht um einen wie auch immer gearteten kulturellen Konflikt, sondern um
klare ökonomische Vorgaben. Die Kopftuchdebatte ist ein auf muslimische
Frauen aus Familien mit Migrationserfahrung gemünzter Unterschichtungs-
diskurs, wie ich in Kapitel 8.2.1 genauer erläutert habe. Indem innerhalb der
Diskurse um den Islam immer wieder darauf verwiesen wird, wie traditionell
und rückständig diese Religion sei, werden Frauen, die Kopftuch tragen, in
diesen Diskurs eingeordnet und ihre Qualifikation automatisch herabgestuft.
Diese Figuration ist es, an der sich die oft hervorragend integrierten Frauen
abarbeiten. Die Kopftuchdebatte diente im Rahmen der Gesetzesänderung
und zur Einbürgerungsdebatte als willkommenes Thema „um einen Konsens
der ‚Mehrheitsgesellschaft‘ zu suggerieren"(Amir-Moazami 2007, S. 26). Sie
ist als Machttechnik zu verstehen, bei der mit Strukturen und Praktiken die
Reproduktion der Machtverhältnisse verdeckt wird (Fournier und Yurdakul
2010, S. 103). Und in dem Moment, indem die Frauen als Minderheit die

gleichen Rechte einfordern, werden die Spielregeln geändert und neue Gesetze erlassen. Dass in diesen dann Ausnahmen für die Kirchen geschaffen werden, macht nur umso deutlicher, wie sehr es dabei um hegemoniale Macht und die Absicherung von Privilegien geht (Oestreich 2004, S. 80).

Dadurch, dass das Ausländersein für die Frauen überall zu spüren ist, durch die verschiedenen Zuschreibungen aus der migrantischen Bezugsgruppe, aus der Dominanzgesellschaft und durch das eigene Elternhaus, bleiben für die Frauen nicht viele Identitätsangebote übrig. Sich selbst mit nationalen Beschreibungen zu versehen, wie das die Eltern mit eigener Migrationserfahrung beispielsweise noch konnten, ist insofern schwierig, da diese Bezeichnungen oft nicht greifen. Spätestens im Urlaub im Heimatland der Eltern wird deutlich, dass diese Form der identitären Verortung von den Menschen dort ebenso wenig akzeptiert wird. Die Positionierung als deutsche Muslimin bietet darum genug Identifikationspotential mit den Elementen, die den Frauen wichtig erscheinen.

Den Hijab als Symbol für eine ganze Religion zu setzen, ist aber problematisch, denn es gibt nicht *den* Hijab, der als religiöses Symbol fungiert: Verschiedenste Hijab-Praktiken verdeutlichen ganz unterschiedliche Bezugspunkte zur Religion. Musliminnen, die Kopftücher tragen tun dies z. B., um ein ernsthaftes Engagement in der Beziehung zu Gott zu verdeutlichen. Dies wird angesichts der Assoziation des Kopftuches mit oben genannten Negativdiskursen nicht verstanden, warum sollte jemand freiwillig einen sozialen Marker der Ausgrenzung tragen? Was dabei übersehen wird, sind die darüber hinaus gehenden vielschichtigen Bedeutungen, die in den Hijab auch eingeschrieben sind. Tatsächlich hat der Hijab noch viel mehr Ebenen als nur die des religiösen Symbols. Er ist Marker von Klasse, Generation/Alter, sozialem Status, Geschlecht, Herkunft, islamischer Rechtsschule, Interesse in Mode etc.

Hijabmode ist, entsprechend der im Modekapitel formulierten Ausführungen, dekorative Bekleidung zur Artikulation des sozialen Körpers, die zum einen weitgehend gleich bleibt, um den Menschen eine soziale Zuordnung zu ermöglichen. Zum anderen wandelt sich diese Kleidung zyklisch, allerdings nur in den Details, also zum Beispiel durch verschiedene Accessoires oder ähnliches und gestatten so eine individuelle künstlerische Ausgestaltung der Bekleidung zur Betonung der eigenen Individualität.

Für viele Nichtmuslime jedoch ist das Kopftuch kein einfaches Kleidungsstück, das vor der Witterung schützen soll oder als Fashion-Objekt dient, sondern es ist das Objekt an dem Moderne, Zivilisation, Bürgerrechte sowie Fragen der Religion und der Säkularisierung verhandelt werden. An ihm scheint der Konflikt zwischen dem Nationalstaat und der persönlichen Autonomie Familie aufeinanderzutreffen (Brown 2001, S. 107).

Der nun folgende Abschnitt bildet die Auswertung dieser Arbeit. Ich werde die zu Beginn der Arbeit formulierten Thesen verdichten und aufzeigen, wie sich die Ausgangsthesen entwickelt haben und welche Ideen neu hinzugekommen sind. Abschließend werde ich die Erkenntnisse in Form einer theoretischen Schlussbetrachtung sowohl für die Migrations- als auch für die Modeforschung zugänglich machen.

Teil II

Zusammenfassende Analyse

8 Thesendiskussion: Der Circuit der Hijab-Bekleidung

Dieser Abschnitt wird einerseits die eingangs aufgestellten Thesen noch einmal aufgreifen und andererseits in einer theoretischen Schlussbetrachtung und einem Fazit die Ergebnisse dieser Arbeit bündeln. Beginnen werde ich mit der Entwicklung muslimischer Mode in Deutschland und nachvollziehen, wie die Entwicklung einer kreativen Hijab-Mode aus vestimentären Entwicklungen selbst erklärt und verstanden werden kann. Anschließend führe ich mit Blick auf das Kapitel 3 zu den Repräsentationsformen aus, wie die gesellschaftlichen ausgrenzenden Diskurse diese Entwicklung noch befeuert haben und stelle abschließend für meine Thesenentwicklung heraus, wie insbesondere die von mir befragten Frauen ohne eigene Migrationserfahrung ihre Kleidung als Strategie des vestimentären Empowerment umdeuten. Der Abschnitt dient unter anderem dazu, einen weiteren Hinweis auf die Frage danach zu finden, warum eigentlich in den letzten Jahrzehnten die Sichtbarkeit muslimischer Kleidung wieder zugenommen hat.

Abschließend für diesen Buchabschnitt werde ich einige mode- und migrationstheoretische Gedanken formulieren und zu den vorhergehenden Thesendiskussionen sowie zum Theorieteil dieser Arbeit in Relation setzen.

Dabei beziehe ich mich nicht nur auf die vorgestellten Interviewpartnerinnen, sondern es werden auch ausgewählte Eindrücke aus den vielen Stehgreifinterviews, die ich im Rahmen der Bildrecherche führte, sowie aus der umfangreichen Feldforschung in einem transnationalen Kleinunternehmen in die Auswertung mit eingebunden.

8.1 Integration hat längst stattgefunden: Der „Berliner Stil"

Es wurde im Kapitel 4 zur Mode bereits festgehalten, dass vestimentäre Objekte, die sich in Benutzung befinden, niemals neutral sind. Sie stellen vielmehr einen sozialen Prozess dar, der eingebunden ist in gesellschaftliche Strukturen. Durch Mode nehmen Menschen ihre Subjektpositionierung vor und integrieren sich in bestehende Gruppen. Zum einen können Einzelne die Verbindung und soziale Anpassung an eine gewünschte gesellschaftliche Gruppe zum Ausdruck bringen, zum anderen können sie sich von anderen Gruppen abgrenzen (vgl. Rohr 2012, S. 83; und Svendsen 2006, S. 113). Dem hierbei angestrebten Kleidungsstil werde in der Regel auch unter kurzfristigen ästhetischen Veränderungen, im allgemeinen „Mode" genannt, treu geblieben, was eine vestimentäre Stabilität innerhalb der Gruppe gewährleisten soll. Dieser Kleidungsstil wurde bereits in Anlehnung an das Theoriekapitel zur Mode als eine Art „Grunddresscode" bezeichnet.

Mit Lehnert (2013, S. 18) ist als Ausgangsüberlegung für diese Arbeit formuliert worden, dass eine tiefergehende Auseinandersetzung mit einer Gesellschaft, das Wissen um ihre Geschmacksnormen und ihre sich darin widerspiegelnden sozialen Hierarchien zum symbolischen und kulturellen Kapital gehören. Die Einhaltung und die gezielten Brüche dieser Normen sind Teil einer vestimentären Visitenkarte, welche nicht nur ästhetische Kompetenz signalisieren, sondern auch Bildung verdeutlichen. Das Lesen und vor allem die Ausgestaltung eines Stils und einer Mode ist als Form kultureller Kompetenz bezeichnet worden, und dazu gehört auch, bewusst oder unterbewusst, die Auseinandersetzung mit dem geltenden Gesetz und mit herrschenden Diskursen der Vorstellungen und Bedeutungen. Hieraus erst ergibt sich die Fähigkeit, sich modisch anzupassen.

Es hat sich gezeigt, dass die Frauen Kleidungsstücke wie Shirts, Cardigans oder Röcke bevorzugt in Läden wie *C&A*, *Orsay* oder *H&M* kaufen und dann in die Läden transnationaler Kleinunternehmer kommen, um dort farblich passende ergänzende Kleidung zu erwerben (TB 2011-13). Ich konnte während der Zeit als Verkaufshilfe in einem dieser Kleinunternehmen in Neukölln mehrere Frauen dabei beobachten, wie sie mit den Shirts aus den Großketten in die kleinen Läden kamen, um dort nach Kopftüchern oder Unterkopftüchern in exakt der gleichen Farbe zu suchen. Fast immer war der gewünschte Farbton nicht vorhanden, da sich die Farben mit den Produktmoden schnell wandeln. Die Kleinunternehmen importieren die Ware aber aus der jeweils letzten Saison aus der Türkei oder dem Libanon und sind daher oft noch nicht auf die aktuellen Farben eingestellt bzw. können diese erst eine Saison später liefern. Dies dürfte auch der Grund sein, warum fast alle Interviewpartnerinnen die Entwicklung der muslimischen Mode in Deutschland zwar als vorhanden konstatierten, jedoch als langsam beschrieben. Alle erklärten einhellig, dass sich muslimische Mode in Deutschland nur langsam voran bewegt. Amina, welche die muslimische Mode in Deutschland offenbar genau beobachtete, sagt über die kleinen transnationalen Bekleidungsgeschäfte:

> [Am:] „Aber bezüglich der Mode glaube ich, dass diese besonders in Aleppo und in Syrien mehr entwickelt ist. Wenn du auf dem Markt umhergehst, findest du, dass alle Läden die gleichen Sachen haben. Und die meisten Frauen kaufen genau die gleichen Sachen. Die Mode entwickelt sich viel schneller als hier. In den Läden hier findest du viel alte Mode, die gibt es dort nicht. Hier hängen mehr alte Sachen, die Händler bringen sie her und verkaufen sie in den Läden. Ich habe zum Beispiel hier Kleidung gekauft und als ich sie in Syrien getragen habe, stellte ich fest, dass sie dort längst aus der Mode war. Als die Leute mich gesehen haben, sagten sie mir, meine Kleidung sei nicht der Mode entsprechend. Hier in Deutschland tragen die Leute viel altmodische Kleidung." (Amina 2011, S. 200-220)

Amina, die zwar für sich selbst einen pragmatischen Ansatz bezüglich Mode vertritt, liest sehr wohl die Moden in ihrer Umgebung aus. Das, was hier in Deutschland von den Musliminnen getragen wird, hinke ihrer Meinung nach teilweise bis zu zwei Jahren hinterher. Sie erklärt das damit, dass es hier keine Trends muslimischer Kleidung in dem Sinne gibt, weil in den Läden die Sachen aus der neuen und der alten Saison nebeneinander hängen, diese würden nicht aussortiert, während in einem arabischen Suq, also einem Viertel, wo vor allem Bekleidung verkauft wird, ein Modebekleidungsgeschäft neben dem anderen liegt. Alle haben die neuste Mode und keiner würde die Sachen aus der letzten Saison in seinem Laden anbieten.

> [Am:] „Wenn die eine Mode geht, dann bleiben die Sachen nicht auf den Märkten. Da gibt es nur neue Sachen. In Syrien beobachten die Händler die großen Modehäuser, beobachten was neu kommt und kaufen das auch ein. Was in Deutschland ankommt, ist ähnlich wie diese Sachen. Aber hier gibt es zusätzlich eine Vielzahl von alten Moden. Zum Beispiel diese karierte Jacke. Das ist ein sehr altes Modell, schon lange her. Das kann in Syrien keiner kaufen, denn wenn du es kaufst, sagen sie, das ist ein altes Modell. Und die meisten Modelle sind so." (ebd., S. 200-220)

Es scheint also so, als ob die muslimische Mode in Deutschland den modischen Schritt des Trends schwer gehen kann. Ich frage Maryam, die in Deutschland aufgewachsen ist, warum das so ist. Immerhin hat sie ja bei verschiedenen Gelegenheiten versucht, die Trends aus dem Libanon mit nach Deutschland zu bringen.

[Ma:] „Also ich glaube das ist hier schwieriger, weil im Libanon, wenn
es eine neue Mode gibt, dann haben das alle Mädchen. Und dann fühlst
du diesen *peer pressure*, dieser Gruppenzwang, alle haben das jetzt. Und
dann ziehst du es an und dann ist es auch für dich kein Problem, selbst
wenn es komisch aussieht, es haben ja alle an. Aber hier in Deutschland,
du hast es sowieso schon schwer mit dem Kopftuch und dann noch mal
diese auffallenden Farben oder diese auffallenden Muster. [...] Es ist, du
willst nicht so sehr auffallen, ich meine, du fällst schon genug auf mit
dem Kopftuch. Und dann auch noch irgendwas von dort mitzubringen,
diese komischen Farben oder diese komischen Muster und so, die sie dort
tragen, die dort akzeptabel sind. Hier in Deutschland sind die oft nicht so
in, weil das alles viel zu bunt ist." (Maryam 2011, Zeile 1195-1210)

Die Frage danach, wie sich Mode wandelt, wird von dieser Beobachtung
stark berührt, denn für die Entwicklung eines Trends zu einer Mode braucht
es eine gewisse Masse an Trendsetterinnen, die gleichzeitig einen bestimmten
Stil aufgreifen. Viele Frauen kommen mit neuen Trends aus dem Libanon
oder Ägypten aus dem Auslandsaufenthalt zurück, dort sind diese Trends
geeignet für Mitläuferinnen, hier sind es Anführer*innen-Trends und für viele
Frauen ungeeignet, da sie als Musliminnen eigentlich ja gerade nicht auffallen
oder sich in den Vordergrund drängen wollen (vgl. Kap. 9.1). Maryam, die
Kritik für ihre Bekleidung erntet, legt diese Mode daraufhin wieder ab
und schwört der Trendsetterei ab, Hurriya geht ihren eigenen Weg, zieht
sich aber aus ihren Gruppen zurück. Suraya hingegen schiebt die Zeit der
Übersetzung der neuen Mode (in Libyen) auf einen Zeitpunkt, der aufgrund
eines biographischen Bruches (Hochzeit) geeignet erscheint. Amina belässt
es einfach bei ihrer Bekleidung und greift Trends dann wieder auf, wenn sie
dies müheloser umsetzen kann.

Aus der Frage, warum sich muslimische Mode in Deutschland langsam
wandelt, lässt sich ein Beitrag zur allgemeinen Modetheorie ableiten, denn
in der Betrachtung der Mode muslimischer Frauen wird deutlich, was bisher
noch nicht zufriedenstellend beantwortet wurde: Warum sich Mode überhaupt
wandelt. Ich werde diese Frage in der theoretischen Schlussbetrachtung in
Kapitel 9.1 ausführen.

8.1.1 Muslimische Mode in Deutschland: Die veränderte Raumstruktur als Motor für eine neue Mode

Trotz dieser Schwierigkeiten hat sich eine modeste muslimische Mode in
Deutschland entwickelt. Diese Entwicklung bedeutet für viele Frauen die
weitgehende Anpassung an die Aufhebung der Vierteilung der Räume, wie

sie in Abschnitt 6.1 beschrieben wurden, zumindest aus der modischen Perspektive. Stattdessen wird die notwendige Bekleidung auf zwei Sphären reduziert: Das Private und das Öffentliche. Das bedeutet, dass die Mode von Musliminnen nicht mehr zwingend an der Haustür aufhört, wie das bei Amina der Fall ist, weil diese Mode nicht unbedingt etwas mit männlicher Aufmerksamkeit zu tun haben muss (vgl. Yaqin 2007, S. 184). Dies hat die Entwicklung der muslimischen Mode in Deutschland entschieden vorangetrieben. Drei meiner Interviewpartnerinnen folgen diesem Prinzip der Zweiteilung der Räume und wählen für sich Bekleidungsstile, mit denen sie sich in Deutschland in jedem Kontext affektiv gut zurechtfinden. Suraya und Hurriya tun dies aus ihrem modischen Grundinteresse heraus und Maryam, weil sie hier aufgewachsen ist. Lediglich Amina, die nicht gern mit Mode experimentiert, dies in Deutschland mangels Gelegenheit aber auch nicht muss, bleibt einem nichteuopäischen Grunddresscode treu, den sie für sich in Syrien entwickelt hat.

Die Ausgestaltung der von mir beobachteten Stile ist von Jeans geprägt und von Farben und Stoffen, die auch nichtmuslimische Frauen tragen bzw. die in Modezeitschriften zu finden sind. Diese Wahrnehmung wird verstärkt durch die verbale Betonung der Tatsache, dass diese Bekleidung in Läden erworben wird, die als nicht „traditionell", sondern als westlich gelten, wie *Orsay* (Maryam), bzw. dediziert deutsche Marken getragen werden wie *Gabor* (Suraya). Auch die verwendeten Schnitte sind an europäische Moden angelehnt, wie der Mantel, die Jeans oder Blusen, nicht an die in Kapitel 5 beschriebenen Kleidungsstücke wie die Abaya oder der *Khimār*. Wenn diese Kleidungsstücke getragen werden, dann als kontrastierendes Stilelement, wie die Abaya in Abbildung 8.1, welche mit einer Jeansjacke kombiniert wird. Beide Kleidungsstücke sind gerade in Kombination miteinander und dem sehr aktuell gewickelten Kopftuch mit Spitzenunterkopftuch und passendem Armreif sehr modisch und es entsteht eine sehr spezielle Mischung, die geradezu dazu aufruft als Integrationsaussage verstanden zu werden. Doch woher kommt diese Entwicklung?

Die Umstellung der Kleidung zu Hijab-Bekleidung in einem nichtmuslimischen Umfeld zu „privat" und „öffentlich", statt einer Vierteilung des Raumes (Abschnitt 6.1), verändert im Laufe der Zeit die Moden muslimischer Bekleidung, denn semi-privat, öffentlich, semi-öffentlich, in allen Sphären werden die gleichen Kleidungsstücke aufgetragen, alles muss von weitgehend einem Stil abgedeckt werden können. Hier liegt meiner Meinung nach die besondere Integrationsleistung von jungen muslimischen Frauen in Deutschland. Sie haben einen Stil entwickelt, der alle möglichen Ausformungen annehmen kann und nicht durch die Vierteilung des Raumes strukturiert und durch die

Zweiteilung beschränkt ist, wie das bei Amina und ihren Mänteln beobachtet werden konnte. Stattdessen funktioniert dieser Stil in allen Kontexten und räumlichen Sphären und kann den ganzen Tag getragen werden. Und da zu besonderen Anlässen auch besondere Kleidung benötigt wird, entwickelte sich meiner Ansicht nach eine spezielle Form der Hijab-Festtagsmode in nichtmuslimischen Dominanzgesellschaften. Spezielle Kopftuch-Designer ersetzen den Musliminnen dann den Friseur, wenn es darum geht, das Haupt für einen Anlass in Schale zu werfen.

Diese Designer entwerfen für die jungen Frauen, die zum Beispiel nicht selten in einer geschlechtergemischten Festgesellschaft ihre Hochzeit feiern, Abendmoden zu denen auch Kopftuch-Entwürfe gehören. Hiermit kann das Element der frauenöffentlichen vestimentären Extravaganz für die westliche Realität der ungeteilten Öffentlichkeit gangbar gemacht werden. Maryam bestätigt dies:

> [J:] *Würdest du sagen, dass sich das in den letzten 10 Jahren geändert hat, dass es mehr Mädchen gibt, die jetzt auch im Alter von 14, 15 anfangen?*
> [Ma:] „Vor der Heirat, auf jeden Fall. Und viele wünschen sich sogar eine Hochzeit mit dem Kopftuch und das sieht auch sehr gut aus. Ich kann dir mal bei Facebook zeigen, ich hab so viele ...Stimmt, auf Facebook, da gibt es so viele schöne Bräute mit Kopftuch und so und das sieht wunderhübsch aus. Und das ist ja diese Mode...“ (Maryam 2011, Zeile 1335)

Dabei ist das Hochzeitsalter der jungen Frauen nebensächlich und auch der Zeitpunkt des Beginns der Hijab-Bekleidung spielt eine sekundäre Rolle. Wichtig ist hierbei nur, dass es mehr gemischtgeschlechtliche Hochzeitsfeiern gibt und hierfür festliche Hijab-Moden benötigt werden.

Meine Überlegung ist nun, dass diese auf Feierlichkeiten getragenen Moden nicht allein bei den festlichen Anlässen geblieben sind, sondern nach und nach in den Alltagsgebrauch einsickerten. Nicht umsonst weist mich Khadischa aus dem transnationalen Kleinunternehmen, für das ich im Rahmen der Forschung als Verkaufshilfe arbeitete, während eines meiner Aufenthalte in ihrem Laden auf folgenden Umstand hin. Auch in Deutschland können, auf den großen muslimischen Hochzeiten und Veranstaltungen als regionale Schauplätze aktueller Festtagsmode, die Moden des nächsten Jahres beobachtet werden (25.01.2012 TB-FF 2011-13).

Dieser Stil wiederum ist nicht nur auf den globalen Westen beschränkt, sondern kann auch in anderen Ländern beobachtet werden, wie z.B. in der Türkei, Libyen und Ägypten, wo junge Frauen diese Stile ebenfalls tragen und ihrerseits entsprechend der vorherrschenden Moden weiterentwickeln (vgl. hierzu auch Abb. 6.9). Dabei ist nicht ganz klar, von wo nach wo sich diese Moden ausbreiten. Es scheint jedoch, als ob mit den Möglichkeiten des

Abbildung 8.1: Kontrastreich: Abaya mit Jeansjacke und dunkelrotem, modisch weit gewickeltem Kopftuch. Berlin Friedrichstraße, 2012.

Abbildung 8.2: Links: Frau in einem Café. Der Stil ist inspiriert von Feierlichkeiten mit Hijab, wurde aber von Maryam als für sie zu frei-
zügig kommentiert. Berlin, Oktober 2011. Quelle: JK. Rechts:
Hochzeitskleid einer Frau aus Südafrika als Beispiel für neuere
festliche Hijab-Formen. Cape Town, April 2009. Quelle: Peter
Poon.

Internets, noch mehr als zu Beginn der Globalisierung, sich dieser modische Stil als respektable Möglichkeit muslimischer Kleidung etabliert hat. Beispielsweise berichtete meine Interviewpartnerin Khadischa, Verkäuferin in dem Bekleidungsgeschäft über einen neuen Stil in Ägypten, den ihre Nichten und deren Freundinnen derzeit bevorzugen. Sie und andere Frauen ihres Alters bezeichnen ihn spöttisch als *Krunb*, also Kohlkopf, weil der Hijab aus Baumwoll-Leinen-Gemischen, welche fluffige Stoffe ergeben, wie ein Ball um den Kopf gewunden wird (vgl. auch Abb. 5.7 und 8.3). Obwohl es „westliche" Mode bereits seit vielen Jahrzehnten in muslimisch geprägten Ländern gibt, kann die oben beschriebene Entwicklung hin zu einer kosmopolitischen Alltagsmode, bestehend aus westlichen Moden, kombiniert mit einem Kopftuch und das auch bei älteren Frauen, erst seit einigen Jahren beobachtet werden, wie die Interviewpartnerinnen mit eigener Migrationserfahrung berichten (Amina 2011; Suraya 2011-14; Khadischa 2011-12).

Diese Überlegung zur Entwicklung muslimischer Mode in Deutschland bzw. in nichtmuslimischen Dominanzgesellschaften gibt auch einen Hinweis darauf, warum einige Kinder von Migrantinnen annehmen, ihre Mütter würden sich nicht für Mode interessieren.[69] Dass es keine Frauenräume gibt, in denen mit der Mode wie gewohnt experimentiert werden kann, bedeutet, weniger Kontexte und Möglichkeiten bestimmte Bekleidungsstile zu tragen. Und dies zieht nach sich, dass insgesamt weniger Modebekleidung benötigt wird (vgl. Suraya 2011-14, Zeile 55-66). Amina befindet sich meiner Meinung nach in genau dieser Situation.

Der Grunddresscode meiner Gesprächspartnerinnen kann also aufgrund seiner Anpassung an die binäre Struktur der öffentlichen und privaten Räume als „integriert" bezeichnet werden. Nicht im Sinne vom Imperativ der Integration, sondern weil er verschiedene Stile in sich integriert. Die Frauen nennen ihn eher „modern" (Suraya 2011-14, S. 365; und Hurriya 2011, S. 450) oder auch „westlich" (Maryam 2011, Zeile 1230). Sie grenzen sich mit dieser Bezeichnung von Kleidungsstücken ab, die sie als „traditionelle" Kleidungsformen beschreiben und die höchstens zu besonderen Gelegenheiten getragen werden. Die traditionelle Kleidung aus Ländern mit islamischer Mehrheit wird auch getragen, aber oft nur zu besonderen Anlässen oder zu Feierlichkeiten, wo man „unter sich" bleibt und keine schiefen Blicke zu befürchten hat (vgl. Seng und Wass 1995, S. 227).

Es werden die verschiedensten Kleidungselemente in den „westlichen" Grunddresscode integriert. Zum Beispiel gehören zu den von Maryam, Hur-

---

69 Ich fragte viele meiner Interviewpartnerinnen nach ihren Müttern und fast alle berichteten, dass diese sich für ein Interview nicht eignen würden, da sie sich nicht für Mode interessierten.

riya und Suraya bevorzugten Läden die bereits erwähnten Geschäfte großer
Bekleidungsketten. Dort kauft Maryam, wie sie sagt, „normale" Mode ein,
die sie dann mit einem Body und einem Kopftuch „islamisiert", also für sich
weiterentwickelt.

> Diese Klamotten, die ich kaufe, meistens, das ist aus *Orsay* (deutet auf
> ihre Kleidung), also, normale Läden und ich find, darin fühl ich mich wohl
> und gleichzeitig ist es nicht so auffallend. Das könnte auch jemand ohne
> Kopftuch tragen und sie würde auch nicht damit auffallen (Maryam 2011,
> Zeile 1220).

Der Grunddresscode wird durch künstlerische Ausgestaltung von den Frauen
in eine Eigenkreation verwandelt, welche unterschiedlichste gängige Moden
etabliert und integriert. Zum Beispiel folgen die Frauen Moden aus Ländern
mit muslimischer Mehrheit ebenso, wie sie mitteleuropäische Trends in ihren
Kleiderschrank mit aufnehmen. Es gibt national bzw. regional vorherrschende
Stilelemente, mit denen die Frauen experimentieren, die sich für Mode
interessieren (vgl. dazu Maryam auf S. 165). Dabei werden Anregungen
über die verschiedensten Plattformen gesucht. Zum Teil orientieren sich die
Frauen an Vorbildern, etwa Freundinnen oder Moderatorinnen. Zum anderen
suchen sie sich Anregungen in Zeitungen und Modekatalogen und manchmal
auch im Internet. Hier hat eine Entwicklung zu einer größeren Öffentlichkeit
für muslimische Kleidung stattgefunden, die laut der britischen Designerin
für integrierte modeste Mode, Sarah Elanany, erst seit kurzem Bestand hat:
„In the past five years it's started." (Rumbelow 2014)

Die bis vor kurzem relativ klar abgrenzbaren nationalen Stile haben
begonnen sich zu vermischen. Statt dass, wie noch vor einigen Jahren, am
Bekleidungsstil einfach zwischen türkeistämmigen und arabischsprachigen
Frauen unterschieden werden konnte, ist dies nicht mehr so ohne Weiteres
möglich. Arabischsprachige Frauen haben den Stil adaptiert, bei dem mit
dem Kopftuch ein kleiner Schirm über der Stirn gebildet wird, oft verstärkt
durch einen Plastikstreifen. Türkeistämmige Frauen hingegen haben begonnen, nicht nur viereckige Seidenkopftücher zu tragen, sondern auch lange
Paschminaschals zu benutzen und mit farblich abgesetzten Unterkopftüchern
zu kombinieren (TB 2011-13, S. 8). Diese Zusammenführung verschiedener
Stile zu einem kohärenten Stil mit verschiedenen Möglichkeiten der Zitation
ermöglicht es mir, von der Entwicklung eines muslimischen Modestils in
Deutschland zu sprechen, den ich schon früh in meiner Forschung „Berliner
Stil" taufte.

Diese Entwicklung ist aber keineswegs auf Deutschland beschränkt.
International fand dieser Stil im Frühjahr 2014 eine große Aufmerksamkeit
in den Online-Medien. Der Medienhype hatte zwei Ende 2013 erschienene

Videos über „Hijabistas" zum Mittelpunkt, welche im folgenden Diskurs vermehrt mit dem Titel des zweiten Videos als „Mipsterz" bezeichnet wurden, also muslimische Hipster (Rattani und Yazdi 2013). Insbesondere das zweite Video erregte enormes Aufsehen. Mehrere Zeitungen berichteten darüber. Zu sehen sind zu dem Song „Somewhere in America" vom Rapper Shawn Corey Knowles-Carter, besser bekannt als „Jay-Z", eine Reihe junger Frauen, die sich in Szene setzen und bei alltäglichen oder inszenierten Handlungen filmen. Die Frauen lachen, fahren mit High-Heels Skateboard, fechten, fahren Motorrad. Sie inszenieren diese Bilder, wie sie ihre Zeit verbringen, im Wald oder auf einem Parkplatz, der Straße oder einem Hausdach und sind vor allem eins: modisch komplett durchgestylt und stehen nichtmuslimischer Hipster-Mode in nichts nach. Diese Mode impliziert eine gewissen Gesellschaftskritik, betrachtet man die junge Frau mit Marilyn-Shirt und Hijab. Genervt von schamvoller Post-9/11-Attitüde vieler Muslime wird hier ein ganz anderes, selbstbewussteres Bild präsentiert. Ein Bild, in dem Frauen auch nach Einbruch der Dunkelheit auf der Straße sind, auch wenn dies in manchen Kreisen als verpönt gilt. Spannend ist auch der durch die Musikauswahl hergestellte Bezug zum HipHop. Dazu sagt der Jonathan Wilson, Dozent für islamisches Marketing an der Universität Greenwich:

> „Post 9/11, Muslims were identified as backward, not cool, not integratio-
> nist, terrorist potential. Women were meek, delicate little flowers. People
> got sick of being stereotyped. This mirrors what happened after the Civil
> Rights Movement: an explosion in black culture, a great sense of creating
> a scene. It's interesting that the Mipsterz used a Jay-Z soundtrack, for
> hip-hop is a massive influence on the Muslim world." (Rumbelow 2014)

Diese Entwicklung entspricht, wie gesagt, der modischen Entwicklung hier in Deutschland, auch wenn es keine so ausgeprägte Internetszene gibt. Die aus dem Stilmix entstehende Mode junger Frauen, die in Deutschland aufgewachsen sind, integriert, zitiert und reartikuliert Elemente aus verschiedenen Gesellschaften, Untergruppen innerhalb dieser Gesellschaften, und amalgamiert auf dem Modekörper zu einer Reihe eigenständiger Moden, die unter dem Titel der „modernen Muslima" zusammengefasst werden können. Und diese Amalgamierung kann nur durch ein tiefes Verständnis der verschiedenen Gesellschaften erfolgreich umgesetzt werden, ein Verständnis, das, welche diskursive Definition von Integration auch immer angelegt wird, in der Kleidung offenbar wird. Daraus leite ich die Schlussfolgerung ab, dass meine zentrale Fragestellung nach der Integrationsaussage beantwortet werden kann: Integration hat längst stattgefunden und dies ist an der Stilentwicklung der Kleidung der Bezugsgruppe muslimischer Frauen ablesbar.

Diese Mode ist also meiner Ansicht nach Ausdruck der Anpassung bzw. „Integration", aber sie geht noch viel weiter, denn wie es bereits vorher formuliert wurde, kann dieser Stil nicht nur als Anpassung, sondern als Ausdruck der Zuordnung gewertet werden. Ich möchte meine ursprüngliche These also erweitern. Nicht nur, dass die Integration für diese Frauen längst stattgefunden hat, sie identifizieren Deutschland als ihre Heimat. Allerdings ist dies keine gegenseitige, sondern eine sehr einseitige Wahrnehmung, denn das Gefühl von Zugehörigkeit wird durch die verschiedenen Integrations-, Terror- und Islamfeindlichkeitsdiskurse, wie sie im Kapitel 3 beschrieben wurden, andauernd konterkariert. Dies wird von verschiedenen Zitaten, wie hier das Zitat von Maryam, sehr offenkundig belegt:

> „Wir fühlen uns hier wirklich verloren. Du fühlst dich hier nicht richtig wohl, obwohl du hier dazu gehörst, du bist hier aufgewachsen, aber irgendwie bist du hier in der Minderheit und wirst immer so blöd angepöbelt nur weil du so herumläufst, wie du rumläufst. Und dort, freust du dich und dir geht's auch gut, aber du findest, du gehörst da auch nicht hin. Da sind Sachen, die mir fehlen: Da fehlt mir die Ordnung, das was man hier findet... ich mein, wenn du da einen Personalausweis ausstellen möchtest, entweder suchst du dir jemanden, den du bestechen kannst, damit das ganz schnell geht, oder keine Ahnung. Wenn du keinen hast oder keinen kennst, dann dauert es drei, vier Monate, bis das raus ist. Ja, diese Ordnung, diese ganzen Prinzipien, die hier mir gefallen, die fehlen mir dort. Oder wenn du jemanden besuchen willst: dann musst du da tausend mal nachfragen, weil es keine richtigen Straßen gibt. Ich fühl mich da schön und gut für den Urlaub, aber dort kann ich nicht richtig leben und hier will ich leben, aber ich werde nicht akzeptiert." (Maryam 2011, Zeile 1540-1555)

Die Mode ist ein von außen deutlich sichtbarer visueller Beleg für diese affektive Zuordnung, denn nur, wer sich mit den kulturellen Begebenheiten einer Gesellschaft auseinandergesetzt hat, ist fähig, ihre modischen Regeln, die ebenfalls erlernte kulturelle Regeln sind, angemessen zu befolgen. Viele Frauen fragen sich darum,

> „oft mit Unverständnis [...], wie sehr man sich denn noch integrieren müsse [...][in Bezug auf Moscheegemeinden der DITIB]". (Beilschmidt 2016)

Die diskursive Reartikulierung des angeblichen Mangels an Integration hat dabei System, denn es werden in den meisten Diskurssträngen um das Wort Integration soziale Ungleichheiten erfolgreich verdeckt. Das folgende Kapitel wird diese bereits ausgeführte Überlegung auf die Interviewpartnerinnen beziehen.

8.2 Ausgrenzende Diskurse dienen der Absicherung von Privilegien

Hijab-tragende Frauen werden im Alltag und in den medial vermittelten Diskursen vor allem mit zwei stereotypisierenden Orientalismen konfrontiert, wodurch sich der Erzählstil über Hijab-Kleidung oft ähnelt. Sowohl in der Literatur-Recherche als auch in meiner eigentlichen Forschung betonten Frauen die Freiwilligkeit ihrer Kleidungswahl als äußerliche Identifikation mit einem ebenso freiwillig gewähltem Lebensstil. Diesen Lebensstil sehen sie als komplett vereinbar mit demokratischen Grundwerten und dem alltäglichen Leben in Deutschland. Dennoch vermitteln die Erzählungen, dass das eigene Erleben der Frauen oft einem Klischeebild gegenüber steht (Höglinger 2002, S. 114). Dieses Klischeebild enthält zwei Vorwürfe. Zum einen ist dies der Vorwurf, das Kopftuch als Zeichen, Fahne oder Symbol islamistischer Glaubensvorstellungen zu tragen. Von diesem Vorwurf kann sich noch halbwegs leicht distanziert werden, indem die Trägerin den Unterschied zwischen islamischen und islamistischen Vorstellungen auseinandersetzt, wobei allein das im Alltag eine Herausforderung darstellen dürfte, da schließlich nicht jedem schief schauenden Passanten die eigenen Motive bei der Bekleidungswahl erläutert werden können. Der andere Vorwurf ist weniger leicht zu dekonstruieren. Denn hierbei handelt es sich um den pauschalisierenden Verdacht, hijabtragende Frauen seien das passive Opfer patriarchaler Dominanz (ebd., S. 103). Da sie in Europa lebten, sei dies Eigenverschulden, da ihnen ja andere Lebensentwürfe täglich vorgelebt würden. Die zunehmende Anzahl von kopftuchtragenden Frauen sei somit nicht etwa einer erstarkenden weiblich-muslimischen Identität zuzuordnen, sondern, im Gegenteil, eine generelle Unterordnung. Extrembeispiele aus Afghanistan oder Iran würden das ja hinreichend belegen (ebd., S. 107). In den beiden nun folgenden Abschnitten dekonstruiere ich dieses Bild der Überlegenheit westlicher Emanzipation in Bezug auf Identitätskonstruktionen und orientalistische Vorstellungen und erörtere stattdessen alternative Sichtweisen auf den Hijab.

8.2.1 Westliche Emanzipation und das neokoloniale Andere

„Das Tragen des Kopftuches wird zwar geduldet, aber unter der Hand
sanktioniert." (Kandil 2010, S. 553)

Die in diesem Zitat erwähnte Sanktionierung ist mit einer faktischen Ver-
weigerung der sozialen Integration gleichzusetzen, welche die unbedingte
Voraussetzung für ein gelungenes Zusammenleben aller darstellt. Indem
der westliche Emanzipationsbegriff unreflektiert angewendet wird, werden
Hijab-Trägerinnen, die für sich den doppelten Anspruch von Karriere und
Kopftuch verfolgen, benachteiligt. Als Grundlage dient der Verweis auf die
antizipierte mangelnde Emanzipation der Hijab-Trägerinnen. Den Grad der
Freiheit, den der Modernität oder gar die sozialen oder beruflichen Fähigkeiten einer muslimischen Frau anhand ihrer Bekleidung abzuleiten und sie
vorzuverurteilen ist eine Form von religiös motivierter Diskriminierung.

Es wird davon ausgegangen, dass, wer Kopftuch trägt, in traditionel-
len Denkstrukturen verhaftet geblieben ist, in denen ohnmächtige Frauen
übermächtigen Männern gegenüberstehen. Dabei kann Hijab-Bekleidung
in Deutschland nicht mit Bekleidungsformen außerhalb Europas verglichen
werden. Zum einen befinden sich Frauen hier in einer Minderheitensituation,
zum anderen leben sie in laizistischen bzw. säkularen Staaten, in denen
zumindest formal eine demokratisch legitimierte Religionsfreiheit vorherrscht
(Klinkhammer 2000, S. 272). In beispielsweise der Frage nach der Lehr-
amtsanwärterin ist einerseits die Kontextualität des Hijabs und andererseits
seine Beschaffenheit zu berücksichtigen. Die Bekleidungen von muslimischen
Frauen aus dem Nahen Osten unterscheiden sich grundlegend von denen der
Lehramtsanwärterinnen, wie im vorigen Abschnitt gezeigt wurde. Das Argument, der Hijab könne nicht zugelassen werden, weil es für eine rückständige
Tradition und für Religion stehen würde, macht im deutschen Kontext einfach
keinen Sinn, weil die jungen Frauen dieses Kleidungsstück für sich umdeuten
und durch seine aktive Inbesitznahme seine Bedeutung verändern und dies
in der modischen Ausgestaltung auch deutlich zeigen (vgl. Rommelspacher
2009, S. 404). Jedoch wird das, schaut man in die verschiedenen Berichterstattungen, nicht verstanden, da wird unterstellt, die Frauen inszenierten
sich ganz offen entgegen dem europäischen Frauenbild. Da dieses in seiner
Aufmachung vermeintlich Aufgeklärtheit, demokratische Grundeinstellung
und Beteiligung an der kapitalistischen Wirtschaftsordnung beinhaltet, wird
auf kopftuchtragende Frauen scheinbar automatisch das Gegenteil projiziert.
Sie seien in der religiösen Vormoderne verhaftet, fänden Demokratie nicht

allzu wichtig und liegen grundsätzlich dem Sozialstaat auf der Tasche, statt zum kapitalistischen Allgemeinwohl beizutragen.

Die Sichtweise, für kopftuchtragende Musliminnen seien die Voraussetzungen für gehobene Positionen innerhalb der Wirtschaft oder der Verwaltung nicht gegeben, projiziert das konservative westliche Geschlechtermodell, welches westliche emanzipierte Frauen als für sich überwunden glauben, (Rommelspacher 2009, S. 397) auf die Hijab-Kleidung und lässt dabei in eurozentrischer Manier außer Acht, dass patriarchale Verhältnisse, und die Emanzipation von ihnen, unterschiedlichste Ausformungen annehmen können (vgl. Mahmood 2005). Vor allem können sich diese Ausformungen deutlich von denen in Europa unterscheiden. Es muss klar werden, dass der westliche Emanzipationsbegriff nur für westliche Lebensrealitäten Sinn macht. Diese zeichnen sich nämlich durch einen hohen Grad an Individualisierung der Gesellschaften aus, in denen die Mitglieder potentiell in der Lage sind, durch Erwerbsarbeit den eigenen Lebensunterhalt zu bestreiten. Dazu gehört beispielsweise eine Wohnraumsituation, die von kleinteiligen Lebensentwürfen ausgeht und günstige Einraumwohnungen auf Mietbasis anbietet. In einer solchen individualisierten Gesellschaft können Frauen eine Form der Gleichstellung mit Männern anstreben und die damit verbundenen Anerkennungspraktiken genießen (Rommelspacher 2002, S. 121-123). In Gesellschaften hingegen, wo solche Lebensentwürfe auch für Männer keine bevorzugte Option darstellen, ist die Verurteilung von Frauen, die nicht nach westlicher Emanzipation streben, absurd. Autonomie können nur jene fordern und leben, die eigenständig über unterschiedlichste Ressourcen, wie Einkommen und Bildung verfügen können und das ist nur in einer individualisierten Gesellschaft mit all ihren Vor- und Nachteilen der Fall. Als Beispiel mag der Umstand dienen, dass das deutsche Normativ der Loslösung vom Elternhaus zwischen dem 18. und dem 21. Lebensjahr von den meisten anderen Gesellschaften auch nach der Migration nach Europa als seltsam betrachtet wird. Nicht selten leben die Mitglieder eines Haushaltes bis zur eigenen Familiengründung auch auf engerem Raum zusammen, was nicht nur mit finanziellen Vorteilen oder familiärer Kontrolle erklärt werden kann.

Indem der Fortschritt der Emanzipation an bestimmten Kriterien festgemacht wird, wie dem Abstand von westlichen Frauen zu Migrantinnen statt zu westlichen Männern, kann das westliche Geschlechterverhältnis entlastet und idealisiert werden. Denn auf diese Weise werden die weiterhin bestehenden Konflikte ausgelagert und als Problem der „Anderen" verstanden. Dabei ist es keineswegs so, dass die Gleichstellung in Deutschland kein Thema mehr ist.

> „Moderne ‚Weiblichkeit' verkehrt im Zustand ständiger Gefahr. [...] Zur
> Förderung von Kohäsion braucht diese Weiblichkeit ein Gegenuniversum,
> ein deutliches Profil, um sich des eigenen Fortschritts zu versichern." (Lutz
> 1999, S. 48)

Dabei verdienen Frauen im Schnitt nach wie vor ca. 30% weniger als Männer
in gleichen Positionen und wie Chancengleichheit in Bezug auf Führungspositionen hergestellt werden kann, darüber stritten sich auch 2012 noch
drei Ministerinnen. Dennoch sind viele Frauen der Überzeugung, dass ihnen
die Emanzipation viele Möglichkeiten verschafft hätte, sie ihrer Hilfe aber
heute nicht mehr bedürfen. Der Begriff der „Gläsernen Decke", welcher in
den 1980ern hohe politische Bedeutung hatte, ist heute kaum noch bekannt,
obwohl weiterhin in den Vorstandsetagen keine Quote durchgesetzt wurde
und auch kaum Frauen vertreten sind:

> „Im internationalen Vergleich rutscht Deutschland, was den Anteil an Frau-
> en im Spitzen- und Kontrollgremium angeht, immer weiter ab. In den
> Vorständen der 160 börsennotierten Unternehmen beträgt 2011 der Frau-
> enanteil 3,37%. In den Aufsichtsräten sind die Frauen mit einem Anteil
> von 12,76% vertreten. Auf Arbeitnehmerseite beträgt der Anteil 20,26%."
> (Hans-Böckler-Stiftung 2012)

Anstatt also die konkreten Zahlen als Grundlage für die Bestimmung des
Grades der verwirklichten Gleichberechtigung zwischen Mann und Frau in
unserer Gesellschaft zu verwenden, kann also einfach auf die noch viel größeren Probleme unter den Migrant*innen verwiesen und die soziale Position
der Migrantinnen als Beleg herangezogen werden. Und im Vergleich dazu
schneiden die meisten Frauen der Dominanzgesellschaft nicht so schlecht ab,
betrachtet man die Art der Arbeit, das Einkommen und den gesellschaftlichen Status. Frauen stehen dann immer noch schlechter als die Männer da,
aber das läge nicht an der ungerechten Verteilung zwischen den Geschlechtern, sondern sei in den persönlichen Fähigkeiten und dem Vermögen der
Einzelnen zu suchen (Rommelspacher 2009, S. 398, 401). Diese Sichtweise
entspricht zugleich dem westlichen Selbstbild, welches bereits in Webers
„protestantischer Ethik" postuliert wurde.

Die erreichte berufliche Emanzipation „westlicher" Frauen ist jedoch
nicht ein Anzeichen für die gelungene Gleichstellung von Mann und Frau in
Deutschland, sondern ein Ausdruck der Tatsache, dass „Einwanderinnen die
schlecht bezahlten und untergeordneten Tätigkeiten übernommen haben."
(Rommelspacher 2002, S. 128) Die Tatsache, dass die Frauen ihre Erfolge
nicht in erster Linie ihrer eigenen Leistung zu verdanken haben, sondern
eher der ethnisch begründeten Teilung von Arbeit, wird durch die Heftigkeit
der Debatte um das Kopftuch oder andere religiöse Themen verschleiert

(Rommelspacher 2002, S. 124). Und analysiert man westliche Kleidung für Frauen ob ihrer Emanzipation, kann festgestellt werden, dass hier ebenso die kulturell bedingte männliche Dominanz zum Tragen kommt. Denn um normgerecht zu sein und die Möglichkeiten der angebotenen Prêt-à-Porter Kleidung nutzen zu können, muss der weibliche Körper einer strengen Konditionierung unterworfen werden. Es kann kein Zufall sein, dass die Norm weiblicher Schönheit aus mageren, androgynen Frauen besteht, deren Körper denen von vorpubertären Kindern und schlanken Männern mehr ähneln als gebärenden Frauen. Die Geschlechtlichkeit der Frau wird auf diese Art und Weise nach innen verlagert, was eine eigene Form der Disziplinierung des weiblichen Körpers und des Verbergens weiblicher Reize darstellt. Die westliche Bekleidung für Frauen, die zu einem Großteil aus Nacktheit besteht, drückt somit keinesfalls eine größere Form von Autonomie oder Emanzipation aus als andere Bekleidungsformen (vgl. von Braun und Mathes 2007).

Bereits früh in meiner Forschung wurde klar, dass die Unterteilung in „muslimisch" und „modisch" künstlich in Diskursen produziert wird und damit von der Gesellschaft gemacht ist (vgl. Ceylan 2010, S. 345). Diese Diskurse wurden im Kapitel 3 ausführlich beschrieben. Dass die Unterscheidungen zwischen „Orient" und „Okzident" produziert sind, ist Allgemeinwissen spätestens seit dem 1978 entstandenen Werk „Orientalism" von Edward Said (2009 [1978]). Mit der muslimischen Bekleidung wird dabei oft eine ganze Reihe von negativen Projektionen assoziiert und das nicht nur in Deutschland. Es existiert eine ganze Abhandlung des „Sachverständigenrates deutscher Stiftungen für Integration und Migration", welche sich nur mit diesem Thema beschäftigt und zu dem Urteil kommt, dass,

> „obwohl die in Deutschland geborene zweite Generation muslimischer Zuwanderer erheblich besser integriert ist als die erste Generation, [...] sich politische und mediale Debatten zunehmend auf die ‚gescheiterte Integration der Muslime' [verengen]."(Schneider, Fincke und Will 2013)

In den alltäglichen Diskursen kann dies beispielsweise anhand einer Bildunterschrift auf *Spiegel online* nachvollzogen werden, die wenig zurückhaltend und weitgehend zusammenhangslos titelt: „Frau mit Kopftuch: Die meisten Zwangsehen-Opfer stammen aus muslimischen Familien" (Reimann 2011). Abgebildet ist, wie die Bildunterschrift ja schon andeutet, eine Frau mit Kopftuch, obwohl Hijab-Bekleidung selbst im Grunde nichts mit dem Thema zu tun hat.

Dieses Kleidungsstück wird durch mediale Diskurse der Dominanzgesellschaft als Synonym für Muslime und als *das* Symbol für den Islam vermittelt, ungeachtet der Tatsache, dass es in der Praxis des Islams nicht nur um die Zurschaustellung von Symbolen geht. Außer Acht gelassen wird auch, dass

Abbildung 8.3: Kopftuchmode *Krunb*. Ägypten, 2011. Quelle: Khadischa.

Abbildung 8.4: Schutzsymbole des Volksislams: Hand der Fatima und Nazar-Amulette. Quellen: v.l.n.r.: Robyn Nomadical, Laura Ortiz, Luxery Charms, lovecoturex3, alle *flikr*. Unten rechts: Focal-Point, *Wikipedia*. Abgerufen 2013.

eine Vielzahl sehr viel bedeutungsvollerer islambezogener Symbole existiert und zum Einsatz kommt. Ein Beispiel hierfür ist die *Hand der Fatima* (siehe Abbildung 8.4).[70]

Doch es ist vor allem das Kopftuch, auf dem sich vor allem negativen Assoziationen, wie Terrorismus, Zwang und Rückständigkeit verdichten, obwohl alle diese Themen beileibe nicht nur muslimische Themen sind und auch nur einen Bruchteil der deutschen muslimischen Bevölkerung betreffen. Ich beschrieb im Kapitel 3 bereits den Zusammenhang zwischen der negativen Berichterstattung und der Absicherung einer gesellschaftlichen Hierarchie. Jüngst kommt ein weiterer Aspekt in die frisch aufgewärmte Debatte hinzu: Angestachelt vom Wahlkampf in Mecklenburg-Vorpommern und Berlin im Spätsommer 2016 dienen die Negativdiskurse um Burka und Kopftuch als Rechtfertigungsstrategie für die europäische Abschottungspolitik (Randeria und Römhild 2013, S. 24). Das westliche Europa ist darin, wie bereits an anderer Stelle ausgeführt, eine Inszenierung von vorgeblich gemeinsamen Errungenschaften wie Moderne, Demokratie und Kapitalismus. Dies kann auch an anderer Stelle beobachtet werden, wie beispielsweise sehr typisch an der Entwicklung der Osterweiterungen der EU. Diese veröstlichen Europa nicht etwa, sondern vielmehr werden diese Regionen als minderwertige Ergänzungen zum „Westen" regelrecht kolonisiert (ebd., S. 21).

Auch in der Kritik am Integrationsdiskurs ist der Problematik der Stellvertreterdebatten bereits Raum gewidmet worden. Klein-Hessling, Nökel und Werner schreiben dazu:

> „Es ist diese in nahezu alle alltäglichen Situationen und Erfahrungen der ,multikulturellen' Gesellschaft eingeschriebene Aufforderung zur Assimilation, die auf der Basis eines Kulturgefälles, eines Zivilisationsparadigmas, der die Arbeitsmigranten und ihre ,westlich' sozialisierten und integrierten Kinder im unteren Feld des sozialen Raums ansiedelt, verbunden mit einer Zwangskollektivierung, die der Realität der einzelnen, der Menschen nicht gerecht wird, an der sich ein Kulturkampf entzündet." (Klein-Hessling, Nökel und Werner 1999, S. 24)

---

70 Dieses Symbol bringen auch viele Deutsche aus dem Urlaub mit. Oft wird das meist in den Handteller eingearbeitete Auge (Nazar-Amulett) von Menschen getragen oder als Raumschmuck verwendet, die sich dem diskursiven „Orient" zuordnen, ohne das direkt auf ihrer Kleidung abbilden zu wollen. Dieses Symbol ist als Schutzzauber im Islam verboten, denn als solches würde es eine Beigesellung Gottes bedeuten, dem allein es vorbehalten ist, den Menschen vor Unheil zu beschützen. Ungeachtet dessen wird es von vielen Menschen als Symbol oder als Schmuck verwendet. Als Symbol für den Islam ist es etwa so geeignet oder ungeeignet, wie das Kopftuch selbst, da ein Quadratmeter Stoff ja kaum Aussagekraft über die Frömmigkeit und Religiosität der Trägerin treffen kann.

Die Auseinandersetzung um gesellschaftliche Hierarchien und Privilegien, die vorhandenen ökonomischen Ressourcen und um die kulturelle Vorherrschaft ist dabei aber nicht nur begrenzt auf Gesellschaften mit nichtislamischer Mehrheit. Die Kopftuchdebatte in der Türkei ist nicht etwa ausschließlich die Debatte eines Staates, der versucht, den Islamismus einzudämmen und sich mittels Laizismus in die Moderne zu emanzipieren. Vielmehr handelt es sich um ähnliche Klassenkämpfe zur Wiederherstellung der Hierarchie, wie sie auch für Deutschland beobachtet werden können. Barbara Pusch hat nachgewiesen, dass es vor allem anatolische Erstakademikerinnen[71] sind, welche die Hierarchie der Elite der kemalistischen Städter herausfordern (Pusch 1999, S. 164). Sie tragen Kopftücher, um mit der ungewohnten Situation, ohne familiäre Rollenvorbilder unabhängig in der Stadt zu leben und mit Männern in Kontakt zu geraten, zurechtzukommen. Dass es sich bei dem Diskurs, das Kopftuch in öffentlichen Gebäuden zu verbieten, nicht um Angst um die Demokratie handelt, wird um so deutlicher, als dass das Verbot von muslimischer Kopfbedeckung in öffentlichen Gebäuden nicht auf tatsächlichen Gesetzesgrundlagen oder anderen Fakten fußt, sondern auf Einschätzungen und Interpretationen von den jeweils entscheidenden Gerichten – die ja wiederum mit Angehörigen der kemalistischen Eliten besetzt sind (ebd., S. 165). Die Unterteilung in Intellektuelle einerseits und Muslime andererseits ist außerdem für Ägypten durch Werner (1999, S. 255) beschrieben worden. Die obere Mittelklasse degradiere auch in Ägypten Frauen mit Kopftuch, da diese pauschalisiert den unteren sozialen Schichten zugerechnet werden. Die Abgrenzung vom muslimischen Anderen diente dabei zur Bestätigung der eigenen Überlegenheit, zur Machtsicherung sowie zur Absicherung von Privilegien. Diese Diskurse werden in Deutschland aus den gleichen Gründen reproduziert.

Gern wird von Angehörigen der deutschen Dominanzgesellschaft in der Kopftuchfrage auf die Debatte in der Türkei verwiesen und dabei völlig übersehen, dass hier die gleichen Mechanismen zum Einsatz kommen. Hurriya erwähnt hierzu einen Vorfall:

[Hu:] „Ich war mal mit meiner Mutter in Stuttgart in der Königsstraße[72], topmodern angezogen, weil das ist eine reiche Gegend, da lauf ich immer sehr schön. Und wenn ich im Urlaub bin, hab ich immer Absätze an, nicht so sportlich, da hab ich ja nichts zu tun. Und da steh ich mit meiner Mutter und warte auf meine Schwester. Wir stehen vor dem Schaufenster, da war ein ganz altes Schiff und ganz altes Dekor. Und da meint eine ganz wackelige alte Oma zu mir: ‚Altmodisch!' Da sag ich: ‚Ja ist ein schönes altmodisches Boot, ne?' ‚Ne, ne, ne, du schaust altmodisch aus.' Da hab ich

---

71 Also die Menschen einer Familie, die als erste eine universitäre Ausbildung absolvieren.
72 Das ist die Haupt-Einkaufsstraße in Stuttgart.

gesagt: ‚Ich? Ich schau ganz bestimmt nicht altmodisch aus.‘ ‚Doch, so wie
du ausschaust, schaust du altmodisch aus.‘ Da hab ich gesagt: ‚Inwiefern
denn?‘ ‚Ja, schau dich mal an, wie du rumläufst.‘ Da hab ich gesagt: ‚Wie
seh ich denn aus?‘ Und sie wedelt mit ihrem Stock: ‚Ja das was du auf dem
Kopf hast.‘ Da hab ich gesagt, ‚Das ist ein Kopftuch, das ist doch nicht so
schlimm, ich hab trotzdem ein modernes Kopftuch an‘ ‚Ja, das darfst du in
deinem Land nicht tragen. Du darfst in deinem Land mit Kopftuch nicht
studieren.‘[73] Ich hab gesagt: ‚Ich komm aber nicht aus der Türkei!‘ ‚Doch,
da kommt ihr alle her.‘ ... Was willst du einer alten Oma sagen, verstehst
du? Aber so denken auch leider alle.“ (Hurriya 2011, Zeile 285-300)

In diesem Interviewausschnitt kommen viele, der bereits angesprochenen
Thematiken zum Ausdruck. Eine bedeckte Frau befindet sich in einer Gegend, in der Dominanzdeutsche auf einmal mit sichtbaren Muslim*innen
konfrontiert sind. Sie verändern damit das optische Bild normativen Deutsch-
seins in Gegenden, die bisher elitären Schichten vorbehalten waren. Hurriya
macht sich der Umgebung entsprechend zurecht, empfindet sich selbst als
modisch und „modern“, wird aber in ihrer Stilform trotz ihres „westlichen“
Grunddresscodes als solche nicht wahrgenommen oder gar anerkannt. Eine
Passantin fühlt sich sogar bedroht und empfindet die Notwendigkeit, sie
auf ihre fehlende Zugehörigkeit aufmerksam zu machen. Und das ihrer Meinung nach nicht nur in Deutschland, sondern auch in der Türkei, einem
als islamisch wahrgenommenen Land. Die Türkei dient in dieser Situation
als Bezugspunkt, die Bedeckung der Frau als altmodisch, als unmodern
zu verurteilen. Dass bei der Verbannung des Kopftuches aus öffentlichen
Gebäuden ähnliche Hierarchien und Absicherungsstrategien dieser Hierarchien zum Tragen kommen, bleibt für beide Frauen unsichtbar und lässt
Hurriya in einer Stimmung zurück, in der ihr die Worte fehlen und in der sie
den verbalen Angriff der Frau nur noch mit einem Schulterzucken im Blick
auf das Alter der Angreiferin abtun kann. Die herabsetzende Art, Hurriya
wie selbstverständlich zu duzen, sie überhaupt auf ihre Kleidung negativ
anzusprechen, ihr Aussehen zu bewerten und es für anstößig zu erklären ist
eine der deutlicheren Formen, Hierarchien zu reproduzieren.

Und dies ist kein Einzelfall. Maryam berichtet über eine ähnliche Dis-
kriminierungserfahrung, bei der eine Zuschreibung zu einem als islamisch
wahrgenommenen Land eine Rolle spielt:

[Ma:] „Ich war in Tempelhof mit meiner Freundin und eine Frau, die stand
auf der anderen Seite und hat uns die ganze Zeit anguckt. [...] Und dann
gehe ich über die Straße und meine Freundin geht in eine andere Richtung
und da kommt mir diese Frau hinterher: ‚Ich glaube, Sie haben sich hier

---

73 Diese Aussage bezieht sich auf das in der Türkei lange geltende Kopftuchverbot in
öffentlichen und staatlichen Einrichtungen.

> verirrt. Ihr habt euch hier verirrt. Ihr gehört gar nicht hierhin, ihr gehört
> nach Afghanistan, guck mal wie ihr rumlauft.'" (Maryam 2011, Zeile 90)

Es kommen in beiden Beispielen die gleichen Mechanismen zum Einsatz, in beiden Fällen werden Frauen aufgrund ihrer Hijab-Bekleidung pauschalisiert einer bestimmten, mit muslimischer Dominanzgesellschaft assoziierten Herkunft zugeordnet. Dass die Menschen aber sowohl in Ägypten als auch in der Türkei ähnliche Hierarchisierungskämpfe austragen, ist in Deutschland so nicht allgemein bekannt und so wird weiter auf die Türkei verwiesen, wenn es darum geht, das Kopftuch aus dem öffentlichen Raum zu bannen, freilich ohne dabei die innewohnende Ironie zu erkennen.

Alle Interviewpartnerinnen empfinden diese Verweisung auf „die billigen Plätze der Gesellschaft" als deutlich spürbar. Einhellig ist die Wahrnehmung von Muslim*innen in Deutschland eine negative, was für sie in ihrem Alltag oft zu für sie unangenehmen Begebenheiten führt. Maryam hält es zum Beispiel davon ab, den Mantel zu tragen, den sie sich eigentlich für ihre Bedeckung wünscht.

> [Ma:] „Du fällst immer gleich auf. Also wenn sie jetzt unter Kopftuch verstehen, du willst dich hier nicht an die Demokratie anpassen, du willst einen Kalifenstaat etc., was verstehen sie dann erst bei dem Mantel. ‚Die kannst du ja ganz vergessen, die ist ja hier ganz fremd.' (ebd., Zeile 1225)
> [An anderer Stelle zum gleichen Thema ‚Mantel in Deutschland'] Manchmal denke ich mir auch, gucken dich dann die Leute mehr an, aber die gucken ja sowieso!" (ebd., Zeile 220)

Und hier liegt das eigentliche Problem: Die einseitige Berichterstattung und Wahrnehmung in der gesellschaftlichen Auseinandersetzung setzt eine Dynamik in Gang, bei der viele Frauen die Auseinandersetzung mit dem Islam beginnen, weil sie im Islam eine positive Alternative gegenseitiger Anerkennung zu den wiederkehrenden Herabsetzungen durch die Dominanzgesellschaft finden (vgl. Ezli, Kimmich und Werberger 2009, S. 121). Dies spiegelt sich auch in der Bekleidungswahl wider, denn je mehr eine Gruppe von der Gesellschaft ausgeschlossen wird oder sich selber ausschließt, desto größer bzw. sichtbarer ist der visuelle Unterschied zwischen einem imaginierten „sie" und einem ebenso imaginierten „wir". Die Ausgrenzung aufgrund der wahrgenommenen Zugehörigkeit zu einer „andersartigen" Bezugsgruppe veranlasst die Menschen in der Folge, sich als Strategie gegen diese Diskriminierung äußerlich stärker dieser bestimmten Gruppe anzupassen als an die Gruppe der Diskriminierenden. Barker (2001, S. 61-63) hat dies für die Mormonengemeinschaft nachgewiesen, doch ihre Schlussfolgerungen lassen sich auch auf Muslime in einer nichtmuslimischen Dominanzgesellschaft an-

wenden (vgl. auch Klinkhammer 2000, S. 252). Diese Strategie werde ich im
Folgenden als „vestimentäre Empowermentstrategie" beschreiben.

8.3 Die Strategie des vestimentären Empowerment

Im Verlauf meiner Forschung bin ich recht häufig gefragt worden, warum im
Vergleich zu den vergangenen Jahren scheinbar mehr Kopftücher getragen
werden. Ich bin bereits auf die Muslimisierung der Akteure in Abschnitt 3.3
auf dieses Thema eingegangen und möchte für meine Thesenbildung diese
Frage in Bezug auf Kopftücher auf eine vestimentäre Dimension erweitern.

Im Folgenden werde ich eine der positiven Umdeutungstrategien beschreiben, mit welcher den alltäglichen Diskriminierungserfahrungen begegnet wird. Ich habe sie im Laufe der Forschung beobachten können und auf
meine Nachfrage hin ist dieses Phänomen auch von einigen meiner Interviewpartnerinnen bestätigt worden. Außerdem wird sie in ähnlicher Form
bereits bei Bendixsen (2013) und Werner (1999) beschrieben.

Wenn eine Person etwas Neues trägt, dann kann es zu Kritik, Kom-
plimenten oder Nachfragen bezüglich des neuen Kleidungsstückes kommen,
welche dem oder der Träger*in etwas darüber vermittelt, wie die eigene Position in der Gruppe beschaffen ist. Durch die Reaktionen der Umgebung wird
einer Person aufgezeigt, wie die von der Norm abweichenden Handlungen
bewertet werden. Die ablehnenden oder bestätigenden Interaktionen durch
die einzelnen Gruppenmitglieder machen, wie bereits im Kapitel zur Mode
ausgeführt, den sozialen Prozess der Mode aus. Dieser Prozess ist Teil der
Sozialisation in Gruppen und handelt die Positionen ihrer Mitglieder als
Anführer*innen oder Außenseiter*innen aus. Die Anerkennung der Bekleidungswahl in der Umgebung, sei es auf der persönlichen Ebene der Freunde
und Bekannten oder die Rezeption innerhalb der deutschen Gesellschaft, war
demzufolge auch ein Motiv, das ich durch die gesamte Forschung hindurch
beobachten konnte. Der Wunsch nach ihr veranlasste mich zu der Annahme,
dass die Ankerkennung der Umgebung in der Bewertung von Bekleidung sehr
wichtig ist und dass hierüber ganze Gruppenstrukturen verhandelt werden.[74]

---

74 Dies wiederum gab Hinweise auf die Frage danach, warum sich Mode wandelt, eine
   Frage, die in den letzten Jahren nach Barthes kaum jemand gewagt hat mit einer
   These zu beantworten. In der Entwicklung dieses Kapitels gehe ich auf diese mode-
   theoretische Überlegung in Abschnitt 9.1 noch einmal genauer ein.

Wie bereits dargestellt, sind die meisten alltäglichen Begegnungen mit Mitgliedern der deutschen Dominanzgesellschaft weniger bestätigende Interaktionen, sondern mehr solche der Ablehnung.

> [Su:] erzählt eine Begebenheit aus der Anfangszeit ihres Aufenthaltes in Deutschland, bei der ihre Mutter in der U-Bahn gegen eine ältere Frau stieß beim Anfahren der U-Bahn. Ihre Mutter trug einen Jilbāb, also ein weites Kleid. Die Frau machte eine hässliche wegwischende Bewegung über ihre Schulter. Sowohl Suraya als auch ihre Mutter waren beide sehr empört über diese Reaktion, doch Suraya wollte Überlegenheit beweisen, indem sie ihre Mutter einfach zu einem anderen Platz führte.

Diese Ablehnung ist es, die sie zu dem Urteil bringt, dass es völlig egal ist, was sie tragen, sie erfahren ohnehin negative Bestätigung. Maryam bemerkt dazu:

> [Ma:] „Ich denk mir auch immer, wenn die mich so fragen, ‚Das sind doch Sachen von hier! Warum guckt ihr mich denn so blöde an, das sind Sachen, die ihr selber auch tragen könnt. Nur ihr würdet sie vielleicht ohne Ärmel tragen und ich trage da einen Body drunter. Oder ihr würdet sie vielleicht unten ohne Hose tragen, ich trage da eine Hose drunter, wo ist das Problem?'" (Maryam 2011, Zeile 1230-40).

Um der permanenten Einordnung innerhalb der dominanzgesellschaftlichen Hierarchie am unteren Ende der Gesellschaftshackordnung zu begegnen, bilden die Frauen eine eigene Hierarchie aus, eine gruppeninterne Hierarchie, bei der die Ernsthaftigkeit der religiösen Bekleidung als Maßeinheit dient. Dieses hierarchische Sozialgefüge, welches sich entlang religiöser Kleidung strukturiert, ist natürlich nichts Neues, es existiert schon seit langem in Ländern mit muslimischer Dominanzgesellschaft und ist mit den Muslim*innen migriert, aber in Deutschland bekommt diese Hierarchie eine zusätzliche, für die Frauen positive soziale Komponente. Sie wird zu einer Gegenhierarchie, einem vestimentären Empowerment, also einer gegenseitigen Form der Zuordnung und Anerkennung aufgrund der religiösen Ernsthaftigkeit der Kleidung. Da ein hoher dominanzgesellschaftlicher Druck herrscht, wird diese vestimentäre Empowermentstrategie aufgebaut, denn als „fremd" fühlen sich die Frauen ohnehin immer, sobald sie ein Kopftuch tragen. Es ist die Ästhetik ihrer äußeren Erscheinung, an welcher sie den Rassismus gegenüber ihrer Person festmachen.

„Die jungen Frauen der zweiten Generation der Arbeitsimmigranten, die trotz offensichtlicher ‚Integration' die ‚Fremden', die ‚Anderen' bleiben [...]" (Klein-Hessling, Nökel und Werner 1999, S. 17) entwickeln somit Anerkennungspolitiken auf Grundlage des Islam, nutzen kreativ die Spielräume, welche ihnen die Mode ermöglicht. Ich kann nicht genug betonen, dass dies nicht die Abkopplung von der Gesellschaft bedeutet, sondern die Handhabung und Einbettung der modesten Artefakte in die „westlichen" Stile durch Umdeutungstrategien oder Rekontextualisierung.

Die Frauen der muslimischen Bezugsgruppen entwickeln die Ästhetik ihrer äußeren Erscheinung weiter zu einem differenzierten modischen Code, der gegenseitige Anerkennung und symbolisches Kapital birgt (Bourdieu 1982). Innerhalb der muslimischen vestimentären Hierarchie steigt eine Frau im Ansehen ihrer muslimischen Umgebung, je modester sie sich in Kontexten kleidet, wo Männer sind, die nicht zu ihrem *Mahram* gehören. Der „Berliner Stil" steht hier relativ weit unten in der Hierarchie, der Mantel in Kombination mit Kopftuch weit oben. Werner (1999, S. 260) kategorisiert hierzu recht präzise entlang der von ihr ebenfalls beobachteten Abstufungen: Weniger Anerkennung erfahren die nicht-bedeckten Frauen, danach kommen die „Hijab-Trägerinnen, d. h. Studentinnen, die ein Kopftuch tragen", dann die *Khimār*-Trägerinnen, Frauen, welche die Form ihres Körpers mit Hilfe eines sehr großen Tuches verbergen, welches Haar und Schultern vollständig bedeckt. Schließlich finden sich am oberen Ende der Möglichkeiten *Niqāb*-Trägerinnen, die eine Gesichtsbedeckung zum *Khimār* hinzufügen. Diese sehr aufwendige Form der Bekleidung, welche auch einen besonders strengen Verhaltenscode auferlegt[75], soll die Hingabe der Frauen zu ihrer Religion widerspiegeln und die Zugeständnisse, die sie bereit sind in ihrem Lebensstil zu machen. So gilt der *Niqāb* zwar nicht als Vorschrift, doch als Ausdruck höchster religiöser Ambition innerhalb islamistischer Gruppen. Der *Khimār* ist das von der Orthodoxie anerkannte Kleidungsstück, während der Hijab als Einstiegskleidungsstück bewertet wird (vgl. ebd., S. 260).

Auch Bendixsen (2013, S. 282) beobachtet im Rahmen ihrer Forschung dieses Phänomen, welches von mir als Empowermentstrategie bezeichnet wird. Sie beobachtete eine Interaktion in der türkisch geprägten Gegend um das Kottbusser Tor in Berlin zwischen zwei jungen Musliminnen, von denen eine unverschleiert und türkischsprachig in einem Geschäft arbeitete, in dem auch Alkohol verkauft wurde. Durch die Blume machte ihre Kundin, eine arabischsprachige junge Frau mit Hijab-Bekleidung, die Andeutung einer Kritik am Alkoholverkauf der unverschleierten Frau. Im Verlauf der Begebenheit handelten die beiden ihre gesellschaftlichen Positionen aus. Die Kundin zog dabei ein sichtlich positives Selbstwertgefühl aus ihrer islamisch korrekten Kleidung. Durch rechtfertigende Aussage ihrer Gesprächspartnerin (der Verkäuferin), dass der Alkoholverkauf auch für sie schwer und sie ja auch

---

75 Frauen, die *Niqāb* tragen, folgen den Regeln der Geschlechtertrennung oft sehr streng. Es ist als Mann höflich, sie nicht direkt anzuschauen und Körperkontakt gilt es, so gut es geht, zu vermeiden.

Muslimin sei, erkannte diese die moralisch überlegene Position der Hijab-Trägerin an. Im nächsten Atemzug positionierte sie sich als türkeistämmig und damit im türkisch dominierten Kreuzberg territorial der arabischsprachigen Frau überlegen, was diese mittels Gestik und Mimik ihrerseits anerkannte. Die Besonderheit ist also, dass religiöse Hijab-Bekleidung und nationale Herkunft in dieser Aushandlung als gleichwertige Verhandlungseinsätze um gesellschaftliche Positionen fungierten.[76]

Die von mir beschriebene muslimische vestimentäre Hierarchie, also die Strategieentwicklung der verstärkten Abgrenzung zum säkularen Identitätsentwurf, welche diesen als nur vermeintlich Überlegenen entlarvt, ist nicht nur auf Deutschland und Europa beschränkt, sondern es handelt sich, analog zu den auch in anderen Ländern stattfindenden gesellschaftlichen Hierarchisierungskämpfen, um ein internationales Phänomen. Auch andere Gesellschaftsschichten in anderen Nationen produzieren über religiöse Kleidung Distinktion. Denn in vielen Städten haben sich im Verlauf des 20. Jahrhunderts säkulare Eliten herausgebildet, die sich am westlichen Konsumverhalten orientieren. So beschreiben Klein-Hessling, Nökel und Werner die

> „urbanen Metropolen der Länder mit mehrheitlich islamischer Bevölkerung, in denen der rapide soziale Wandel und die großräumigere kommunikative und soziale Verdichtung deutlichere Akzente in der Rekonstituierung islamischer Identität und vor allem in der Auseinandersetzung um kulturelle Autorität setzt." (Klein-Hessling, Nökel und Werner 1999, S. 16)

In islamischen Dominanzgesellschaften sind es vor allem die mittleren sozialen Schichten, in welcher sich die Frontlinien zwischen den „Islamistinnen" und „Säkularistinnen" bilden. Dabei werden von den säkularen Eliten allgemeine orientalistische Vorstellungen direkt auf Muslime projiziert. Dies ermöglicht es Menschen, die sich nicht dem Islam zugehörig fühlen, sich von diesem orientalistischen Bild abzugrenzen und „die Anderen" als rückschrittlich und traditionell zu stigmatisieren.

Die innerhalb der deutschen Gesellschaft von der Dominanzkultur ausgehende Hierarchisierung, bei der aufstrebende muslimische Gruppen auf ihre Plätze verwiesen werden, nutzen auch in Deutschland demzufolge einige

---

76 Vielleicht befinden sich auch deshalb die nationalen Stile in einem Prozess der Vermischung. Laut Bendixsen befindet sich der Berliner Bezirk Kreuzberg „fest in türkischer Hand" (Bendixsen 2013, S. 288). Kreuzberg ist ein Beispiel, wo ein Ort sich in seiner Bedeutung gewandelt hat: Zu „nicht dominanzgesellschaftlich" dominiert und stattdessen „türkisch" dominiert. Ich konnte nicht-türkischsprachige muslimische Frauen beobachten, die ihren Stil sehr nach türkischen Vorbildern ausrichteten, eventuell, weil darüber ein Prestigegewinn möglich ist.

Frauen mit ähnlicher Migrationsgeschichte, um sich einer höheren Position innerhalb der gesamtgesellschaftlichen Hierarchie zugehörig zu fühlen. Die Aufwertung erfolgt einfach, indem kein Kopftuch getragen wird. Dazu Hurriya:

> „An den Türkinnen erkenne ich die Kleidung. Aber auch die modernen Türken erkenne ich. Das sind diese Türken, die ‚Modernen‘, die die Kopftücher-Frauen hassen!" (Hurriya 2011, Zeile 995)

Aber weil, wie im Kapitel 3.4 zur konstruierten muslimischen Identität beschrieben, über die Zugehörigkeit zum Islam der eigenen Stimme öffentliches Gewicht verliehen werden kann, kommen solche oxymoronen Konstruktionen zu Stande wie die von Necla Kelek, die sich als säkulare Muslimin bezeichnet (vgl. Attia 2010, S. 124).

Als Gegenentwurf zum „westlichen" Modell der Vergesellschaftung haben sich also Diskurse entwickelt, die in Anlehnung an Arjun Appadurai (1996) als Religioscapes bezeichnet werden können. Hier verorten sich Menschen, welche sich gegen die Vorstellung einer sinnentleerten modernen Identität stellen. Ich beziehe mich hier auf Appdurais Terminologie des sozialen Raums der Religionen oder auch Raum religiöser sozialer Beziehungen, welche er „Religioscape" nennt. Analog dazu benutzen Klein-Hessling, Nökel und Werner (1999, S. 13) den Terminus „Islamscape", welcher, zugleich autonom und verflochten mit anderen sozialen Beziehungen, als „spezifische Ökonomie symbolischer Zeichen" bezeichnet werden kann. Eine dieser symbolischen Zeichen ist zweifelsohne die Kleidung mit ihren unterschiedlichen Abstufungen an Modestizität, die gleichzeitig auch Verflechtungen mit „dem Westen" deutlich machen sollen.

Innerhalb der Strategie der muslimischen vestimentären Hierarchie wird die Bekleidung und der Grad der vestimentären Inszenierung von Modestizität zu einer Währung in der Aushandlung gesellschaftlicher Positionen.

8.3.1 Zugehörigkeit und Differenz: Auseinandersetzungen unter Muslim*innen

Diese Existenz einer vom „Westen" weitgehend unabhängigen muslimischen vestimentären Hierarchie deutet sich auch in den von mir geführten Interviews an. Maryam führt zum Beispiel aus:

> „Ich hab eine Freundin, die achtet wirklich richtig darauf, was sie trägt. Sie trägt sogar manchmal ein oder zwei Größen größer, damit man wirklich gar nichts von ihr sieht. Ich respektiere sie auch total, was sie alles so

> mitmacht, bloß nicht zu eng, also so wie eigentlich eine kopftuchtragende
> Frau rumläuft, also rumlaufen sollte. Also das finde ich wichtig. Und die
> zieht sich auch praktisch und so auch schön an." (Maryam 2011, Zeile 1065)

Auf meine mündliche Nachfrage hin, bestätigt Suraya diese These. Für sie
sind Frauen in Kopftuch und engen Hosen auch keine Hijab-Trägerinnen,
sondern einfach nur Frauen, die sich ein Kopftuch anziehen. Das sei ihre
Sache, aber besser sei es, keine engen Hosen zu tragen.

Aus diesen Überlegungen erklärt sich eine Besonderheit, die mir im
Laufe meiner Forschung aufgefallen ist. Hier deutet sich erneut an, worauf
ich in Abschnitt 7.5 bereits eingegangen bin, nämlich die Ansprüche einiger
muslimischer Menschen an ihre Mitgläubigen. Meine Interviewpartnerinnen
erklärten mir recht häufig, sie seien der Ansicht, dass Frauen, die sich nicht
an „den Kodex" (ebd., 1375-1380, vgl auch S. 167) halten, doch auch bei
den Deutschen einen schlechten Eindruck hinterlassen würden.

> [Ma:] „Also ganz viele Muslime gehen nicht danach. Aber eigentlich als
> richtiger Muslim, als richtige Muslima sollte man die Füße nicht sehen,
> also man sollte keine Sandalen anziehen. Wirklich. [...] Es gibt auch tren-
> dige Sachen für Kopftuchträger. Für anständige Kopftuchträgerinnen. Und
> ganz ehrlich, die würden dann mehr gewürdigt werden bei den Deutschen."
> (ebd., Zeile 705, 1000)

Sehr spannend fand ich diese oft gefundene Vorstellung, dass Frauen, die
modische Kleidung mit dem Kopftuch kombinierten, die Vorurteile der
Deutschen schüren würden, sie seien zum Kopftuchtragen gezwungen worden.
Allgemein scheint die Ansicht verbreitet, enge, aufreizende Kleidung und
Kopftuch, das würde nicht passen, da Hijab ein Ganzkörperkonzept sei und
sich nicht nur auf das Kopftuch beziehen würde.

> [Ma:] „Die werden wirklich nicht dazu gezwungen, aber ich kann manch-
> mal nachvollziehen, dass manche Deutsche denken, dass die Mädchen zum
> Kopftuch gezwungen werden. Weißt du warum? Die tragen Kopftuch und
> die haben dann richtig enge Klamotten an, so voll sexy und dann so voll
> Make-Up und dann fragst du dich, wozu dann noch das Kopftuch. Dann
> kann ich verstehen, dass jemand sagt, ok, die wurde zum Kopftuch ge-
> zwungen, weil, dann merkt man schon, ok die ist nicht so eingestellt. Also
> zum Beispiel, würde sie es aus religiösen Gründen tragen, dann würde sie
> nicht... Also ich find halt, da ist dieses Kopftuch fehl am Platz, da kann
> sie das Kopftuch gleich abmachen. Weil wirklich jetzt. Weil das Kopftuch
> ist nicht nur das Kopftuch, dieses Stück Stoff, sondern überhaupt, das ist
> eine Einstellung." (ebd., Zeile 645-675)

Dominanzgesellschaftliche Deutsche würden Frauen mit modischen Kleidungsstilen anschauen und anschließend schlecht über die Muslime in Deutschland denken und annehmen, dass diese Frauen zum Kopftuch gezwungen

würden, weil die restliche Kleidung so freizügig sei, dass sie genauso gut das Kopftuch weglassen könne. Für mich war diese Vorstellung eher überraschend, da meine eigene These doch modische Kopftücher eher als integriert wahrnimmt.

Aus der fortgesetzten Kritik lässt sich schließen, dass kopftuchtragende Frauen in enger Kleidung einen niedrigeren Rang in der muslimischen gesellschaftlichen Hierarchie einnehmen, da vestimentäres religiöses Engagement als Ausdruck „höchster religiöser Ambition" (Werner 1999, S. 260) verstanden wird. Dass für einen dominanzgesellschaftlichen Deutschen vestimentäres Integrationsengagement bei der Bewertung des Gegenübers eine größere Rolle spielen könnte, war für Maryam ebenso überraschend, wie ihre Ansichten es für mich waren.

Gerade Maryam, die sich, hier geboren und aufgewachsen, affektiv Deutschland zugehörig fühlt, versucht über die vestimentäre Einordnung innerhalb der muslimischen vestimentären Hierarchie den Konflikt aufzulösen, bei dem die permanente Einordnung am unteren Ende der deutschen Gesellschaft in einem krassen Gegensatz zu ihrem Ausbildungsstand steht. Dies ist keine Bildung einer alternativen Moderne oder gar die Abkopplung der Frauen von der Dominanzgesellschaft, sondern die Umdeutung der gesellschaftlichen Position. Doch das ist nicht immer einfach und gelingt ihr auch nicht in dem Maße, wie sie es sich wünscht. Obwohl Maryam gern einen Mantel tragen würde, macht sie es nicht, weil sie den damit verbundenen finanziellen Aufwand nicht aufbringen könnte und eine noch negativere Bewertung aus Nicht-Hijab-Kreisen fürchtet.

> [Ma:] „Ich würd den [Mantel] gerne tragen und ich möchte es auch gerne, nur momentan... manchmal denk ich mir, vielleicht wirst du dann mehr angeglotzt, aber da komme ich drüber weg, die glotzen mich sowieso an, aber mein Problem ist gerade eher finanziell. Dieses Teil, das ist schon etwas teurer. Gute Mäntel, die kosten inzwischen ab 70 - 80 € und du willst bestimmt nicht nur einen kaufen, du willst mehrere kaufen und dann das Kopftuch dazu." *[J:] „Das heißt, das ist nicht untereinander austauschbar? Wenn du einmal anfängst, musst du immer Mantel tragen?"* [Ma:] „Das machen die meisten. Ich hab mir auch schon überlegt, ich muss ja nicht die ganze Zeit Mantel tragen, aber ob ich dann gut rüberkomm? Ich weiß nicht." (Maryam 2011, Zeile 285 - 285)

Dieses Zitat macht deutlich, dass nur, wenn der Wechsel auf den Mantel permanent ist, ihr die erwünschte positive Rückmeldung aus ihrem muslimischen Umfeld zuteil wird, welche die sich dann automatisch noch verstärkenden alltäglichen negativen Rückmeldungen aus dem nichtmuslimischen Umfeld ausgleichen würde. Gleichzeitig ist das Tragen dieser Mäntel auch ein finanzieller Aufwand, den sich nicht jede Frau leisten kann. Auf diese Art und Weise werden Mäntel zu einem Prestigeobjekt.

Im Licht dieser Überlegungen wird auch klar, warum von Hurriya vestimentäres religiöses Engagement erwartet wird und viele ihrer Freundinnen an sie den Anspruch herantragen, sich auf eine bestimmte Art und Weise zu kleiden. Sie hat sich bereits mit *Khimār*, *Abaya* und teilweise *Niqāb* so gekleidet, weil sie auf der Hadsch war[77] und sich bei einem längeren Aufenthalt als Expat an die vestimentären Gepflogenheiten in Abu Dhabi angepasst hat. Nach ihrer Rückkehr in Deutschland funktionierte diese Bekleidung nicht als Mode. Doch Hurriya zieht ein gutes Gefühl aus der Anerkennung ihrer modischen Kompetenzen. Ob sie dabei ein religiöses Vorbild ist, ist ihr relativ egal. Und so kehrte sie zu einem Stil zurück, der hier auch von mehr, als nur einem kleinen Teil der Musliminnen gelesen werden kann und mit dem sie nicht, oder zumindest weniger, Gefahr läuft, als altmodisch oder „nach Afghanistan gehörig" angesehen zu werden (Hurriya 2011, Zeile 165). Weil sie kein Interesse an der daraus folgenden fortwährenden Kritik ihrer Umgebung an ihrer Alltagsbekleidung hat, zieht sie sich in den familiären Rahmen zurück, wo ihre Entscheidung, nicht dauerhaft in die Abaya gekleidet zu sein, akzeptiert wird.

Auffällig erschien mir dabei, dass beide in Deutschland aufgewachsenen Frauen die Anerkennung der anderen, sei sie positiver oder negativer Natur, thematisieren. Während Maryam positive Gefühle aus der Anerkennung ihrer Religiosität gewinnt, die sie dennoch mit modischen Elementen kombiniert, wird Hurriya oft im negativen Sinne auf ihre Kleidung angesprochen. Letzteres scheint mir zwei Gründe zu haben. Zum einen ist Hurriya älter, und nicht nur in Ländern mit muslimischer Dominanzgesellschaft gilt es als unschicklich, wenn Frauen ab einem gewissen Alter modische Kleidung und buntere Farben tragen. Auch in Deutschland werden Frauen fortgeschrittenen Alters in engen Hosen und mit langen Haaren belächelt.[78] Zum anderen wird von ihr, die auf der Hadsch war und in Abu Dhabi gelebt hat, eine besonders würdevolle Kleidung verlangt, da eine Veränderung entlang der muslimischen vestimentären Hierarchie in Richtung „weniger religiös" oft undenkbar erscheint.

Augenscheinlich wird außerdem, dass weder Amina, noch Suraya auffällig viel über die Anerkennung anderer sprechen, es kommt in den Interviews

---

77 Den *Niqāb* hat sie nicht während der Hadsch getragen. Hier ist das Tragen eines *Niqāb*s laut des *Fiqh as-Saum*, der Rechtslehre bezüglich z. B. des Fastens und der Hadsch, nicht gestattet.

78 Die Redewendung „Von hinten Lyzeum, von vorne Museum" beinhaltet diesen Spott (Dudenredaktion 2002, S. 493).

nicht vor. Ich schließe daraus, dass beide Frauen, die ja über eigene Migrationserfahrungen verfügen, anderen Erwartungen ausgesetzt sind oder durch die Sozialisation, ohne den permanenten Druck von außen, der Kritik gegenüber weniger anfällig sind. Keine von den beiden wird übermäßig mit der Erwartung konfrontiert, sich modisch reibungslos in beiden Kontexten bewegen zu können. Hingegen scheint auf Frauen, die in Deutschland aufwachsen, eine Menge Druck ausgeübt zu werden, Mode und Bekleidung auf eine bestimmte „westliche" Art umzusetzen und die Aushandlungen zwischen Mode und Religion sicher zu handhaben.

9 Theoretische Schlussbetrachtungen

Das letzte Kapitel dieses Buches sucht den zu Beginn dieser Arbeit formulierten Anspruch einzulösen, die Ergebnisse meiner Forschung sowohl auf Mode- als auch auf Migrationstheorien zurückzudenken. Beginnen werde ich mit einer modetheoretischen Ergänzung dazu, warum sich Mode wandelt und abschließend in einer migrationstheoretischen Kritik den kosmo-islamischen Stil vorstellen.

9.1 Wie sich Mode wandelt

In der Frage danach, wie sich Mode wandelt, gibt es seit Barthes kaum Neuerungen. Während Flügel (1986) noch annahm, Mode würde sich mit dem Wunsch wandeln, sich mit einer bestimmten, höher stehenden Klasse identifizieren zu wollen, beruht die derzeit populärste These, warum sich Mode wandelt (zum Beispiel McRobbie 1999; Entwistle 2000; oder auch Svendsen 2006) auf der Annahme, dass Menschen gerne konsumieren und das als Mode akzeptieren, was ihnen die Modeindustrie vorsetzt. Ebenso wie Nahrungsmittel eine Zeit lang besonders beliebt bei jemandem sein können und dann von einem Tag auf den anderen nicht mehr, seien ästhetische Muster einfach einer zeitlich begrenzten Beliebtheit unterworfen.

Diese These erklärt aber nicht, wo die Modeindustrie ihre Trends hernimmt und sie erklärt auch nicht, warum manche Produkte sich erst als Trend und später als Mode durchsetzen und andere nicht, weshalb ich hier mit der Grundlage meiner Forschung zur Mode muslimischer Frauen in Deutschland folgende Überlegung zur Entwicklung von Mode ableite:

1. Grunddresscodes wandeln sich als Marker von biographischen Brüchen.

2. Ästhetische Ausgestaltungen (Moden) werden gewechselt als Marker von gruppendynamischen Hierarchien.

9.1.1 Wechsel im Grunddresscode symbolisiert Brüche

Brüche in der Biographie sind entscheidende Antriebe für Kleiderwechsel und Veränderungen im Grunddresscode. Persönliche Veränderungen, neue Gruppen, ein anderer Status, Migration und Ähnliches können dazu beitragen, dass eine Bekleidungsform von jemandem aufgegriffen und in den Grunddresscode eingearbeitet wird.

Suraya äußerte in diesem Zusammenhang eine interessante Beobachtung bezüglich der Kleiderstile von Musliminnen. Sie habe feststellen können, dass alle Frauen bei der Hochzeit ihren Grunddresscode wechseln würden, so als ob sie sich auf die neue Selbstpositionierung als verheiratete Frau vorbereiten würden. Dabei gehen die Entwicklungen durchaus nicht nur in eine Richtung. Manche Frauen tragen nach der Hochzeit weniger religiöse Bekleidungsformen, andere mehr. Die Frauen nutzen dabei oft das zur Hochzeit vermehrt vorhandene finanzielle Kapital, um eine Veränderung der Bekleidungsvorstellungen umzusetzen. Sie selbst, sagt sie, würde die Gelegenheit nutzen und den Stil, den sie in Deutschland für sich etabliert hat, auf Libyen anwenden.

Folgt man dieser Überlegung, ist der Grund, warum sich Kleidung bei Menschen ohne Modeinteresse überhaupt wandelt, dass Menschen, wenn ihr Leben sich verändert, auch ihre Bekleidung verändern und diese an ihr neues Selbstbild anpassen. Das ergibt insofern Sinn, da Menschen nicht einfach die Kleidung ändern können, ohne dass ihre Entscheidung von der Umgebung intensiv hinterfragt werden würde. Eine Veränderung in der Bekleidung erzeugt den Eindruck, der oder diejenige möchte die gesellschaftliche Position ändern. Eine Identitätskonstruktion ist ja nicht ohne Grund eine *Identitäts*konstruktion, sie muss Sinn ergeben. Wenn man sie jeden Tag verändert, funktioniert sie nicht mehr, es sei denn sie hat die Veränderlichkeit zum Inhalt. Ich vermute also, dass eine Person sich manchmal eine Zeit lang mit dem Gedanken einer Stiländerung im Grunddresscode trägt, bevor sie sie in die Tat umsetzt und auf einen besonderen Zeitpunkt wartet, wie das Vorhandensein von Kapital oder ein einschneidendes Erlebnis, auf das auf Nachfrage referenziert werden kann bzw. welches den Wechsel auslöst. Dabei gilt es, weiterhin die Balance zu wahren zwischen einer allzu kreativen Entwicklung und einer Anpassung. Wer seinen Stil verändert, tut dies nicht ohne Kontext, sondern mit einem feinen Gespür für die Entwicklungen, die in der Umgebung ablesbar sind.

9.1.2 Trends als Marker von Gruppenhierarchien

Dass muslimische Mode sich in Deutschland langsam wandelt, ließ für mich die Schlussfolgerung zu, dass Trends im Rahmen ästhetischer Ausformungen auch ein Ausdruck gesellschaftlicher Hierarchien sind. Trends und Moden werden zunächst in Kreisen, z.B. Freundeskreisen, Arbeitskreisen etc. rezipiert. Innerhalb dieser Gruppen existieren Hierarchien, welche durch verschiedenstes Kapital strukturiert werden, welches nach Bourdieu (1982) ganz unterschiedlich gelagert sein kann, also sozialer, ökonomischer oder sonstiger Natur ist. Menschen, die innerhalb der Gruppe die Rolle eines Oberhauptes oder informellen Gruppenführers oder einer Gruppenführerin einnehmen, bestätigen diese Rolle auch über ihre Kleidung, unabhängig davon, wie die sonstige Hierarchie innerhalb dieses Kontextes sein mag. Wenn ein Trend über die Mitläufer*innen einer Gruppe bei den Außenseiter*innen angekommen ist, scheint der späteste Zeitpunkt für die Anführer*innen gekommen zu sein, einen modischen Schritt zu machen, um sich von den anderen abzugrenzen.

Welcher dieser Schritt ist, wird relativ zufällig entschieden. Wie bei der Musik sind es nicht besondere geschmackliche Qualitäten, welche einen Modetrend auslösen, sondern der reine Zufall. (vgl. Sullivan 2013) Wenn also genügend Gruppenanführer*innen unterschiedlichster Gruppen einen bestimmten modischen Trend aufgreifen, wird daraus ein gesellschaftliches Phänomen, eine Mode entsteht.

Diese Überlegung gibt Hinweise darauf, wie vestimentäre Gruppendynamiken entstehen, warum es beispielsweise an Schulen Außenseiter*innen gibt und wie der Zusammenhang zwischen Kleidung und Gruppendynamik ist: Folgen Menschen mit Anführer*innenrolle einem Trend, bestätigen sie ihre Rolle innerhalb der Gruppenhierarchie, bzw. weil sie Anführer*innen sind, erfahren sie positive Rückmeldung für das Aufgreifen ihres Trends. Wenn aber ein*e Mitläufer*in, also jemand, der in den alltäglichen Praktiken nicht als Führer*in der Gruppe akzeptiert wird, Kleidung trägt, die sich von den anderen unterscheidet, erhebt er oder sie Anspruch auf eine vestimentäre Führungsrolle innerhalb der Gruppe. Besteht dafür aber keine zwischenmenschliche Grundlage, wird diese „abweichlerische" Kleidung gruppenintern geächtet: Der- oder diejenige wird Spott ernten statt Bewunderung.

Zu dieser Sichtweise trägt bei, dass Moden vor allem da entscheidend sind, wo junge Menschen sind: Es liegt daran, dass Gruppenbildung und Hierarchieaushandlung in der Zeit der Adoleszenz noch viel ausgeprägter sind. Dazu gibt es im Vergleich zum restlichen Leben vergleichsweise mehr dramatische Übergangsphasen und Brüche. Im Bezug zu muslimischer Bekleidung erklären diese Überlegung die Übersetzungsschwierigkeiten, die meine Interviewpartnerinnen bei dem Versuch hatten, Moden aus den verschiedenen Ländern mit muslimischer Dominanzgesellschaft auch in Deutschland zu tragen. Hier können diese Bekleidungsformen, da niemand sonst sie trägt, nur als Versuch wahrgenommen werden, einen Trend zu setzen. Da Muslime in Deutschland in der gesamtgesellschaftlichen Hierarchie durch Selbst- und Fremdzuschreibungen am unteren Ende eingeordnet werden, werden modische Trends bei muslimischen Frauen selten mit Lob und Anerkennung versehen. Ein Trend aus einem Land mit muslimischer Dominanzgesellschaft kann sich also in Deutschland nur schwer zu einer Mode durchsetzen, folglich wandelt sich muslimische Mode in Deutschland langsam. Statt also modischen Trends zu folgen legen einige muslimische Frauen mehr Wert auf modeste Bekleidung, weil diese ihnen im Rahmen ihrer Bezugsgruppe gegenseitige Anerkennung einbringt. Innerhalb der muslimischen vestimentären Hierarchie geht es ja aber auch nicht um westliche Trends, sondern darum, wer das größere religiöse Engagement an den Tag legt. So erklärt sich die zunehmende Anzahl von Kopftuchträgerinnen der letzten Jahre. Der aufgegriffene Trend ist dann nicht eine bestimmte Ausgestaltung, eine Farbe oder ein Schnitt, sondern das Kopftuch selbst.

Diese Theorieüberlegung, warum sich Mode wandelt, legt nahe, dass Mode nicht nur von oberen Gesellschaftsschichten an untere Schichten weitergegeben wird. Klasse scheint nicht der Motor für Mode und ist es auch nie gewesen. Sondern es ist die gruppeninterne Dynamik, das soziale hierarchische Gefüge. Es gibt innerhalb einer Gesellschaft Gruppen mit ganz verschiedenen Hierarchien. Diese diversen Gruppen haben unterschiedlichste Formen des Zusammenhalts und beruhen auch auf unterschiedlichstem Kapital, welches die Dynamik der Mode vorantreibt. Ich gehe einen Schritt weiter und sage, dass eventuell nur eine ganz kurze Zeit, nämlich zu Beginn des 20. Jahrhunderts, die Durchlässigkeit der Klasse gegeben war und der nächsthöheren Klasse nachzueifern selbst eine Mode war, die weder davor noch danach so wieder stattgefunden hat. Auch die Betrachtung der Vormoderne und außereuropäischer Moden lässt kaum einen anderen Schluss zu: Es gab immer auch Moden und Trends jenseits eines europäischen Klassensystems und was es an Forschung über Europas spätes Mittelalter gibt, ist Elitenforschung, da es zu niedrigeren Schichten weit weniger Material zu beforschen gibt, welches Aussagen über modische Entwicklungen treffen kann. Wieso sollte es auch Sinn machen, sich in einem feudalen System, in dem es kaum soziale Durchlässigkeit gab, nach der nächst höheren Schicht zu orientieren?

Dass sich Moden durchaus in unteren Schichten entwickeln, wird bestätigt durch den Umstand, dass die Unterschicht viel weniger modische Restriktionen hat als andere Schichten und sich damit auch freier entwickeln kann. Hier können mehr Trends entstehen als in der Mittelschicht, wo die Business-Kleidung lange Zeit dominierender Faktor in den Kleiderschränken war. Diese Sichtweise wird bestätigt durch Trends, die sich nicht in elitären Schichten, sondern durchaus auch in weniger privilegierten Schichten entwickeln. Diese Trends können populär und sogar über diese Schichten hinaus erfolgreich werden. Hip-Hop-Mode ist ein Beispiel, wo sich nicht nur die Musik als Trend bei Jugendlichen aus mittleren Schichten durchgesetzt hat, sondern auch der Kleidungsstil. Und auch das Kopftuch ist ein hervorragendes Beispiel für diese These. Im Verlauf des 20. Jahrhunderts legten vor allem die elitären Schichten den Schleier ab, nicht aber die Frauen der Unterschicht. Im Verlauf der Zeit stiegen muslimische Familien in die Mittelschicht auf und behielten ihren Schleier. Nun setzen sie neue modische Akzente, welche sich länderübergreifend auch in oberen Schichten ausbreiten.

Es ist also anzunehmen, dass Moden existieren, seit Gesellschaften sich formiert haben. Schon immer wurden Moden innerhalb von Kleinstgruppen ausgehandelt und werden es wohl auch heute noch. Denn Hierarchien werden immer innerhalb einer Gruppe organisiert und mittels Kleidung oder auch nur durch Akzente auf diesen Kleidungen nachempfunden. Die Moderne hat mit der Produktmode also nicht die Mode als solche erfunden, sondern durch Schnitt- und Produktionstechniken lediglich die Wechsel der ästhetische Ausgestaltung der gesamten Kleidung ermöglicht. Der Grunddresscode bleibt weiterhin der gleiche, eine Jeans bleibt eine Jeans, ob sie nun Schlag hat oder gerade geschnitten ist.

9.2 Aus der Sicht einer modeorientierten Migrationsperspektive: Raumwahrnehmung, Emanzipation und muslimische Mode

Dieser Abschnitt wird nun eine weitere, der dieser Arbeit zugrunde liegenden Prämissen einlösen: Migrationstheoretische Überlegungen aus Sicht der Modetheorie zu betrachten und so zu erhellen.

Räume sind nicht einfach nur füllbare Behältnisse, sondern sie sind ganze Konzepte, die auf variierenden Kontexten, Vorbedingungen und Wahrnehmungen beruhen. Kapitel 6.1 zu der Vierteilung der Räume hat das nachdrücklich gezeigt. Räume werden durch soziale Praktiken und unbewusste symbolische Zuschreibungen als flexible und prinzipiell offene Gebilde erstellt. Sie stellen bewegliche Felder dar, die durch andere gesellschaftliche Praktiken Verschiebungen in ihrer Bedeutung erfahren können (Leutner 2012, S. 236). Ebenso wie ein Mensch multiple Bedeutungszuschreibungen oder Identitätskonstruktionen erfahren kann, trifft das auch für Räume zu, da Räume von Menschen aus unterschiedlichen Kontexten erst mit Bedeutungen gefüllt werden. Statt sich Räume, seien es nun Straßen, Geschäfte oder öffentliche Plätze, als Flächen mit Grenzen darum herum vorzustellen, „they can be imagined as articulated moments in networks of social relations" (Massey 1991, S. 28).

Räume sind also nicht einfach gegeben, ebenso wenig wie der Körper. Stattdessen werden beide durch die sozialen Handlungen konstruiert und hierarchisiert, die in ihm vorgenommen werden. Dazu gehören auch vestimentäre Handlungen. Orte konstituieren sich im Zusammenspiel aus Menschen, Dingen, Wahrnehmungen und Bewegungen aus symbolischem Handeln. Sie sind nur durch den Körper in Bewegung erfahrbar. Mode, Körper und räumliche Umgebungen begegnen sich auf affektiver Ebene, so dass Stimmungen oder Atmosphären entstehen. So gesehen können Menschen als räumliche Mode-Körper verstanden werden und können sich im unpassenden Modekleid in bestimmten Räumlichkeiten als deplatziert empfinden, da die Fähigkeit dazu, unpassende Situationen zu erkennen, kulturell erlernt ist (Lehnert 2013, S. 124). Geschäfte nutzen dies zum Teil aus und schaffen Umgebungen, in denen einige Kund*innen über die hergestellte Atmosphäre zum Betreten eingeladen und andere als ungewünscht ausgeschlossen werden. Diese Atmosphären entstehen durch bestimmte Nutzungen und deren Wahrnehmungen. So werden aus Räumen durch Raumerlebnisse Erlebnisräume. Räumliche Modekörper treten in diesen Räumen und Orten in Interaktion, weshalb das eine ohne das andere nicht denkbar wäre. (ebd., S. 126). Die Kleidung der Menschen erzeugt also eine eigene Struktur des Raumes und nimmt ihn für sich ein. Ebenso wirkt der Raum auf die Kleidung zurück (Leutner 2012, S. 239). Diese Verbindung aus vestimentären Objekten und menschlichen Subjekten lässt ganz spezifische Räumlichkeiten entstehen, welche in ihren Bedeutungen historisch und kulturell variabel verstanden werden können (Lehnert 2012a, S. 15).

In Bezug auf Körperräume stellen Kleidungen weniger einen Schutz dar, als dass sie eine Erweiterung des Körpers manifestieren (Svendsen 2006,

S. 19). Kleidung konstituiert minimale variable Räume, die von Menschen herumgetragen werden können. Die körpermodellierenden Moden des 18. und 19. Jahrhunderts in Europa mit ihren raumeinnehmenden Krinolinen und raumerzeugenden Korsetts sind ein Beispiel dafür, aber auch außerhalb Europas können Beispiele gefunden werden, so etwa in Japan. Die körpernahen Moden der Postmoderne können ebenfalls dazu gezählt werden. All diese Moden gestalten gleichermaßen den Körper und schaffen aus ihm eine menschliche Skulptur (Lehnert 2012a, S. 13). Dies gilt insbesondere für den Damenrock. Der Rock ist der Raum, wo sich weibliche Macht und Ohnmacht begegnen. Röcke sind damit Teil der Geschlechtshierarchie der westlichen Gesellschaft, denn sie geben eine genderspezifische Art des Bewegens vor. Sie galten lange Zeit als das angemessene Kleidungsstück für die Frau, wurden in der patriarchal organisierten Familie durchgesetzt und mittels Blickkontrolle bestätigt.

> „Körperbewegung, Blickkontrolle und räumliche Markierung bilden [...] eine Einheit, die Raum generiert und zugleich den Körper ‚zurichtet' , indem fremde Blicke vorweggenommen werden." (Leutner 2012, S. 237)

Den öffentlichen Raum zu definieren und über ihn zu verfügen, war und ist weitgehend Männern vorbehalten. Der Rock hingegen entzieht den weiblichen Körper der Blickmacht.[79] Er ist eine Erweiterung des Körper-Ichs, Röcke geben dem menschlichen Körper eine geschlossene Form und erweitern den weiblichen Raum (ebd., S. 241-43). Gleichzeitig ist er eine symbolische Ermächtigung der Person. Der Raum unter dem Rock ist allein der Frau vorbehalten, weswegen auch das „unter-den-Rock-fassen" einen solchen Übergriff darstellt. Allerdings hat sich „im Westen" in den letzten Jahren die Wahrnehmung des Rockes geändert, analog zum zeitgenössischen Frauenbild. Im Zuge der Gleichberechtigung erkämpften sich Frauen die Hose als angemessene vestimentäre Ausdrucksform für Frauen und viele andere Rechte. Infolge dessen hat sich der weibliche Raum dem männlichen zu entsprechen, um als „modern" zu gelten. Dazu gehört zum einen die knabenhafte Figur als Idealbild der Frau und zum anderen die neue Norm der Hose als angemessenes Kleidungsstück.

---

79 Blickregimes, bereits weiter oben im Zusammenhang mit dem „männlichen Blick" erwähnt, werden hergestellt, indem ein Blick länger auf einer, als auf einer anderen Person ruht. Meist ruht er auf als unterlegen oder als sexualisiert wahrgenommenen Menschen, etwa jungen Frauen, aber auch auf Fremden. Der für die Fremden reservierte, zugleich abschätzige Blick erinnert daran, dass der oder die Angeschaute sich in der Minderzahl und damit in der unterlegenen Position befindet. Auch unangemessene Kleidung bei Frauen wird mit diesem Blick bedacht. Blickkontrolle ist also eine Form der Machtausübung, mit dem Männer sich zeitgleich die Raumhoheit und die Kontrolle über den Habitus der Frauen sichern.

In diesem Zusammenhang wird deutlich, warum die Kleidung muslimischer Frauen als unbotmäßig gilt. Es sind die Räume, die durch sie
eingenommen werden. Muslimische Frauen im europäischen Raum stellen
gesellschaftliche Hierarchien unter anderem deshalb in Frage, weil sie Definitionshoheit des Raumes in Frage stellen und wiederholt den Frauen
zugewiesenen Raum innerhalb des öffentlichen Raums überschreiten. Die zugleich symbolische und reale körperliche Intervention „Hijab-Bekleidung" ist
eine Vergrößerung des Körpervolumens, die Aufmerksamkeit hervorruft, da
der Raum unter der Kleidung der Muslimin einfach als „*Haram*" und damit
als „*Mahram*" definiert wird (vgl. Leutner 2012, S. 238). Aber nicht nur der
Raum unter der Kleidung wird dadurch beeinflusst, durch die Rückwirkung
der vestimentären Codierungen auf den Raum verschieben sich auch dessen
Bedeutungen. Das Tragen spezieller Kleidung, wie dem Hijab schafft hierbei
symbolische Grenzen und Absicherungen, die das gesellschaftlich ausdifferenzierte Blickregime dort, wo dominanzkulturelles Deutschsein vorherrscht,
herausfordert (ebd., S. 237). Die Aneignung des öffentlichen Raumes beginnt
sich also zu ändern, da sich als migrantisch wahrgenommene Akteur*innen
nicht mehr nur in den ihnen zugestandenen Bezirken bewegen, sondern auch
in Räumen, die zuvor als den Einheimischen vorbehalten galten. Und zwar
nicht nur vom und zum prekären Arbeitsplatz, sondern dank ihrer „islamisierten westlichen Mode" deutlich erkennbar als Angehörige der etablierten
Schicht. Indem sich Musliminnen also als solche sichtbar durch die Straßen,
durch die Stadt bewegen, in Burkinis teure Strände und Thermen aufsuchen
und auch in solchen Gebieten sichtbar werden, die bisher sonst nur Angehörigen der Dominanzgesellschaft vorbehalten waren, verändern sie langsam
aber sicher die Hierarchie der Stadt, der Gesellschaft, des sozialen Raums.
Diese hierarchische Infragestellung scheint der Grund für die fortgesetzte
heftige Diskussion um das Kopftuch oder um den Gesichtsschleier, denn
die selbstbewusste Sichtbarkeit der Frauen verdeutlichen die veränderten
Machtverhältnisse.

Mit der Bestimmung des Raumes um ihren Körper als „Mobile Home",
wie Lila Abu-Lughod (2002, S. 285) es so treffend ausdrückte, erinnern
ausgerechnet muslimische Frauen daran, dass nicht nur Angehörige des
männlichen Geschlechts sich Räume nehmen können, sie definieren können.
Sie erinnern damit außerdem schmerzhaft daran, dass die gesellschaftliche
Entwicklung der Gleichberechtigung von Frauen weitgehend stagniert, denn
Frauen dürfen eben bis heute nicht einfach so über Räume bestimmen, sie
definieren (vgl. Leutner 2012, S. 238). Eine Auswirkung und gleichzeitig ein
Hinweis für die Richtigkeit dieser Aussage ist, dass Frauen sich weiterhin nicht
frei bewegen können, weil sie körperliche oder visuelle Übergriffe fürchten

müssen (Massey 1991, S. 24). Als umso empörender wird es wahrgenommen, dass diese symbolische Infragestellung der geschlechtlichen Hierarchie, zum Teil vielleicht auch unfreiwillig, von muslimischen „Migrantenfrauen" geleistet wird, die in der gesellschaftlichen Hierarchie selbst nicht sehr hoch stehen.

9.3 Der „kosmo-islamische Stil"

Die von muslimischen Frauen zur Anwendung gebrachte Strategie des vestimentären Empowerment gegen Diskriminierung, nämlich sich an anderen, innerislamischen Hierarchien zu orientieren (Abschnitt 8.3), als dies die deutsche Dominanzgesellschaft vorlebt, ist dabei eine Möglichkeit von vielen, die bisher auch schon beschrieben, aber nicht in ihrer letzten Konsequenz analysiert worden ist. Das Tragen eines Mantels ist eine Positionierung innerhalb der muslimischen vestimentären Hierarchie, deren Bezug zur Moderne und zur deutschen Gesellschaft vor allem durch Aktivitäten hergestellt wird wie dem Studium oder der Vernetzung innerhalb der Gesellschaft. Sichtbar wird dieser Bezug durch das Integrieren von modischen Elementen, wie der „islamisierten westlichen Kleidung", den dekorativen Hijab-Nadeln, die nicht nur zum Befestigen dienen, oder Schuhen, die einen Stilbruch markieren. Indem *Converse*-Schuhe mit dem Mantel oder der Abaya kombiniert werden oder indem enge Jeans unter langen schwarzen Kleidern hervorschauen, werden bewusst vestimentäre Integrationsaussagen getroffen. Insofern muss ich meine zunächst gefasste These erweitern. Nicht nur, dass Integration in Deutschland längst stattgefunden hat, sie findet auf der ganzen Welt statt. Täglich integrieren muslimische und andere Menschen stilistische Elemente aus verschiedenen Kulturen auf ihrer Kleidung und beweisen durch ihr modisches Gespür ein tiefes Verständnis für die verschiedenen Gesellschaften. Wer dies oft nicht begreift, sind Menschen, die Mode im diskursiven „Westen" beheimatet fühlen und mit einer großen Selbstverständlichkeit den eigenen modischen Stil und die eigenen Moralvorstellungen als universell gültig voraussetzen, seien es dominanzgesellschaftliche Deutsche oder Anhänger*innen der ISIS. Da die Kinder von Migrant*innen, die in Deutschland geboren und aufgewachsen sind, keine Rückkehrorientierung als Abwehrstrategie gegen Ausgrenzung zum Einsatz bringen können (vgl. Beck-Gernsheim 2004, S. 22), wählen einige von ihnen eine Besinnung auf den Islam als Ausweg aus der Diskriminierungssituation (vgl. Nökel 2002). Dadurch, dass es hier aber nur eine Zweiteilung des Raumes gibt, müssen sie andere Strategien wählen, um die aus den islamischen Geboten resultierende vestimentäre Herausforderung zu meistern. Es hat hat sich eine Art integrativer Stil entwickelt, der zunächst ein Phänomen der Migrationsgesellschaften zu sein scheint. In vielen Gesellschaften mit muslimischer Dominanzgesellschaft findet durch die Möglichkeiten, welche die Frauenöffentlichkeit bietet, der Hauptteil von Mode unterhalb der für alle sichtbaren Oberbekleidung statt. Diese ist zwar auch modischen Wandlungen unterworfen (vgl. Moors 2007), aber im Gegensatz zu dem Stil der Frauen, die im „Westen" aufwachsen, trägt dieser Stil sie nicht durch den kompletten Alltag und ist auch nicht dazu gedacht, in allen Situationen des Tages passend zu erscheinen. Zu Beginn meiner Forschung habe ich diesen muslimisch-modischen Stil als „Berliner Stil" bezeichnet und weil das schöner klingt als „Integrationsstil" oder „Migrationsstil", habe ich an diesem Begriff im Laufe meiner Forschung festgehalten, obwohl ich ihn auch in anderen Teilen Deutschland und der Welt gefunden habe. Dieser „Berliner Stil" ist geprägt von vielen modischen Elementen, die Stilanregungen sowohl aus westlicher als auch Hijab-Bekleidung aufgreifen, so dass alles zu einem harmonischem Ganzen verschmilzt. Diese Entwicklung in der muslimischen Mode ist dabei nicht nur im „Westen" geblieben, sondern hat ihren Weg zurück in die Länder mit muslimischer Dominanzgesellschaft gefunden. Amina, Khadischa und Suraya berichteten mir, neben meinen eigenen Beobachtungen während meines Aufenthaltes in Syrien und den Interviews mit den Frauen dort, dass der „Berliner Stil" sich erst in den letzten Jahren dort verstärkt entwickelt hat. Diese Entwicklung geht meiner Ansicht nach zurück auf die verstärkte Nutzung des Internets von muslimischen Frauen aus aller Welt, um sich über die modischen Möglichkeiten eines modesten Stils auszutauschen. In Anbetracht dieser Forschung und der Erkenntnis, dass sich die Stilentwicklung muslimischer Mode nicht nur auf Berlin beschränkt, benenne ich jenen Stil, wie er hier und überall sonst auch mittlerweile gefunden werden kann, in „kosmo-islamischer Stil" um.

10 Nachbemerkung: Das Kopftuch als Visitenkarte

„Alles, was die Kopftuch-Frauen von sich geben, weist in Richtung ‚Integration‘. Nur die Gesellschaft, in die sie sich integrieren wollen, macht dabei nicht mit."(Oestreich 2004, S. 155)

Diese Arbeit ist 2011 begonnen worden, als das Thema „Mode und Muslim*innen" noch überhaupt nicht auf dem Radar vieler Medien aufgetaucht war. Dies hat sich in den vergangenen Jahren geändert, vor allem, weil es immer mehr Akteur*innen in diesem Bereich gibt, seien es Designer*innen, Blogger*innen oder die Frauen, welche die neuen Stile eindrucksvoll umsetzen. Spätestens die Mipsterz, das *Youtube*-Video über muslimische Hipster, haben sehr eindrucksvoll darauf aufmerksam gemacht, dass „Muslimin sein" und „Interesse an Mode haben" sich nicht ausschließen (Rattani und Yazdi 2013). Viele Blogs (Rumbelow 2014) und auch einige deutsche Tageszeitungen berichteten darüber (Röhlig 2013), wie die Macher*innen des Videos einen veränderten Blick auf junge Muslim*innen erreichen wollen. Die Gesellschaftskritik, die in dieser Zurschaustellung von Kleidung und Alltagssituationen zum Ausdruck kommt, ist nicht unbedingt alltäglich. Keine meiner Interviewpartnerinnen wählt ihre Kleidung unter dem Gesichtspunkt des gesellschaftskritischen Statements aus. Im Gegenteil, meine Arbeit zeigt, dass die Frauen oft eher versuchen einen Weg zu finden, den verschiedenen Ansprüchen, welche an sie und ihre Bekleidung gestellt werden, gerecht zu werden.

Für mich hat sich die Forschungsproblematik aus den fortgesetzten doppelten Negativdiskursen um das Kopftuch ergeben. Den einen, z.B. konservativen Muslim*innen, welche die Kommentarspalten des Mipserz-Videos gefüllt haben, kann Hijab-Bekleidung gar nicht lang und bedeckend genug sein, die anderen, z.B. deutsche Arbeitgeber*innen, möchten es scheinbar am liebsten ganz aus ihrem Sichtfeld verbannen. Diese Diskurse fügen sich zu bestimmten Figurationen, an welchen sich die Frauen mit Kopftuch in Deutschland und Europa abarbeiten, egal, als wie religiös oder gut integriert

sie sich selbst betrachten, unabhängig davon, wie gebildet sie sind oder wie
gut vernetzt. Es werden dabei alle möglichen Forderungen an die Frauen
gestellt: Von, ob das Kopftuch denn überhaupt nötig sei, bis hin zu, ob denn
die Bedeckung der Oberschenkel nicht etwas großzügiger hätte ausfallen
können. Die Frauen stehen dabei in einem steten Rechtfertigungszwang,
zwischen Integrations- und Modestizitätsdiskursen.

In den vergangen Jahren sind, befeuert durch diese Diskurse, eine
Vielzahl von Arbeiten entstanden, die sich mit jungen Muslim*innen beschäf-
tigen und auch, meist am Rande, ihr Bekleidungsverhalten thematisieren
(Klinkhammer 2000; Nökel 2004; Höglinger 2004; Bendixsen 2013). In diesen
Arbeiten ist jedoch noch nicht betrachtet worden, wie sich muslimische
Kleidung wandelt, wodurch ungewollt eine statische Festschreibung der
Bekleidungspraktiken muslimischer Frauen impliziert wurde. Oftmals ist
also mehr ein Ist-Zustand beschrieben worden oder es wurde der Versuch
unternommen, Hijab-Bekleidung zu verstehen. Nach den bisherigen Erkenntnissen dieser Werke können vier Formen beschrieben werden das Kopftuch
zu tragen. Die erste Stilform des Hijabs ist eine Art traditioneller Akt. Er
wird also getragen, weil er schon immer getragen wurde. Diese Form ist es,
die junge muslimische Frauen in Deutschland bei ihren Müttern konstatieren
und oft auch kritisieren. Sie selber stufen sich selbst dahingehend ein, dass
sie Hijab-Bekleidung aus spiritueller Überzeugung tragen, was die zweite
Form der Hijab-Bekleidung darstellt. Die dritte Art konnte beispielsweise
im Verlauf der iranischen Revolution nachvollzogen werden, als Frauen das
Kopftuchtragen mit dem Tschador als politischen Akt ansahen. Diese Hijab-
Form ist es, welche in Deutschland oft auf das Kopftuch projiziert wird.
Schließlich ist in den vergangenen zehn Jahren eine weitere Art und Weise
in den Fokus der Aufmerksamkeit der Forscher*innen gelangt: Das Tragen
des Kopftuchs als identitätsstiftendes Merkmal aus einem performativen,
mikropolitisch widerständigem Akt gegen kulturelle Abwertung der Herkunft
und gegen Ausgrenzung (vgl. Nökel 2004). Diese vier Formen überlappen sich
und haben zu einem bestimmten Zeitpunkt größeren oder kleineren Anteil
bei der Bekleidungswahl. Svendsen (2006) hat für diesen Zusammenhang die
Überlegung geäußert, dass Menschen oft keine Probleme damit haben ihre
unterschiedlichen Rollen und Motivationen zu konsolidieren, statt, wie oft
angenommen, sie einzeln auszuleben oder sich von ihnen verwirren zu lassen.
Auf Musliminnen in Deutschland übertragen bedeutet dies, dass sich auch
bei den Frauen Mode, Religion und Mikropolitiken miteinander vermischen
und in den Kleidungsstilen und den Kleidungsbiographien widerspiegeln.
Insbesondere biographische Erfahrungen beeinflussen Kleiderstile oft mehr
als politische oder religiöse Gründe (Tarlo und Moors 2007, S. 144).

Aus diesen Vorüberlegungen heraus ist für diese Arbeit die These aufgestellt worden, dass muslimische Frauen ihre Kleidung, wie alle anderen Menschen auch, als Visitenkarte gestalten. Ich zeigte, dass diese Visitenkarte alles Mögliche integriert, zum Beispiel soziale und religiöse Einflüsse ebenso, wie sie persönliche Interessen abbildet. Integration wurde in der vorliegenden Arbeit als eine Praxis verstanden, die nicht nur eine bestimmte gesellschaftliche Gruppe betrifft, sondern eine allgemeine menschliche Art und Weise beschreibt, mit den unterschiedlichen Anforderungen des Alltags umzugehen. Die Auseinandersetzung mit den kulturellen Einflüssen und die dabei stattfindenden Übersetzungsarbeiten markieren die eigentliche Integrationsleistung. In diesem Kontext ist in Bezug auf Hijab-Bekleidung muslimischer Frauen von einer integrativen Visitenkarte gesprochen worden.

Es ging mir dabei weniger um die Beschreibung von muslimischer Religiosität in Form von Bekleidung, als darum, über die Betrachtung einer vermeintlich fremden Stilform etwas über Mode und Migration im Allgemeinen zu erfahren. Deswegen erstellte ich auch keine Typologie, deren Systematik ich mit vielen Interviewpartnerinnen verifizierte, sondern verwendete mehr Energie darauf, vor dem Hintergrund bestehenden Wissens verstehbar zu machen, was die Modeformen der Frauen ausmacht und wie deren Bedeutungen kontextuell einzuordnen sind.

Im Rahmen meiner Forschungsarbeit hat sich gezeigt, dass ein entscheidender Faktor beim sich Bekleiden, der Kontext, die räumliche Sphäre und der Anlass sind, wobei der Kontext die wichtigste Bedeutung einnimmt, denn er strukturiert alle weiteren vestimentären Entscheidungen. Abhängig davon, in welchem Land sich aufgehalten wird, ob es ein städtischer oder ländlicher Kontext ist und welche Gesetze es bezüglich Bekleidung gibt, ändert sich das, was getragen wird. Diese Kontexte beeinflussen die Räumlichkeiten und strukturieren sie vor. Eine meiner wichtigsten Erkenntnisse bezieht sich darum auf die Räumlichkeit von Moden und den erkennenden Umgang meiner Interviewpartnerinnen mit räumlichen Strukturen: Es gibt kulturell bedingte Unterschiede in der Wahrnehmung von Öffentlichkeit, dem halbprivaten und dem privaten Raum. Ausgangspunkt war, dass ich von den Ausformungen der Festbekleidung meiner Interviewpartnerin Amina verwundert war, die auf Hochzeiten halbdurchsichtige Gewandung trug, während ihre sonstige Bekleidung auf der Straße von sehr modesten Mänteln und Hijab geprägt war. Das erinnerte mich an Syrien, wo geschlechtlich getrennt stattfindende Hochzeiten vielen meiner dortigen Interviewpartnerinnen lieber waren, da sie nicht im Hijab heiraten wollten. In Ländern mit muslimischer Dominanzgesellschaft, so fand ich heraus, gibt es somit ganz andere Möglichkeiten der Ausgestaltung von Bekleidung, da diese an die jeweiligen räumlichen Sphären direkt angepasst wird, ja überhaupt erst angepasst werden kann. Eine Muslimin kann dadurch mit vergleichbaren Kleidern und starkem Make-up auf einer Party sein, als wäre sie eine amerikanische Schauspielerin auf einem roten Teppich, ganz ohne Hijab und Mantel, solange sie sich nur auf dem Weg zur Feier damit bedeckt. Dies ist z.B. in Deutschland nicht möglich. Im Zuge meiner Forschung ist deutlich geworden, dass die für halbdurchsichtige muslimische Festtagsmoden erforderliche Frauenöffentlichkeit in Deutschland ein gänzlich unbekanntes Konzept ist. Sicherlich haben, beispielsweise die Frauen der Partei Bündnis 90/Die Grünen, die eine oder andere frauenöffentliche Veranstaltung, doch auch hier ist nicht garantiert, dass den religiösen Bedürfnissen muslimischer Frauen danach, nicht in einem entblößenden Festtagsoutfit von Nicht-*Mahrams* gesehen zu werden, voll entsprochen wird.

Die Gestaltungsmöglichkeiten, welche sich aus den quartär strukturierten räumlichen Sphären ergeben, existieren also für beispielsweise Amina in europäischen Kontexten nicht, da es keine entsprechend durchstrukturierte Öffentlichkeit gibt, welche den Bedürfnissen einer muslimischen Frau nach Wahrung ihrer Schamgrenzen gerecht werden würde. Es gibt nur eine Einteilung in privaten und öffentlichen Raum mit einigen Graubereichen dazwischen. Während die Generation der Einwanderinnen, wie Amina, sich vor allem auf ihre Kleidung für die offene Öffentlichkeit beschränkt hat, entwickelten ihre Töchter einen Stil, der nicht nur für viele Anlässe angemessen, sondern der zugleich so modisch ist, wie die Kleidung der Dominanzgesellschaft. Und dies hat meiner Ansicht nach mit den in Kapitel 3 und 3.4 beschriebenen zunehmenden Ausgrenzungsdiskursen zu tun. Viele junge Frauen haben, aufgrund der Strategie der Besinnung auf den Islam als Antwort auf die fortgesetzten Negativdiskurse, früher angefangen, Hijab zu tragen, weil dieser an sich zu einer Mode geworden ist. So erklärt sich auch die zunehmende Anzahl an Kopftuchträgerinnen. Viele Frauen haben oftmals zu einem Zeitpunkt vor der Hochzeit damit begonnen, Hijab zu tragen. Diese Feierlichkeit ist in Deutschland aber nahezu immer eine gemischtgeschlechtliche Veranstaltung. Die Alltagsmoden sind infolge dessen immer kreativer geworden, weil die Festtagsmode der Hochzeiten irgendwann begonnen hat, auf die Alltagsmoden muslimischer Frauen zurückzuwirken. Modische Kopftuchkreationen werden nun kombiniert mit anderen, gleichzeitig stattfindenden Moden. Mit längeren Oberteilen und anderen ergänzenden Kleidungsstücken werden „westliche" Grunddresscodes an die Erfordernisse muslimischer Frauen angepasst, weiterentwickelt, islamisiert, wodurch die Frauen sich gleichsam vestimentär der „Moderne" zuordnen. Diese Moden können, so erwünscht, gelesen werden wie eine Visitenkarte.

Mode muslimischer Frauen ist nun nicht mehr etwas, das vor allem unter der Kleidung stattfindet oder nur ganz dezent und für Eingeweihte erkennbar auf den Mänteln und Abayas der Oberbekleidung. Muslimische Moden integrieren stattdessen nun verschiedenste Kleidungsstücke, solange sie den Grundregeln angemessener islamischer Bekleidung, also die Körperform zu verdecken, entsprechen. Diese Grundregeln werden dabei in ihren Grenzen auch immer wieder ausgetestet. Das Bemerkenswerte dabei ist, dass die Frauen offenbar die binäre Raumstrukturierung verstanden und ihre Bekleidungssystematik danach ausgerichtet haben.

Einige Trägerinnen, mit denen ich gesprochen habe, bevorzugen oftmals einen Kleidungsstil, in dem sie sich in verschiedenen Kontexten wohlfühlen und der in verschiedenen Lebenssituationen passend und angemessen erscheint. Diesen hier beschriebenen Stil benannte ich zunächst „Berliner Stil", weil dieser Name sowohl ein kosmopolitisches Element enthält als auch den Ursprung im globalen Westen unterstreicht. Und da dies nicht nur für meine Interviewpartnerinnen zu gelten scheint, ist dieser Stil mit „Berliner Stil" zu kurz beschrieben, es ist eher ein „kosmo-islamischer" Stil. Die Frage nach der „Zumutung" Identität wird hier eingelöst: Die Frauen tragen eine multifunktionale Kleidung, die zugleich eine integrierte Identitätskonstruktion darstellt und es ermöglicht, dieser Konstruktion in den unterschiedlichsten Situationen treu zu bleiben, sich kohärent zu fühlen. Dies ist die eigentliche Integrationsleistung, welche die Frauen mit ihrem muslimisch-kosmopolitischen Stil erbringen.

Dieser Stil ist ein deutliches Zeichen für den Integrationsstatus muslimischer Frauen in Deutschland, denn die darin enthaltene vestimentäre Übersetzungs- und Anpassungsleistung ist nur durch eine intensive Auseinandersetzung mit den kulturellen Regeln des Kontextes Deutschland und Europa möglich und zeigt auf den Körpern der Frauen, über die religiöse Verortung hinaus, noch zusätzlich eine Zuordnung zum Diskursraum Deutschland. Die Bewertung einer geringen Integrationsbemühung aufgrund der Mode ist dabei aber nicht möglich. Ich habe im Theoriekapitel zur Mode gezeigt, dass sich von außen nicht beurteilen lässt, ob beispielsweise ein Mantel getragen wird, weil die Frau der Mode folgt oder ob sie sich nicht mit ihrem Migrationsland auseinandergesetzt hat. Es lässt sich lediglich eine positive Integrationsaussage treffen.

Der „kosmo-islamische Stil" ist, meiner Ansicht nach, ein visueller Beleg für die affektive Zuordnung. Dessen ungeachtet werden in medialen Diskursen Frauen mit Kopftüchern im Zusammenhang mit „Integrationsschwierigkeiten" benannt und reartikuliert. Regelmäßig verdichten sich Berichte über Terrorismus, Zwang und Rückständigkeit und werden mit Bildern von Kopf-

tüchern überformt. Infolge dessen berichten viele Musliminnen aus ihrem
Alltag, trotz ihrer vermehrten Ausbildungserfolge, über deutliche Schwierigkeiten bei der Arbeitsplatzsuche, Wohnungssuche etc., sobald das Kopftuch
ins Spiel kommt. Sicherlich betrifft diese Ungleichbehandlung, ja Benachteiligung, nicht nur muslimische Frauen, sondern ist ein allgemeines Problem der
mangelhaften gesamtgesellschaftlichen Integration. Doch gerade Frauen mit
Kopftuch sind durch ihre Hypersichtbarkeit noch einmal besonders betrof-
fen. Die mangelnde Integrationsfähigkeit der Dominanzgesellschaft fördert
Diskriminierung von Zugewanderten an vielen Stellen. Oder wie Oestreich
es ausdrückt: „Man lässt gerade eben zu, dass sie das unterste Segment des
Arbeitsmarktes bedienen – ohne der Mittelschicht gefährlich zu werden."
(Oestreich 2004, S. 174)

Um diesen fortgesetzten Unterschichtungsdiskursen zu entkommen, haben die Frauen eigene Bezugssysteme entwickelt, auf Grund derer sie per-
sonenbezogene Anerkennung für sich bekommen. Im Rahmen der „Empowermentstrategie" zählt nicht, wie integriert, wie gebildet oder wie deutsch
eine Frau ist, sondern es ist nur relevant, wie religiös sie ist und wie sehr sie
diese Religiosität auf ihrer Kleidung abbildet. Dies hat jedoch Ausformungen
angenommen, die wiederum negativ auf die Frauen zurückwirken. Die hypersichtbaren Formen islamischer Religionsführung werden für die Beurteilung
von außen für andere Muslim*innen oftmals sehr viel bedeutsamer gewertet
als die innere Verbundenheit mit Gott. Der „kosmo-islamische Stil" kann
innerhalb islamischer Bezugsgruppen mit kritischen Blicken oder im Internet mit harschen Bemerkungen verurteilt werden. Mit den Möglichkeiten
des Internets haben die Frauen seit ca. 2011 deshalb auch Möglichkeiten
der Gegenwehr entwickeln können und nutzen kreativ die Spielräume, die
das anonyme Netz ihnen bietet: Über Satire werden Aufforderungen nach
modesterer Bedeckung aufs Korn genommen und die Frauen, die für sich
einfordern, ihren Kleidungsstil unbehelligt von der ungefragten Meinung
Außenstehender zu wählen, zeigen auf komische Weise, wie absurd und
unverschämt sie diese Art empfinden, über weibliches muslimisches Bekleidungsverhalten zu urteilen (wood turtle 2011; wood turtle 2012; fat brown
hijabis 2013; Mustefa 2014; Bonessi 2014). Sie machen damit deutlich, dass
für sie ihr Bekleidungsstil eine Sache zwischen sich und ihrem Gewissen ist
und niemand anderen etwas angeht.

Die Grenzen meiner Forschung zeichneten sich da ab, wo eine genauere
Typisierung der einzelnen Stile spannend gewesen ist. Welche Untergruppen
des kosmo-islamischen Stils existieren und wodurch werden sie beeinflusst?

An dieser Stelle sehe ich z.b. das Buch von Reyhan Şahin[80], welches im November 2014 erschienen ist und, seiner Ankündigung nach, für mich eine mögliche Spezifizierung dieser Stile darstellt: Die genaue kleidungssemiotische Analyse der Bekleidungsformen in Bezug auf die verschiedenen muslimischen Strömungen und ihre genauen Bedeutungsmöglichkeiten im Rahmen einer Typologie (Şahin 2014).

Auch war es mir leider nicht möglich, die mit den „Mipsterz" im Internet begonnenen Entwicklungen intensiver nachzuverfolgen, da diese nicht Hauptthema der vorliegenden Arbeit waren. Die Entwicklungen von modischen Diskursen innerhalb sozialer Netzwerke, welche sich über die ganze Welt erstrecken, sind ein immens spannendes Thema für zukünftige Forschungsprojekte. Weiterhin wird die Weiterentwicklung der „Mipsterz" und des Marktes für muslimische Moden ein interessantes Feld sein und dies nicht nur aus wissenschaftlicher Sicht, sondern auch und vor allem aus der Sicht der großen Modeproduzent*innen. Hierzu wäre eine genauere Untersuchung der transnationalen Kleinunternehmen sinnvoll, wie ich sie in meiner Forschung angerissen habe.

Und schließlich stellt sich die Frage nach der Veränderung, welche die erhöhte Medienpräsenz „hipper" muslimischer Frauen innerhalb nicht-muslimischer Dominanzgesellschaften erreichen wird. Können Moden und Bekleidungsformen in Verbindung mit einem entsprechendem Diskurs die Wahrnehmung von Muslim*innen in Deutschland verändern? Werden sich die großen Modehäuser auf diese Entwicklung einstellen? Oder bleibt die inklusive Mode des „kosmo-islamischen Stils" ein Nischenprodukt?

Ich habe mit meiner Arbeit gezeigt, dass das Kopftuch mehr ist, als nur ein politisches Symbol des Islams. Es ist Teil vestimentärer Körperpraktiken und Teil einer Mode und sollte auch in zukünftigen legalen Entscheidungen nicht in erster Linie als politisches Symbol gesehen werden. Die nichtmuslimische Dominanzgesellschaft nimmt jedoch von den verschiedenen Einflüssen, die in den „kosmo-islamischen Stil" einfließen, in der Regel kaum Notiz.

Ich habe zudem gezeigt, dass die Gründe für die stigmatisierende Einschätzung von Kopftüchern in der jüngeren Vergangenheit liegen. Hijab-Bekleidung gilt als nicht zu Europa gehörig, da angeblich diese mehrheitlich nicht muslimisch geprägt sei. Und da Hijab-Bekleidung, anders als eine Hautfarbe, nicht als fest zum Körper gehörig gilt, könne bei Benachteiligung aufgrund der Bekleidung nicht von Rassismus gesprochen werden. Vielmehr seien es sich die Frauen ja selbst, die sich stigmatisieren. Dadurch lassen sich

---

80 Auch bekannt als Lady Bitch Ray. Das Buch ist leider zum Zeitpunkt dieses Schlusswortes weder im Handel noch in Bibliotheken verfügbar.

Ungerechtigkeiten in der Rechtssprechung und in der alltäglichen Behandlung legitimieren. Doch in einer Demokratie ist strukturelle Ungleichbehandlung eben nicht rechtfertigbar und alle Diskurse, die bestehende Hierarchien zu legitimieren suchen, sind nicht viel mehr als eine wissenschaftlich gestützte Ausrede für soziale Benachteiligung. Die Vorstellung, dass Migranten und insbesondere Musliminnen nur dann gut integriert sind, wenn sie auch die Grunddresscodes der Dominanzgesellschaft tragen, zeigt sich meiner Meinung nach blind gegenüber den komplexen alltäglichen Erfahrung von Migrant*innen und vor allem blind gegenüber den komplexen vestimentären Übersetzungsleistungen, die täglich erbracht werden. Die Anwesenheit von Hijab-tragenden muslimischen Frauen mag eine Herausforderung für die Dominanzgesellschaft sein, die von sich glaubt eine kollektive Identität zu besitzen, aber mit dem Kopftuch vorgeführt bekommt, dass dies eine Illusion ist. Auf diese Weise wird ständig daran erinnert, dass Demokratie kein Golfclub ist. Menschen in Wissenschaft, Politik und Presse müssen darum permanent daran arbeiten herauszukristallisieren, wie die deutsche Gesellschaft in Zukunft leben will. Das Kopftuch ist quasi eine Erinnerung daran, dass die deutsche Dominanzgesellschaft ihren Teil der Integrationsleistung noch zu vollbringen hat.

Literaturverzeichnis

Primärquellen

Amina (2011). *Interview mit Amina.* Zwei mehrstündige Interviews in arabischer Sprache, Übersetzung durch Autorin, Photos von Bekleidung. 05.10.2011, 26.10.2011.

Dunia (2012). *Gespräch mit Dunia.* Einstündiges Interview in deutscher Sprache. 11.06.2012.

TB-FF (2011-13). *Notizen aus dem Feldforschungstagebuch.* Einträge von Juli 2011- September 2012.

Hurriya (2011). *Interview mit Hurriya.* Vierstündiges Interview in deutscher Sprache. 24.05.2011.

Khadischa (2011-12). *Interview mit Khadischa.* 4 leitfadengestütze Interviews in arabischer Sprache und freies Gespräch, 14.12.2011/ 10.01.2012/ 14.01.2012/ 25.01.2012, Übersetzung durch Autorin.

Maryam (2011). *Interview mit Maryam.* Vierstündiges Interview in deutscher Sprache, begleitende Feldforschung bei der Vorbereitung auf ein Jobinterview. 05.10.2011, 25.11.2011, 28.11.2011.

Suraya (2011-14). *Interview mit Suraya.* Vier ca. einstündige Tonbandinterviews in arabischer Sprache: 05.08.2011/09.08.2011/ 18.08.2011/ 1.09.2011/ 08.09.2011, Übersetzung durch Autorin, regelmäßige Treffen zu Übersetzerzwecken von Surayas Doktorarbeit ab 1. August 2011 mindestens wöchentlich, meist 2 Mal pro Woche, daneben Gespräche über den Fortgang meiner Forschung.

TB (2011-13). *Notiz aus Teilnehmender Beobachtung.* Teilnehmende Beobachtung als Praktkantin in einem translokalen Bekleidungskleinunternehmen in Neukölln, Photos von Kleidermoden des Ladens, 14.12.2011/ 10.01.2012/ 14.01.2012/ 25.01.2012 /01.02.1012/ 06.03.2012/ 11.04.2012.

Sekundärliteratur

Abaza, Mona (2007). „Shifting Landscapes of Fashion in Contemporary Egypt". In: *Fashion Theory: The Journal of Dress, Body & Culture* 11.2/3. Hrsg. von Emma Tarlo und Annelies Moors, S. 281–298.

Abu-Lughod, Lila (2002). „Do Muslim Women Need Saving? Reflections on Cultural Relativism and its Others". In: *American Anthropologist* 104.3, S. 783–790.

– (2005). „Writing Against Culture". In: *Anthropology in Theory. Issue in Epistemology*. Hrsg. von Henrietta L. Moore und Todd Sanders. Reprint from 1991. Malden: Blackwell, S. 466–479.

Ahmed, Leila (1992). *Women and Gender in Islam*. New Haven und London: Yale University Press.

Ahmed, Sofia (2014). „Why I won't be wearing the ‚Poppy Hijab'". In: *MediaDiversified.org, Blogeintag vom 05.11.2014*. Aufgerufen am 18.12.2014. URL: www.mediadiversified.org/2014/11/05/why-i-wont-be-wearing-the-poppy-hijab/.

Akyün, Hatice (2013). „Brüste im Kopf". In: *Tagesspiegel.de, Artikel vom 20.05.13*. Aufgerufen am 18.12.2014. URL: http://www.tagesspiegel.de/meinung/hatice-akyuen-ueber-angelina-jolie-brueste-im-kopf/8230238.html.

„Âlâ – Streetwear" (2012). In: *Âlâ* 7, S. 37.

Althaus, Nicole (2012). „Verhüllen statt entkleiden?" In: *tagesanzeiger.ch, Artikel vom 02.05.2012*. Aufgerufen am 18.12.2014. URL: http://www.tagesanzeiger.ch/leben/style/Verhuellen-statt-entkleiden/story/24791697.

Amann, Klaus und Stefan Hirschauer (1997). „Die Befremdung der eigenen Kultur. Ein Programm". In: *Die Befremdung der eigenen Kultur*. Hrsg. von Klaus Amann und Stefan Hirschauer. Frankfurt am Main: Suhrkamp, S. 7–41.

Amir-Moazami, Schirin (2007). *Politisierte Religion. Der Kopftuchstreit in Deutschland und Frankreich*. Bielefeld: transcript.

Ammann, Ludwig (2004). „Privatssphäre und Öffentlichkeit in der muslimischen Zivilisation". In: *Islam in Sicht. Der Auftritt von Muslimen im öffentlichen Raum*. Hrsg. von Nilüfer Göle und Ludwig Ammann. Bielefeld: transcript.

Ansary, Tamim (2010). *Die unbekannte Mitte der Welt : Globalgeschichte aus islamischer Sicht*. Frankfurt/M.: Campus-Verlag.

Appadurai, Arjun (1996). *Modernity at Large*. Minneapolis: Univ. of Minnesota Press.

– (2002). „Grassroots Globalization and the Research Imagination". In: *Globalization*. Durham: Duke University Press, S. 113–128.

Arning, Matthias (2009). „Interview mit Regina Römhild". In: *Frankfurter Rundschau*. Aufgerufen am 18.12.2014. URL: http://www.fr-online.de /rhein-main/das-gibt-sicherlich-irritationen/-/1472796/32701 24/-/index.html09.

Attia, Iman (2010). „Islamkritik zwischen Orientalismus, Postkolonialismus und Postnationalsozialismus". In: *Die Rolle der Religion im Integrationsprozess. Die deutsche Islamdebatte*. Hrsg. von Bülent Ucar. Reihe für Osnabrücker Islamstudien. Frankfurt am Main: Peter Lang, S. 113–126.

Bachmann, Cordula (2008). *Kleidung und Geschlecht: Ethnographische Erkundungen einer Alltagspraxis*. Bielefeld: transcript.

Bade, Klaus J. und Jochen Oltmer (2007). „Mitteleuropa, Deutschland". In: *Enzyklopädie Migration in Europa: vom 17. Jahrhundert bis zur Gegenwart*. Hrsg. von Klaus J. Bade, Corrie van Eijl und Marlou Schrover. Paderborn, München u.a.: Schöningh.

Balibar, Etienne (1990). „Die Nation-Form. Geschichte und Ideologie". In: *Rasse Klasse Nation. Ambivalente Identitäten*. Hrsg. von Etienne Balibar und Immanuel Wallerstein. Hamburg und Berlin: Argument-Verlag, S. 107–130.

Barker, Eileen (2001). „A Comparative Exploration of Dress and the Presentation of Self as Implicit Religion". In: *Dressed to Impress. Looking the Part*. Hrsg. von William J.F. Keenan. Dress, Body, Culture. Oxford, New York: Berg. Kap. 2, S. 51–68.

Barnard, Malcolm (2002). *Fashion as Communication*. London, New York: Routledge, S. 7–24.

Barthes, Roland (1985). *Die Sprache der Mode*. Frankfurt am Main: edition suhrkamp.

Basch, Linda, Nina Glick Schiller und Christina Szanton Blanc (1997). *Nations Unbound: Transnational Projects, Postcolonial Predicaments and Deterritorialized Nation-states*. Amsterdam: Gordon und Breach.

Bauer, Thomas (2011). *Die Kultur der Ambiguität: Eine andere Geschichte des Islam*. Berlin: Verlag der Weltreligionen.

Bax, Daniel (2011). „Union statt Integration". In: *taz* 11.03.2011. Aufgerufen am 18.12.2014. URL: http://www.taz.de/!5125052.

Beck-Gernsheim, Elisabeth (2004). *Wir und die Anderen*. Frankfurt/M.: Suhrkamp.

Beer, Bettina, Hrsg. (2008a). *Methoden ethnologischer Feldforschung*. Berlin: Reimer.

Beer, Bettina (2008b). „Systematische Beobachtung". In: *Methoden ethnologischer Feldforschung*. Hrsg. von Bettina Beer. Berlin: Reimer, S. 167–190.

Beikler, Sabine (2008). „Religiöse Symbole. Körting: Lockerung des Kopftuch-Verbots ist möglich". In: *Tagesspiegel.de, Artikel vom 09.02.08*. Aufgerufen am 18.12.2014. URL: http://www.tagesspiegel.de/berlin/koerting-lockerung-des-kopftuch-verbots-ist-moeglich/1161540.html.

Beilschmidt, Theresa (2016). „Gelebter Islam Eine empirische Studie zu DITIB-Moscheegemeinden in Deutschland". Diss. Bielefeld.

Bendixsen, Synnøve (2005). „Being Young, Muslim and Female. Creating Space of Belonging in Berlin". In: *Hotel Berlin. Formen urbaner Mobilität und Verortung*. Hrsg. von Alexa Färber. Münster ; Hamburg ; Berlin ; London : Lit.

– (2013). *The Religious Identity of Young Muslim Women in Berlin. An Ethnographic Study*. Leiden: Brill.

Berchem, David J. (2011). *Wanderer zwischen den Kulturen: Ethnizität deutscher Migranten in Australien zwischen Hybridität, Transkulturation und Identitätskohäsion*. Kultur und soziale Praxis. Bielefeld: transcript.

Berghahn, Sabine und Petra Rostock, Hrsg. (2009). *Der Stoff, aus dem Konflikte sind: Debatten um das Kopftuch in Deutschland, Österreich und der Schweiz*. Bielefeld: transcript.

Bhabha, Homi (1994). *Location of Culture*. London: Routlege.

Bieger, Laura und Annika Reich (2012). „Mode als kulturwissenschaftlicher Grundriss. Eine Einleitung". In: *Mode. Ein kulturwissenschaftlicher Grundriss*. Hrsg. von Laura Bieger und Susanne Rohr. München: Wilhelm Fink Verlag, S. 7–22.

Bielefeldt, Heiner (2003). *Muslime im säkularen Rechtsstaat. Integrationschancen durch Religionsfreiheit*. Bielefeld: transcript.

Blumenthal, Julia von (2009). *Das Kopftuch in der Landesgesetzgebung. Governance im Bundesstaat zwischen Unitarisierung und Förderalisierung*. Baden-Baden: Nomos.

Blumer, Herbert (1954). „What is wrong with Social Theory?" In: *American Sociological Review* 19.1, S. 3–10.

Bodenstein, Mark Chalîl (2010). „Institutionalisierung des Islam zur Integration von Muslimen". In: *Die Rolle der Religion im Integrationsprozess. Die deutsche Islamdebatte*. Hrsg. von Bülent Ucar. Reihe für Osnabrücker Islamstudien. Frankfurt am Main: Peter Lang, S. 349–364.

Bojadžijev, Manuela (2006). „Verlorene Gelassenheit. Eine Genealogie der Integration. Die Geschichte des deutschen Migrationsregimes als Geschichte der Kämpfe". In: *Kurswechsel*. Aufgerufen am 18.12.2014. URL: `http://www.linksnet.de/de/artikel/20122`.

Boos-Nünning, Ursula (1986). „Qualitative Interviews in der Ausländerforschung: Wissenschaftler - Interviewer - Ausländische Befragte". In: *Qualitative Methoden der Datenerhebung in der Arbeitsmigrantenforschung*. Hrsg. von Jürgen H.P. Hoffmeyer-Zlotnik. Mannheim: Forschung Raum und Gesellschaft e.V, S. 42–77.

Bourdieu, Pierre (1982). *Die feinen Unterschiede. Kritik der gesellschaftlichen Urteilskraft*. Frankfurt am Main: Suhrkamp.

Bourgois, Philippe (1995). *In search of respect. Selling crack in El Barrio*. Cambridge: Univ. Press.

Brettell, Caroline und James F. Hollifield (2000). *Migration Theory: Talking Across Disciplines*. Political science / Anthropology / History. New York: Routledge.

Brown, Malcolm D. (2001). „Multiple Meanings of the Hijab in Contemporary France". In: *Dressed to Impress. Looking the Part*. Hrsg. von William J.F. Keenan. Dress, Body, Culture. Oxford, New York: Berg. Kap. 5, S. 105–122.

Bullock, Katherine (2007). *Rethinking Muslim Women and The Veil*. London, Washington: The International Institute of Islamic Thought.

Butler, Judith (1997). *Körper von Gewicht*. Frankfurt am Main: edition suhrkamp.

Caraglio, Martine (1998). „Kleider machen Lesben". In: *Mode, Weiblichkeit und Modernität*. Hrsg. von Gertrud Lehnert. Dortmund: edition ebersbach, S. 266–279.

Casanova, José (1994). *Public Religions in the Modern World*. Chicago: University of Chicago Press.

Ceylan, Rauf (2010). „Muslime in Deutschland – Die Diskussion um ‚Parallelgesellschaften'". In: *Die Rolle der Religion im Integrationsprozess. Die deutsche Islamdebatte*. Hrsg. von Bülent Ucar. Reihe für Osnabrücker Islamstudien. Frankfurt am Main: Peter Lang, S. 293–326.

Clifford, James und George E. Marcus (1986). *Writing Culture – The Poetics and Politics of Ethnography*. Berkeley: University of California Press.

Condra, Jill (2013). *Encyclopedia of National Dress: Traditional Clothing Around the World [2 Volumes]*. Santa Barbara: ABC-CLIO.

Conrad, Sebastian und Shalini Randeria (2013). „Einleitung: Geteilte Geschichten (2002)". In: *Jenseits des Eurozentrismus*. Hrsg. von Sebastian Conrad, Shalini Randeria und Regina Römhild. 2. Frankfurt am Main: Campus, S. 32–70.

Coronil, Fernando (2013 (2002)). „Jenseits des Okzidentalismus: Unterwegs zu nichtimperialen geohistorischen Kategorien". In: *Jenseits des Eurozentrismus*. Hrsg. von Sebastian Conrad, Shalini Randeria und Regina Römhild. 2. Frankfurt/M.: Campus, S. 466–505.

Darieva, Tsypylma (2007). „Migrationsforschung in der Ethnologie". In: *Ethnizität und Migration*. Hrsg. von Brigitta Schmidt-Lauber. Berlin: Reimer, S. 69–93.

Davies, Douglas J. (2001). „Gestus Manifests Habitus: Dress and the Mormon". In: *Dressed to Impress. Looking the Part*. Hrsg. von William J.F. Keenan. Dress, Body, Culture. Oxford, New York: Berg. Kap. 6, S. 123–140.

Dellwing, Michael und Robert Prus (2012). *Einführung in die interaktionistische Ethnographie. Soziologie im Außendienst*. Wiesbaden: VS.

„Demokratie statt Integration" (2011). In: Aufgerufen am 18.12.2014. URL: http://www.demokratie-statt-integration.kritnet.org.

Dhawan, Nikita und Maria do Mar Castro Varela (2003). „Postkolonialer Feminismus und die Kunst der Selbstkritik". In: *Spricht die Subalterne deutsch? Migration und postkoloniale Kritik*. Hrsg. von Hito Steyerl und Encarnación Gutiérrez Rodríguez. Münster: Unrast, S. 270–290.

– (2005). „Kolonialismus, Antikolonialismus und die Kunst der Selbstkritik". In: *Postkoloniale Theorie: Eine kritische Einführung*. Hrsg. von Nikita Dhawan und Maria do Mar Castro Varela. Münster: Unrast, S. 10–27.

Dische-Becker, Emily (2014). „Das Kopftuch, ein westlicher Fetisch". In: *FAZ.net, Artikel vom 20.01.14*. Aufgerufen am 18.12.2014. URL: http://blogs.faz.net/10vor8/2014/01/20.

Douglas, Mary (1992). *Risk and blame: essays in cultural theory*. London: Routledge.

Draklé, Dorle (2007). „Jenseits von Verbinden und Trennen: Migration und Medien". In: *Ethnizität und Migration*. Hrsg. von Brigitta Schmidt-Lauber. Berlin: Reimer, S. 195–220.

Du Gay, Paul (1997). *Production of Culture, Cultures of Production*. London: The Open University.

Du Gay, Paul u. a. (1997). *Doing Cultural Studies. The Story of the Sony Walkman*. London: Sage.

Dudenredaktion, Hrsg. (2002). *Duden, Redewendungen. Wörterbuch der deutschen Idiomatik*. Bd. 11. Der Duden in zwölf Bänden. 2., neu bearbeitete und aktualisierte Auflage. Mannheim/Leipzig/Wien/Zürich: Dudenverlag.

Ebner, Claudia C. (2007). *Kleidung verändert. Mode im Kreislauf der Kultur*. Bielefeld: transcript.

Ehmann (2010). „Islam und christliche Theologie in Deutschland - Streiflichter eines noch ungeklärten Verhältnisses von Luther bis ins 19. Jahrhundert". In: *Die Rolle der Religion im Integrationsprozess. Die deutsche Islamdebatte.* Hrsg. von Bülent Ucar. Reihe für Osnabrücker ISlamstudien. Frankfurt am Main: Peter Lang, S. 15–38.

Eisel, Jan (2012). „Die Beschlüsse des Bundestages vom 19. Juli 2012". In: *Bundestag.de, Plenarprotokolle vom 19.06.12.* Hrsg. von Deutscher Bundestag. Aufgerufen am 18.12.2014. URL: `http://www.bundestag.de /dokumente/textarchiv/2012/39861243_kw29_angenommen_abgelehn t/index.html`.

Elvert, Frederick (2010). „Intime Feinde – Muslimische Islamkritiker und die Integrationsdebatte". In: *Die Rolle der Religion im Integrationsprozess. Die deutsche Islamdebatte.* Hrsg. von Bülent Ucar. Reihe für Osnabrücker Islamstudien. Frankfurt am Main: Peter Lang, S. 159–172.

Entwistle, Joanne (2000). *The Fashioned Body: Fashion, Dress and Modern Social Theory.* Cambridge: PolityPress.

Erfurth, Jürgen, Gabriele Budach und Sabine Hofmann (2003). „Sprachenlernen und Mehrsprachigkeit im Kontext von Migrationsprozessen. Problemaufriss und Empfehlungen". In: *Mehrsprachigkeit und Migration. Ressourcen sozialer Identifikation.* Hrsg. von Sabine Hofmann, Sabine Hofmann und Jürgen Erfurth. Sprache, Mehrsprachigkeit und sozialer Wandel. Frankfurt am Main, S. 251–259.

Erikson, Erik H. (1971 [1966]). „Das Problem der Ich-Identität". In: *Identität und Lebenszyklus.* Frankfurt am Main: Suhrkamp, S. 123–212.

Ezli, Ökzan, Dorothee Kimmich und Anette Werberger (2009). „Vorwort". In: *Wider den Kulturenzwang.* Hrsg. von Ökzan Ezli, Dorothee Kimmich und Anette Werberger. Bielefeld: transcript, S. 9–19.

Feischmidt, Margit (2007). „Ethnizität - Perspektiven und Konzepte der ethnologischen Forschung". In: *Ethnizität und Migration.* Hrsg. von Brigitta Schmidt-Lauber. Berlin: Reimer, S. 51–68.

Ferchl, Dieter (1991). *Ṣaḥīḥ al-Buḫārī: Nachrichten von Taten und Aussprüchen des Propheten Muhammad.* Stuttgart: Reclam.

Ferreira, Grada (2003). „Die Kolonisierung des Selbst - der Platz des Schwarzen". In: *Spricht die Subalterne deutsch? Migration und postkoloniale Kritik.* Hrsg. von Hito Steyerl und Encarnación Gutiérrez Rodríguez. Münster: Unrast, S. 146–165.

Flick, Uwe, Hrsg. (1991). *Handbuch Qualitative Sozialforschung.* München: Psychologie Verlags Union.

– (1995). *Qualitative Methoden. Theorie, Methoden, Anwendung in Psychologie und Sozialwissenschaften.* Hamburg: Reinbeck.

Flick, Uwe (2000). „Design und Prozess qualitativer Forschung". In: *Qualitative Forschung. Ein Handbuch*. Hrsg. von Uwe Flick. Hamburg: Reinbeck, S. 252–263.

Flügel, J.C. (1986). „Psychologie der Kleidung". In: *Die Listen der Mode*. Hrsg. von Silvia Bovenschen. Frankfurt/M.: Suhrkamp.

Foroutan, Naika u. a. (2012). „Stellungnahme zur Studie ‚Lebenswelten junger Muslime in Deutschland'". In: *Migazin.de, Stellungnahme vom 01.03.20122*. Aufgerufen am 18.12.2014. URL: http://www.migazin.de /wp-content/uploads/2012/03/Stellungnahme-zur-Studie-Lebensw elten-junger-Muslime-in-Deutschland-Foroutan-HU.pdf.

Foucault, Michel (1994). *Überwachen und Strafen: Die Geburt des Gefängnisses*. Frankfurt am Main: Suhrkamp.

– (2000 [1978]). *Dispositive der Macht. Über Sexualität, Wissen und Wahrheit*. Berlin: Merve.

– (2005). *Analytik der Macht*.

Fournier, Pascale und Gökce Yurdakul (2010). „Hinter dem Schleier: Zur sozialen Stellung muslimischer Frauen mit Kopftuch in Frankreich und Deutschland". In: *Staatsürgerschaft, Migration und Minderheiten. Inklusion und Ausgrenzungsstrategien im Vergleich*. Hrsg. von Gökce Yurdakul und Y. Michal Bodemann. Wiesbaden: VS.

Fricke, Alfons (2008). „Araberinnen kleiden sich superperfekt". In: *Faz.net, Artikel vom 15.03.08*. Aufgerufen am 18.12.2014. URL: http://www.faz .net/-00njdr.

Frindte, Wolfgang u. a. (2012). *Lebenswelten junger Muslime in Deutschland*. Hrsg. von dem Bundesministerium des Inneren. Aufgerufen am 18.12.2014. URL: http://www.bmi.bund.de/SharedDocs/Downloads/DE/Broschuer en/2012/junge_muslime.html?nn=109628.

Galeotti, Anna Elisabeth (2000). „Zu einer Neubegründung der ‚Affaire du foulard'". In: *Toleranz. Philosophische Grundlagen und gesellschaftliche Praxis einer umstrittenen Tugend*. Hrsg. von Rainer Forst. Frankfurt/M.: Campus, S. 231–256.

Ganseforth, Elisabeth (2004). „Das Fremde und das Eigene. Methoden - Methodologie - Diskurse in der soziologischen Forschung". Diss. Oldenburg.

Gau, Sonke und Katharina Schlieben (2008). „Übersetzungsparadoxien und Missverständnisse. Gedankenskizze zur Projektreihe". In: *Shedhalle Zeitung*.

Geertz, Clifford (1983). *Dichte Beschreibung: Beiträge zum Verstehen kultureller Systeme*. Frankfurt am Main: Suhrkamp.

– (1993). „Religion as a cultural system". In: *The interpretation of cultures: selected essays*. Fontana Press, S. 87–125.

Geiger, Anette (2012). „Mode zwischen Anthropologie und Ästhetik". In: *Mode. Ein kulturwissenschaftlicher Grundriss.* Hrsg. von Laura Bieger und Susanne Rohr. München: Wilhelm Fink Verlag, S. 91–121.

Geiges, Lars (23.04.2011). „Muslimische Modeschöpfer: ,Es gibt Leute, die uns die Hölle prophezeien'". In: *Spiegel Online.* Aufgerufen am 18.12.2014. URL: http://www.spiegel.de/wirtschaft/unternehmen/muslimische -modeschoepfer-es-gibt-leute-die-uns-die-hoelle-prophezeien-a-757379.html.

Gencer, Mustafa (2010). „Zwischen Integration und Ausgrenzung". In: *Die Rolle der Religion im Integrationsprozess. Die deutsche Islamdebatte.* Hrsg. von Bülent Ucar. Reihe für Osnabrücker Islamstudien. Frankfurt am Main: Peter Lang, S. 275–292.

Glaser, Barney G. und Anselm L. Strauss (1967). *The Discovery of Grounded Theory: Strategies for Qualitative Research.* New York: Aldine.

Glick Schiller, Nina, Linda Basch und Christina Szanton Blanc (1992). *Towards a transnational perspective on migration: race, class, ethnicity, and nationalism reconsidered.* New York: New York Academy of Sciences.

Göle, Nilüfer (1995). *Republik und Schleier. Die muslimische Frau in der modernen Türkei.* Berlin: Babel.

– (2004). „Die sichtbare Präsenz des Islam und die Grenzen der Öffentlichkeit". In: *Islam in Sicht. Der Auftritt von Muslimen im öffentlichen Raum.* Hrsg. von Nilüfer Göle und Ludwig Amman. Bielefeld: transcript, S. 11–44.

– (2008). *Anverwandlungen. Der Islam in Europa zwischen Kopftuchverbot und Extremismus.* Berlin: Wagenbach.

Gomolla, Mechtild und Frank-Olaf Radtke (2002). *Institutionelle Diskriminierung: Die Herstellung ethnischer Differenz in der Schule.* Opladen: Leske + Budrich.

Gramsci, Antonio (1992). *Gefängnishefte.* Hrsg. von Klaus Bochmann. Bd. 4. 7. Hamburg: Argument-Verlag.

Greiner, Lena (2013). „Bibliothek mit stylischen Studenten: Hier kommen die Bibster". In: *Spiegel Online, Artikel vom 16.09..2013.* Aufgerufen am 18.12.2014. URL: http://www.spiegel.de/unispiegel/wunderbar/stu denten-in-berlin-damn-sind-wir-hip-a-921880.html.

Grimm, Jacob und Wilhelm Grimm (1854–1960). „Eintrag: Nation". In: *Deutsches Wörterbuch.* Bd. 13. Aufgerufen am 18.12.2014. Leipzig. URL: http://dwb.uni-trier.de.

Ha, Kien Nghi (1999). *Ethnizität und Migration. EINSTIEGE. Grundbegriffe der Sozialphilosophie und Gesellschaftstheorie.* Münster: Westphälisches Dampfboot.

Ha, Kien Nghi (2003). „Die kolonialen Muster deutscher Arbeitsmigration". In: *Spricht die Subalterne deutsch? Migration und postkoloniale Kritik.* Hrsg. von Hito Steyerl und Encarnación Gutiérrez Rodríguez. Münster: Unrast, S. 56–107.

– (2010). „Aufklärung, Bildungszwang oder Kolonialpolitik? Eine Fundamentalkritik der verpflichtenden Integrationskurse für muslimische und postkoloniale Migranten/-innen". In: *Die Rolle der Religion im Integrationsprozess. Die deutsche Islamdebatte.* Hrsg. von Bülent Ucar. Reihe für Osnabrücker Islamstudien. Frankfurt am Main: Peter Lang, S. 403–423.

Ha, Kien Nghi und Markus Schmitz (2006). „Das Recht nicht dermaßen integriert zu werden. Integrationspolitik und postkoloniale Kritik". In: *ak - analyse & kritik - zeitung für linke Debatte und Praxis, Artikel vom 18.8.2006* 508. Aufgerufen am 18.12.2014. URL: http://www.akweb.de/a k_s/ak508/10.htm.

Haase, Birgit (2012). „,La passante' – Die Promenade als Modeschauplatz im Zeitalter des Impressionismus". In: *Räume der Mode.* Hrsg. von Gertrud Lehnert. München: Wilhelm Fink Verlag, S. 33–56.

Habermas, Jürgen (1990 [1962]). *Strukturwandel der Öffentlichkeit.* Frankfurt am Main: Suhrkamp.

Habiiballah, Shuniyya Ruhama (2005). *Jangan lepas jilbabku!: catatan harian seorang waria.* Galangpress Group.

Hall, Stuart (1994). *Rassismus und kulturelle Identität. Ausgewählte Schriften 2.* Hamburg: Argument-Verlag.

– (2004a). „Kodieren/Dekodieren". In: *Stuart Hall: Ideologie, Identität, Repräsentation.* Hrsg. von Juha Koivisto und Andreas Merkens. Ausgewählte Schriften 4. Hamburg: Argument-Verlag, S. 66–80.

– (2004b). „Reflektionen über das Kodieren/Dekodieren-Modell. Ein Interview mit Stuart Hall". In: *Stuart Hall: Ideologie, Identität, Repräsentation.* Hrsg. von Juha Koivisto und Andreas Merkens. Ausgewählte Schriften 4. Hamburg: Argument-Verlag, S. 81–107.

Halm, Dirk (2010). „Das öffentliche Bild des Islam in Deutschland und der Diskurs über seine gesellschaftliche Integration". In: *Die Rolle der Religion im Integrationsprozess. Die deutsche Islamdebatte.* Hrsg. von Bülent Ucar. Reihe für Osnabrücker Islamstudien. Frankfurt am Main: Peter Lang, S. 293–326.

Hammersley, Martyn und Paul Atkinson (1983). *Ethnography. Principles in Practice.* London, New York: Tavistock Publications.

Hanisch, Chris (2013). „Fatima Halwani Fashionshow at Udo Walz". In: *aboylovesfashion.com, Blogeintrag vom 13.08.2013.* Aufgerufen am 18.12.2014.

URL: http://www.aboylovesfashion.com/2013/08/fatima-halwani-fashionshow-at-udo-walz.html.

Hannerz, Ulf (1996). *Transnational Connections. Culture, People, Places.* London, New York: Routledge.

– (2007). „Das Lokale und das Globale". In: *Ethnizität und Migration.* Hrsg. von Brigitta Schmidt-Lauber. Berlin: Reimer, S. 94–113.

Hans-Böckler-Stiftung (2012). *Sammlung von Studien zum Thema „Frauen in Führungspositionen".* Aufgerufen am 18.12.2014. URL: http://www.bo eckler.de/pdf/mbf_frauen_literatur.pdf.

Harper, Douglas (1994). „On the Authority of Image. Visual Methods at the Crossroads". In: *Handbook of Qualitative Research.* Hrsg. von Norman K. Denzin und Yvonna S. Lincoln. Thousand Oaks: Sage.

– (2000). „Fotografien als sozialwissenschaftliche Daten". In: *Qualitative Forschung. Ein Handbuch.* Hrsg. von Uwe Flick, Ernst von Kardorff und Ines Steinke. Reinbek bei Hamburg: Rowohlt, S. 402–416.

Hauschild, Thomas (2009). „Ehrenmord, Ethnologie und Recht". In: *Wider den Kulturenzwang.* Hrsg. von Ökzan Ezli, Dorothee Kimmich und Anette Werberger. Bielefeld: transcript, S. 23–46.

Hauser-Schäublin, Brigitta (2008). „Teilnehmende Beobachtung". In: *Metho-den ethnologischer Feldforschung.* Hrsg. von Bettina Beer. Berlin: Reimer.

Hebdige, Dick (1979). *Subculture, the Meaning of Style.* York: Methuen.

Helfferich, Cornelia (2005). *Die Qualität qualitativer Daten. Manual für die Durchführung qualitativer Interviews.* Wiesbaden: VS.

Hengst, Björn (2012). „Beschneidungsverbot entzweit Deutsche". In: *Spiegel Online.* Aufgerufen am 18.12.2014. URL: http://www.spiegel.de/polit ik/deutschland/umfrage-beschneidungsverbot-entzweit-deutsche -a-845208.html.

Hepp, Andreas (2004). *Cultural studies und Medienanalyse. Eine Einführung.* Wiesbaden: VS.

Herding, Maruta (2013). *Inventing the Muslim Cool.* Bielefeld: transcript.

Hermann, Rainer (2012). „Dubai: Musliminnen in Mode". In: *FAZ.net, Artikel vom 13.08.12.* Aufgerufen am 18.12.2014. URL: http://www.faz .net/aktuell/gesellschaft/mode/dubai-musliminnen-in-mode-11 854702.html.

Hess, Sabine (2007). „Transnationalisierung und die Demystifizierung des Lokalen". In: *Ethnizität und Migration.* Hrsg. von Brigitta Schmidt-Lauber. New York: Reimer.

Hinnenkamp, Volker (2010). „Vom Umgang mit Mehrsprachigkeiten". In: *APUZ.* Aufgerufen am 18.12.2014. URL: http://www.bpb.de/apuz/3295 5/vom-umgang-mit-mehrsprachigkeiten?p=all.

Hofmann, Murat Wilfried (2010). „Die Verwurzelung des Islam in Deutschland". In: *Die Rolle der Religion im Integrationsprozess. Die deutsche Islamdebatte*. Hrsg. von Bülent Ucar. Reihe für Osnabrücker Islamstudien. Frankfurt am Main: Peter Lang, S. 327–334.

Hofmann, Sabine, Gabriele Budach und Jürgen Erfurth (2003). „Einleitung". In: *Mehrsprachigkeit und Migration. Ressourcen sozialer Identifikation*. Hrsg. von Sabine Hofmann, Gabriele Budach und Jürgen Erfurth. Sprache, Mehrsprachigkeit und sozialer Wandel. Frankfurt am Main, S. 5–22.

Höglinger, Monika (2002). *Verschleierte Lebenswelten. Zur Bedeutung des Kopftuchs für muslimische Frauen*. Wien: Edition Roesner.

– (2004). „Verschleierter Widerstand". In: *Kuckuck - Notizen zur Alltagskultur 2*. Aufgerufen am 18.12.2014. URL: http://www.uni-graz.at/kuc kuck/ku/index.php?option=com_content&view=article&id=63:lese probe&catid=41:widerstand-0204&Itemid=56.

Hollander, Anne (1993). *Seeing Through Clothes*. California paperback. Berkeley, Los Angeles: University of California Press.

Holweg, Heiko (2005). *Methodologie der qualitativen Sozialforschung. Eine Kritik*. Bern: Haupt Verlag.

Hüttermann, Jörg (2009). „Zur Soziogenese einer kulturalisierten Einwanderungsgesellschaft". In: *Wider den Kulturenzwang*. Hrsg. von Ökzan Ezli, Dorothee Kimmich und Anette Werberger. Bielefeld: transcript, S. 95–133.

Jessen, Frank und Ulrich von Wilamowitz-Moellendorff (2006). *Das Kopftuch - die Entschleierung eines Symbols?* Berlin: Sankt Augustin: Konrad-Adenauer-Stiftung.

Jones, Carla (2007). „Fashion and Faith in Urban Indonesia". In: Hrsg. von Emma Tarlo und Annelies Moors. Bd. 11. 2/3, S. 211–232.

Joppke, Christian (2009). *Veil. Mirror of Identity*. Cambridge: Polity Press.

Kandil, Fuad (2010). „Traditionelle Religiosität in einer areligiösen Gesellschaft". In: *Die Rolle der Religion im Integrationsprozess. Die deutsche Islamdebatte*. Hrsg. von Bülent Ucar. Reihe für Osnabrücker Islamstudien. Frankfurt am Main: Peter Lang, S. 543–555.

Kanitz, Juliane (2010). „Der Kopftuchcode. Kleidung und Identität im heutigen Damaskus". Magisterarb. Berlin: Humboldt-Universität.

Karakaşoğlu, Yasemin und Ursula Boos-Nünning (2005). *Viele Welten leben. Zur Lebenssituation von Mädchen und jungen Frauen mit Migrationshintergrund*. Münster, München u.a.: Waxmann Verlag.

Karakayalı, Serhat (2007). „Ambivalente Integration". In: *heimatkunde.boell.de, Artikel vom 18.11.07*. Aufgerufen am 18.12.2014. URL: http://www.migr ation-boell.de/web/integration/47_1366.asp.

- (2010). „Zur ‚Islamisierung' der Einwanderungsdebatte". In: *Die Rolle der Religion im Integrationsprozess. Die deutsche Islamdebatte.* Hrsg. von Bülent Ucar. Reihe für Osnabrücker Islamstudien. Frankfurt am Main: Peter Lang, S. 173–184.

Karakayalı, Serhat und Vassilis Tsianos (2005). „In dubio pro libertate: Die ‚Figuren der Migration' und die verlorenen Namen der Einwanderer im postfordistischen Allmanya." In: *Projekt Migration.* Hrsg. von Kölnischer Kunstverein. Köln: DuMont-Literatur-und-Kunst-Verag, S. 416–421.

Kaschuba, Wolfgang (1999). *Einführung in die europäische Ethnologie.* München: Beck.

Kelek, Necla (2005). *Die fremde Braut: Ein Bericht aus dem Inneren des türkischen Lebens in Deutschland.* Köln: Kiepenheuer & Witsch.

Kepel, Gilles (1994). *Die Rache Gottes: radikale Moslems, Christen und Juden auf dem Vormarsch.* München, Zürich: Piper.

Khorchide, Mouhanad (2010). „Die Dialektik von Religiosität und Gesellschaft". In: *Die Rolle der Religion im Integrationsprozess. Die deutsche Islamdebatte.* Hrsg. von Bülent Ucar. Reihe für Osnabrücker Islamstudien. Frankfurt am Main: Peter Lang, S. 365–385.

Khoury, Adel Theodor, Hrsg. (1999). *Der Koran. Arabisch-Deutsch, Übersetzung und wissenschaftlicher Kommentar von Adel Theodor Khoury.* Gütersloh: Gütersloher Verlagshaus.

- (2009). *Der Ḥadīth. Urkunde der islamischen Tradition. Ausgewählt und übersetzt von Adel Theodor Khoury.* Bd. 3. Gütersloh: Gütersloher Verlagshaus.

Klein-Hessling, Ruth, Sigrid Nökel und Karin Werner (1999). „Weibliche Mikropolitiken und die Globalisierung des Islam". In: *Der neue Islam der Frauen. Weibliche Lebenspraxis aus der globalisierten Moderne - Fallstudien aus Afrika, Asien und Europa.* Hrsg. von Ruth Klein-Hessling, Siegrid Nökel und Karin Werner. Bielefeld: transcript, S. 11–34.

Klinkhammer, Gritt (2000). *Moderne Formen islamischer Lebensführung. Eine qualitativ-empirische Untersuchung zur Religiosität sunnitisch geprägter Türkinnen in Deutschland.* Marburg: diagonal-Verlag.

Knieps, Claudia (1993). *Geschichte der Verschleierung der Frau im Islam.* Würzburg: Ergon.

Kohl, Karl-Heinz (1990). „Bronislaw Kaspar Malinowski (1884-1942)". In: *Klassiker der Kulturanthropologie. Von Montaigne bis Mead.* Hrsg. von Wolf Marshall. München: Beck, S. 227–247.

Köln, Landgericht, Hrsg. (2012). *Urteil des Landesgerichts Köln.* Aufgerufen am 18.12.2014. URL: http://www.justiz.nrw.de/nrwe/lgs/koeln/lg_koeln/j2012/151_Ns_169_11_Urteil_20120507.html.

König, Jürgen (2016). „In Frankreich wird das Burkini-Verbot umgesetzt“. In: *Deutschlandfunk, Artikel vom 25.08.16*. Aufgerufen am 09.09.2016. URL: http://www.deutschlandfunk.de/verschleierung-in-frankreich-w ird-das-burkini-verbot.1773.de.html?dram:article_id=363969.

König, Rene (1985). *Menschheit am Laufsteg. Die Mode im Zivilisationsprozess*. Hamburg: Hanser.

Krawietz, Birgit (2002). *Hierarchie der Rechtsquellen im tradierten sunnitischen Islam*. Berlin: Duncker und Humblot.

Kroker-Stille, Dr. Sabine und Sina Bittar (2008). *Mit Kopftuch außen vor?* Aufgerufen am 18.12.2014. Berlin. URL: http://www.serap-cileli.de/kopftuch_broschuere-berlin-08.pdf.

Kubilay, Saliha (2009). „Vorsicht Kopftuch! Von der unscheinbaren Muslimin zum ‚Eye-Catcher‘“. In: *Parallelgesellschaften. Diskursanalysen zur Dramatisierung von Migration*. Hrsg. von Werner Köster. Essen: Klartext Verlag, S. 201–224.

Kuchler, Daniel (2006). In: *Soziale Gerechtigkeit? Politikwissenschaftliche und geschichtsphilosophische Interventionen*. Hrsg. von Matthias Lemke und Philipp Hermeier. Göttingen: Cuvillier, S. 105–121.

Lamnek, Siegfried (2005). *Qualitative Sozialforschung: Lehrbuch*. Beltz PVU Lehrbuch. Weinheim, Basel: Beltz.

Latour, Bruno (2007). *Ein neue Soziologie für eine neue Gesellschaft*. Frankfurt am Main: Suhrkamp.

Lehnert, Gertrud (1998). „Mode, Weiblichkeit und Modernität“. In: *Mode, Weiblichkeit und Modernität*. Hrsg. von Gertrud Lehnert. Dortmund: edition ebersbach, S. 7–19.

– (2012a). „Mode als Raum, Mode im Raum. Zur Einführung“. In: *Räume der Mode*. Hrsg. von Gertrud Lehnert. München: Wilhelm Fink Verlag, S. 7–24.

– (2012b). „Théâtre(s) de la mode: Moderäume und Modepuppen“. In: *Räume der Mode*. Hrsg. von Gertrud Lehnert. München: Wilhelm Fink Verlag, S. 261–287.

– (2013). *Mode. Theorie, Geschichte und Ästhetik einer kulturellen Praxis*. Bielefeld: transcript.

Leutner, Petra (2012). „Die unheimlichen Räume des Rockes“. In: *Räume der Mode*. Hrsg. von Gertrud Lehnert. München: Wilhelm Fink Verlag, S. 235–251.

Lewicki, Aleksandra (2006). *Souveränität im Wandel: zur Aktualität eines normativen Begriffs*. Region - Nation - Europa. Lit.

– (2014 (i.E.)). *Social Justice through Citizenship? The Politics of Muslim Integration in Germany and Great Britain.* Basingstoke: Palgrave Macmillan.

Lindner, Rolf (1981). „Die Angst des Forschers vor dem Feld. Überlegungen zur teilnehmenden Beobachtung als Interaktionsprozeß". In: *Zeitschrift für Volkskunde* 77, S. 51–66.

Louis, Chantal (2003). „Wehrt der Scharia in Ückendorf!" In: *Emma.de, Artikel vom 01.01.2003.* Aufgerufen am 18.12.2014. URL: http://www.em ma.de/artikel/wehrt-der-scharia-ueckendorf-263380.

Löw, Martina (2001). *Raumsoziologie.* Frankfurt am Main.

Lüthi, Barbara (2005). „Transnationale Migration - Eine vielversprechende Perspektive?" In: *H-Soz-u-Kult, Rezension vom 13.04.05.* Aufgerufen am 18.12.2014. URL: http://hsozkult.geschichte.hu-berlin.de/forum /2005-04-003.

Lutz, Helma (1999). „Anstößige Kopftücher. Kopftuchdebatten in den Niederlanden". In: *Der neue Islam der Frauen. Weibliche Lebenspraxis aus der globalisierten Moderne - Fallstudien aus Afrika, Asien und Europa.* Hrsg. von Ruth Klein-Hessling, Siegrid Nökel und Karin Werner. Bielefeld: transcript, S. 35–61.

Mahmood, Saba (2005). *Politics of Piety: The Islamic Revival and the Feminist Subject.* Princeton: Princeton University Press.

Marcus, George E. (1995). „Ethnography In/Of the World System. The Emergence of Multi-Sited Ethnography". In: *Annual Review of Anthropology* Bd. 24, S. 95–117.

Massey, Doreen (1991). „A Global Sense Of Place". In: *MARXISM TODAY* 38, S. 24–29.

Mayring, Philipp (2002). *Einführung in die qualitative Sozialforschung: Eine Anleitung zu qualitativem Denken.* Weinheim, Basel: Beltz.

– (2010). *Qualitative Inhaltsanalyse: Grundlagen und Techniken.* 11. Aufl. Weinheim, Basel: Beltz.

McRobbie, Angela (1998). *British Fashion Design: Rag Trade Or Image Industry?* London, New York: Taylor & Francis Group.

– (1999). *In the Culture Society. Art, Fashion and Popular Music.* New York: Routledge.

Medick, Veit (2012). „Gauck distanziert sich von Wulffs Islam-Rede". In: *Spiegel Online, Artikel vom 31.05.2012.* Aufgerufen am 18.12.2014. URL: http://www.spiegel.de/politik/deutschland/integration-gauck-distanziert-sich-von-wulffs-islam-rede-a-836241.html.

Mehlem, Detlef (1994). „Einleitung". In: *Rassismus und kulturelle Identität. Ausgewählte Schriften 2.* Hamburg: Argument-Verlag.

Mentges, Gabriele (2012). „Urbane Landschaften im Modebild". In: *Räume der Mode*. Hrsg. von Gertrud Lehnert. München: Wilhelm Fink Verlag, S. 133–154.

Mihciyazgan, Ursula (1993). „„Ich faß' doch keinen Jungen an!' Überlegungen zum geschlechtsspezifischen Verhalten türkischer Mädchen und Jungen". In: *MädchenStärken. Probleme der Koedukation in der Grundschule*. Hrsg. von G. Pfister und R. Valtin. Aufgerufen am 18.12.2014. Frankfurt am Main, S. 97–110. URL: http://www.mihciyazgan.de/downloads/Mihci Ichfassdoch%20keinen.pdf.

– (1994a). „Die religiöse Praxis muslimischer Migranten. Ergebnisse einer empirischen Untersuchung in Hamburg". In: *Dialog zwischen den Kulturen. Erziehungshistorische und religionspädagogische Gesichtspunkte interkultureller Bildung*. Hrsg. von Ingrid Lohmann und Wolfram Weiße. Münster, New York: Waxmann Verlag, S. 195–206.

– (1994b). „Geschlechtertrennung im kulturellen Klassenzimmer". In: *Pädagogik*. Aufgerufen am 18.12.2014, S. 31–34. URL: www.mihciyazgan.de /downloads/MihciGeschlechtertrennung.pdf.

Miller, Daniel (2012). *Consumption and Its Consequences*. Cambridge: Polity Press.

Miller, Daniel und Sophie Woodward (2012). *Blue Jeans: The Art of the Ordinary*. Berkeley, Los Angeles: University of California Press.

Mintz, Sidney W. (1987). *Die süße Macht. Kulturgeschichte des Zuckers*. Frankfurt/M.: Campus.

Moaddel, Mansoor (2013). *The Birthplace of the Arab Spring: Values and Perceptions of Tunisians*. Aufgerufen am 18.12.2014. URL: http://www.p ewresearch.org/fact-tank/2014/01/08/what-is-appropriate-att ire-for-women-in-muslim-countries.

Moors, Annelies (2007). „Fashionable Muslims: Notions of Self, Religion, and Society in Sana". In: *Fashion Theory: The Journal of Dress, Body & Culture* 11.2-3, S. 319–346.

Moya, Paula M. L. (2000). „Introduction". In: *Reclaiming Identity: Realist Theory and the Predicament of Postmodernism*. Hrsg. von Paula M. L. Moya und Michael R. Hames-García. Berkeley: Orient Longman, S. 1–26.

Mulvey, Kate und Melissa Richards (1999). *Beauty & Mode : (Jahrzehnte der Schönheit . liegen im Auge . des Betrachters ; bekannte Gesichter, Film & Medien, Mode, Haar & Hüte, Kosmetik, Formen & Dessous, Arbeit & Spiel)*. Berlin: Ullstein.

Mulvey, Laura (1989). *Visual and Other Pleasures*. Hapshire und New York: Palgrave.

Nellis, Cynthia (2002). „Memorable Oscar Dresses". In: *Fashion.about.com, Artikel vom 24.03.02.* Aufgerufen am 18.12.2014. URL: `http://fashion.about.com/od/celebawardsshows/ig/Memorable-Oscar-Dresses/03_24_2002_020.htm`.

Nökel, Sigrid (1999). „Islam und Selbstbehauptung - Alltagsweltliche Strategien junger Frauen in Deutschland". In: *Der neue Islam der Frauen. Weibliche Lebenspraxis aus der globalisierten Moderne - Fallstudien aus Afrika, Asien und Europa.* Hrsg. von Ruth Klein-Hessling, Sigrid Nökel und Karin Werner. Bielefeld: Reimer, S. 124–146.

– (2002). *Die Töchter der Gastarbeiter und der Islam. Zur Soziologie alltagsweltlicher Annerkennungspolitiken.* Bielefeld: transcript.

– (2004). „Muslimische Frauen und öffentliche Räume". In: *Islam in Sicht. Der Auftritt von Muslimen im öffentlichen Raum.* Hrsg. von Nilüfer Göle und Ludwig Amman. Bielefeld: transcript, S. 283–308.

– (2007). „,Neo-Muslimas' – Alltags- und Geschlechterpolitiken junger muslimischer Frauen zwischen Religion, Tradition und Moderne". In: *Junge Muslime in Deutschland. Lebenslagen, Aufwachsprozesse und Jugendkulturen.* Hrsg. von Hans-Jürgen Wensierski und Claudia Lübke. Opladen: Verlag Barbara Budrich.

o.A. (2012b). „Interview mit Kapucu: Weil auch die Gastarbeiter ,One Way' gekommen sind". In: *Migazin.de, Artikel vom 09.10.2012.* Aufgerufen am 18.12.2014. URL: `http://www.migazin.de/2012/10/09/weil-auch-die-gastarbeiter-one-way-gekommen-sind`.

– (2012c). „Louis Vuitton & Yayoi Kusama". In: *vogue.de, Artikel vom 10.12.2012.* Aufgerufen am 18.12.2014. URL: `http://www.vogue.de/mode/mode-news/kooperation-louis-vuitton-yayoi-kusama`.

Oestreich, Heide (2004). *Der Kopftuchstreit. Das Abendland und ein Quadratmeter Islam.* Frankfurt am Main: Brandes & Apsel.

Oltmer, Jochen (2007). „Staat, Nation und Migration. Zur politischen Konstruktion von Minderheiten in der deutschen Geschichte". In: *Ethnizität und Migration.* Hrsg. von Brigitta Schmidt-Lauber. Berlin: Reimer, S. 135–154.

Osella, Caroline und Filippo Osella (2007). „Muslim Style in South India". In: *Fashion Theory: The Journal of Dress, Body & Culture* 11.2/3. Hrsg. von Emma Tarlo und Annelies Moors, S. 233–252.

Park, Robert E., Ernest W. Burgess und R. D. McKenzie (1967 [1925]). *The City: Suggestions for Investigation of Human Behavior in the Urban Environment.* Chicago: University of Chicago Press.

Pennington, Brian (2005). *Was Hinduism Invented? Britons, Indians, and the Colonial Construction of Religion.* New York: Oxford University Press.

Perlitius, Claudia (2005). „,Sie sprechen aber gut deutsch!' Auf den Spuren des ‚banalen' Rassismus". In: *Forum Recht Online* 03. Aufgerufen am 18.12.2014, S. 93–95. URL: http://www.forum-recht-online.de/2005/305/305perlitius.htm.

Petermann, Werner (1995). „Fotographie und Filmanalyse". In: *Handbuch Qualitative Sozialforschung*. Hrsg. von Uwe Flick. Weinheim: Beltz, S. 228–232.

Pfahl-Traughber, Armin (2010). „Das reine Ressentiment. Kommentar". In: *taz.de, Artikel vom 19.09.2010*. Aufgerufen am 18.12.2014. URL: http://www.taz.de/!58544.

Pries, Ludger (2008). *Die Transnationalisierung der sozialen Welt. Sozialräume jenseits von Nationalgesellschaften*. Frankfurt am Main: Suhrkamp.

Pusch, Barbara (1999). „Schleierhafter Protest? Zur Kopftuchdebatte in der Türkei". In: *Der neue Islam der Frauen. Weibliche Lebenspraxis aus der globalisierten Moderne - Fallstudien aus Afrika, Asien und Europa*. Hrsg. von Ruth Klein-Hessling, Siegrid Nökel und Karin Werner. Bielefeld: transcript, S. 147–174.

Pyle, Ally (2008). „Chalayan for Puma". In: *vogue.co.uk, Artikel vom 28.02.08*. Aufgerufen am 18.12.2014. URL: http://www.vogue.co.uk/news/2008/02/28/chalayan-for-puma.

Ramadan, Tariq (2001). *Muslimsein in Europa : Untersuchung der islamischen Quellen im europäischen Kontext*. Marburg: MSV.

Randeria, Shalini und Regina Römhild (2013). „Das Postkoloniale Europa: Einleitung (2013)". In: *Jenseits des Eurozentrismus*. Hrsg. von Sebastian Conrad, Shalini Randeria und Regina Römhild. 2. Frankfurt am Main: Campus, S. 9–31.

Rasche, Adelheid (2012). „Von Sprach- und Bildräumen: Mode in Text- und Bildquellen". In: *Räume der Mode*. Hrsg. von Gertrud Lehnert. München: Wilhelm Fink Verlag, S. 115–122.

Rauer, Valentin (2009). „Kulturelle Grenzziehungen in integrationspolitischen Diskursen deutscher Printmedien". In: *Wider den Kulturenzwang*. Hrsg. von Özkan Ezli, Dorothee Kimmich und Anette Werberger. Bielefeld: transcript, S. 81–94.

Reimann, Anna (2011). „Studie: Tausende Migrantinnen werden zur Ehe gezwungen". In: *Spiegel Online, Artikel vom 09.11.2011*. Aufgerufen am 18.12.2014. URL: http://www.spiegel.de/politik/deutschland/studie-tausende-migrantinnen-werden-zur-ehe-gezwungen-a-796673.html.

Roald, Ann Sophie (2001). *Women in Islam: The Western Experience*. London, New York: Routledge.

Rodríguez, Encarnación Gutiérrez (2003). „Repräsentation, Subalternität und postkoloniale Kritik". In: *Spricht die Subalterne deutsch? Migration und postkoloniale Kritik.* Hrsg. von Hito Steyerl und Encarnación Gutiérrez Rodríguez. Münster: Unrast, S. 17–37.

Röhlig, Marc (2013). „Die Mipster kommen". In: *Tagesspiegel.de, Artikel vom 30.12.13.* Aufgerufen am 18.12.2014. URL: http://www.tagesspieg el.de/medien/mit-islam-und-eiscreme-die-mipster-kommen/9268 192.html.

Rohr, Susanne (2012). „Imaginäre Objekte: Wovon Mode spricht". In: *Mode. Ein kulturwissenschaftlicher Grundriss.* Hrsg. von Laura Bieger und Susanne Rohr. München: Wilhelm Fink Verlag, S. 57–90.

Römer, Jörg (2014). „Muslimische Krankenschwester darf kein Kopftuch tragen". In: *Spiegel Online, Artikel vom 24.09.20142.* Aufgerufen am 18.12.2014. URL: www.spiegel.de/karriere/berufsleben/evangelisc he-klinik-muslimin-darf-kein-kopftuch-tragen-a-993365.html.

Römhild, Regina (2007). „Alte Träume, neue Praktiken: Migration und Kosmopolitismus an den Grenzen Europas". In: *Turbulente Ränder. Neue Perspektiven auf Migration an den Grenzen Europas.* Hrsg. von Transit Migration Forschungsgruppe u. a. Bielefeld: transcript, S. 211–222.

Römhild, Regina (2007). „Fremdzuschreibungen - Selbstpositionierungen. Die Praxis der Ethnisierung im Alltag der Einwanderungsgesellschaft". In: *Ethnizität und Migration.* Hrsg. von Brigitta Schmidt-Lauber. Berlin: Reimer, S. 157–177.

Römhild, Regina (2011). „Global Heimat. Der Alltag junger Migranten in den Widersprüchen der Einwanderungsgesellschaft". In: *Neue Vielfalt in der urbanen Stadtgesellschaft.* Hrsg. von W.D. Bukow u. a. Wiesbaden: VS, S. 21–32.

Rommelspacher, Birgit (1998). *Dominanzkultur: Texte zu Fremdheit und Macht.* Orlanda Frauenverlag.

– (2002). *Anerkennung und Ausgrenzung. Deutschland als multikulturelle Gesellschaft.* Frankfurt am Main: Campus.

– (2009). „Feminismus und kulturelle Dominanz". In: *Der Stoff, aus dem Konflikte sind : Debatten um das Kopftuch in Deutschland, Österreich und der Schweiz.* Hrsg. von Sabine Berghahn und Petra Rostock. Bielefeld: transcript, S. 395–412.

Rosales, Vanessa (2013). „The Rise of Hijab Fashion Bloggers". In: *thedailybeast.com, Artikel vom 21.05.2013.* Aufgerufen am 18.12.2014. URL: http://www.thedailybeast.com/articles/2013/05/21/the-rise-of-hijab-fashion-bloggers.html.

Rumbelow, Helen (2014). „Meet the Mipsterz: hipsters in hijabs". In: *The Times, Artikel vom 27.01.14.* Aufgerufen am 18.12.2014. URL: http://ww w.thetimes.co.uk/tto/life/article3985427.ece#tab-1.

Şahin, Reyhan (2014). *Die Bedeutung des muslimischen Kopftuchs. Eine kleidungssemiotische Untersuchung muslimischer Kopftuchträgerinnen in der Bundesrepublik Deutschland.* Münster: LIT-Verlag.

Said, Edward (2009 [1978]). *Orientalismus.* Frankfurt am Main: S. Fischer Verlag.

Salvatore, Armando und Schirin Amir-Moazami (2002). „Religiöse Diskurstraditionen: Zur Transformation des Islam in kolonialen, postkolonialen und europäischen Öffentlichkeiten". In: *Berliner Journal für Soziologie 12,* S. 309–338.

Sandıkcı, Özlem und Güliz Ger (2007). „Constructing and Representing the Islamic Consumer in Turkey". In: *Fashion Theory: The Journal of Dress, Body & Culture* 11.2/3. Hrsg. von Emma Tarlo und Annelies Moors, S. 189–210.

Saroyan, Sonya (2008). „Kopftuchstudien in Deutschland - Ein Literaturbericht". In: Aufgerufen am 18.12.2014. URL: http://www.dji.de/bibs/15 _8751_Die_Kopftuch_Studien_Saroyan_end.pdf.

Schieder, Rolf (2000). *Wieviel Religion verträgt Deutschland?* Frankfurt/M.: edition suhrkamp.

Schiffauer, Werner (2002). *Migration und kulturelle Differenz. Studie für das Büro der Ausländerbeauftragten in Berlin.* Berlin.

Schilling, Oliver C. (2005). „Das Auge denkt mit". In: *welt.de, Artikel vom 27.03.05.* Aufgerufen am 18.12.2014. URL: welt.de/print-wams/articl e125748/Das-Auge-denkt-mit.html.

Schipp, Anke (2005). „Der kalkulierte Stilbruch". In: *Faz.net, Artikel vom 24.05.05.* Aufgerufen am 18.12.2014. URL: http://www.faz.net/aktuell /gesellschaft/mode/mode-der-kalkulierte-stilbruch-1234388.ht ml.

Schlegel, Matthias (2010). „Wulff: Islam gehört zu Deutschland". In: *Tagesspiegel.de, Artikel vom 03.10.10.* Aufgerufen am 18.12.2014. URL: http: //www.tagesspiegel.de/politik/wulff-islam-gehoert-zu-deutsch land/1948760.html.

Schlehe, Judith (2008). „Formen qualitativer ethnografischer Interviews". In: *Methoden ethnologischer Feldforschung.* Hrsg. von Bettina Beer. Berlin: Reimer.

Schmidt-Lauber, Brigitta (2007). „Ethnizität und Migration als ethnologische Forschungs- und Praxisfelder. Eine Einführung". In: *Ethnizität und Migration.* Hrsg. von Brigitta Schmidt-Lauber. Berlin: Reimer, S. 7–27.

Schneider, Jan, Gunilla Fincke und Anne-Kathrin Will (2013). *Muslime in der Mehrheitsgesellschaft: Medienbild und Alltagserfahrungen in Deutschland.* Aufgerufen am 18.12.2014. Berlin. URL: http://d-nb.info/1046705946 /34.

Schröter, Hiltrud (2002). *Mohhammeds deutsche Töchter. Bildungsprozesse, Hindernisse, Hintergründe.* Königsstein/Taunus: Ulrike Helmer Verlag.

Schulz, Dorothea E. (2007). „Competing Sartorial Assertions of Femininity and Muslim Identity in Mali". In: *Fashion Theory: The Journal of Dress, Body & Culture* 11.2/3. Hrsg. von Emma Tarlo und Annelies Moors, S. 253–280.

Schütze, Fritz (1983). „Biographieforschung und narratives Interview". In: *Neue Praxis* 13.3. Aufgerufen am 18.12.2014, S. 283–293. URL: http://ww w.ssoar.info/ssoar/bitstream/handle/document/5314/ssoar-np-1 983-3-schutze-biographieforschung_und_narratives_interview.p df.

Seng, Yvonne J und Betty Wass (1995). „Traditional Palestinian Wedding Dress as a Symbol of Nationalism". In: *Dress and Ethnicity.* Hrsg. von Joanne B. Eicher. Oxford: Berg, S. 227–254.

El-Sharif, Yasmin und Stefan Kaiser (2012). „Kampf der Ministerinnen: Drei Frauen, drei Quoten". In: *Spiegel Online, Artikel vom 05.03.2012.* Aufgerufen am 18.12.2014. URL: http://www.spiegel.de/wirtschaft /soziales/kampf-der-ministerinnen-drei-frauen-drei-quoten-a-819371.html.

Shooman, Yasemin (2010). „Selbst- und Fremdbilder in der medialen Rezeption der Deutschen Islam Konferenz: Eine Fallstudie zu den Tageszeitungen *FAZ* und *DIE WELT*". In: *Die Rolle der Religion im Integrationsprozess. Die deutsche Islamdebatte.* Hrsg. von Bülent Ucar. Reihe für Osnabrücker Islamstudien. Frankfurt am Main: Peter Lang, S. 247–260.

Silverman, Kaja (2012). „Fragmente eines modischen Diskurses". In: *Mode. Ein kulturwissenschaftlicher Grundriss.* Hrsg. von Laura Bieger und Susanne Rohr. München: Wilhelm Fink Verlag, S. 143–160.

Simmel, Georg (1989 [1911]). *Der Begriff und die Tragödie der Kultur. Gesamtausgabe XIV.* Frankfurt am Main: Suhrkamp, S. 385–416.

– (o.J. [1905]). *Philosophie der Mode.* Hrsg. von Hans Landsberg. Berlin.

Sökefeld, Martin (2007). „Problematische Begriffe: ,Ethnizität', ,Rasse', ,Kultur', ,Minderheit'". In: *Ethnizität und Migration.* Hrsg. von Brigitta Schmidt-Lauber. Berlin: Reimer, S. 31–50.

Spielhaus, Riem (2009). „Interessen vertreten mit vereinter Stimme: Der ,Kopftuchstreit' als Impuls für die Institutionalisierung des Islams in Deutschland". In: *Der Stoff, aus dem Konflikte sind : Debatten um das*

Kopftuch in Deutschland, Österreich und der Schweiz. Hrsg. von Sabine Berghahn und Petra Rostock. Bielefeld: transcript, S. 413–436.

Spielhaus, Riem (2011). *Wer ist hier Muslim?* Würzburg: Ergon.

– (2013). „Vom Migranten zum Muslim und wieder zurück - Die Vermengung von Integrations- und Islamthemen in Medien, Politik und Forschung". In: *Islam und die deutsche Gesellschaft.* Hrsg. von Dirk Halm und Hendrik Meyer. Wiesbaden: Springer Fachmedien Wiesbaden, S. 169–194.

Spittler, Gerd (2001). „Teilnehmende Beobachtung als Dichte Teilnahme". In: *Zeitschrift für Ethnologie* 126.1.

Spivak, Gayatri Chakravorty (1988). „Subaltern Studies. Deconstructing Historiography". In: *Selected Subaltern Studies.* Hrsg. von Ranajit Guha und Gayatri Chakravorty Spivak. Essays from the 5 Volumes and a Glossary. Oxford University Press, S. 3–44.

Spohn, Margaret (2010). „Das religiös geprägte Türkenbild gestern und heute – von der ‚Geißel Gottes' zum ‚Islammacho'? Kontinuitäten und Brüche in den Vorstellungen der Deutschen gegenüber Menschen aus der Türkei in den vergangenen Jahrhunderten". In: *Die Rolle der Religion im Integrationsprozess. Die deutsche Islamdebatte.* Hrsg. von Bülent Ucar. Reihe für Osnabrücker Islamstudien. Frankfurt am Main: Peter Lang, S. 93–110.

Spradley, James (1979). *The Ethnographic Interview.* New York.

– (1980). *The Ethnographic Research Cycle.* New York.

Spuler-Stegemann, Ursula (1998). *Muslime in Deutschland: nebeneinander oder miteinander?* Freiburg im Breisgau, Basel, Wien: Herder.

Steyerl, Hito (2003). „Postkolonialismus und Biopolitik. Probleme der Übertragung postkolonialer Ansätze in den deutschen Kontext". In: *Spricht die Subalterne deutsch? Migration und postkoloniale Kritik.* Hrsg. von Hito Steyerl und Encarnación Gutiérrez Rodríguez. Münster: Unrast, S. 38–55.

Strohmaier, Brenda (2008). „Warum Atil Kutoglu Kopftücher mag". In: *welt.de, Artikel vom 15.02.2008.* Aufgerufen am 18.12.2014. URL: http://www.welt.de/lifestyle/article1677808/Warum-Atil-Kutoglu-Kopftuecher-mag.html.

Strübing, Jörg (2014). *Grounded Theory: zur sozialtheoretischen und epistemologischen Fundierung des Verfahrens der empirisch begründeten Theoriebildung.* Tübingen: Springer Verlag.

Sullivan, Tim (2013). „Ein Song wird zum Welthit? Purer Zufall!" In: *Harvard Business Manager, Artikel vom 12.11.2013.* Aufgerufen am 18.12.2014. URL: harvardbusinessmanager.de/meinungen/artikel/erfolg-haengt-oft-vom-zufall-ab-a-932844.html.

Svendsen, Lars (2006). *Fashion: A Philosophy.* London: Reaktion Books.

Tarlo, Emma (2007). „Islamic Cosmopolitanism: The Sartorial Biographies of Three Muslim Women in London". In: *Fashion Theory: The Journal of Dress, Body & Culture* 11.2/3. Hrsg. von Annelies Moors und Emma Tarlo, S. 143–172.

– (2010). *Visibly Muslim. Fashion, Politics, Faith.* Oxford, New York: Berg.

Tarlo, Emma und Annelies Moors (2007). „Introduction". In: *Fashion Theory: The Journal of Dress, Body & Culture* 11.2/3. Hrsg. von Emma Tarlo und Annelies Moors, S. 133–142.

– (2013). *Islamic Fashion and Anti-Fashion: New Perspectives from Europe and North America.* Bloomsbury Publishing.

El-Tayeb, Fatima (2003). „Begrenzte Horizonte. Queer Identity in der Festung Europa". In: *Spricht die Subalterne deutsch? Migration und postkoloniale Kritik.* Hrsg. von Hito Steyerl und Encarnación Gutiérrez Rodríguez. Münster: Unrast, S. 129–145.

Terkessidis, Mark (2004). *Die Banalität des Rassismus: Migranten zweiter Generation entwickeln eine neue Perspektive.* Kultur und soziale Praxis. transcript.

– (2005). „Muslim ja - Bürger nein". In: *heimatkunde.boell.de, Artikel vom 18.11.2005.* Aufgerufen am 18.12.2014. URL: http://www.migration-boe ll.de/web/integration/47_1198.asp.

Tezcan, Levent (2007). „Kultur, Gouvernementalität der Religion und der Integrationsdiskurs". In: *Konfliktfeld Islam in Europa.* Hrsg. von Monika Wohlrab Sahr und Levent Tezcan. Baden-Baden: Nomos, S. 51–74.

– (2009). „Operative Kultur und Subjektivierungsstrategien in der Integrationspolitik". In: *Wider den Kulturenzwang.* Hrsg. von Özkan Ezli, Dorothee Kimmich und Anette Werberger. Bielefeld: transcript, S. 47–80.

– (2012). *Das muslimische Subjekt.* Konstanz: Konstanz Univ. Press.

Thurner, Ingrid (2010). „Der nackte Zwang". In: *sueddeutsche.de, Artikel vom 25.06.10.* Aufgerufen am 18.12.2014. URL: http://www.sueddeutsch e.de/kultur/feminismus-kopftuchdebatte-der-nackte-zwang-1.9 63023.

Tibi, Bassam (2002). *Die fundamentalistische Herausforderung: der Islam und die Weltpolitik.* München: Beck.

Tietze, Klaudia (2008). *Einwanderung und die deutschen Parteien: Akzeptanz und Abwehr von Migranten im Widerstreit in der Programmatik von SPD, FDP, den Grünen und CDU/CSU.* Münster: LIT Verlag.

Tietze, Nikola (2004). „Formen der Religiosität junger männlicher Muslime". In: *Islam in Sicht. Der Auftritt von Muslimen im öffentlichen Raum.* Hrsg. von Nilüfer Göle. Bielefeld: transcript, S. 239–264.

Towfigh, Emmanuel Vahid (2010). „Vom Kopftuchverbot bis zum Ruf des Muezzin: Rechtliche Möglichkeiten und Grenzen freier Religionsausübung in Deutschland und ihre Praxis". In: *Die Rolle der Religion im Integrationsprozess. Die deutsche Islamdebatte.* Hrsg. von Bülent Ucar. Reihe für Osnabrücker Islamstudien. Frankfurt am Main: Peter Lang, S. 459–484.

Ucar, Bülent, Hrsg. (2010). Reihe für Osnabrücker Islamstudien. Frankfurt am Main: Peter Lang.

Veblen, Thorstein (1981 [1899]). *Theorie der feinen Leute.* München: dtv.

Venel, Nancy (1999). „Französische Muslimas - Glaubensbiographien von Studentinnen mit Kopftuch". In: *Der neue Islam der Frauen. Weibliche Lebenspraxis aus der globalisierten Moderne - Fallstudien aus Afrika, Asien und Europa.* Hrsg. von Ruth Klein-Hessling, Siegrid Nökel und Karin Werner. Bielefeld: transcript, S. 81–105.

Vertovec, Steven (1999). „Conceiving and Researching Transnationalism". In: *Ethnic and Racial Studies* 22.2.

von Braun, Christina und Bettina Mathes (2007). *Verschleierte Wirklichkeit. Die Frau, der Islam und der Westen.* Berlin: aufbau.

Weber, Max (1920). *Gesammelte Aufsätze zur Religionssoziologie,* Bd. 3. Tübingen.

Welz, Gisela (2007). „Inszenierungen der Multikulturalität". In: *Ethnizität und Migration.* Hrsg. von Brigitta Schmidt-Lauber. Berlin: Reimer, S. 221–233.

Werner, Karin (1999). „Vom wilden Teenager zur Bürgerin – Islamismus als neue Form der Vergesellschaftung junger Frauen in Ägypten". In: *Der neue Islam der Frauen. Weibliche Lebenspraxis aus der globalisierten Moderne - Fallstudien aus Afrika, Asien und Europa.* Hrsg. von Ruth Klein-Hessling, Siegrid Nökel und Karin Werner. Bielefeld: transcript, S. 249–276.

Wimmer, Andreas (2002). *Nationalist Exclusion and Ethnic Conflict: Shadows of Modernity.* Cambridge: University Press.

Wimmer, Andreas und Nina Glick Schiller (2003). „Methodological Nationalism, the Social Sciences, and the Study of Migration: An Essay in Historical Epistemology". In: *International Migration Review* 37.3, S. 576–609.

Witzel, Andreas (1982). *Verfahren der qualitativen Sozialforschung. Überblick und Alternativen.* Frankfurt am Main und New York, S. 227–255.

– (1985). „Das problemzentrierte Interview". In: *Qualitative Forschung in der Psychologie. Grundfragen, Verfahrensweisen, Anwendungsfelder.* Hrsg. von Gerd Jüttermann. Weinheim: Beltz, S. 227–255.

Yaqin, Amina (2007). „Islamic Barbie: The Politics of Gender and Performativity". In: *Fashion Theory: The Journal of Dress, Body & Culture* 11.2/3. Hrsg. von Emma Tarlo und Annelies Moors, S. 173–188.

Yurdakul, Gökce (2006). „Secular versus Islamist: The Headscarf Debate in Germany". In: *Politics of Visibility. Young Muslims in European Public Spaces*. Hrsg. von Valérie Amiraux und Gerdien Jonker. Bielefeld: transcript, S. 151–168.

Zentralrat der Muslime in Deutschland e.V (2005). „Selbstdarstellung". In: *Homepage Zentralrat der Muslime in Deutschland e. V.* Aufgerufen am 18.12.2014. URL: http://zentralrat.de/2594.php.

Internetquellen

alicia (2011). „Between Worlds: Jilbab and Transgender in Indonesia". In: *MuslimahMediaWatch [Webblog] vom 01.02.2011*. Aufgerufen am 18.12.2014. URL: http://www.patheos.com/blogs/mmw/2011/02/between-worlds-jilbab-and-transgender-in-indonesia.

Bonessi, Dominique (2014). „So what does Hijab4Men and Palestinian Rap Music have in common?" In: *dominiquebonessi.wordpress.com [Webblog], vom 22.02.2014*. Aufgerufen am 18.12.2014. URL: http://dominiquebonessi.wordpress.com/2014/02/22/so-what-does-hijab4men-and-palestinian-rap-music-have-in-common.

fat brown hijabis (2013). „about-the-video-with-the-guy-talking-about-hijab". In: *fuckyeahfatbrownhijabis.tumblr.com [Webblog], vom 29.07.2013*. Aufgerufen am 18.12.2014. URL: fuckyeahfatbrownhijabis.tumblr.com/post/56771984327/about-the-video-with-the-guy-talking-about-hijab.

Kayra (2012). *Modephotographie in einem Werbeblatt*.

misantrophe. (2000). „Hussein Chalayan - Burka (1996)". In: *ilikecatsmorethanpeople, Artikel vom 01.11.2000*. Aufgerufen am 18.12.2014.

Mustefa, Zab (2014). „Hijab4Men: Let's turn the tables and show men how it feels". In: *tribune.com [Webblog] vom 05.02.2014*. Aufgerufen am 18.12.2014. URL: http://blogs.tribune.com.pk/story/20894/hijab4men-lets-turn-the-tables-and-show-men-how-it-feels.

Niazi, Sofia (2006). *Talk to the Scarf, 'cos the face aint listning*. SOAS Art.

O.A. (2014). „A Man's Hijab". In: *Facebook*. aufgerufen am 05.03.2014. URL: https://www.facebook.com/hijab4men?ref=ts&fref=ts.

o.A. (2012a). „Das Modelabel Styleislam: Muslimisch, deutsch, erfolgreich". In: *wdr.de, Artikel vom 11. Dezember 2012*. Aufgerufen am 18.12.2014.

URL: http://programm.ard.de/TV/Programm/Alle-Sender/?sendung
=281119095553763.

Rahimi, Sarah (2013). „To The Point: Shaming Women Into (and out
of) Hijab". In: *salaamcal.com [Webblog] vom 03.01.2013*. Aufgerufen am
18.12.2014. URL: http://salaamcal.com/archives/to-the-point-sha
ming-women-into-and-out-of-hijab.

Rattani, Abbas und Habib Yazdi (2013). „Somewhere In America #MIPS-
TERZ". In: *Youtube*. aufgerufen am 05.03.2014. URL: http://www.youtu
be.com/watch?v=z3NqONzRrfE.

wood turtle (2011). „when hijab is about privilege". In: *woodturtle.worldpress.
com [Webblog], vom 11.02.2011*. Aufgerufen am 18.12.2014. URL: http:
//woodturtle.wordpress.com/2011/02/03/when-hijab-is-about-pr
ivilege/4.

– (2012). „how many hijab pins does it take to be pious?" In: *woodturt-
le.worldpress.com [Webblog], vom 26.06.2012*. Aufgerufen am 18.12.2014.
URL: http://woodturtle.wordpress.com/2012/06/26/how-many-hij
ab-pins-does-it-take-to-be-pious.

Glossar

Abaya Langes schwarzes Überkleid, welches von Hals bis zu den Füßen reicht, oft schwarz und aus seidigen Stoffen, mit Verzierungen an Ärmeln und Saum. In den letzten Jahren ist die *Abaya* in Mode gekommen und hat sich von Indien bis Europa auch jenseits der arabischen Halbinsel verbreitet. Sie ist in vielen Kontexten ein Übergewand für draußen, kein richtiges Kleid. 153, 173, 205, 209, 240, 241

Al-Amira Zweiteiliger Hijab, bestehend aus einem Unterkopftuch, welches wie ein Stirnband die Haare zurückhält und einem gleichfarbigen Überzieher, der, bereits vorgenäht, vom Oberkopf bis zum Kinn das Gesichstoval freilässt und Haar und Hals bis zum Kragen bedeckt. Wird besonders oft von Kindern und jungen Frauen verwendet, weil er ohne Nadeln auskommt und deshalb sehr einfach in der Handhabung ist. 185, 204

Cardigan Hierbei handelt es sich um eine Strickjacke. 197, 224

Ḥadīth Der Begriff *Ḥadīth* bezeichnet im Islam die Überlieferungen über die Aussprüche und Handlungen des Propheten Mohammed sowie über die Handlungen Dritter, die er stillschweigend gebilligt hat. Der Begriff wird sowohl für die Gesamtheit dieser Überlieferungen verwendet als auch für die einzelne Überlieferung. 245

Hand der Fatima Symbol mit vielen Bedeutungen, unter anderem aus dem islamischen Volksglauben, soll vor Dschinnen und dem bösen Blick schützen. Insbesondere das blaue Auge, *Nazar*-Amulett genannt, wie es in vielen Gaststätten auch in Deutschland zu sehen ist, soll dem bösen Blick, der immer aus blauen Augen kommt, eine Ablenkung entgegensetzen. 228

Haram Das Begriffspaar *haram* und *halal* bezeichnet die Dinge, die rituell erlaubt bzw. verboten sind. Im Jüdischen werden dafür die Worte *koscher* und *trefe* gebraucht. 166

Hijab Der Hijab ist die Bezeichnung für das muslimische Kopftuch, welche vor allem im arabischen Raum, in Großbritannien und Amerika geläufig ist, in Indonesien wird das Kopftuch als *Jilbab* bezeichnet, während es beispielsweise in Korea den Namen *Khimār* trägt. Das Wort Hijab bezieht sich bei manchen Muslimen nicht nur auf das Tuch, sondern auf das Prinzip der Geschlechtertrennung als solche, also auch auf die gesamte Kleidung und den Lebensstil. Im Koran hingegen bezeichnet Hijab den Schleier, der im Haus aufgehängt wird, um zwischen Frauen und Männerbereich zu unterteilen und nicht im eigentlichen Sinne ein Kleidungsstück. 164, 179, 199, 200, 204, 235, 236, 238

Jilbāb Beim *Jilbāb* handelt es sich um ein Wort, das sich auf mehrere Kleidungsstücke bezieht, je nach Region. Während im *Sham*, also der Bereich vom Libanon bis Jordanien, der *Jilbāb* als langer Mantel im Stil und Schnitt eines Trenchcoates bekannt ist, bezeichnet er in Libyen ein baumwollgewebtes Übergewand mit Kapuze, welches der

Abaya ähnelt, aber aus gröberen Stoffen gefertigt ist und auch farbig sein kann. 85, 173, 176, 188, 199, 234

Khimār Hüft- bis oberschenkellanges Kopftuch, welches auf dem Kopf und nicht auf den Schultern getragen wird, wodurch es die Körperform sehr gut verbirgt. Wird oft in Kombination mit einem gleichfarbigen Rock sowie einem die Stirn verbergendem Unterkopftuch getragen. Modische Kompositionen kombinieren dazu eine weite Hose. Da es leicht übergeworfen werden kann, ist es besonders zum Gebet geeignet. 82, 85, 146, 147, 176, 199, 207, 235, 236, 240, 300

Mahram Der *Mahram* umfasst jene Familienangehörige, die laut Koran nicht geheiratet werden dürfen, also den Ehemann und dessen Vater, die eigenen Kinder und Geschwister sowie die zu der Zeit üblichen Sklaven. Das Wort *Harem*, also der Frauenbereich, geht auf die gleiche Wortwurzel zurück, ebenso das Wort *Haram*. 166, 167, 172, 173, 235

Manto In Syrien gebräuchliche Bezeichnung für einen trenchcoatartigen oft knöchellangen Mantel. Im Libanon und in Korea wird das gleiche Kleidungsstück *Jilbāb* genannt. Siehe auch *Jilbāb*. 173

Niqāb Gesichtsbedeckung, welche die Augen freilässt. Eine jüngere modische Entwicklung webt an ein Stirnband zwei längere Tücher. Das Stirnband wird um den Kopf gebunden, so dass beide Lagen über den Augen hängen. Dann wird die eine Lage Stoff über den Kopf zurückgeschlagen. Die untere Lage Stoff bedeckt dann den Rest des Gesichtes, zwischen Tuch und Stirnband sind oft, aber nicht immer, Öffnungen für die Augen freigelassen. Andere Formen der Gesichtsbedeckung gibt es z.B. in Indonesien und wird dort *Tschador* genannt oder im Jemen, wo vor allem der *Burqu* dominiert. 36, 158, 236, 240

Sure Der Begriff Sure bezeichnet einen Abschnitt des Korans, der heiligen Schrift des Islam. 83

Tadschwid Die Wissenschaft von der schönen, richtigen und qualitativen hochwertigen Rezitation des Koran. 182

Tschador Der *Tschador* bezeichnet in Iran schwarze zweiteilige Gewänder, welche aus einer weiten Hose bzw. einem Rock bestehen und einem langem weiten Kopftuch. In Pakistan und Indonesien und Nord Indien wird ein ähnliches Gewand in bunten Farben getragen: der *Shalwar Kamiz*, Südindien kennt dies als *Tschuridar*. 146, 262

Zakāt Der *Zakāt* (arabisch Reinheit, Lauterkeit, Zuwachs) ist die für Muslime verpflichtende Abgabe eines bestimmten Anteils ihres Besitzes an Bedürftige und andere festgelegte Personengruppen. Sie bildet eine der fünf Säulen des Islams. 243

Anhang

Fragebogen

Themengebiet: Mode

- Wo kaufst du deine Sachen? Warum dort?
- Welche konkreten Elemente islamischer Fashion fallen dir ein? Welchen bist du gefolgt?
- Wie stehst du zu sehr modischen Bekleidungsformen? (Minirock)
- Hat die arabische Welt die Stilbruch-Zeit der 80er / 90er-Jahre mitgemach? Ist Stilbruch unislamisch?
- Wo nimmst du in Deutschland die Anregungen für schöne Kleidung her? Woher in einem anderen Land?
- Nehmen muslimische Kleidungsstile Einfluss auf die westliche Modeindustrie?
- Macht es einen vestimentären Unterschied, wo man geboren ist?

Themengebiet: Kleidung und Gesellschaft

- Wie war für dich der erste Tag mit Kopftuch, wie hast du dich gefühlt? Was waren die ersten Reaktionen? Wo hast du es das erste Mal getragen?
- Welche Auswirkung hat die Heirat auf den Kleidercode?

Themengebiet: Mode in der Migration

- Hatte der Landeswechsel Auswirkungen auf die Mode? Schminkst du dich in Deutschland anders?
- Ist es in Ländern mit mehrheitlich muslimischer Gesellschaft möglich Dinge zu tragen, die hier nicht tragbar wären? Welche? Warum?
- Die Islamic Fashion ist in den letzten Jahren religiöser geworden, auch in Deutschland? War es früher weniger streng?
- Nimmt das Gefühl der Ausgrenzung und des sich-nicht-zugehörig-fühlens mit der Zeit zu oder ab?

Themengebiet: Ethnisierung oder Integration

- Fühlst du dich unverstanden/diskriminiert in Deutschland? Wovon? (Ethnisierung von außen) *Beispiel:* Hast du Konflikte mit den Schulen? Nehmen dich die Lehrer für voll? Nimmt das Gefühl der Ausgrenzung und des sich-nicht-zugehörig fühlens mit der Zeit zu oder ab?
- Fühlst du dich von anderen muslimischen Frauen ohne Kopftuch herabgesetzt, kritisiert, kommenentiert? Oder erwarten sie von dir überstrenge Kleidung? (Integration vs. Ethnisierung von innen) Führst du oft Diskussionen über Kopftücher mit anderen Muslimen?
- Erlaubst du deiner Tochter das Tragen oder eher nicht? Hast du da Mitspracherecht? Ist es anders als bei dir und deiner Mutter?
- Das Kopftuch in Deutschland ist ein Zeichen für Religiosität. Ist es damit ein religiöses Symbol?

Printed by Printforce, the Netherlands